JN408840

19세기 동아시아의 번역과 기독교 문서선교:

서양 개신교선교사의 번역활동과 中文基督教小說의 창작과 번역을 중심으로

서문

본서는 2010년도 한국연구재단 인문저술지원사업의 연구과제로 선정되어 집필을 시작하게 되었으며, 모두 2부 12장 36만자, 424쪽의 편폭으로 근대 동아시아에서 창작 번역된 중문기독교소설을 종합적으로 연구고찰해 보았다.

본서에서는 19세기 이후 개신교선교사에 의해 창작 번역 출판된 중문기독교소설의 연구를 통해 중국의 고전소설이 현대소설로 변화되는 현대화 과정에서 핵심적인 역할을 하였고, 중국 기록언어의 변화를 가져왔으며, 문학양식을 서구화시켰다는 사실을 기술하여 1819년 이후 200여년 동안 잊혀져 왔던 중문기독교소설의 연구에 새로운 장을 열게 되었고, 근대 중국소설사와 기독교 문서선교사를 새롭게 조명해 보게 되었다.

본서는 2부 12장으로 구성되었다. 제1부는 모두 6장으로 구성되는데, 제1장에서는 19세기 서양 개신교선교사들이 청나라의 基督教 禁教政策이란 크나큰 장벽이 있음에도 불구하고 중국에 來華하여 전개한 기독교 문서선교사업의 정치적 환경과 중문기독교소설 간행의 역사적 종교적 환경에 대해 기술하였다. 제2장에서는 본서의 연구대상인 19세기 中文基督教小說이 어떤 문학장르인지 모두 다섯 가지 관점에서 논의하여 본서 서술의 범위와 서술 내용에 대해 개술하였다.

19세기 中文基督教小說이 출현한 것은 이미 明末淸初부터 중국에 來

華하여 기독교 문서선교활동을 전개했던 천주교 예수회선교사들의 선행 모델이 있었기 때문인데, 19세기 중문기독교소설의 淵源이 되는 세 권의 소설작품 중에서 清初 프랑스선교사 죠세프 앙리 프레메어의 《儒交信》과 《夢美土記》에 대해 논술하였다. 중세 유럽에서 유행했던 천주교 索隱派의 관점에서 중국경전 중에 나타난 기독교의 교리와 《성경》의 관계를 탐구했던 프레메어의 索隱派 경향이 그대로 반영된 章回體基督教小說 《儒交信》과 基督教寓言小說 《夢美土記》은 19세기 개신교선교사의 중문기독교소설 창작의 직접적인 종교적 모델이 되었다고 하겠다. 필자는 이에 앞서 명말에 이탈리아 예수회선교사 롱고바르디가 번역한 《聖요세파 傳記》에 대해서도 연구논문을 발표하였지만 본서의 편폭 때문에 함께 수록하지는 못했다.

제1부 4·5·6 세 장은 19세기 전기(1810-1860)에 진행된 중문기독교소설의 창작과 전파에 대해 전반적인 고찰을 하였다. 제4장에서는 19세기 중국의 언론출판사업을 시작한 서양 기독교선교사의 中文期刊雜誌에 대해 살펴보았는데 이들 선교사 기간잡지와 中文基督教小說의 관계와 創作 및 傳播 상황에 대해 논술하였다. 1815년부터 간행된 《察世俗每月統記傳》부터 20세기 초까지 간행된 《中西教會報》, 《萬國公報》에 이르기까지 선교사의 定期刊行雜誌에는 수많은 기독교소설들이 창작 번역되어 게재되었다. 제4장에서는 모두 네 단락으로 나누어 각각 章回體小說, 寓言筆記體小說, 寓言翻譯小說, 喩道小說集의 서사경향과 번역특징에 대해 논술하였다.

제5장과 제6장에서는 대표적인 창작소설 윌리엄 밀네 原作 《張遠兩友相論》과 윌리엄 마틴의 《喩道傳》에 대해 논술하였다. 전자는 동아시

아 최대의 베스트셀러가 되어 동아시아 각지에 전파되었으며 중국의 각종 방언과 일본 한국어로 번역 간행되기도 하였다. 후자 역시 해외로 전파되어 1870년에 일본 東京에서 訓點本이 출판되기도 하였다. 이 두 작품은 걸출한 선교사 작가가 기독교 교리를 바탕으로 창작한 기독교 소설작품이 어떻게 전파되었고 수정 개작 번역과정을 거쳐 100년이 넘게 작품의 생명력을 유지하며 창작목적인 기독교선교는 물론 근대 동아시아 소설작품의 영향력과 전파 확산에 공헌하였는지를 알아볼 수 있는 선례가 되었다.

제2부는 모두 6장으로 구성되는데, 淸末의 後期에 해당하는 1870년대부터 1910년까지 진행된 중문기독교소설 중의 翻譯作品을 집중적으로 탐구해 보았다. 제1장에서는 19세기의 가장 걸출한 선교사작가 그리휘트 존의 基督教 寓言翻譯小說 《紅侏儒傳》을, 제2장에서는 그리휘트 존이 창작한 《引家歸道》를 在韓 감리회선교사 플랭클린 올링거목사가 한국어로 번역한 《인가귀도》에 대해, 제3장에서는 독일목사 아돌프 크루마허(Friedrich Adolf Krummacher)가 저술한 우언소설집 *Parabeln*을 영국침례회선교사 티모티 리차드가 《喻道要旨》란 제명으로 中譯하였는데, 이 中譯本을 독일어원본과 英譯本을 같이 대조 분석하여 中譯者 티모티 리차드의 번역책략에 대해 정밀 분석해 보았다. 제1장에서 제3장까지의 세 권의 연구대상 번역본은 모두 원작의 원문을 입수하여 검토해 보았고, 19세기 동아시아의 문서선교사업에 혁혁한 공헌을 했던 세 명의 역자들에 대해 번역소설의 관점에서 이들의 소설번역사와 기독교 문서선교사업에서의 뛰어난 업적을 조사 분석 탐구해 보았다.

제2부의 제4장에서는 20세기 초 《通問報》에 연재되어 수많은 독자들에게 호평을 받았던 陳春生의 《五更鐘》에 대해 논술하였다. 미국 감리회선교사 라우라 화이트의 발의로 번역이 시작되었지만 중국인 작가가 80% 정도를 수정 개작하여 완성한 飜案小說 《五更鐘》은 비록 톨스토이 원작이 있는 번역소설이지만 중국인 작가가 완전히 토착화한 글쓰기로 인물, 배경과 작품 구성을 완전히 중국화한 기독교소설로 탈바꿈하였다. 중국인은 물론이고 서양선교사들까지도 이 작품이 중국인에게 傳道하기에 가장 적합한 기독교소설이라는 찬사를 아끼지 않았다. 太平天國부터 庚子年 의화단사건까지를 역사적 배경으로 한 기독교소설 《五更鐘》은 서양선교사가 주도했던 근대 중문기독교소설의 창작 번역사에 있어 20세기 초 華人作家가 주도적 역할을 한 첫 번째 작품이라는 획기적인 평가를 받고 있는데, 본서에서는 모두 네 단락으로 나누어 그 소설적 특성과 기독교적 서술방식에 대해 분석 연구하였다.

제2부의 후반부에서는 중문기독교소설의 한국 전래와 그 서술적 특성 및 한계에 대해 논의하였다. 제5장에서는 플랭클린 올링거 譯 《인가귀도》와 《의경문답》, 사무엘 마펫 역 《쟝원량우샹론》, 존 게일 역 《텬로역뎡》 등의 韓譯作品은 물론이고, 한반도에 전래되어 현재 소장되어 있는 《張遠兩友相論》, 《天路歷程》, 《引家當道》, 《引家歸道》, 《喩道要旨》 등의 한국 소장상황에 대해서, 그리고 《兩友相論》, 《勸善喩道傳》 등 日譯本의 번역 출간과정과 근대 일본의 기독교인이자 계몽사상가인 日譯者들 와타나베 온과 나카무라 마사나오에 대한 소개와 현재 일본의 소장상황에 대해서 조사 기술하였다.

또한 플랭클린 올링거는 한국 개신교 초기에 초신자들을 위해 기독교 변증문서《德惠入門》과 신앙교리문답서《依經問答喩解》도 번역하여 한국 개신교 초기의 신앙생활에 지침을 마련하였다. 이런 올링거의 문서선교활동은 초기의 한국인 신자들에게 대단히 큰 영향을 미쳤으니 1897년 한국인 최초의 기독교문서《파혹진션론》이 노병선에 의해 저술되었다. 제5장의 마지막 절에서는 노병선의《파혹진션론》이 그리휘트 존의 중문기독교문서로부터 어떠한 영향관계에 있는지를 분석해 보았다. 플랭클린 올링거는 비록 5년 8개월 동안 조선에 체류하였지만 그가 시작한 기독교 문서선교사업은 한국 개신교의 발전에 초석을 놓았다고 할 수 있다.

제6장 결론에서는 중문기독교소설의 著譯作業의 언론출판 환경, 선교사들을 비롯한 19세기 계몽가들의 小說重視論과 같은 사상적 경향, 中文基督教小說의 출간목적과 강력한 종교적 선교목적에서 기인한 서술적 내용적 한계, 그리고 반기독교운동과 반기독교 정서에 기인한 中華圈 학계의 연구풍토, 기초자료가 구미도서관에 소장된 연구환경적 제약 등을 종합적으로 논술하면서 중문기독교소설이 지닌 목적문학의 선천적 한계와 중문기독교소설 연구의 여러 문제를 評述해 보았다.

중문기독교소설을 연구하게 된 계기는 분명 하나님의 인도하심을 받은 것이다. 1993년부터 숭실대에 재직해 왔지만, 사실 한국기독교박물관의 기독교문서에 대해 관심을 갖지는 못했다. 1995년 학교에서 인문대 부학장의 보임을 받고 그 당시 한국기독교박물관에 관여하면서 초기 기독교자료를 직접 접할 수 있었지만, 본인의 전공영역과 관계가 있다고 생각하지는 못했다. 단지 1998년 마카오 반환기념 중국근대문학 국제학술대회에서 20세기 이전 서양선교사와 중국근대문학의 영향관계에 대해 논문을 발표한 적은 있었다. 그런데 2002년 타이완 嘉義大學에서 개최된 제2회 中國小說戲曲 國際學術會議에서 프랑스 파리社會科學院의 陳慶浩교수가 세 권의 중문기독교소설에 대해 발표하면서, 내게 《성경》을 잘 알고 있는 크리스천이 연구해야만 그 가치를 제대로 밝혀낼 수 있다고 연구를 권유하였고, 파리에 귀국하여 그가 입수한 파리東方圖書館에 소장된 작품 원문 PDF 파일을 보내주었다. 이렇게 입수한 《張遠兩友相論》과 《贖罪之道傳》을 보고 한국기독교박물관의 韓譯本들을 발견하게 되었다. 이후 韓譯本들과 티모티 리차드 역 《喻道要旨》에 대해 타이완과 중국, 홍콩의 국제학술회의와 초청강연회에서 발표하여 19세기 말 20세기 초 중국과 한국의 개신교 문서선교사업에 대해 본격적으로 소개하였다. 2007년에는 연구년으로 타이완 漢學研究中心과 中央研究院 中國文哲研究所에서 연구활동을 하면서 李奭學博士와 공동연구를 시작하였고, 이 해 여름 미국의 하버드대 옌칭연구소와 U.C.버클리를 방문하여 관련된 자료를 전면적으로 입수하여 38종 40여권의 원전 작품을 직접 발굴하게 되었다. U.C.버클리 방문기간 중에는 버클리대 동아시아도서관에서 잠자고 있던 프라이어 현상공모 출품작 150여권을 발견하는 개가를 올렸다. 이 작품들은 1896년 존 프라이어가 버클리대 동아시아어문학과 초대 학과장으로 부임하면서 도서관에 기증한 것이다. 2007년 11월 제3회 中國小說戲曲 國際學術會議에서 이 연구보고서를 발표하여 학계의 주목을 받았다.

그 후 《天路歷程》漢譯本研究로 영국 옥스퍼드대학에서 박사학위를 받은 홍콩 中文大의 黎子鵬교수가 2008년 5월 직접 한국으로 찾아와 공동연구를 제의하였고, 우리는 2009년에 홍콩 교육청의 연구프로젝트를 수행하게 되었다. 그리고 2010년에는 李奭學敎授와 세 명이 공동으로 진행하는 타이완 蔣經國 國際漢學연구프로젝트에 선정되어 현재 《晩淸基督敎小說選集》의 출판작업을 진행하고 있다.

19세기 중문기독교소설을 연구하는 일은 그렇게 간단한 작업은 아니다. 왜냐하면 기독교에 관련된 제1차 자료들은 1910년대 후반 5·4신문화운동 시기부터 1920년대 중반까지 중국 전역에서 일어난 反基督敎運動에 따른 전국적인 소각 파손으로 인해 상당량이 훼손되었고, 장기간의 內戰과 1949년 중국의 공산화 이후 중국 대륙에서 기독교 관련 전적들은 모두 연구 금지되었다. 비록 타이완과 홍콩에서는 연구가 가능하지만 주요 장서가 이전되지 않아 원자료의 접근이 어려운 상황이었다. 다행히 숭실대의 한국기독교박물관에는 19세기 이후 기독교문서들이 소장되어 있는데, 대부분 한국에서 간행된 문서들이 주종을 이루고 있고 중국이나 해외에서 간행된 문서는 일부분에 불과하다.

또한 중문기독교소설의 상당수는 번역작품인데, 당시에는 출판할 때 원작과 작자를 명기하지 않아서 중문번역소설을 연구하려면 원작을 찾을 수가 없었다. 때문에 번역작품이라고 판단되지만 원작과의 대조 분석을 진행할 수가 없어 체계적인 연구가 어려운 실정이었다. 이러한 어려움을 오랜 동역자들인 프랑스 파리의 陳慶浩교수, 타이완의 李奭學교수, 홍콩의 黎子鵬교수, 상하이의 袁進교수가 직접적인 도움을 주었으니 영국 대영도서관, 옥스퍼드대 보드라이언도서관, 런던대 도서관과 프랑스, 이탈리아 로마교황청 도서관, 독일 무니히대학도서관, 미국 하버드대 옌칭도서관, 중국 북경의 사회과학원 도서관과 上海圖書館 등지에서 라틴어, 영어, 프랑스어, 독일어, 중국어로 기술된 원전을 제공해 주어서 전문적인 분석작업을 진행할 수 있게 되었다. 이 자리를 빌어 심심한 감사의 인사를 드리며 이런 도움이 있었기에 본서의 연구가 진행될 수 있었다.

현재 구미와 韓日의 유명도서관에 소장되어 있는 중문기독교소설 작품들은 대부분 문장부호를 쓰지 않거나 혹은 손으로 筆寫되어 있는데, 이런 소설 원전의 주석 교감작업을 위해 몇 년 동안 고달픈 출판작업을 진행하고 있다. 라틴어와 歐美言語를 구사하며 翻譯學의 관점에서 明末淸代의 천주교분야를 담당하는 李奭學교수와 영문번역학자로써 동서양의 번역문학을 전공하며 영미자료를 담당하는 黎子鵬교수에게서 다양한 연구방법을 배웠고, 이를 중국소설연구에 접목할 수 있어서 내게는 하나님이 주신 값진 기회가 되었다고 생각한다.

1999년 일본 동경대학 동양문화연구소에서 연구할 때에 일본학자들은 중국문학을 연구해도 반드시 일본과 관계가 있는 분야에 집중 연구한다는 사실을 알고 많이 반성한 적이 있었다. 내가 연구하는 분야에서 한국에 소장된 중문기독교소설과 그 번역본을 국제학계에 소개하는 일은 정말 의미 있는 일이다. 또한 끊겨진 기독교선교의 中韓關係에 대한 조사를 할 수 있는 것 역시 내게는 매우 값진 작업이었다고 생각한다. 감리회 신자로써 19세기 말 중국 福建省과 조선의 서울연회가 같은 미국북감리회의 선교구역이라는 사실을 알게 되었고 1870년부터 福建省 福州에서 선교활동을 했던 플랭클린 올링거목사의 한국 개신교 문서선교활동에 대해 연구하게 된 것을 정말 기쁘게 생각한다. 초창기 한국기독교의 문서선교사업에 대한 그의 공헌은 아마도 하나님께서 천국에서 큰 상으로 보답하셨으리라 생각한다. 중국의 열악한 선교환경과 동료 미국인선교사들과의 반목과 분쟁은 아마도 외국인선교사들이 실업선교사업을 할 때에 부딪히는 크나큰 장벽이었을 것이다. 그는 지난한 환경적 관념적 장벽을 극복하고 중국 福州에 신학교를 비롯한 교육사업과 福建省 최초의 중국어 신문을 창간하여 복건성 기독교문서사업의 초석을 다져 놓았을 뿐만 아니라 중국신자들에 의한 독자적인 교회의 자립과 선교를 주창하여 中國 敎會 三自運動의 선행 모델을 제시한 선교지도자였다.

그가 1880년대 말 기독교 선교 초창기의 조선에서 시작한 三文出版社 설립과 기독교신문 간행사업은 한국 기독교 문서선교사업의 초석이 되어 지금의 대한성서공회와 기독교 문서선교사업으로 발전하였다고 생각한다. 플랭클린 올링거목사는 중국 福州와 조선 서울교구의 선교사업에 초석을 마련한 선구자로써 본서에서는 19세기 후반에 그가 전개한 기독교문서의 한글 번역과 전파에 관해 집중적으로 조명해 봄으로써 잊혀졌던 올링거의 선구자적 문서선교 업적을 분석 평가해 보았다.

본서에서는 19세기 20세기 초의 중국과 한국에서 활동한 걸출한 기독교작가들 윌리엄 밀네, 프리드리히 귀츠라프, 윌리엄 마틴, 그리휘트 존, 존 알렌, 티모티 리차드, 플랭클린 올링거, 사무엘 마펫 등 동아시아에서 활동한 선교사작가들의 기독교소설의 창작과 번역활동에 대해 전면적인 논술을 하였고 노병선, 陳春生 등 현지인 작가들의 저술활동에 대해서도 살펴보았다. 그들은 모두 개신교선교사이지만 교파가 서로 같지는 않고(윌리엄 마틴과 마펫은 미국 장로회, 귀츠라프는 독일 루터회,

그리휘트는 영국 장로회, 존 알렌과 올링거는 미국 감리회, 티모티 리차드는 영국 침례회) 활동했던 선교사업도 다소 다르다. 비록 국적이 다르고 인종과 언어가 다르지만 그들은 교파와 선교목표의 이질성을 뛰어넘어 기독교 선교라는 하나의 목표를 위해 혼신의 노력을 다하였다. 윌리엄 밀네와 귀츨라프는 선교에 매진하다 젊은 나이에 病死하였고, 윌리엄 마틴과 그리휘트 존, 티모티 리차드는 생의 대부분을 중국에서 활동하면서 중국의 근대화와 기독교 선교사업에 헌신하였다. 이렇게 기독교 선교사업을 위해 현지어인 중국어로 基督教小說을 창작 번역하여 동아시아의 근대화에 기여한 서양선교사들의 선구적인 문서선교 활동에 다시 한 번 경의를 표하며 중문기독교소설의 발굴과 연구 출판작업이 그동안 잊혀져왔던 그들의 위대한 업적을 다시 돌아볼 수 있는 계기가 되었으면 하는 작은 바람을 갖는다.

끝으로 어려운 출판환경 속에서 장문의 학술서를 출판하도록 도와주신 숭실대학교출판국 김용택부장님께 심심한 감사의 인사를 드린다. 학기가 시작되는 바쁜 와중에 난삽하고 산만한 원고뭉치와 씨름하며 세심하게 비평하고 교정해 주신 박경실교수와 최은정선생에게 향기로운 산유수와 매화 꽃 한 다발 드려야겠다. 새봄을 알리는 꽃다발처럼 동아시아에 기독교의 복음과 희망을 전하기 위해 헌신했던 기독교 문서선교의 선구자들을 연구하게 해주신 하나님께 감사를 드리며 이 책이 앞으로 이 분야의 연구자들에게 도움이 될 수 있기를 바란다.

2015년 을미년 3월 초봄 梅花書屋에서

저자 吳 淳 邦 씀

목차

• 제1부 • 19世紀 前期 서양 기독교선교사의 文書宣教와 中文基督教小說의 창작과 전파

• 제2부 • 淸末 中文基督教小說의 번역과 전파 및 서술특성

제1부

19世紀 前期 서양 기독교선교사의 文書宣敎와 中文基督敎小說의 창작과 전파

제1장 19세기 서양 기독교선교사의 文書宣教와 中文基督教小說

제1절 19세기 서양 기독교선교사의 도래와 문서선교활동

로버트 모리슨(Robert Morrison, 馬禮遜, 1782-1834)은 1807년 개신교선교사로는 처음으로 중국 마카오에 도착하여 1834년 廣州에서 병사할 때까지 모두 25년간 중국에서 선교사로 활동하였다.[1] 그는 기독교의 선교를 금지한 청나라의 禁教政策으로 중국 체류가 불가능해지자 영국 동인도회사의 직원으로 廣州에서 활동하면서 최초로 중국어 성경 번역에 종사하였고, 당시 불모지였던 중국선교를 위해 런던선교회와 미국 연합외국인선교회에 서신을 보내 선교사의 파견을 요청하였다. 그리하여 중국선교의 발판을 마련하였다. 런던선교회의 중국 선교는 각국 선교회의 시발이 되었으니 1807년 모리슨목사가 來華한 이후, 그는 중국어 성경번역과 중국어 학습에 관한 선교활동을 런던선교회에 서신으로 보고하면서 중국에 더 많은 선교사의 파견을 요청하여, 1812년 두 번째 선교사로 윌리엄 밀네목사가 파송을 받아 1813년 7월에 廣州에 도착하였다. 하지만 清政府의 제약으로 중국에 거주할 수 없었으므로 그는 말

1) 李志剛 著, 《基督教早期在華傳教史》, 臺灣商務印書館, 1985年, 65-66쪽.

래카로 이주하여 출판과 학교설립, 선교사업에 종사하였는데, 밀네목사의 말래카 거주와 南洋에서의 선교활동은 모두 모리슨목사의 계획과 주장에 따른 것이었다. 밀네의 뒤를 이어 말래카에 부임한 매드허스트(麥都思 Water H. Medhurst), 존 스레이터(史賴德 John Slater), 존 인스(恩士 John Ince), 사무엘 밀튼(美爾敦 Samuel Milton), 로버트 플레밍(菲利民 Robert Fleming), 허트맨(赫特民 G. H. Huttman), 제임스 험프레이스(宏富禮 James Humphreys) 등 14인의 선교사는 말래카와 바타비아, 싱가포르, 페낭 등지에서 중국인에게 전도하였다. 당시 말래카와 싱가포르, 페낭 등지는 영국이 식민통치하던 지역이었으며 특히 말래카는 런던선교회의 선교거점이어서, 英華書院과 인쇄소가 설립되었고 대부분의 선교사들은 이곳에서 중국어를 배운 뒤 각지로 파송되었기 때문에 말래카는 실제로 중국선교의 훈련 본부였으며, 같은 런던선교회 소속 목사들은 대단히 긴밀한 관계를 유지하였다.

런던선교회에 이어서 중국에 선교사를 파견한 두 번째 선교회는 네덜란드선교회였다. 네덜란드선교회에서는 귀츠라프(郭實臘 Karl F.A. Gützlaff)와 할맨 로트겔(陸特嘉 Harman Rottger)목사를 중국에 파견하였는데 모리슨목사와 가장 많이 교류한 선교사는 귀츠라프이다. 귀츠라프가 네덜란드선교회에서 선교사 훈련을 받을 때, 마침 모리슨목사가 영국에 귀국하여 체류하고 있었기 때문에 귀츠라프는 런던에 가서 직접 모리슨목사로부터 중국과 중국선교에 대해 많은 지도를 받았다. 그는 1827년 네덜란드선교회에서 인도네시아 자바로 파송되었지만 중국선교에 대한 열망으로 1829년 네덜란드선교회에서 탈퇴하여 개인자격으로 중국선교를 시작하였고, 1831년부터 중국 범선을 타고 중국 연해를 항해

한 뒤, 마카오에 도착했을 때는 모리슨목사의 접대를 받기도 하였다. 그 후 동인도회사와 영국정부에서 근무하게 된 것도 모두 모리슨목사와의 관계에서 비롯된 것이다. 1834년 모리슨목사가 광주에서 病死하자 귀츠라프가 그 직위를 이어받았으니 모리슨목사와 귀츠라프의 관계가 얼마나 긴밀했는지를 미루어 짐작할 수 있겠다. 모리슨목사는 또한 미국 연합외국인선교회와도 밀접한 관계를 유지하여 향후 미국선교회가 중국에서 대대적인 선교사업을 진행하는데 결정적인 역할을 하였다. 밀네목사가 병사한 뒤 중국 광주에서 제일 먼저 선교활동을 시작한 선교사는 1830년 2월에 來華한 미국 연합외국인선교회의 브리드그맨(Elijah C. Bridgman)목사와 데이비드 아벨(David Abeel)목사였다. 미국 연합외국인선교회와 런던선교회는 일찍부터 교류가 있어서 미국 연합선교회는 늘상 런던선교회의 중국선교 소식을 신도들에게 알려주어 중국선교활동을 지지하였고, 모리슨목사는 1820년에 이미 미국 연합선교회의 통신연락인으로 초빙되어 중국선교사업을 미국 연합선교회에 정기적으로 보고하였다. 모리슨은 광주에서 사업을 하는 美國富商 올리펀트와 긴밀하게 연락하여 그가 미국선교사가 중국에 와서 사용할 1년의 소요경비를 헌금하게 하였고, 이에 따라 브리드그맨목사가 來華하게 되었으며, 아벨목사가 미국선원구락부에서 근무할 수 있도록 주선해 주기도 하였다. 브리드그맨목사가 광주에서 《*The Chinese Repository* 中國叢報》를 창간한 것도 모리슨목사의 주창에 따른 것이었다. 그 후 미국 연합외국인선교회에서 파송한 여러 선교사들 스테펀 존슨(Stephen Johnson), 이라 트래시(Ira Tracy), 사무엘 웰스(Samuel Wells Williams) 등도 중국에서 모리슨목사의 도움을 받고 막역한 친구가 되었으며 미국 연합선

교회가 중국에서 발전하는데 모리슨목사는 결정적인 영향을 미쳤다.[2]

1819년 모리슨목사는 윌리엄 밀네와 공역으로 중국어 성경을 완역하였고, 이 해에 윌리엄 밀네는 처음으로 中文基督敎小說《張遠兩友相論》을 저술하여 출간한다. 中文基督敎小說이란 중국어로 저술되고 번역된 기독교소설을 지칭하는데, 주로 서양선교사가 주관하여 저술한 기독교宣敎文書로써, 1819년 윌리엄 밀네(William Milne)목사가 최초의 기독교소설을 저술한 이래로 중국과 동아시아에서 가장 활발하고 광범위하게 간행되었다. 1843년 남경조약의 체결로 중국이 개방되기 이전에 中文基督敎小說은 이미 마카오와 동남아에서 대량 출판·유포되었으며 20세기 초까지 줄곧 창작·번역되어 동아시아 전역에 전파되었다.

종교연구는 일종의 융합학문이자 여러 문화를 포괄하는 다문화 학문인데, 종교연구의 독특한 특성은 바로 서로 다른 상관된 학문 예를 들면 역사학, 철학, 인류학, 사회학, 심리학, 문예학, 언어학, 문헌학, 신문언론학 등의 연구이론과 연구방법론을 차용하고 종합하여 일련의 총합적 연구체계를 구축하였다는 것이다. 그 중에서 종교와 문학의 관계는 대단히 밀접한데, 종교는 문장으로 표현 전달되기 때문에 종교문서가 만들어진다. 종교문서는 이치를 비유하고 정감을 서술하여 감동을 주기 위해서 반드시 문학수단을 사용하게 된다. 饒宗頤교수는 〈중국문학사에서의 종교와 문학의 특수 관계〉라는 문장에서 다음과 같이 종교와 문학의 관계를 설명하였다. "종교사상과 문학은 마치 한 가지 사물의 내용물과 외관이 서로 表裏의 관계로 의존하는 것과 같다. 종교는 반드시 문학을 통해 고도의 방식으로 표현되어지고, 문학작품은 시대를 따라

2) 李志剛 著, 전게서 81-84쪽 참조.

바뀌어 가는데 반드시 宗教思想을 빌어 작품의 내용을 충실하게 만든다."[3] 이처럼 종교와 문학 사이에는 서로 소통하는 하나의 橋梁이 세워져서 서로 의존하며 상호 내실을 기하게 된다.

中華圈 학계의 문학연구영역에서 중국문학작품 속에 담겨있는 종교요소에 대한 학술 활동이 활발히 진행되었고 학술성과가 상당히 풍부하게 축적되어 있다. 1980년대 후반부터 타이완과 홍콩에서 학술활동이 진행되었으니, 臺灣輔仁大學과 홍콩 浸會大學 그리고 타이완 中央硏究院 中國文哲硏究所에서 이에 관한 주제로 학술회의를 개최하고 여러 권의 학술논문집을 출간하였다.[4] 그리고 中國宗教文學作品 연구에 대해 살펴보면, 佛教文學과 道教文學에 대한 연구성과가 상당히 많이 발표되었는데[5], 상대적으로 기독교와 중국문학에 관한 연구는 대단히 취약한 편이다. 최근 10년 동안 학계에서는 中國 現當代作家와 문학에 미

---

3) 饒宗頤, 〈中國文學史上宗教與文學的特殊關係〉, 《饒宗頤二十世紀學術文集》, 臺北: 新文豊出版公司, 2003年, 36쪽.

4) 輔仁大學外語學院 編, 《文學與宗教: 第一屆國際文學與宗教會議論文集》, 臺北: 時報文化出版有限公司, 1987. 黃子平 主編, 《中國小說與宗教》, 홍콩: 中華書局, 1998. 鄺健行 主編, 《中國詩歌與宗教》, 홍콩: 中華書局, 1999. 朱耀偉 編, 《中國作家與宗教》, 홍콩: 中華書局, 2001. 李豊楙·廖肇亨 主編, 《聖傳與詩禪: 中國文學與宗教論集》, 臺北: 中央硏究院中國文哲硏究所, 2007.

5) 최근 10년 동안 이 분야의 뛰어난 연구서는 다음과 같다. 孫昌武, 《佛教與中國文學》 第2版, 上海人民出版社, 2007. 孫昌武, 《禪詩與詩情》, 北京: 中華書局, 2007. 陳洪, 《佛教與中古小說》, 上海: 學林出版社, 2007. 丁敏, 《中國佛教文學的古典與現代: 主題與敍事》, 長沙: 岳麓書社, 2006. 李豊楙, 《誤入與謫降: 六朝隋唐道教文學論集, 臺北: 臺灣學生書局, 1997. 苟波, 《道教與神魔小說》, 成都: 巴蜀書社, 1999. 李生龍, 《道家及其對文學的影響》, 長沙: 岳麓書社, 2005. 劉敏, 《天道與人心: 道教文化與中國小說傳統》, 北京: 中國社會科學出版社, 2007.

친 기독교문화의 영향관계에 관심을 가지고 연구가 진행되어 몇 권의 뛰어난 연구성과가 출간되었다.[6)]

19세기에 출간된 중문기독교소설은 1843년 이전에는 주로 마카오와 동남아에서 저술 출간되었고, 1843년 이후에는 上海, 홍콩, 福州, 漢口, 北京, 天津 등지에서 간행되었다. 그리고 이들 작품은 해외로 전파되어 1860년대에 이미 일본에 전래되어 간행되기도 하였으며, 1880년대 기독교 선교가 시작된 한국에서는 1890년대 초부터 다수의 중문기독교소설 韓譯本이 번역 출판되었다.

하지만 적지 않은 작품이 출간·전파되었음에도 불구하고 中文基督敎小說은 20세기 내내 연구가 거의 진행되지 않다가, 2000년에 하버드대의 패트릭 하난(Patrick Hanan)교수가 〈중국 19세기의 선교사소설〉(The Missionary Novels of Nineteenth Century China)[7)] 을 발표하여, 초기 중문기독교소설에 관해서 처음으로 연구를 시작하였고, 뒤를 이어 2005년 프랑스 국가과학연구센터의 陳慶浩교수가 최초의 천주교소설 《儒交信》과 최초의 기독교소설 《張遠兩友相論》 및 《贖罪之道傳》을 파리 국가도서관에서 발견하여 〈새로 발견된 천주교 기독교 古本 漢文小說〉[8)]을 발표하여 이 분야의 연구에 활기를 불어 넣었다.

---

6) 이 분야의 주요 저서는 다음과 같다. 路易斯·羅賓遜(Lewis Stewart Robinson), 《兩刃之劍: 基督教與二十世紀中國小說》, 臺北: 業强出版社, 1992. 馬佳, 《十字架下的徘徊: 基督宗教文化和中國現代文學》, 上海: 學林出版社, 1995. 楊劍龍, 《曠野的呼聲: 中國現代作家與基督教文化》, 上海: 上海教育出版社, 1998. 王本朝, 《20世紀中國文學與基督教文化》, 合肥: 安徽教育出版社, 2000. 許正林, 《中國現代文學與基督教》, 上海: 上海大學出版社, 2003. 劉麗霞, 《中國基督教文學的歷史存在》, 北京: 中國社會科學出版社, 2007.
7) *Harvard Journal of Asiatic Studies* 60:2, p413-443.

상기한 두 학자의 연구 성과를 근거로 필자는 2005년 〈최초의 중국 기독교소설과 韓國基督敎博物館 所藏 초기 기독교소설의 韓譯本 연구〉를 발표하여 《張遠兩友相論》과 《贖罪之道傳》을 국내에 처음으로 소개하면서 숭실대 한국기독교박물관 소장 한역본 《쟝원량우샹론》과 《인가귀도》 등에 대해 발표한 바 있다. 이어서 연세대와 장로회신학대 도서관에 소장된 중문기독교소설 《引家歸道》·《喻道要旨》 및 《張遠兩友相論》·《引家歸道》의 韓譯本을 발견하여 臺灣 東華大學의 국제학술회의에서 〈1890年代 韓國에 전래된 中國基督敎小說의 翻譯과 傳播〉[9]를 발표하여 中文基督敎小說의 韓國에서의 전파와 번역 상황을 종합적으로 고찰한 바 있다.

필자는 최근 17년(1997.7~2014.12) 동안 19세기 基督敎宣敎士의 문서출판사업과 中文基督敎小說에 관한 연구논문으로 〈20세기 이전 清末小說에 대한 西洋宣敎士의 영향 연구〉[10]를 비롯한 20여 편의 연구논문을 발표하여 中文基督敎小說 연구의 기초자료와 학계의 연구동향을 국내 학계에 소개하였으며, 최초로 한국에 소장된 중문기독교소설과 그 韓譯本에 대한 연구를 시작하였다. 또한 2007년 초 대만 中央硏究院 中國文哲硏究所와 미국 하버드대 옌칭연구소의 방문기간 중에 중문기독교소설의 原典 15권을 새롭게 발견하였으며 외국선교를 위한 미국 연

8) 陳慶浩 著, 〈新發現的天主教基督教古本漢文小說〉, 《傳播與交融—第二屆中國小說與戲曲學術研討會論文集》, 臺灣 嘉義大學 中國文學系所, 2005年4月, 467-485쪽.

9) 拙著, 〈19世紀90年代中國基督教小說在韓國的傳播與翻譯〉, 《東華人文學報》 第9期, 臺灣 國立東華大學 人文社會科學學院, 2006年7月, 215-250쪽.

10) 拙著, 〈20世紀前西方傳教士對晚清小說的影響研究〉, 《第5屆近代中國學術會議論文集》, 臺灣 國立中央大學: 近代中國學會, 1999年3月.

합선교회와 영국 런던선교회의 주요 선교자료를 입수하여 19세기 중문 기독교소설의 작품 및 기초자료 조사를 거의 확정할 수 있게 되었다.

제2절 기독교선교사에 의한 中文基督教小說의 창작과 번역

필자는 이런 선행연구를 바탕으로 19세기의 약 80년 동안 창작·번역된 중문기독교소설을 발굴하였는데 특히 2007년 전반기 臺灣 中央研究院과 미국 하버드대 옌칭도서관에 소장된 4종의 기초 書目과 《韓國基督教博物館 所藏 古文獻目錄》에 근거하여 현재 33종 42부에 달하는 중문기독교소설 작품을 대상으로 연구하고자 한다. 5種의 書目은 다음과 같다.

(1) *China and Protestant Missions: A Collection of Their Earliest Missionary Works in Chinese*, Compiled by John Yung-Hsiang Lai, Harvard-Yenching Library, Harvard University, The IDC Publishers, Microfiche Collection, 1983.
(2) *Catalog of Protestant Missionary works in Chinese*, Harvard-Yenching Library, Harvard University, Compiled by John Yung-Hsiang Lai, G.K. Hall & Co., Boston, Mass., 1980.
(3) *Memorials of Protestant Missionaries to the Chinese: Giving A List of Their Publications, and Obituary Notices of the Deceased with Copious Indexes*, Written and Compiled by Wylie Alexander, Original Edition

Published by Shanghae: American Presbyterian Mission Press, 1867. Reprinted by Ch'eng-wen Publishing Company, Taipei Taiwan, 1967.

(4) 《基督聖教出版各書書目彙纂》, 雷振華(Clayton, George A)纂, 漢口 聖教書局, 1917年, Harvard-Yenching Library, Harvard University. in *China and Protestant Missions: A Collection of Their Earliest Missionary Works in Chinese*

(5) 《韓國基督教博物館 所藏 古文獻 書目》, 崇實大學校 韓國基督教博物館, 2005年

패트릭 하난교수와 陳慶浩교수가 연구 발표한 세 권의 소설작품과 상기한 5種의 書目에 의거하여 최근까지 새로 발견한 中文基督教小說과 翻譯本 및 原本의 書目은 아래와 같다.

**** 中文基督教小說作品:**

(1) 《張袁兩友相論》, 윌리엄 밀네(William Milne, 米憐) 著, 말래카 英華書院, 道光11년(1831); 新嘉坡 堅夏書院藏版, 道光16년(1836), 약 42종의 版本이 있다.

(2) 《善惡人死》, 愛漢者 纂, 말래카 英華書院, 道光9년(1829)

(3) 《贖罪之道傳》, 愛漢者纂, 싱가포르 堅夏書院, 道光18년(1838)

(4) 《正邪比較》, 善德 纂, 싱가포르 堅夏書院, 道光18년(1838)

(5) 《耶蘇降世之傳》, 愛漢者 纂, 싱가포르 堅夏書院, 道光18년(1838)

(6) 《誨謨訓道》, 愛漢者纂, 싱가포르 堅夏書院, 道光18년(1838)

(7) 《生命無限無疆》, 싱가포르 堅夏書院, 道光18년(1838)

(8) 《轉禍爲福之傳》, 싱가포르 堅夏書院, 道光18년(1838)

(9) 《悔罪之大略》, 카알 귀츠라프(Karl Friedrich August Gützlaff) 著, 大英

圖書館 소장본, 1830년대

(10) 《金屋型儀》, Hermann Ball 著, 페르디난드 제뇌르(Ferdinand Genähr, 葉納淸) 譯, 홍콩, 大英圖書館 所藏本, 1852년

(11) 《鐘表匠論》, 키드(Kidd) 著, 두리틀 저스터스(Doolittle Justus) 譯, 福州 亞比絲喜美總會, 1855년

(12) 《天路歷程》, 존 번연(John Bunyan) 著, 윌리엄 번즈(William Chalmers Burns, 賓爲霖) 譯, 上海 美華書館刊印, 4종 판본:1856·1869·1870·1906년; 京都福音堂, 1865년

(13) 《喻道傳》, 윌리엄 마틴(William P. Martin, 丁韙良) 著, 寧波 華花聖經書房·中國聖教書局 重刊本·基督聖教協和書局 重刊本, 咸豊8년(1858); 上海美華書館, 1863년; 上海美華書館, 1869·1874년; 上海 圖新書局, 1884년

(14) 《亞伯拉罕紀略》, 제임스 레기(James Legge, 理雅各) 編著, 홍콩 英華書院, 同治 元年(1862)

(15) 《約瑟紀略》, 제임스 레기(James Legge, 理雅各) 編著, 홍콩 英華書院, 同治 元年(1862)

(16) 《亨利實錄》, 上海 美華書館藏板, 咸豊17년(1867)

(17) 《苦人約色實錄》, 京都(北京) 美華書院, 光緖2년(1876)

(18) 《立蘭姑娘實錄》, 京都(北京) 美華書院, 光緖2年(1876)

(19) 《貧女勒詩嘉》, 福州 美華書局, 光緖4년(1878)

(20) 《廟祝問答》, 페르디난드 제뇌르 著, 福州美華書局, 光緖7년(1881)

(21) 《安樂家》, Mrs. O. F. Walton 著, 메리 해리엣 포터(Mary Harriet Porter) 譯, 上海中國聖教書會出版, 畵圖新報館印刷, 1882년

(22) 《紅侏儒傳》, 마크 게이 피얼스(Mark Guy Pearse, 馬皆璧) 著, 그리휘트 존(Griffith John, 楊格非) 譯, 漢口聖教書局, 1882년

(23) 《引家當道》, 그리휘트 존 著, 漢口聖教書局, 1882년

(24) 《引家歸道官話》, 그리휘트 존 著, 周明卿 譯, 漢口聖教書局, 光緒15년(1889)

(25) 《喻道要旨》, 티모티 리차드(Timothy Richard, 李提摩太) 譯, 上海廣學會 美華書館, 初版 光緒20년(1894); 第二版 上海廣學會校刊, 光緒30년(1904)

(26) 《時新小說》, 望國新 著, 미국 캘리포니아주립대 버클리분교 동아시아도서관 소장본, 1895년; 《淸末時新小說集》 第2冊, 上海古籍出版社, 2010년

(27) 《砭俗良謨》, 劉安如 著, 미국 캘리포니아주립대 버클리분교 동아시아도서관 소장본, 1895년; 《淸末時新小說集》 第6冊, 上海古籍出版社, 2010년

(28) 《無名小說》, 李鳳棋 著, 미국 캘리포니아주립대 버클리분교 동아시아도서관 소장본, 1895년; 《淸末時新小說集》 第8冊, 上海古籍出版社, 2010년

(29) 《驅魔傳》, 郭子符 著, 미국 캘리포니아주립대 버클리분교 동아시아도서관 소장본, 1895년; 《淸末時新小說集》 第9冊, 上海古籍出版社, 2010년

(30) 《夢治三癱小說》, 鍾淸源 著, 미국 캘리포니아주립대 버클리분교 동아시아도서관 소장본, 1895년; 《淸末時新小說集》 第10冊, 上海古籍出版社, 2010년

(31) 《安人車》, 존 알렌(Young John Allen, 林樂知) 譯, 上海廣學會 美華書館, 光緒28년(1902)

(32) 《五更鐘》, 라우라 화이트(Laura White, 亮樂月) 命意·陳春生 編著, 上海美華書館, 1907·1908년; 上海 協和書局, 제11판 1920년

(33) 《喻道新編》, 丁韙良 編輯·趙受恒 繙譯, 天津河北公園內印書處, 官話本, 北京大學 所藏本, 中華民國元年(1912)

※ 中文基督教小說의 翻譯本과 中文譯本의 外國語原本

(34) 《勸善喩道傳》, 丁韙良 著, 明治10년(1877) 渡部溫(Watanabe On) 訓點 刊行, 日語訓點並記本, 日本東京 渡部氏藏版 重刊本
(35) 《兩友相論》, 《張遠兩友相論》의 日譯本, 安川亨(Yasukawa Toru) 譯, 東京府 原胤昭(harataneaki), 明治14년(1881)
(36) 《인가귀도(引家歸道)》, 《引家歸道官話》의 韓譯本, 朝鮮耶蘇教書會, 1894·1911년의 2種 刊本
(37) 《쟝원량우샹론(張遠兩友相論)》, 윌리엄 밀네 著·사무엘 마펫 譯, 韓譯本, 1894·1896·1898·1912年의 4種 刊本
(38) Friedrich Adolf Krummacher, *Parabeln,* Beutlingen, 1826, 《喩道要旨》의 독어 원본
(39) Trs. by Henry G. Bohn, *The Parables of Frederic Adolphus*, Philadelpia, 1858, *Parabeln*의 英譯本
(40) Mark Guy Pearse, *The Terrible Red Dwarf,* 1880, England Londen: Wesleyan Conference Society, 《紅侏儒傳》의 영문 원본
(41) Lyof Tolstoi, Trs. E. J. Dillon, *Walk While Ye Have The Light*, William Heinemann, 1891. 《五更鐘》의 영문번역본
(42) Lyof Tolstoi, Trs. Leo Winner, *Walk in The Light While There is Light*, Dana Estes and Company, 1905. 《五更鐘》의 영문번역본

우선 19세기 중문기독교소설 전체의 범주와 유형에 대해 서술문체와 창작·번역의 성격 특성으로 분류하고, 간행 연대에 따라서 작가와 작품 전체를 개술하여 현존하는 중문기독교소설의 전모를 살펴보고자 한다. 먼저 윌리엄 밀네의 《張遠兩友相論》부터 陳春生 譯述의 《五更鐘》까

지 작자와 작품을 소개한다. 이들 작품은 文體와 類型面에서 상이한 두 가지 부류로 나눌 수 있는데, 크게 翻譯小說과 創作小說로 이분하고, 白話章回體와 文言筆記體로 분류하여 작품 전체를 개괄해 보고자 한다. 이를 위해 먼저 서구의 동양진출사와 동서교류에 대한 역사적 배경을 고찰해 보고, 1807년 최초로 중국에 來華한 영국선교사 윌리엄 모리슨으로부터 중국·일본·한국에 도래한 기독교 선교사들의 선교활동을 중문기독교소설을 통해 동아시아 문서선교사업을 탐구해 보고자 한다.

중문기독교소설의 출판과 전파 상황을 살펴보면, 《張遠兩友相論》과 《引家歸道》의 경우 적어도 400만권 이상이 출판 유통되어 각지의 방언으로 번역되었으며, 19세기 후반 北京의 同文館과 京師大學堂에서 總敎習을 지낸 미국선교사 윌리엄 마틴의 중문기독교소설 《喩道傳》은 일본에 전래되어 中日文並記本이 간행되기도 하였다. 본장에서는 《勸善喩道傳》의 일본 간행자인 渡部溫과 〈序文〉의 著者 中村正在에 대해서도 조사하고, 이러한 사례를 통해 중문기독교소설의 일본 전파와 번역에 대해 고찰해 보고자 한다. 특히 일본의 경우에는 기독교 전래가 中韓 兩國보다 빠르고 상당한 교세를 가지고 있었고, 실제로 일본에서는 적지 않은 기독교소설이 전파되고 출간되었지만 한국에는 이런 상황이 거의 소개되지 않았다. 일본과 한국에서 중문기독교소설의 간행과 유통 상황에 대한 연구를 통해 동아시아의 기독교선교사와 당시 중문전적을 통한 문학전파의 실상을 구체적으로 탐구하고자 한다.

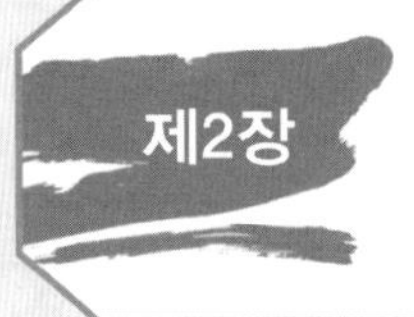

제2장 19세기 中文基督教小說의 정의와 범주

제1절 中文基督教小說의 定義와 淵源

中文基督教小說이란 中國古典小說이나 中國文學樣式을 모방하여 기독교의 교리 선양이나 《聖經》 내용을 중국어로 기술한 종교소설을 지칭한다. 최초의 개신교선교사 로버트 모리슨이 중국에 渡來했던 1807년부터 清朝가 멸망한 1911년까지, 서양선교사와 중국인 작가는 중국과 동남아지역에서 수 천 권에 달하는 기독교 중국어 문서를 간행하였는데, 그 중에서 적지 않은 작품들이 中國傳統小說의 형식으로 기독교의 교리와 내용을 서술 표현하고 있다. 이러한 기독교문서는 분명하게 소설문학의 여러 가지 양식과 서사내용을 갖추고 있는데, 전통 중국소설작품과는 상이한 東西洋의 문학 특성을 두루 겸비한 종교소설이라 하겠다.

19세기 이후의 중문기독교소설 연구는 21세기에 들어와 본격적인 연구가 시작되었는데, 하버드대의 패트릭 하난(Patrick Hanan)(2004)과 필자(2005, 2008), 프랑스 사회과학원의 陳慶浩(2006), 上海師大의 宋莉華(2010), 홍콩中文大學의 黎子鵬교수가 관련된 연구논저를 발표하여 이 분야의 연구에 상당한 성과를 거두게 되었다. 하지만 연구대상 작품의 발굴과 조사가 완비되지 못했고, 명칭도 제각기 차이를 보이고 있는데, 예를 들면 패트릭 하난교수는 淸末의 기독교소설을 "宣教士小說"이라 지칭하였고, 宋莉華교수는 "宣教士漢文小說"이라 불렀으며, 陳慶浩교수는 "基督教漢文小說"이라 하였고, 黎子鵬교수는 "基督教中文小說"이라 불렀다.

그런데 필자는 19세기에 저술 번역된 中文基督教小說이 비록 서양선교사가 주도적인 역할을 담당하였지만 대부분 중국인 助手(문인)와 공동작업을 통해 집필 윤색되어 간행되었고, 19세기 후기부터는 중국인 작가 단독으로, 혹은 중국인 작가가 주도적으로 집필한 작품도 나왔기 때문에 宣教士小說이나 宣教士漢文小說은 이 시기의 기독교소설을 통칭하기 어렵다고 생각하였다. 또한 漢文小說이란 명칭은 통상적으로 口語가 아닌 書面語로써의 文言小說을 지칭하므로 文言과 白話, 혹은 중국 각지의 方言을 모두 포괄할 수 있는 "中文"이란 통칭을 선택하였고, 이를 初頭에 배치하여 "中文基督教小說"이라 지칭하고자 한다. 晩淸시기의 중문기독교소설을 모두 5개의 단락으로 나누어 작품과 작자, 淵源, 範疇, 類型에 대해 고찰하고자 한다.

공개적으로 간행된 첫 번째 中文基督教小說은 영국 런던선교회의 선교사 윌리엄 밀네(William Milne, 米憐, 1785-1822)[1]가 지은 《張遠兩友

1) 윌리엄 밀네는 스코틀랜드사람으로 1809년 런던선교회에 가입하여 수학한 후, 1812년에 목사 안수를 받고서 중국에 파견되어 최초의 개신교 중국선교사인 로버트 모리슨목사를 도와 《성경》의 中譯作業과 교육, 문서선교의 초석을 다진 선구자이다. 그는 1813년 7월에 마카오에 도착한 지 얼마 후에, 廣州에 가서 중국어를 공부하였고, 복음서 낱장과 소책자를 중국인에게 배포해 주는 작업과 《성경》의 中譯作業을 하다가, 1815년 봄 刻字工 梁發을

相論》이다. 이 작품은 1819年 동남아의 말래카에서 출판된 이후, 싱가포르 등 남양지역과 홍콩, 중국본토의 통상항구에서 백 년 이상 지속적으로 출판 간행되었으며 현재 42종 이상의 판본과 上海語, 寧波語, 廣東語, 福建語, 漢口語, 官話 등의 중국방언본과 한국어, 일본어의 번역본이 출판되어 적어도 400만권 이상이 출간, 유통된 가장 대표적인 중문기독교 창작소설이다.[2] 이 때문에 晚淸시기의 中文基督教小說은

데리고 말래카에 가서 인쇄소를 설립하여 기독교 전단과 서적을 인쇄한 후, 중국으로 가져와 배포하였다. 1815년 8월에는 세계에서 최초로 중국어 정기간행지《察世俗每月統記傳》(*The Indo-Chinese Gleaner)*을 창간하였고, 1818년에는 모리슨과 함께 英華書院(Anglo-Chinese College)을 창립하여 교장으로 취임하였으나, 1822년 갑자기 病死하였다. 그와 모리슨이 공동으로 번역한 《신구약성경》은 1824년에 출판되었다.《선교사 회상록》에 의하면 밀네의 저작은 그가 주관해서 편집한 《察世俗每月統記傳》을 포함하여 모두 24종인데, 그 중에서 영문저작은 3종이고 나머지는 모두 중국어 저술이다. 밀네의 저작 중에서 가장 널리 전해지고 잘 알려진 작품이 바로 《張遠兩友相論》이다. 밀네의 생평과 저작은 윌리 알렉산더(Wylie Alexander, 1815-1887)의 *Memorials of Protestant Missionaries to the Chinese: Giving A List of Their Publications, and Obituary Notices of the Deceased with Copious Indexes*《在中 개신교선교사 回想錄》(이하 《선교사 回想錄》이라 약칭), Original Edition Published by Shanghae: American Presbyterian Mission Press, 1867. Reprinted by Ch'eng-wen Publishing Company, Taipei Taiwan, 1967, 12-21쪽 참고.

2) 《張遠兩友相論》의 初版은 1819년 말레이시아의 말래카(Malaca: 중국명 馬六甲)에서 출간되었는데 총 20面이다. 1831년 말래카에서 42面으로 재판되었고, 1836년에는 역시 42면으로 싱가포르에서 재판되었으며, 1844년 홍콩에서 수정본이 출간되었다. 그리고 후에 上海와 寧波 등지에서 수정본이 나왔는데, 서명은 《張遠兩友相論》, 《長遠兩友相論》, 《張袁兩友相論》, 《張遠辯道記》, 《甲乙兩友相論》, 《二友相論》, 《兩友相論》등으로 다양하게 사용되었다. 高田時雄 編 《映日書屋所藏 閩南語教會로마자文獻目錄》에 수록된 알파

1819년부터 清朝가 멸망한 1911년까지 출간된 소설작품을 그 대상으로 한다.

中文基督教小說의 淵源은 明末清初 예수회선교사의 천주교문헌에서 찾을 수 있는데, 그 중에는 죠세프 앙리 마리 드 프레메어(Joseph Henry Marie de Prémare, 馬若瑟, 1666-1736)[3]가 저술한 《儒交信》(約1720-

---

벳표기 閩南語宗教書目 중에는 *TieⁿUân Liang-iú Siang-lun, ék-tsò Tie-chiu Péh-ūe*이란 書名의 부록 1條가 실려 있는데, 실은 알파벳 표기방식으로 1886년 번역 출판된 潮州話版《張遠兩友相論》이다. 이 작품은 20세기 초반까지 중국 전역에서 많은 판본이 간행되었고, 한국 일본 등지에서는 번역본이 여러 차례에 걸쳐 간행되는 등 출간된 이래 가장 널리 유통되고 번역된 중문기독교소설 최대의 베스트셀러이자 19세기부터 1세기 동안 판매부수가 가장 많은 중문소설이기도 하다. 여러 가지 통계에 의하면 적어도 1세기 동안 350만부 이상이 출간 유통되었다고 추정된다. 현존하는 가장 오래된 판본은 道光 16년(1836) 孟秋에 重版된 "(싱가포르) 堅夏書院藏板"이며, 현재 하버드대 옌칭도서관과 파리 漢學院 IHEC도서관에 소장되어 있는데, 모두 12回에 半面은 8行이고 1행은 20字이며, 총 42面 13,440자이다. 拙著, 〈19세기 동아시아의 최대 베스트셀러《張遠兩友相論》연구〉,《中國語文論譯叢刊》第24輯, 中國語文論譯學會, 2009년 1월, 271-293쪽 참조.

3) 죠세프 앙리 프레메어는 프랑스 예수회신부이다. 1698년 루이 14세의 칙령을 받고 조아생 부베(Joachim Bouvet, 1656-1730)를 따라 중국에 와서 천주교의 선교사업에 종사하다가 30여년 뒤 마카오에서 서거하였다. 그는 元人 紀君祥의《趙氏孤兒》를 프랑스어로 번역하였는데, 프랑스의 문호 볼테르가 이를《中國孤兒》라는 제명으로 개편 출간하여 영국, 이태리, 러시아에까지 두루 영향을 미쳤다. 프레메어는 또한《中國古典 속의 基督教要理考察》(*Selecta quaedum vestigial praecipuorum religionis christianae dogmatum ex antiquis Sinarum libris eruta*)이란 책을 저술하였고, 조아생 부베(Joachim Bouvet, 白晉, 1656-1730), 장 프랑스와즈 푸케(Jean Françoise Foucquet, 傅聖澤, 1665-1741)와 함께 예수회"索隱派"를 창립하여 清代 초기 中國經學에 기독교 신앙의 색채를 더하였다. 그는 中國文字와 詩歌를 전문적으로 연구하였으며, 中文基督教小說《夢美土記》와《儒交信》을 창작하여 청말 기독

1730)[4]이란 중문소설이 있다. 이 작품은 章回體의 小說形式으로 擧人 李光이 천주교에 귀의하는 과정을 서술한 6回의 중편소설이다. 하지만 이 작품은 정식으로 출판되지 못했고 단지 손으로 베껴 쓴 手抄本의 형태로 유전되었고, 지금은 바디칸교황청도서관과 프랑스 파리도서관에 소장되어 있다.

앙리 프레메어의 또 다른 夢境寓言作品 《夢美土記》(1709)는 3,000자가 되지 않는 文言으로 기독교 신앙과 中國人의 천국에 대한 幻象을 결합시켜 예수회 索隱派의 이상세계를 상세하게 서술하고 있는데, 이 작품은 동서문학이 융합된 기독교의 낙원세계를 儒家經典의 意象을 빌어 중국어로 구현해 놓았다. 작자 프레메어는 서양의 전형적인 寓言手法을 운용하여 서술자 "여행자(旅人)"가 꿈속에서 인도자의 안내를 받아 美土勝景에 들어갔다가 마지막에는 천주교의 帝廷天堂에 올라가 인간세

교소설의 초석을 다지기도 하였다. 앙리 프레메어의 생평사적은 루이 피스테르(Louis Pfister), *Notices biographiques et bibliographiques sur les Jesuites de L'ancienne mission de China,* 1552-1773, 2vols(Shanghai: Imprimerie de la Mission Catholique, 1932-1934), 1:517-529 참조.

4) 原本은 현재 프랑스 國家圖書館에 소장되어 있으며, 모리스 쿠랑(Maurice Courant)編目 7166이다. 이외에 上海 徐家滙天主堂 藏書樓 抄本과 河北獻縣 張莊天主堂 印書館 1942年 刊本이 있다. 手抄本은 "无名先生述"이라 표기되어 있고, 앞부분에 라틴어 〈提要〉 5葉이 있으며 이어서 正文 63葉, 全書 六回에 모두 135面이고 총 2만 5천 字이다. 그러나 鄭安德(《明末淸初耶穌會思想文獻彙編》 第45册, 北京大學 宗教硏究所, 2000年, 〈儒交信題解〉, 1쪽)과 陳慶浩(〈新發現的天主教基督教古本漢文小說〉, 《第二屆 中國小說戲曲國際學術硏討會 論文集》, 臺北: 里仁書局, 2006年, 469-470쪽), 李奭學教授는 모두 이 소설의 작가는 프랑스선교사 앙리 프레메어(Joseph Henry Marie de Prémare, 馬若瑟)라고 주장하였고, 陳慶浩教授는 이 작품의 저술시기를 대략 1720년에서 1730年 사이로 추정하였다.

계에서는 맛볼 수 없는 천상낙원의 평화롭고 고요한 정취를 느끼게 되었다는 이야기를 제1인칭으로 서술하고 있다. 이 작품의 夢境寓言的인 특성을 놓고 본다면 비록 19세기에 윌리엄 번즈(William Chalmers Burns, 賓爲霖, 1815-1868)가 번역한 《天路歷程》(1851)과 그리휘트 존이 번역한 《紅侏儒傳》(1882) 등의 西方寓言小說과는 같은 유형에 속한다. 하지만 《夢美士記》는 創作小說이어서 翻譯小說인 뒤의 두 작품과 비교해보면 상당히 각별한 의미를 갖고 있다고 하겠다.

中文基督敎小說의 淵源은 明末淸初 예수회신부들의 天主敎 文獻에서 찾을 수 있기 때문에 中文基督敎小說이 간행된 시기는 明朝 末年에서 淸朝 初期까지로 거슬러 올라갈 수 있다. 만일 예수회의 이탈리아선교사 니콜라스 롱고바르디(Nicolas Longobardi, 龍華民, 1559-1654)[5]의 《聖요세파전기 聖若撒法始末》(1602)[6]를 天主敎의 聖人傳記小說作品으로 간주한다면 중문기독교소설의 刊行時期는 다시 明代 末葉으로 거슬러 올라가게 된다.

---

5) 예수회신부, 이탈리아 시시리주의 귀족출신으로 모시나수도원에서 7년 동안 교육을 받고 1597년 중국에서 와서 58년 동안 廣東 韶州를 비롯하여 北京, 山東 등 남북 여러 지역에서 선교를 하였고, 북경에서 전쟁과 천문역법에 관한 관직을 수행하였는데 山東에서 향년 90세로 타계하였다. 그는 천주교와 중국문화 역사에 관한 약 20여종의 저술을 남겼다. 費賴之 著·憑承鈞 譯, 《在華耶穌會士列傳及書目》, 中華書局, 1995년 11월, 64-71쪽 참조.

6) 聖人 요세파의 일대기를 서술한 전기소설작품으로, 롱고바르디가 1602년 韶州에서 판각하였다. 성인 요세파는 불교의 창시자 싯달타를 비유한 인물로 이 전기작품은 싯달타의 출생에서 출가 득도하는 과정이 그대로 요세파라는 인물에 투영되어 묘사되어 있다. 費賴之 著·憑承鈞 譯, 전게서, 69쪽의 著錄 참조.

제2절 中文基督教小說과《聖經》

中文基督教小說은 대체로 기독교의 교리 표현이나 선교를 주요 내용으로 하는데, 中文基督教小說의 서술언어는 왕왕 中譯《聖經》의 언어토양을 벗어나지 않는다. 이런 점은《聖經》의 보급과 전파에 결정적인 영향을 미쳤다. 基督教寓言小說《天路歷程》을 예로 든다면, 이 작품에서《聖經》을 직접 인용하거나《聖經》의 典故를 사용한 부분은 통계에 따르면 80%가 넘는다고 한다. 영국선교사 윌리엄 번즈는 1865년 文言譯本을 官話로 번역하면서, 그 내용이 같은지를 서로 비교하면서 읽는 소설과《聖經》의 "상호 印證的" 相關關係를 다음과 같이 설명하고 있다.

> 이 작품은 처음부터 끝까지 모두가 比喻의 말인데, 처음 번역[7]에 주가 없어서 독자들이 이해하지 못할까 두려워 지금 백화문 옆에 小注를 더하였고, 아울러《성경》의 어떤 책 몇 장 몇 절에 보인다고 明記하여 살펴보기 편리하게 하였다. 이 작품을 읽는 사람은 책상에《新舊約聖經》을 놓아두고 그 내용이 맞는지를 서로 비교해가면서 읽을 수 있도록 대비해야 하는데, 이렇게 한다면《성경》의 의미를 절로 깨달을 수 있을 것이다.[8]

---

7) 여기서 말하는 "처음 번역(初譯)"은 윌리엄 번즈가 1853년 처음 번역한《天路歷程》文言譯本을 가리킨다.

8) 〈天路歷程官話自序〉: "因是書自始至終悉是喻言, 初譯無注, 誠恐閱者不解, 今於白文旁加增小注, 並注明見聖書某卷幾章幾節, 以便考究。凡閱是書, 務於案頭置新舊約, 以備兩相印證, 依此而行, 則聖經之義, 自能融洽於胸中矣。" 約翰·本仁(John Bunyan)著·賓爲霖譯,《天路歷程官話》, 京都: 福音堂, 同治4年(1865), 영국 옥스퍼드대학 보드레이언도서관 소장본, 2面.

中文基督教小說은 대부분 중국의 민중들이 좋아하는 章回體 소설양식으로 기술되었고 대부분 揷圖가 들어있어 생동적이며 흥미로워 많은 독자들에게 애독되었다. 이런 중문기독교소설들은 일반 기독교신자들이 《聖經》을 읽고 싶게 만들고 《聖經》의 이해를 돕는데 결정적인 역할을 하였다. 영국선교사 제임스 레기(James Legge, 理雅各, 1815-1897)[9]는 《舊約·創世記》에 나오는 요셉의 이야기를 章回體小說 《요셉略傳 約瑟紀略》(1852)으로 改編하면서 序文에서 자신의 改編 취지를 분명하게 밝히고 있다.

> 지금 《聖經》에서 이야기를 뽑아 대략 소설 문체를 모방하여 작은 책으로 엮어낸 것은 우리 世人들이 《聖經》을 볼 때마다 그 분량에 질려 책을 펼치기만 하면 졸기 때문이다. 단지 소설책만은 보아도 피곤치가 않고, 한번 보기 시작하면 손에서 놓지 않기 때문에 잠시 소설 문체를 모방하여 사람들이 《聖經》을 즐겨 읽고 유익함을 얻길 바라서이고, 또한 勸世하고자 하는 老婆心에서 나온 것일 뿐이다. 이 작품은 실제로 소설과는 완전히 다르다. 독자들이여! 이 작품을 소설로 보고 무시하지 않으시기를 바랍니다.[10]

---

9) 제임스 레기는 1815년 영국 스코트랜드 아버딘에서 자본가 집안의 넷째 아들로 태어났다. 그는 영국 아버딘 킹스칼리지를 수석으로 졸업하고 1840년 런던선교회의 선교사로 말래카 英華書院의 교장으로 부임하였으며, 1843년 英華書院이 홍콩으로 이주한 뒤에도 계속해서 교장으로 재직하였다. 그는 1861년부터 25년 동안 四書五經과 《道德經》, 《莊子》 등의 명저를 영어로 번역 출판하였으며, 1876년부터 22년간 옥스퍼드대학에 재직하며 漢學界에 수많은 인재를 배출하였다. 顧長聲 著, 《從馬禮遜到司徒雷登》, 上海書店出版社, 2005年, 112-128쪽 참조.

10) 제임스 레기, 〈요셉略傳序〉: "玆由《聖經》采出, 畧倣小說之體, 編爲小卷, 莫

서양선교사들은 19세기 중국선교의 초기에 중국인들에게 《성경》을 읽히기 위해 소설의 오락성과 전파성에 착안하여, 《성경》故事를 章回小說로 編輯 改作하여 《성경》 보급에 주력하였다. 게다가 《성경》을 사실로 믿는 기독교인의 입장에서 이런 기독교소설은 허구에 바탕을 둔 일반 소설작품과는 완전히 다르다는 점도 강조하고 있다. 이런 小說觀을 가진 서양선교사들은 주로 《성경》 經文에서 人物故事를 추출하여 중국의 전통적인 소설양식으로 改編 改作하였는데, 이렇게 《성경》을 개편하는 것은 《성경》과 중국문학이 융합된 전형적인 사례라고 할 수 있다. 편저자 제임스 레기는 《요셉略傳》이 심지어 《성경》故事와 並存할 수 있으며 《성경》보다 더 생동적으로 인물형상을 창출해 내었다고 생각하였다. 그는 역사적인 안목으로 이 작품의 진실성과 教育의미를 강조하였을 뿐만 아니라, 형상사유의 문학예술작품으로써 소설이 갖추어야할 審美的인 特性도 함께 살피고자 하였다. 《요셉略傳》은 《創世記》의 역사구도 속에서 성인 요셉의 일생 사건을 통해 합리적인 상상의 허구를 전개시켰지만 작품의 스토리 발전이 《성경》의 원래 모습을 벗어나지는 않았고 동시에 인물형상을 생동감 있게 묘사하였다.

《요셉略傳》에서 제목을 "紀畧"이라 한 것은 바로 《四庫全書總目》의 體例記事의 글쓰기방식을 모방한 것이니, 분명히 中國史傳小說의 필법을 채용한 것이고 중국전통 역사연의소설의 기능과 서술특성을 가지고 있다. 서방선교사들은 이런 聖人傳記小說을 편찬하는 독자적인 관점을

非因我世人, 每檢聖經, 則厭其繁, 一展卷, 卽忽忽欲睡。惟於小說稗官, 則觀之不倦, 披之不釋。姑倣其體, 欲人喜讀, 而獲其益, 亦勸世之婆心耳。實與小說大相懸絕也。讀者! 幸勿視爲小說而忽之焉。" 《約瑟紀略》, 홍콩 英華書院, 同治9년(1870), 영국 옥스퍼드대학 보드레이언도서관 소장본, 2面.

가지고 있는데, 그들은 천년동안 流傳되어 무수한 사람들이 사실로 믿고 있는 《聖經》 중에 나오는 聖人에 관한 經文을 추출하여 중국인이 익숙한 史傳小說로 개작하였던 것이다. 영국선교사 조지 피얼시(George Piercy, 俾士, 1829-1913)는 〈엘리아略傳序〉에서 《성경》과 이런 소설작품의 역사성을 명확하게 지적하고 있다.

> 이 《聖經》은 서양에서 가장 중요한 경전으로 천하의 여러 경전보다 훨씬 뛰어나다. 책 중에는 歷史나 詩歌, 律法이나 訓戒가 있는데, 여기서 말하는 天道와 人道는 깊은 뜻이 무궁하니, 모두가 하나님께서 묵시하시고, 선지자가 손으로 기록한 것이다. 이에 지금 그 역사 중의 한 가지 사건을 뽑아 쉽게 부연 서술하니 文體는 비록 소설을 모방하였으나 실제로는 소설작품이 아니다.[11]

《엘리아略傳》은 《성경》 중에서도 史書의 특성을 구비하고 있는데, 피얼시는 "하나님께서 묵시하시고 선지자가 손으로 기록한" 사실을 기술한 경전임을 강조하고 있다. 제임스 레기는 〈요셉略傳序〉에서 이 점을 다시 언급하고 있다. "이 전기는 비록 소설의 체례와 비슷하지만 실제로는 소설작품이 아니다. 작중 사건은 억지로 꾸며내어 형체를 묘사하고 그림자를 그려낸 것이 아니고, 또한 이런 사건 때문에 임의로 잎을 집어넣고 꽃을 더한 것이 아니라, 사실에 의거하여 직접 서술하였고 조

11) "此聖經爲泰西最重之經, 高出於天下羣經者也。卷中或史、或詩、或律、或訓, 所言天道、人道, 奧義無窮, 皆上帝所默示, 先聖所手錄焉。而玆擇其史中一事, 淸淺敷陳, 體雖仿乎小說, 實非同乎小說。" 피얼시, 《以利亞紀略》, 羊城: 增沙書室鐫, 同治2년(1863), 영국 옥스퍼드대학도서관 소장본, 1面.

금도 그 사이에 감히 가감을 더하지 않았다.[12] 《요셉略傳》은 《성경》의 사건을 서술한 작품으로 내용의 골간은 《성경》 경문에서 벗어나지 않고 있으며, 전체적으로 《聖經》 내용에 부합된다. 이런 작품으로는 《요셉略傳》(1852) 이외에, 제임스 레기의 《아브라함略傳 亞伯拉罕紀畧》(1857)과 조지 피어시의 《엘리야略傳 以利亞紀畧》(1863) 등이 있다.

19세기 중문기독교소설은 中譯 《聖經》의 번역자와 밀접한 관계를 가지고 있다. 우선, 중국 최초의 中譯 《聖經》인 《神天聖書》의 번역자인 윌리엄 밀네는 《신구약성경》 번역이 완료된 1819년 첫 번째 중문기독교소설 《張遠兩友相論》을 저술하였다. 그가 이 작품 중에 인용한 中譯 《聖經》은 당연히 자신이 번역한 《神天聖書》이다. 그런데 《張遠兩友相論》은 그 후에도 여러 명의 선교사가 개편작업을 진행하여 다양한 판본이 존재하는데, 그 중에서 찰스 밀네(William Charles Milne, 美魏茶, 1815-1863)는 1851년 上海에서 11회본 《張遠兩友相論》을 간행하였다.[13] 그는 바로 윌리엄 밀네의 아들이자, 1852년에 출간된 《委辦譯本[14]聖經》

12) "此紀雖似小說之體, 實非小說之流。蓋非無是事, 而憑空描形畫影, 亦非因是事, 而任意揷葉添花; 乃據事直陳, 不敢稍有加減於其間。" 〈요셉略傳序〉, 《約瑟紀略》, 1面.

13) 윌리 알렉산더의 《선교사 回想錄》, 124쪽 참조.

14) 런던선교회의 로버트 모리슨이 번역한 《神天聖書》를 일반적으로 기독교의 첫 번째 中譯本《聖經》으로 간주한다. 모리슨은 1807년에 중국에 입국하여 12년 동안의 노력 끝에 文言體의 《神天聖書》를 1819년에 번역 완료하고 1823년 말래카에서 출판하였다. 비록 이보다 1년 앞선 1822년 침례교선교회의 조수아 말쉬맨(Joshua Marshman 중국명 馬殊曼)이 인도의 싸이란포에서 中譯 《聖經》을 출판하여 시간상으로는 말쉬맨역본이 앞서지만 중국에서 출판되지 않았고 이 역본은 중국 경내에서 유통되지 않아 모리슨역본에 비해 영향력이 없었기 때문에, 일반적으로 모리슨의 《神天聖書》를

의 번역위원이었다. 그가 改縮한 11회본은 바로 委辦譯本의 經文을 인용하고 있다. 1882년 그리휘트 존은 《引家當道》를 저술하고 이어서 1889년 이를 官話로 번역한 《引家歸道官話》를 출간하였다. 바로 그리휘트가 《楊格非官話譯本 新約聖經》을 그 해에 출간했는데, 그리휘트는 官話本 《新約聖經》과 《引家歸道官話》를 동시에 번역 출판하기도 하였다.

《天路歷程》은 1853년에 첫 번째 文言譯本이 나온 이후, 여러 가지 中譯本이 나와서 아마도 《委辦譯本》 이후 여러 가지 中譯本 《聖經》을 인용하여 번역하였는데, 19세기 중문기독교소설은 여러 中譯本 《聖經》을 참고하거나 인용하여 저술, 편집, 개작하였다. 19세기 중문기독교소설의 출판은 개신교에서 출판한 여러 가지 中譯本 《聖經》과 밀접한 관계를 가지고 있으며 윌리엄 밀네 이래 여러 명의 中譯本 《聖經》의 譯者가 기독교의 선교와 《聖經》 보급을 위해 직접 중문기독교소설을 창작하거

첫 번째 中譯《聖經》으로 꼽는다. 1843년 南京條約이 체결된 뒤 서양선교사는 홍콩과 5개의 통상항구에서 선교의 자유를 누리게 되었다. 이 해에 영국과 미국의 선교사는 홍콩에서 제1차 연합선교회대회를 개최하여 中譯聖經翻譯委員會를 조직하였는데, 聖經翻譯作業을 각 선교사에게 위탁하였고, 주요 교파의 대표가 모두 참가하였기 때문에 이 中譯本을 《委辦譯本》이나 혹은 《代表譯本》이라 부르게 되었다. 19세기에 출간된 文言中文譯本은 대략 20여종이 있는데, 그 중에서 《神天聖書》(1823) 이외에 太平天國에서 채용한 메드허스트(Walter H. Medhurst), 귀츠라프, 브리드그맨(Elijah C. Bridgman)의 共譯本(신약 1836, 구약 1838, 수정본 1853)과 委辦譯本(1852)과 브리드그맨과 컬벌트슨(M. S. Culbertson)의 共譯本(1863)이 비교적 유명하다. Patrick Hanan, "The Bible as Chinese Literature: Medhurst, Wang Tao, and the Delegates' Version", *Harvard Journal of Asiatic Studies* 63:1(June 2003): p197-239와 麥金華 著, 《大英聖書公會與官話和合本聖經翻譯》, 홍콩 基督教中國宗教文化研究社, 2010년, 22-26쪽 참조.

나 번역한 것은 周知의 사실이다.

제3절 中文基督敎小說의 문학양식과 서사형태

中文基督敎小說의 編著者는 출간할 때에 독자대상을 중국인으로 설정하였으며, 문인 사대부부터 일반 백성까지 중국의 모든 계층을 독자대상으로 삼았다. 이 때문에 中文基督敎小說은 대체로 中國古典小說의 전통적인 서사방식을 취하고 있으며 중국인의 審美的인 관습으로부터 직접적인 영향을 받았다. 中國古典小說은 筆記小說, 傳奇小說, 話本小說, 章回小說[15]의 네 가지 부류로 나눌 수 있다. 話本小說과 章回小說은 주로 白話文으로 기술되었으며 話本小說은 대부분 短篇에 속한다. 章回小說은 話本小說의 형식을 계승하여 章이나 回로 나누어 中長篇作品을 서술하고 있다. 그 중에서 擬話本小說集과 長篇章回小說은 明淸時代에 대중에게서 가장 사랑을 받았던 小說類型이다.

15) 寧宗一선생이 主編한《中國小說學通論》에서는 中國小說을 唐前小說, 傳奇小說, 話本小說, 長篇章回小說의 四大 類型으로 나누었다. (安徽敎育出版社, 1995年, 317-534쪽) 中國 國家敎委古籍整理硏究委員會 主導의 "中國小說史叢書"는 모두 18種의 小說史가 있는데, 4개의 單元으로 나뉘어 있다. 제1단원은 斷代史로 6종이 있다. 제2단원은 題材史로 4종이 있다. 제3단원은 體裁史로《筆記小說史》,《傳奇小說史》,《話本小說史》,《章回小說史》의 4종이 있다. 筆者는 여기서 浙江古籍出版社 體裁史의 4種 分類法을 채택하여 "唐前小說"을 "筆記小說"이라 부르겠다. 苗壯 著,《筆記小說史》, 浙江古籍出版社, 1998年,〈前言〉, 제1쪽.

淸末의 대표적인 中文基督敎小說 예를 들면, 윌리엄 밀네의 《張遠兩友相論》(11回, 12回, 13章), 카알 귀츠라프(Karl Friedrich August Gützlaff, 郭實臘, 1803-1851)[16]의 《贖罪之道傳》(1834 3卷21回, 1836 2卷18回), 제임스 레기의 《요셉略傳 約瑟紀畧》(1852, 6回), 그리휘트 존(Griffith John, 楊格非, 1831-1912)[17]의 《引家當道》(1882, 16回) 등의

16) 귀츠라프는 프러시아의 피리츠(Pyritz)에서 태어났으며 18세에 베를린의 선교회학원에서 공부하였고, 1823년 네덜란드의 노트르담선교회에서 수학하였으며 1826년 목사 안수를 받고 당시 네덜란드의 식민지였던 인도네시아에 선교사로 파송되어 말레이어와 중국어를 배웠다. 1831년 중국에 입국하였고 1832년부터 여러 차례에 걸쳐 불법으로 배를 타고 중국 연해와 조선, 일본을 항해하며 여행기를 기술하였다. 1833년 廣州에서 중국에서 출간된 첫 번째 중국어 월간잡지 《東西洋考每月統記傳》을 창간하였고 1839년부터 아편전쟁 중에는 영국군에 참여 각종 직무를 수행하였으며 영국의 통역관으로 南京條約의 조인에도 관여하였다. 아편전쟁 후에는 홍콩 식민정부의 政務司로 재직하다가 1851년 48세로 타계하였다. 그는 86종의 서적을 독, 영, 중, 일, 태국어로 출간하였는데 그 중에 중국어 전적은 61종이 있으며 중문기독교소설의 多産作家이다. 拙著, 〈19세기 在中·在韓 서양선교사에 의한 中文基督敎小說의 창작과 번역연구〉, 《中國語文論譯叢刊》 제22집, 2008년 1월, 234-235쪽과 윌리 알렉산더의 《선교사 回想錄》, 54-66쪽 참고.

17) 그리휘트 존은 1831년 영국 남웨일스의 스완시(Swansea)에서 출생하였다. 그는 어려서 모친을 여의고 신앙이 좋은 아버지에게서 종교교육을 받고 성장하여 유년시절에 하나님께 헌신하기로 서원하고 여덟 살에 개신교 公理會(Congregationalists)의 신자가 되어 16세부터는 예배를 인도하였다. 1853년 런던선교회에 가입하여 1855년 公理會의 파견을 받고 중국에 왔다. 초기에는 上海, 松江, 平湖, 蘇州 등지에서 활동을 하다가 太平天國의 干王 洪仁玕을 접견하고 太平天國 경내에서 선교활동을 허락받기도 하였다. 1860년 북경조약이 체결되어 서방국가가 中國內地에서 교회를 건립할 수 있게 되었다. 1861년 그리휘트는 上海에서 양자강을 거슬러 西進하여 6월 21일 내지의 중심지인 漢口에 도착하여 湖北지역에 첫 번째로 들어온

作品들은 모두 章回體로 쓰여졌다. 이들 작품은 비록 明清 章回體의 格式을 그대로 습용하지는 않았지만 적어도 章이나 回로 나뉘어 있으며, 敍述方式과 常用格式은 거의 다 傳統話本小說의 形式을 사용하고 있다. 예를 들면 回目과 入話方式 혹은 說話人의 敍述方式 등이 그러하다.

筆記小說과 傳奇小說은 모두 短篇文言作品인데, 傳奇小說은 唐代에 시작된 特定 形式과 內容을 갖춘 文言小說로써, 오랫동안 유행하였고 근대에 와서도 여전히 끊임없이 창작되어진 일종의 대표적인 中國小說類型이다. 중국소설의 分類에 있어 줄곧 의론이 분분했던 유형이 바로 筆記小說이다. 하지만 筆記小說의 양식은 결코 천편일률적이거나 획일적이지 않으며, 천태만상으로 매우 다양하다. 魯迅은 筆記小說을 분류하면서 志怪와 志人 이외에 "雜俎"라는 부류를 열거하였다. "雜俎"란

개신교선교사가 되었으며, 이곳에서 50여년의 선교생활을 하였다. 그는 漢口(1861), 武昌(1867), 孝感(1880), 黃陂(1898), 天門皀市(1899) 등 수많은 지역에 선교기지를 설립하였고, 이들 지역에 仁濟病院을 설립하여 의료선교를 실시하였다. 1863년 漢口에 華中地域의 첫 번째 교회인 首恩堂을 건립한 것을 비롯하여 湖北地域에 백여 곳의 예배당을 건립하였고, 멀리 四川과 湖南지역까지 선교활동을 하였다. 1889년 그리휘트는 영국 웨일스公理會 전국협회 회장으로 피선되었고 에딘버러대학에서 신학박사학위를 받았다. 1876년 그리휘트는 런던선교회의 지원을 받아 漢口에 中國基督教聖教書局(Religious Tract Society Hankow)을 설립하였고, 이 문서선교기관은 계속 확장되어 중국 전역으로 발전하였다. 1899년 그는 漢口에 博學書院을 창립하였다. 1911년 武昌事變이 발발하여 그는 漢口를 떠나 1912년 영국으로 돌아간 지 얼마 후 病死하였다. 생평사적은 國外布道英雄集 第5册 《楊格非傳》(Nelson Bitton 著, 梅益盛(Isaac Mason)·周雲路 譯, 上海廣學會, 1924년)과 *Griffith John: The Story of Fifty Years in China*(Robert Wardlaw Thompson, New York: A.C. Armstrong, 1906), *Griffith John: Apostle to Central China*(Noel Gibbard, Bridgend, 1998)을 참조.

이것저것 두루 모아놓았다는 의미인데, 한 작품 중에 두 가지 사건이 기술되었거나 심지어는 여러 가지 사건을 동시에 기재하기도 하였다. 이런 부류의 작품은 마땅히 그 내용을 파악하여 志怪에 귀속시키기도 하고, 혹은 志人小說에 집어넣어야 할 것이며, "雜俎"란 명칭으로 억지로 끌고 들어와서는 안 되겠다. 이 때문에 題材와 內容면에서 筆記小說을 志怪小說과 志人小說의 兩大 文類로 구분할 수 있겠다.

筆記小說은 中國 古典小說 최초의 形式인데, 대략 수 백 字 내외의 짧은 편폭으로 簡潔한 文言을 사용하여 人物(幻化된 鬼神精怪와 擬人化된 動植物과 器物 등을 포괄한다)과 사건을 기술한 단편소설이다. 필기소설은 왕왕 줄거리를 엉성하게 기술하여, "叢殘小語(잡다하고 부스러진 짧은 말)"란 비판을 받기도 하였으며, 中國小說 중에서 가장 일찍 생겨나 계속해서 발전 창작된 小說 文體이다. 이런 필기소설의 형식을 모방한 淸末의 기독교소설로는 영국선교사 티모티 리차드(Timothy Richard, 李提摩太, 1845-1919)[18]의 《喩道要旨》(1894)와 미국선교사 존 알렌(Young John Allen, 林樂知, 1836-1907)[19]이 번역한 《安人車》(1902)가 있다. 《喩道要旨》는 티모티 리차드가 독일의 신학자 크루마허(Friedrich Adolf Krummacher, 1767-1845)가 지은 201篇의 寓言故事

18) 티모티 리차드는 영국 침례교선교사로 1870년부터 1886년까지 山東과 山西지방에서 선교와 교육 및 재해구제사업을 전개하였고, 1886년부터 1916년까지 廣學會의 총간사로 청말의 개혁운동에 지대한 영향을 미쳤다. 그의 생평사적과 언론 및 기독교 문서선교활동은 졸저, 〈淸末 영국선교사 티모티 리차드의 基督教 文言翻譯小說 《喩道要旨》의 번역 특성 연구〉, 《中國語文論譯叢刊》 제23집, 2008년 7월, 57-62쪽을 참조.

19) 존 알렌의 생평사적은 졸저, 《中國 近代의 小說 翻譯과 中韓小說의 雙方向 翻譯 硏究》, 숭실대출판부, 2008년 9월, 190-192쪽 참조.

로 구성된 *Parabeln*의 英譯本 중에서 71편의 故事를 뽑아 필기체로 번역하여 小說集으로 개편한 證道故事集이다.[20] 이 작품집에서 가장 편폭이 긴 작품은 제27편 〈야이야 亞以亞〉로 모두 1,551자이고, 가장 짧은 작품은 겨우 119자밖에 되지 않는 제64편 〈눈물 淚〉이다. 각 편의 편폭이 일정치는 않지만 문장 체례는 전형적인 筆記小說의 양식을 갖추고 있다.

이런 문언소설집으로는 윌리엄 마틴(William Martin, 丁韙良, 1827-1916)[21]의 《喩道傳》(1858)이 있는데, 이 소설집은 16편의 短篇小說로

20) 티모티 리차드는 〈喩道要旨序文〉에서 "그 章法이 중국 筆記 등의 작품과 비슷한 것을 선별하였다.(謹擇其章法與中國筆記等書相似者。)"고 언급하였는데, 이로부터 《喩道要旨》의 敍述章法은 文言 筆記小說體를 채택하였음을 알 수 있다.

21) 윌리엄 마틴은 중국에서 66년 동안 활동했던 미국선교사이다. 그는 1827年 4月 美國 인디아나주의 리오니아에서 장로교선교사의 아들로 태어났는데, 1843年 인디아나대학에 진학하였다가 1846年 뉴알바니아 神學院으로 전학하여 神學을 전공하였다. 1849年 졸업한 뒤 1850年 중국에 와서 浙江省 寧波에서 선교활동을 하였다. 寧波에 있을 때 마틴은 《聖經》을 寧波方言으로 번역하는 번역작업에 참여하였고, 한자와 알파벳을 병기한 복음서를 편찬 인쇄하여 알파벳 한자 복음서를 보급하기도 하였다. 1854年 문언으로 편찬한 《天道溯原》을 출간하였는데, 이 책은 여러 차례 재판을 거듭하면서 널리 전파되었으며 日語로 번역되기도 하였다. 1862년부터 上海로 이주하여 선교활동을 하였으며, 당시 국제법 최고의 권위학자 휴튼의 《萬國公法》을 중국어로 번역하였는데 큰 반향을 얻었고 출판한 이듬해에는 일본에까지 전해졌다. 이어서 마틴은 北京 同文館 교수로 재직하면서 계속해서 타인과 共譯으로 《星軺指掌》·《公法便覽》 등 다수의 국제법 전적을 번역 저술하였다. 그는 장기간 北京 同文館의 總教習을 역임하였고, 나중에는 京師大學堂의 總教習이 되는 등 교육사업에 헌신하였다. 1906년 79세의 고령으로 국립대학에서 은퇴한 마틴은 다시 선교사로 활동하다가 1916년 12월 북경 저택에서 서거하였다. 顧長聲 著, 《從馬禮遜到司徒雷

구성된 기독교 선교소설이다. 그러나 체례는 傳奇體에만 속하거나 혹은 筆記體로만 기술되지는 않았다. 예를 들면 第1篇 〈아버지를 찾는 효자 孝子覓父〉와 第2篇 〈어머니에게 돌아온 탕자 蕩子歸親〉, 第11篇 〈자신의 힘을 믿지 마라 莫恃己力〉, 第16篇 〈영혼은 실제로 永生한다 魂實長生〉 등의 작품은 모두 傳奇體로 주인공 傳主의 스토리를 서술하고 있다. 그러나 第5篇 〈고해를 멀리 떠나라 苦海遠離〉와 第12篇 〈습관을 삼가야 한다 宜愼其習〉 등의 작품은 筆記體와 傳奇體를 겸용한 聊齋志異式 敍事方式으로 이야기를 서술하였다. 게다가 《喩道傳》 全篇은 모두 《聊齋志異》의 "異史氏曰"이란 議論方式을 채택하여 작품 每篇의 말미에 모두 "企眞子[22]曰"이란 評論이 붙어있다. 이러한 작품구조와 서술방식은 아마도 유럽 證道故事의 전통적인 서사방식으로부터 영향을 받았을 것이며 이로 인해 이 작품집은 독특한 서사형태를 드러내고 있다. 이런 "喩道"類 文言小說作品은 모두 소설작품집을 대상으로 하며, 단편작품은 중문기독교소설의 범주에 포함시키지 않았다.

登》, 上海人民出版社, 1995년 第4版, 185-202쪽.

22) 范蓉棣는 浙江省 上虞 부근의 四明人으로 號를 企眞子라고 하였고 스스로를 休休居士라고도 불렀다. 그는 윌리엄 마틴이 浙江 寧波에 있을 때, 중국어와 儒家經書를 가르쳤던 윌리엄 마틴의 漢文先生인데, 문장력이 뛰어나 윌리엄 마틴을 위해 〈天道溯原序言〉을 찬술하였고 《喩道傳》의 卷頭에 2편의 서문을 썼으며, 16편 고사의 후미에는 "企眞子曰"이라는 評語를 달아서 《喩道傳》전편의 評者가 되기도 하였다. 졸저, 〈19세기 미국선교사 윌리엄 마틴의 基督敎寓言小說《喩道傳》硏究〉, 中國學硏究會, 《中國學硏究》 제50집, 2009년 12월, 612-614쪽 참고.

제4절 中文基督教小說과 翻譯小說

19세기 개신교선교사들이 구미의 기독교소설을 中國語로 번역할 때에, 결코 原本에만 충실하지 않고 상황에 따라 유연하게 번역을 하기도 하였다. 그들의 번역작업은 "原語原本取向"방식에서 "譯語原本取向"방식으로 전환하여 중국어로 번역된 소설작품은 이미 중국문화의 한 부분이 되어버렸고, 중국문학과 서로 유기적인 관계를 갖게 되었으며 심지어는 중국문학의 발전에 직접적인 영향을 미치기도 하였다. 譯語의 문화와 종교환경, 번역목적 및 출판환경 등의 문화조건에 부합하기 위해서, 선교사 譯者들은 왕왕 原本에 대해 대대적으로 改寫하거나, 改編, 節錄, 重述 등의 서사조치를 취하였다. 이런 현상은 어떤 한 작품이나 혹은 어떤 한 역자에게만 나타난 것은 아니며, 19세기 기독교소설의 번역작업 중에서 쉽게 찾아볼 수 있는 일종의 보편적인 현상이 되어버렸다. 예를 들면 영국선교사 그리휘트 존이 마크 피얼스(Mark Guy Pearse)의 宗教寓言故事 *Terrible Red Dwarf*를 《紅侏儒傳》(1882)이란 제명으로 번역했을 때, 역자 그리휘트는 〈跋文〉에서 자신의 번역경험과 번역방식을 다음과 같이 피력하였다.

> 저는 이전에 서양에서 작은 포켓형 책자를 보았는데, 紅侏儒[23]의 일을 기술하고 있었다. ……그 중에 혹 번잡한 것은 없애거나 혹은 아름다운 어휘로 윤색하여 새롭게 기술하고 波瀾을 더하여 원본보다

---

23) "紅侏儒"는 "붉은 난장이"라고 직역할 수 있으나, 이 작품에서는 사람의 혀를 의인화한 호칭이다.

> 더 새롭게 서술하였는데, 글자에 따라 또박또박 직역한 것은 아니다. 이 작품을 읽는 사람은 번역이라 해도 되고, 저술이라 해도 될 것이며 절반은 번역이고 절반은 저술이라 해도 안 될 것은 없겠다.[24)]

작자 그리휘트는 이 작품을 중국의 실정에 맞추어 문장을 다듬고 윤색하였으며 새롭게 기술하여 원본과는 다르게 변형시켰고 글자에 따라 직역하지는 않았다고 술회하면서, 작품의 번역 정도를 “半譯半著” 狀態라고 평가하였다. 영국 침례교선교사 티모티 리차드는 英譯本 宗教寓言集 *The parables of Frederic Adolphus Krummacher*를 중국어로 번역할 때, 201篇의 宗教寓言을 71篇의 基督教 證道故事集《喩道要旨》로 완전히 개편하였는데, 譯者의 主觀的인 介入과 의도적인 曲譯(扭譯)의 翻譯策略이 분명하게 드러나 있다. 때문에 원본의 앞부분에 있는 인도 브라만교의 宗教寓言故事를 번역하지 않았고, 기독교의 신앙과 문화상태를 표현하는 단편작품을 대거 선별하여, 기독교를 선교하려는 譯者의 번역 목적을 달성하고자 하였다. 이러한 小說作品 속에는 譯者의 독창적인 改寫能力과 서술능력이 충분히 나타나 있기 때문에《天路歷程》(1853),《紅侏儒傳》(1882),《安樂家》(1882),《喩道要旨》(1894),《安人車》(1902) 등의 번역소설을 중문기독교소설의 범주 안에 포함시켜야만 하겠다.

우리는 명말 천주교 예수회선교사 니콜라스 롱고바르디가 번역한《성요세파 傳記 聖若撒法始末》에서도 동일한 번역양상을 발견할 수 있

24) “余向在西國, 見一袖珍小本, 言紅侏儒之事。……譯以中國文字, 其間或芟其冗煩, 或潤以華藻, 推陳出新, 翻波助瀾, 是脫胎於原本, 非按字謹譯也。閱是編者, 謂之譯可, 謂之著可, 謂之半譯半著亦無不可。” 楊格非 著,《紅侏儒傳》, 오스트레일리아 국립도서관 소장본, 英漢書館鉛板本, 1899년, 8面.

다. 이 작품은 역자 룽고바르디가 13세기 보라진(Jacobi a Voragine)이 저술한 라틴어 저작 *Legenda Aurea*(《聖傳金庫》) 중에 수록된 *Barlaam and Ioasaph*(《발람과 요세파 巴蘭與約撒法》)를 중국어로 번역한 中譯本인데[25], 본래 불교와 전혀 관계가 없는 서사작품을 룽고바르디가 의도적으로 수정, 改寫에다 曲譯을 가하여 그가 中譯한 이 작품은 불교를 배척하는 천주교의 선교소설로 바뀌어 버렸다. 이 작품은 비록 외형적으로는 중국고전소설의 전형적인 격식을 갖추지는 않았지만 내용과 서술방식은 중국의 역사전기소설이나 유럽 證道故事의 범주에 속하기 때문에 19세기 中文基督教小說의 淵源으로 간주할 수 있겠다.

제5절 中文基督教小說의 著譯者: 서양선교사와 華人作家

中文基督教小說의 作者는 초기에는 주로 서양선교사가 주도적인 역할을 담당하였다. 서양선교사가 중문기독교소설을 저술할 때에, 먼저 작품의 구상과 내용을 口述方式으로 중국인 조수에게 들려주면, 조수는 이를 붓으로 기록하고 潤文을 가하여 작품을 간행하였다.[26] 19세기 초

25) 李奭學 著, 〈翻譯的政治—龍華民譯《聖若撒法始末》析論〉, 東華大學 中文系 主編, 《文學研究的新進路—傳播與接受》, 洪葉文化事業有限公司, 2004年, 412-413쪽.

26) 19世紀 晚淸時期의 번역방법은 明末淸初 以來 서양전적을 번역하던 口述과 筆述이 서로 結合된 오랜 방법을 그대로 연용해 오고 있었다. 이런 譯書方法은 東漢 末年부터 시작된 佛經의 翻譯 以來로, 中國翻譯史上 장기간 沿用되어 왔다. 19世紀 末年 嚴復이 서양 학술전적의 翻譯에 종사한

기에 간행된 中文基督敎小說은 거의가 譯者의 姓名을 표기하지 않았는데, 예를 들면 《張遠兩友相論》(1819), 《生命無限無疆》(1838), 《轉禍爲福之傳》(1838) 등의 작품들이 그러하다. 또는 《贖罪之道傳》(愛漢者纂, 1838), 《正邪比較》(善德纂, 1838), 《誨謨訓道》(愛漢者纂, 1838) 등의 작품은 작자의 필명만이 표기되어 있다. 이러한 作品의 著作權은 윌리 알

이후, 특히 20世紀 初 中國人이 독자적으로 외국전적을 번역하게 된 후에야 이런 전통적인 譯法은 비로소 도태되었다. 존 프라이어는 1880年 6月 《格致彙編》 第3年 第5卷부터 〈江南製造總局 翻譯館 西書事略〉이란 문장에서 그가 江南製造局에서 서양 전적을 번역해온 翻譯事業을 종합적으로 記述하였는데, 江南製造局 翻譯館의 設立經緯와 譯書方法, 各種譯書目錄 등의 翻譯事業을 상세히 기술하였다. 이 문장은 江南製造局 翻譯事業과 중국 近代의 譯書에 관한 매우 重要한 文獻이라 하겠다. (이 文章은 4期로 나누어 《格致彙編》에 게재되었다. 序文, 第1章 論源流, 第2章 論譯書之法(第3年第5卷), 第3章 論譯書之益, 第4章 論譯書各數目과 目錄(第3年第6卷), 已刊成出售書目98種 · 已譯成未刻各書目錄45種(第3年 第7卷), 尙未譯全各書目錄, 益智書會擬著各種書目錄, 寓華西人自譯各書目錄(第3年第8卷)). 존 프라이어는 이 문장에서 江南製造局 翻譯館의 서양전적 翻譯方法과 번역과정을 다음과 같이 설명하였다. “至于館內譯書之法, 必將所欲譯者, 西人先熟覽胸中而書理已明, 則與華士同讀, 乃以西書之義, 逐句讀成華語, 華士以筆述之; 若有難言處, 則與華士斟酌何法可明, 若華士有不明處, 則講明之。譯後, 華士將初稿改正潤色, 令合乎中國文法。有數要書, 臨刊時華士與西人核對; 而平常書多不必對, 皆賴華士改正。因華士詳愼郢斲, 其訛則少, 而文法甚精。旣脫稿, 則付梓刻板。”(《格致彙編》 第3年 第5卷 〈論譯書之法〉, 9쪽.) 이런 翻譯方式은 口述者와 筆錄者에게 모두 비교적 높은 요구를 하고 있다. 口述者는 原書에 대해 상응하는 전문적인 지식이 있어 정확하게 원서의 내용을 이해해야 하며, 筆錄者는 반드시 상당히 높은 수준의 중국 文言 구사능력을 갖추고 있어야 한다. 拙著, 〈科技啓蒙到小說啓蒙: 晩淸時期傅蘭雅的啓蒙活動〉, 韓國中國小說學會, 《中國小說論叢》 제18집, 2003년 9월, 67-69쪽 참조.

렉산더의 《선교사回想錄》과 같은 서양선교사의 傳記나 作品의 著錄을 통해서만 비로소 譯者의 姓名과 그 작품의 出版書誌事項을 알 수 있을 뿐이다.

하지만 19세기 中期부터 中文基督教小說에는 저자나 중국인 조수의 성명이 표기되기 시작하였다. 미국 장로교선교사 윌리엄 마틴 著·范蓉棣 筆述의 《喻道傳》(1858)과 英國 선교사 그리휘트 존 著·沈子星 筆述의 《引家當道》(1882), 그리휘트 존 著·周明卿 筆述의 《引家歸道官話》(1889) 등의 작품이 그러한데, 이 세 권의 작품은 〈序文〉을 모두 중국인 조수가 저술하였으니, 서양선교사와 중국인 학자가 공동으로 저술한 작품이라 할 수 있다.

청일전쟁 후인 1895년 영국선교사 존 프라이어(John Fryer, 傅蘭雅, 1839-1928)[27]는 "時新小說"의 저술을 주창하는 소설현상공모활동을 전

27) 존 프라이어는 런던 하이버리사범대학을 졸업하고 1861년 홍콩 성바울書院의 교장으로 초빙되어 홍콩에 왔다. 1863년 존 사우목사의 추천으로 북경 同文館에 영어교수로 재직하였고 1865년 上海 英華書院의 교장으로 전임하였으며 1866년 《上海新報》의 편집장을 맡았다. 1868년 상해 江南製造局에 부설된 翻譯館에 譯書作業을 주관하는 번역관으로 초빙되어 1896년 미국 캘리포니아대학 버클리분교의 동방어문학과 교수로 부임할 때까지 28년 동안 재직하면서 200여종에 달하는 서양서적을 중국어로 번역 출간하였다. 1875년에는 메드허스트, 唐廷樞 등과 중국 최초의 공과대학인 格致書院을 설립하였으며 과학잡지 《格致彙編》을 간행하여 서구 과학기술의 보급과 서양문물의 번역 소개에 주력하였다. 그는 1896년 이후에도 중국에 처음으로 맹인학교를 설립하고 육영사업을 지원하는 등 중국의 교육과 근대화를 위해 헌신하였다. 拙著, 《20세기 중국소설의 변혁과 기독교》, 제2부 제1장 〈韓國基督教博物館 所藏 영국선교사 존 프라이어의 漢籍〉, 숭실대학교 출판부, 2005년, 195-196쪽 참조.

개하였고, 여기에 162부의 작품이 응모하여 경선을 벌였다. 이 응모작품들 중에 중국인 작가가 단독으로 저술한 일단의 中文基督教小說이 출현하였다. 예를 들면 "鍾清源"의 《夢治三癖小說》(1895)과 "望國新"의 40回本 《時新小說》(1895), 山東 長山縣 "李鳳棋"의 13回本 《無名小說》(1895), 福州 于麓美部堂 劉安如의 16回本 《砭俗良謨》(1895) 등 적지 않은 작품에는 기독교 교리와 선교 취지를 서술한 편폭이 있다. 그러나 이 작품들은 모두 인쇄 출판되지 않았다. 존 프라이어는 1896년 온 가족과 함께 미국으로 이주할 때에 이들을 가지고 가서 캘리포니아대 버클리분교 동아시아도서관에 기증하여 오랫동안 도서관 서고에 파묻혀 있었다.

중국인 작가가 저술한 중문기독교소설의 출판은 陳春生의 24회본 《五更鐘》(1907)이 나오는 것을 기다려야만 했다. 《五更鐘》은 미국 감리회 여선교사 라우라 화이트(Laura White, 亮樂月, 1867-?)[28]가 발의하고 陳春生이 改寫, 重編한 작품인데, 陳春生은 70~80%에 이르는 전면적인 개작을 단행하였으니, 비록 라우라가 번역을 발의하고 원작의 개요를 口述해주었지만, 시작한지 1년 뒤에 미국으로 가버렸고, 그 뒤로 陳春生 혼자 5~6년에 걸친 수정과 개사를 거쳐 인쇄 출간하게 되었다.[29] 이 때문에 이 작품의 著作權은 陳春生 한 사람에게 귀속시킬 수 있다. 《五更鐘》은 번역소설에서 시작하였지만, 최종적으로 출간된 작품

28) 宋莉華 著, 《傳教士漢文小說研究》, 上海古籍出版社, 2010년 8월, 169쪽 참조.
29) 潤州 陳春生 著, 〈再版自序〉, 光緒 33年(1907), 《五更鐘》 第11版, 上海 協和書局, 1920年, 中國社會科學院圖書館所藏本, 3葉。 拙著, 〈청말의 기독교소설《五更鐘》연구〉, 《中國語文論譯叢刊》 제26집, 2010년 1월, 180-186쪽 참조.

은 이미 翻譯小說이 아니며, 譯著小說이라 할 수 있다.

19세기 中文基督教小說의 著譯者는 세 가지 부류로 나눌 수 있는데, 첫 번째는 중국인 조수의 성명을 표기하지 않고 서양선교사의 성명만이 저록된 소설작품으로 《張遠兩友相論》, 《贖罪之道傳》, 《요셉略傳》과 같은 작품이다. 두 번째는 서양선교사의 口述과 중국인 작가의 筆錄이 같이 병기된 작품으로 《喩道傳》, 《引家當道》, 《紅侏儒傳》과 같은 작품이다. 세 번째 부류는 중국인 작가가 단독으로 저술한 작품으로 《夢治三癱小說》, 《時新小說》, 《砭俗良謨》와 같은 작품을 꼽을 수 있다. 이와 같은 著錄을 살펴보면 소위 "宣教士小說"이나 "宣教士漢文小說"이란 명칭은 중국인 저역자나 필록자의 작품을 포괄할 수 없기 때문에 필자는 "中文基督教小說"이란 명칭으로 총괄하고자 한다.

중문기독교소설의 연구가 21세기에 와서 본격적으로 진행되게 된 가장 커다란 이유 중의 하나는 작품이 대부분 중국지역에서 散失되어 버렸고 주로 歐美나 한국, 일본의 도서관에 소장되어 있기 때문이다. 중화민국 초기의 五四時期부터 일기 시작한 反基督教運動은 1920년대에 중국 전역을 휩쓸었고, 이때에 상당한 기독교문서들이 유실되었다. 1949년 중국 대륙이 공산화되면서 종교를 전면적으로 금지시킨 국가정책 때문에 기독교의 교회학교와 선교단체는 완전히 폐쇄되었고, 기독교문서도 일반인이 접근할 수 없게 되어 중국대륙에서 기독교문학을 연구하는 것은 원천적인 자료의 제약을 받을 수 밖에 없었다. 1807년부터 중국에 선교사를 파견했던 영국의 기독교 선교단체들은 매년 각지의 선교사가 본부에 보고하는 연례보고서를 비롯한 각종 간행물과 보고자료를 체계적으로 보관하여 이를 주요 대학도서관에 기증하였으니, 현재 大英圖書館과 옥스퍼드대학, 런던대학 도서관에는 런던선교회를 비롯한 선교단체에서 기증한 기독교문서들이 소장되어 있다. 또한 1830년부터 시작된 미국 연합외국인선교회(The American Board of Commissioners for Foreign Missions, 이하 ABCFM으로 약칭)의 중국선교는 브리드그맨(Elijah C. Bridgman), 아벨(David Abeel) 등의 선교사들이 廣州, 마카오에서 진행한 선교활동부터 시작되는데, 이들이 1830년부터 보내온 연례보고서를 비롯한 각종 간행물은 미국 보스톤 ABCFM본부에 소장되어 있다가 1948년 본부가 뉴욕으로 이전하면서 소장자료를 하버드대학에 기증하여 현재 옌칭도서관에 ABCFM의 방대한 선교자료가 소장되었다. 때문에 기독교소설을 연구하려면 이들 영국과 미국 대학도서관의 소장자료에 의존해야 하는데, 필자는 명말청초부터의 천주교기독교 선교자료가 소장되어 있는 프랑스 파리도서관과 영국, 미국의 주요 도서관의 기독교문서를 집중적으로 조사하여 晩淸(1819-1911)시기에 간행된 中文基督教小說의 서목을 정리한 바 있다.[30] 해외의 여러 지역에 산재되어 있는 기독교문서의 조사와 평가를 통해 지금도 19세기 중문기독교소설이 계속해서 발굴되고 있으며, 중문기독교소설의 정의와 범주가 명확하게 설정되어야만 작품의 귀속 여부를 판단할 수 있다. 예를 들면 혹자는 번역소설을 중국소설에서 제외시켜야 한다고 주장하는데[31], 이미 중국어로 번역되면서 재편집, 개작, 가공이 진행된 번역소설은 換骨奪胎하여 중국소설의 양식으로 바뀌었기 때문에 중문기독교소

30) 졸저, 〈19세기 在中·在韓 서양선교사에 의한 中文基督教小說의 창작과 번역 연구〉, 221-226쪽 참조.

31) 樽本照雄 編, 〈新編まえがき 新編前言〉, 《新編清末民初小說目錄》, 清末小說研究會, 1997년, 4쪽 참조.

설의 범주 안에 넣는 것이 타당하다고 생각한다. 때문에 이렇게 번역 가공된 《天路歷程》, 《紅侏儒傳》, 《喩道要旨》 등은 이미 中文小說의 울타리 안에 들어와 있는 것이다. 또한 서양선교사들이 출판을 주도했던 中文基督敎小說은 중국인을 독자대상으로 창작 번역한 작품이어서 이미 중국문학의 일부가 되어 버렸고, 비록 저역자가 외국인이기는 하지만 저역자의 본국에서 읽히고 유통되는 문학작품은 아니며, 기록언어인 중국어가 통용되는 중국의 문학작품으로 간주되어야 마땅하겠다.

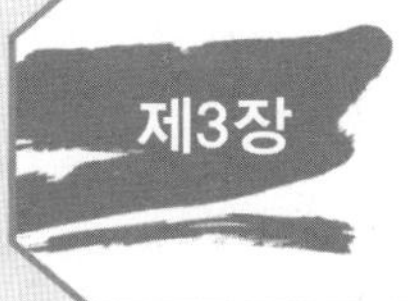

19세기 中文基督教小說의 淵源: 清代 初期 中文基督教小說의 창작

제1절 천주교 예수회선교사 죠세프 앙리 프레메어

공개적으로 간행된 첫 번째 中文基督教小說은 영국 런던선교회의 선교사 윌리엄 밀네가 지은《張遠兩友相論》이다. 이 작품은 1819年 동남아의 말래카에서 출판된 이후, 싱가포르 등 남양지역과 홍콩, 중국본토의 통상항구에서 백 년 이상 지속적으로 출판 간행되었으며 현재 42종 이상의 판본과 上海語, 寧波語, 廣東語, 福建語, 漢口語, 官話 등의 중국 방언본과 한국어, 일본어의 번역본이 출판되어 적어도 400만권 이상이 출간, 유통된 가장 대표적인 중문기독교 창작소설이다.1)

하지만 清代 章回體 基督教小說의 첫 번째 작품은《張遠兩友相論》보다 약 1세기 전인 18세기 초기에 지어진《儒交信》이란 작품이 있다. 이 작품은 章回體의 小說形式으로 擧人 李光과 그의 가족이 천주교에 귀의하는 과정을 서술하고 있는데, 인쇄 출판되지 않았고 손으로 필사한

1) 《張遠兩友相論》의 版本과 출판 및 傳播상황에 대해서는 拙著, 〈19세기 동아시아의 최대 베스트셀러《張遠兩友相論》연구〉,《中國語文論譯叢刊》第24輯, 中國語文論譯學會, 2009년 1월, 271-293쪽 참조.

筆寫本만이 남아있다. 原本은 현재 프랑스 國家圖書館에 소장되어 있고[2], 上海 徐家滙天主堂 藏書樓 抄本과 河北獻縣 張家莊天主堂 印書館 1942年 刊本이 現存한다. 2000년 北京大學 宗教研究所에서 발간한《明末清初 예수회思想文獻彙編》 제45册에《儒交信》이 수록되어 있는데, 프랑스 國家圖書館 소장 手抄本에 문장부호를 넣어 다시 조판한 標點重排本으로 오류가 대단히 많아 인용하기에는 적합하지가 않다.[3] 작품의 앞부분에는 라틴어 〈提要〉 5面이 있으며 本文은 63面, 125쪽이고, 한 쪽이 9행, 1행은 23字인데, 全書는 六回에 모두 135面이고 총 2만 5천 字이다.

手抄本에는 "无名先生述"이라 표기되어 있고, 작자의 성명은 서명되어 있지 않았다. 하지만 본문 앞 라틴어 〈提要〉에는 Joseph Henri Marie de Prémare라고 서명되어 있다. 또한 鄭安德과 陳慶浩교수는 모두 이 소설의 작가는 천주교 선교사 죠세프 앙리 드 프레메어[4](Joseph Henry Marie de Prémare, 馬若瑟)라고 주장하였으며, 陳慶浩교수는 작품의 저술시기를 대략 1720년에서 1730年 사이로 추정하였다.[5]

---

2) 《儒交信》, 프랑스國家圖書館 소장본, 모리스 쿠랑(Maurice Courant)編目 Chinois 7166.

3) 陳慶浩 著, 〈新發現的天主教基督教古本漢文小說〉, 《第2屆中國小說戲曲國際學術研討會論文集》(徐志平 主編, 里仁書局, 2006년), 469·484쪽 참조.

4) 이 논문에 나오는 프랑스를 비롯한 유럽인의 人名과 書名 표기는 崇實大 佛文科 李宰龍教授의 지도를 받았고, 후반부의 연구대상인《夢美土記》는 臺灣 中央研究院 中國文哲研究所 李奭學教授가 原本을 提供하여 연구할 수 있었다.

5) 鄭安德 編, 《明末清初耶穌會思想文獻彙編》 第45册, 北京大學 宗教研究所, 2000年, 〈儒交信題解〉, 1쪽. 陳慶浩 著, 전게논문, 469-470쪽 참조.

죠세프 앙리 마리 드 프레메어(Joseph Henry Marie de Prémare, 1666-1736)는 유명한 천주교 예수회 신부로, 프랑스인이며 중국어 성명은 馬若瑟이고 字는 溫古子이다. 1698년 루이 14세의 칙령을 받고 조아생 부베(Joachim Bouvet, 白晉, 1656-1730)[6]를 따라 중국에 와서 마카오와 廣州를 거쳐 1699년 江西省 建昌에 가서 1724년까지 거주하였다. 1714년 康熙皇帝의 초빙을 받아 잠시 북경의 궁정에 초빙되어 數學者로 활동한 적이 있었고, 1720년 九江에 거주하기도 하였다. 1724년 雍正皇帝의 천주교 禁教政策 때문에 廣州로 유배되었고, 1733년 마카오로 추방되어 1736년 9월 타계하였다.

그는 元人 紀君祥의 《趙氏孤兒》를 프랑스어로 번역하였는데, 프랑스의 문호 볼테르가 이를 《中國孤兒》라는 제명으로 개편 출간하여 영국, 이태리, 러시아에까지 두루 영향을 미쳤다. 프레메어는 또한 《中國古典 속의 基督教要理 考察 *Selecta quaedum vestigial praecipuorum religionis christianae dogmatum ex antiquis Sinarum libris eruta*》이란 책을 저술하였고, 조아생 부베, 장 프랑스와즈 푸케(Jean Françoise Foucquet, 傅聖澤, 1665-1741)와 함께 중국에서 예수회 "索隱派"를 창립하여 清代 초기 中國經學에 기독교 신앙의 색채를 더하였다.

"索隱"이란 이 개념은 李道平의 고증에 따르면 《周易》에서 처음 나왔다.[7] 서구의 "Figurists"를 "索隱派"란 단어로 번역하는 것은 대체로 中

6) 중국에 來華하여 활동한 천주교선교사의 人名과 生平年代는 費賴之 著·馮承鈞 譯, 《在華耶穌會士列傳及書目》 上下(北京: 中華書局, 1995年)의 해당 부분을 참고하였다. 조아생 부베는 上揭書 上卷, 171條 〈白晉〉, 453쪽. 이하의 인명 표기는 출처를 생략한다.

7) "探賾索隱, 鉤深致遠, 以定天下吉凶, 成天下之娓娓者, 莫善乎蓍龜。" (清)李

文의 原義를 유지한 것으로 索隱派는 "形象學派"나 혹은 "象徵學派"라고도 불린다.[8] 索隱派는 18세기 초기에 《聖經》과 《道德經》, 중국문자와 中國古代史를 전문적으로 연구했던 천주교 예수회의 학술단체로써 창시자는 조아셍 부베이고, 앙리 프레메어와 프랑스와즈 푸케, 장 알렉시스 드 골레(Jean Alexis de Gollet, 郭中傳, 1664-1741)가 주요 멤버이다. 17, 18세기에는 유럽에서 비판적으로 《聖經》을 연구하던 시기인데, 중국에 來華한 천주교선교사들이 中國의 天文學으로 추산하여 발표한 새로운 研究報告書는 중국 문명의 기원에 대한 확실한 연대를 탐구하려는 시도를 하게 만들었다. 이들은 中國古代史를 가지고 《舊約》의 신빙성을 입증하기 시작하였으며 《周易大傳》에 체계적으로 서술된 中國의 古代傳說을 《舊約》故事의 變種으로 간주하여 연구를 진행하였다. 비록 索隱派의 이러한 연구는 대부분 공인을 받지 못했지만 유럽 이외의 비기독교국가를 기독교세계사에 편입시키려고 시도했다는 측면에서 높은 평가를 받고 있다.[9]

1731년 앙리 프레메어는 체계적으로 저술된 첫 번째 중국어 어법서 《漢語札記》를 編述하였다. 앙리 프레메어는 《詩經》의 詩 8首를 프랑스어로 번역하였고, 또한 《六書實義》를 저술하였는데, 이 책의 앞부분에는 "書生問, 老夫答, 溫古子述"이라 서명되어 있다. 이 책은 중국의 문자와 古籍 중에서 천주교의 教理를 찾고자 하였는데, 프레메어는 來華한 예수회신부 가운데 索隱派의 대표적인 학자이다. 그가 저술한 中文

道平의 《周易集解纂疏》(中華書局, 1994년), 604쪽 참조.

8) 龍伯格 著, 李眞·駱潔 譯, 〈中譯本序〉, 《清代來華傳教士馬若瑟研究》, 大象出版社, 2009년 1월, 10쪽 참고.

9) 楊宏聲, 〈明清之際在華耶穌會士之《易》說〉, 《周易研究》, 2003年 第6期, 48쪽.

基督教小說《夢美土記》와《儒交信》은 작자의 이런 索隱派 기독교 경향을 잘 표현해낸 작품이다. 하지만 이런 생각은 당시 로마교황청의 주류 사상과 충돌하였고 이 때문에 그는 異端으로 간주되어 두 권의 작품은 출판될 수 없었고 단지 필사본으로만 전해지게 되었다. 또한《信經直解》,《儒教實義》,《天學總論》,《經傳衆說》등의 저술이 있다.10) 먼저 프레메어가 저술한 중국 최초의 章回體 기독교소설《儒交信》에 대해 고찰해 보도록 하자.

제2절 최초의 章回體基督教小說《儒交信》

筆寫本《儒交信》은 프레메어가 江西에 있을 때, 천주교를 선교하기 위해 그의 지도 아래 신도들이 필사한 것으로 추정된다.《儒交信》은 1720년에서 1730년 사이에 지어졌다고 고증되어진 중국의 첫 번째 章回體 基督教 創作小說이다. 卷頭의 라틴어 제요와 작품의 여러 곳에서 書名에 대해 해석을 하고 있는데, 집중적으로 해석된 부분은 제5회에 보인다. 제5회의 回目〈여동생이 언니를 권면하니 魔女는 돌이켜 바르

10) 앙리 프레메어의 생평사적은 루이 피스테르(Louis Pfister), *Notices biographiques et bibliographiques sur les Jesuites de L'ancienne mission de China, 1552-1773*, 2vols(Shanghai: Imprimerie de la Mission Catholique, 1932-1934), 1: 517-529p와 Nicolas Standaert 鐘鳴旦·Ad Dudink 杜鼎克·Nathalie Monnet 蒙曦 編,《法國國家圖書館 明清天主教文獻 *Chinese Christian Texts from the National Library of France*》(臺北利氏學社 Taipei Ricci Institute, 2009年) 제15, 25, 26冊 참조.

게 나아가고, 儒家와 基督教가 교류하니 春光처럼 大悟하여 귀의하게 된다〉[11]에서는 "儒交信"이란 어휘를 직접 사용하였고, 제5회의 첫머리에 있는 《蝶戀花》詞의 후반부에서는 "儒宗이 최고라고만 말하는데, 天人關係를 세밀히 살펴보아야 비로소 많은 것을 잃어버렸음을 알게 된다. 儒家와 基督教가 서로 交通해야 비로소 天人關係가 완전해지고 生死가 참된 관계를 갖게 된다.[12]"라고 이 작품의 창작목적과 유가와 기독교에 대한 작자 프레메어의 종교적인 관점을 구체적으로 표현하고 있다. 5회 말에 등장인물 司馬慎이 李光에게 "지금 李兄은 儒家人입니까 아니면 基督教人입니까?" 라고 물었다. 李光이 말했다. "儒家人도 되고 기독교인이기도 하지요. 儒家人이 기독교인이 아니면 쓸모가 없고, 유가인이면서 기독교인이라야 비로소 확실한 것이지요. 聖人이 儒家를 바르게 하고, 聖人의 말로부터 기독교인이 되기를 바랍니다. 그러나 제가 말하는 聖人이란 오직 天主이신 예수 그리스도를 가리키는 것입니다" 라고 하였고 제5회의 말미에서는 "바로 미혹될 때에는 깨달음이 없고, 깨달으면 미혹됨이 없는데, 결국은 미혹될 때가 바로 깨달을 때이다. 이 때에 미혹됨은 깨닫는 상태로 바뀌게 되며, 유가와 기독교가 서로 교통하는 것도 부족함이 없게 된다. 두 사람이 省에 가서 어떻게 서양선생에게 가르침을 청했는지 모르겠는데, 다음 回의 설명을 들어보도록 하자."[13]라고 하면서 제5회를 종결하고 있다.

---

11) 妹勸姐魔女回頭向正, 儒交信春光大悟皈心《儒交信》제5회 回目.

12) 只道儒宗爲極至, 細審天人, 始曉多遺棄。儒信相交纔大備, 死生方了眞關係。《儒交信》제5회.

13) 司馬問李光: "如今李兄還是儒還是信?" 李子道: "儒也是, 信也是。儒未信無用, 儒交信才實。需望聖人方儒, 從聖人言爲信。然小弟所謂聖人者, 惟天主耶

제5회에서는 '儒', '交', '信' 세 글자를 아주 분명하게 해석하고 있는데, '儒'는 儒家를 지칭하고 있으며, '信'은 기독교를 가리킨다. '交'는 교통한다는 의미인데 "儒交信"은 유가와 기독교가 서로 상통한다는 말로써, 두 가지 종교사상은 서로 위배되지 않으며 동시에 믿을 수 있음을 의미하는 것이다. 때문에 "儒交信"은 "儒家人이면서 기독교인이라"고 해석할 수 있다. 작자 앙리 프레메어는 유가는 人學에 대해서는 나무랄 데가 없지만, 神에 관한 天學에 대해서는 부족하기 때문에 기독교의 神學으로 儒家의 부족한 天學을 보충해야 한다는 "기독교의 補儒說"를 근거로 하여 "儒教와 基督教가 서로 交通해야 비로소 天人關係가 완비되고 生死문제를 해결할 수 있다"고 제5회의 開場詞에서 천명하고 있다. 다시 말하면 "儒交信"은 天學이 부족한 儒家는 基督教의 神學으로 보충해야 하며, 유가와 기독교는 원래 상통하기 때문에 동시에 믿어도 된다는 '耶儒會通論'을 표현한 어휘이다.

이 작품의 각 회의 서술양식은 대부분 비슷한데, 回頭에 두 구절로 된 回目이 있으며, 제5회에 나오는 9字 對句를 제외하고는 모두 8字 對句로 되어 있다.[14] 매회는 모두 詞로 시작되는데[15], 回頭의 開場詞에서

穌爲能居之。"……正是: 迷時無悟, 悟無迷, 究竟迷時卽悟時。此際將迷成悟境, 儒交信也不差也。不知二人上省如何敦請西洋先生? 且聽下回分解。"《儒交信》 제5회.

14) 제1회 〈천주교에 불만을 품고 員外는 꽃같은 입술을 뽐내며, 儒宗을 밝히니 孝廉은 새로운 세계를 보게 된다 嗔天教員外逞花脣, 揭儒宗孝廉開另眼〉 제2회 〈악몽에서 깨어나 급히 진짜 원인을 찾아보고, 돈독한 정을 나누며 大道에 대해 상세하게 논의한다 驚異夢急切訪眞因, 篤交情詳明談大道〉 제3회 〈한 마디 말이 벼슬아치 손님을 각성시키고, 열 두 가지 해석은 儒教人을 깨우친다 一片言喚醒宦海客, 十二解提醒儒教人〉 제4회 〈참된 해

는 그 回의 大義를 총괄하여 설명하고 있다. 回末은 '正是'로 시작된 문장으로 결론을 짓고, 詩나 혹은 聯文으로 다시 한 번 다음 回의 사건을 언급하고는 "聽聽下回分解"라는 章回小說의 상투어로 종결짓고 있다. 작품 전체는 아주 정연한 전통 章回小說의 서술형식을 갖추고 있다고 하겠다.

《儒交信》은 작품의 대부분 편폭이 등장인물의 對話體, 問答體로 구성되었는데, 이런 서술방식은 19세기 개신교선교사의 초기 中文基督教小說 윌리엄 밀네(William Milne, 米憐)의 《張遠兩友相論》과 카알 귀츠라프(Karl Gützlaff, 郭實臘)의 《贖罪之道傳》, 페르디난드 제뇌르(Ferdinand Genähr, 葉納清, ? -1864)의 《廟祝問答》 등의 주요 서술방식이다. 《儒交信》은 이들에게 직접적인 영향을 미쳤는데, 특히 白話章回體와 問答體를 함께 사용하고 있는 서술양식의 공통점은 《儒交信》과 19세기 初期의 상기 작품들이 완전히 동일한 소설유형임을 알 수 있게 해준다. 게다가 앙리 프레메어가 라틴어로 저술한 중국어법서 《漢語札記》는 카톨릭교단의 불허로 출판되지 못하고 抄寫本으로 프랑스 국가도서관에 소장되어 있던 것을 개신교의 첫 번째 선교사 로버트 모리슨이 영국 귀족의 찬조를 받아 말래카의 英華書院에서 출판하였으니, 19세기 개신교선교사는 분명 앙리 프레메어의 저술을 잘 알고 있었을 것이다. 바로 英華

석을 연구하니 古經에는 비밀이 많이 담겨있고, 靈蹟을 기술하니 大道가 실제로 실행된다 究眞詮古經多秘寓, 述靈蹟大道見躬行〉 제6회 〈서양선생을 맞이하여 배에서 오묘한 뜻을 담론하고, 聖教에 귀의하니 花縣에는 群英이 모인다 迓西師蘭舟談妙義 歸聖教花縣萃群英〉

15) 제1회〈踏沙行〉, 제2회〈西江月〉, 제3회〈點絳脣〉, 제4회〈臨江仙〉, 제5회〈蝶戀花〉, 제6회〈天仙子〉

書院의 교장이자 출판사업을 관장했던 윌리엄 밀네가 첫 번째 중문기독교소설을 창작하였으니 이들의 영향관계는 상당히 자명하다 하겠다. 이 작품은 제3회에 장편의 《信經直解》를 삽입한 것 이외에는 대체로 전통 章回體白話小說의 양식을 갖추고 있는데, 馬若瑟 著라고 서명된 《信經直解》는 《儒交信》이 앙리 프레메어의 작품임을 우회적으로 설명하고 있으며, 작자가 기독교 선교를 위해 창작하였다는 사실을 직접적으로 표현하고 있다. 우리는 《儒交信》과 동일한 창작동기를 가지고 저술된 프레메어의 索隱派 寓言小說 《夢美土記》에 대해 살펴보도록 하자.

제3절 基督教寓言小說《夢美土記》의 樂園世界와 天國旅程

1) 지상낙원 "美土"와 救世主 "元聖"

앙리 프레메어의 또 다른 기독교소설 《夢美土記》는 약 3천자의 짧은 편폭으로 기독교 신앙과 天國에 대한 幻象을 결합시켜 예수회 索隱派의 천국낙원에 대한 理想世界觀에 대해 서술하고 있다. 이 작품은 출판된 刊本이 없고, 단지 바티칸 교황청도서관과 프랑스 국가도서관에 손으로 필사한 手抄本 2종이 소장되어 있는데, 모두 작자의 이름이 著錄되어있지 않았다. 프랑스 국가도서관본은 王若翰이란 중국인 신자가 필사한 것으로 상단에는 眉批가 있고, 夾評이 있다. 抄本의 말미에는 王氏가 쓴 〈讀後識語〉가 있어 작품의 주제에 대해 언급하고 있다.[16] 이 작품의 저자가 죠세프 앙리 프레메어라고 주장한 학자는 파울 룰레(Paul

A. Rule)가 있으며, 파울 룰레는 저작시기를 1709년이라 고증한 바 있다.[17]

이 작품은 東西文學이 융합된 기독교의 낙원세계를 儒家經典의 意象을 빌어 중국어로 구현해 놓았는데, 작자 프레메어는 서양의 전형적인 寓言手法을 운용하여 서술자 "여행자(旅人)"가 꿈속에서 보고 들은 樂園 "美土"와 "帝廷天堂"에 대해 서술해 놓았다. 여행자(旅人)는 자신이 꿈속에서 본 美土를 찾아가기 위해 길을 떠났는데, 가다가 세 가지 갈림길을 만나 우측으로 들어가니 美土가 점점 더 멀어져서 다시 좌측으로 들어가니 美土는 갈수록 더 멀어져버렸다. 당황하고 낙심하여 가던 길을 멈추고 다시 돌아오다가 중도에서 한 노인을 만났다. 노인은 먼저 여행자에게 지상낙원 美土勝景을 소개해 주었다. 美土 혹은 寧都라고 하는 낙원은 사방 구만리가 되며 "中華靈囿"라고도 한다. 그 주위는 모두 황야인데, 사방의 황야에는 南蠻, 東夷, 西戎, 北狄에 左髤와 右㑳가 살고 있다. 찬란한 "中華靈囿"에는 "君子"가 거주하는데, 이 靈土의 지세가 낮은 곳에 세 가지 샘물이 있다. 老人은 여행자에게 세 가지 샘물

16) 프랑스 國家圖書館 所藏 王若翰 手抄本의 서목번호는 Chinois 4989이고, 쿠랑서목의 "未著著者名"부분에 배열되어있다.(編號는 7045) Courant, Catalogue des Livres Chinois, Coréens, Japonais, ets, p.60. 프랑스 국가도서관 소장본의 작품 말미에 있는 王若翰의 〈讀後識語〉는 다음과 같다. "佳記括天學之大義, 驅經役史, 灑灑千言, 眞巨觀也。中有字生句俚者, 僅爲點出, 此亦如從西子面上索瑕翳耳, 罪甚□! 再加更定, 卽宜付之殺青氏, 以公海內可也。" 바티칸 교황청도서관 소장본의 서목번호는 Borg. Chinese 357(9)인데, 작자는 未詳으로 되어 있고 王若翰의 〈讀後識語〉도 수록되어 있지 않았다.

17) Paul A. Rule, *Ku'ng-tzu Confucius? or The Jesuit Interpretation of Confucianism*, Sydney and Boston: Allen and Unwin, 1986, p178.

의 효능과 특징을 설명해주었다.

> 하나는 "生泉이라 하며, 그 못에서 목욕을 하면 비록 죽었어도 바로 살아날 것이다." 하나는 "淚泉이라 하는데, 여기서 잠시 목욕을 하면 영원히 눈물을 흘리지 않게 된다." 하나는 "乳泉이라 하는데, 누런 물이 흐르고 좋은 곡식이 갖추어져 있다. 黃流로 醉하고 活穀으로 배를 불리며 영원히 목마르고 배가 고프지 않으며 장수무강하게 된다."[18]

이 샘물들은 모두 出典이 있어 "乳泉에는 黃流가 흐르는데", 이 냇물은 사람을 "醉하게 만든다"고 하였다. 바로 이 乳泉의 黃流는 분명 "鬯酒"[19]를 지칭하는 것으로《詩經·旱麓》에서 典故가 나왔고 毛傳과 鄭注에 근거하여 부연해서 지은 것이다.[20] 또한《구약·출애굽기》에 의거하면, "乳泉"은 젖과 꿀이 흐르는 땅 가나안 福地에서 유래되었음을 알 수 있다.[21] 노인이 말하는 이 세 가지 샘물은 생명의 세 가지 상태를 상징하는데, 첫째는 여기서 씻으면 起死回生할 수 있다는 "生泉"으로,

18) 一曰: "生泉, 浴乎伊池, 雖死乃生。" 一曰: "淚泉, 暫沐乎玆, 乃免永泣。" 一曰: "乳泉, 黃流在焉, 臧穀備焉。既醉以黃流, 既飽以活穀, 永不渴饑矣, 享壽無疆矣。"《夢美土記》, 葉3甲-3乙.

19) 鬱鬯酒를 말하는데, 신에게 바치는 芳香酒를 가리킨다.

20) 江雅茹 著,〈《詩經·旱麓》"黃流"研究〉,《第七屆 臺灣師大 國文研究所 研究生學術論文集》, 臺北: 國立臺灣師範大學 國文研究所, 2000年, 222-239쪽 참조.

21) 내가 너희를 애굽의 고난 중에서 인도하여 내어 젖과 꿀이 흐르는 땅 곧 가나안 족속, 헷 족속, 아모리 족속, 브리스 족속, 히위 족속, 여부스 족속의 땅으로 올라가게 하리라.《출애굽기》제3장 17절.

죽음에서 다시 부활할 수 있는 생명력을 상징한다. 두 번째는 "눈물샘(淚泉)"인데, 여기서 잠시 목욕을 하면 "幽淚苦谷"이나 혹은 "地獄"에서 "영원히 눈물을 흘리는 것(永泣)"과 "영원한 苦痛(永苦)"에서 벗어날 수 있으니 고통과 슬픔에서의 해방을 상징하는 것으로 永樂과 永安을 의미한다. 세 번째 "乳泉"은 이미 지상낙원이나 천당과 유사한데, 여기에는 "黃流"뿐만 아니라 "活穀"이나 "臧穀"이 있어 사람이 생명을 유지할 수 있게 하여, 이 샘물을 마시면 "영원히 목마르고 배고프지 않으며", 게다가 "長壽無疆"할 수 있다고 하였다. 바로 永生을 상징한다. 프레메어는 "永生"과 관련이 있는 이런 조건들이 모두 중국에 갖추어져 있다고 생각하였기에 지상낙원 美土를 "中華靈囿"라고 부르기도 하였다.

"中華靈囿"는 지세가 낮은 곳 이외에 清新한 "鮮原"이 있는데, 그 곳의 나무는 "소나무나 해당화나무 같고, 측백나무나 뽕나무 같은데", 마치 《創世記》에 나오는 지혜의 나무와 같이 "嘉實"이 열리며, 맛이 "처음에는 쓰다가 나중에는 달다(先苦後甘)"고 하였다. 이 "嘉實"은 군자의 果實이고, 오랑캐(夷狄)나 小人의 과실이 아니다. 왜냐하면 "군자의 고통은 쓰다가 즐거워지는데, 夷狄(오랑캐)의 즐거움은 쓰고도 쓰기 때문이다."[22] 中華靈囿의 君子는 바로 이 세 가지 샘물과 하나의 벌판(三泉一原) 사이에 寓居하며 "生源에서 씻고 눈물 못에서 목욕하며 乳泉에서 자라고 松桑의 과실을 먹으며 학문을 닦고 마음을 수양한다"[23]고 하였다. 노인의 말을 듣고 여행자는 꿈속에 빠져 깨어나지 못하는 자신의

22) 君子之苦, 苦而樂, 夷狄之樂, 苦而苦。《夢美土記》, 葉3乙.
23) 洗於生源, 浴於淚池, 養於乳泉, 嘗食松桑之果, 好學篤行。《夢美土記》, 葉7甲.

한심한 모습에 대해 탄식하였다. 노인은 自省하는 여행자를 보호해주고 바른 길로 인도해 주겠다고 위로하였다. 그 때 여행자는 갑자기 구멍 속으로 들어온 밝은 빛을 보고서 깜짝 놀라 말하였다.

> 신비롭구나! 천상의 빛은 여러 빛과는 다름이 있는가? 해의 밝음은 단지 물체의 외형을 볼 수 있을 뿐이며 그림자가 있고 피할 수도 있지요. 하늘의 神光은 찬란하고 융합되어 內外를 두루 비추는데 터럭이나 미세한 것까지도 비추는구나! 하늘의 神光은 내 마음을 즐겁게 하고, 저 해의 빛은 내 눈을 부시게 한다. 오호라 日月星宿는 선명하게 빛나지만 밤에 하계(下土)를 밝힐 뿐이다.[24)]

여기서 여행자의 새로운 체험은 기독교의 전통적인 견해를 나타내는데, 《요한복음》에서 말하는 바와 같이 하나님은 사람들의 빛이며, 그 안에는 생명이 있어 스스로 "通明"하여 조금도 어둡고 감추어진 것이 없다[25)]는 것이다. 이 빛이 바로 《요한복음》에서 말하는 "그 안에 있는 생명"인데, 예수 그리스도는 하나님이자 하나님의 아들로써 자신이 바로 이런 "하나님의 빛 神光"이고 "참 빛 眞光"이라고 하였다.

"君子"는 《夢美土記》에서는 "聖人"과 같은 의미를 가지고 있다. 작자 프레메어는 뛰어난 수사기법을 사용하여 《夢美土記》중에서 처음부터

---

24) 神哉! 天上之光, 其與諸光, 有以異乎? 以日之明, 祗見外物, 猶有映焉, 猶可避焉。以天之神光, 燦爛有融, 內外偕照, 毫焉瘦哉! 天之神光, 乃樂吾心; 彼日之光, 乃奪吾目。吁, 日月列宿, 熠耀螢耳, 夜昭乎下土而已。《夢美土記》, 葉3乙-4甲.

25) 그 안에 생명이 있었으니 이 생명은 사람들의 빛이라. 빛이 어두움에 비취되 어두움이 깨닫지 못하더라. 《요한복음》, 제1장 4-5절.

끝까지 "예수"라는 이름을 사용하지 않고 20여 종의 다른 호칭을 써서 그를 암시하고 있는데, 그 첫 번째 명칭이 바로 "元聖"이다. 노인은 여행자에게 지상낙원 "美土"를 소개해준 뒤, 그에게 기독교의 神學을 말해주었다. "元祖"(始祖) 아담이 하나님의 명령을 거역하여 에덴동산에서 쫓겨나 타락해 버렸지만 하나님은 인간을 여전히 사랑하셨기 때문에 "元聖"을 세상에 보내어 백성의 구세주로 삼게 하셨다[26]고 말해 주었다. 노인이 말하는 "元聖"이란 단어는 "元祖"에 대비가 되는데, 분명히 《書經》에서 출전된 명칭[27]으로, 비록 중국의 고대 유가경전이 《성경》은 아니지만 《성경》과 상통되는 부분이 있어서 그 중에 천주교의 교리를 함유하고 있다는 것이다.

중국은 옛날부터 孔子가 가장 존경하는 인물로 周公을 꼽았기 때문에 "元聖"은 항상 儒家에서 첫 번째 聖人인 周公을 지칭해 왔다. 하지만 《夢美土記》 중의 聖人은 "사람"일 뿐만 아니라 또한 天主의 "道"이고 심지어는 天主 자신이기도 하다. 때문에 《夢美土記》에서는 "지극하도다! 元聖의 德이여, 天主이면서 사람이고, 사람이면서 天主님이시도다![28] 라고 하였다. "하나님(天)"이기 때문에 "백성의 주인(民主)"이 될 수 있고, 사람이기 때문에 "元聖"이라 부른다고 하였다. 《夢美土記》의 이 문장은 하나님과 예수의 "본질"에 대해 논술한 것으로 앙리 프레메

26) (人)自絕于天, 自墮塗炭。天又念之, 未忍喪之, 眷降元聖, 作求民主。《夢美土記》, 葉5甲. "作求民主"의 '求'는 '救'로 보아야 한다. "救民主"는 "救世主"라고 해석된다.

27) 《書經·湯誥》: "聿求元聖, 與之戮力。" 阮元 編注, 《十三經注疏》, 臺北: 藝文印書館, 1980年, 第1册 162쪽.

28) 至哉! 元聖之德: 天而人, 人而天! 《夢美土記》, 葉5甲.

어는《天學總論》에서도 동일한 논조로 설명하고 있다.[29] 프레메어는 비록 시조 아담과 하와가 타락했지만 하나님은 여전히 사람을 사랑하시기 때문에 사람과 서로 교통하도록 하였다. 때문에 天, 地, 人의 三才는 "聖人"이 매개자가 되어 서로를 연결시켜야만 비로소 "天人合一"의 경지에 이를 수 있는데, 이 聖人이 바로 "말씀(道)"이 "인간"으로 내려온(道成肉身) 聖子 예수 그리스도를 지칭한다는 것이다.[30]

2) 천상낙원 "帝廷天堂"과 天堂에 올라가는 방법

聖子 예수가 降生한 신학적 의의가 바로《夢美土記》의 후반부 故事 발전의 중심 주제인데, 예수는 "至德"이어서 세상에 내려와 인류를 구원하셨고, 하나님과 인간의 단절된 관계를 회복하게 하여서 萬世를 太平하게 만들었다. 앙리 프레메어가 서술한 것은 예수가 인류를 구원하기 위해 육신으로 강생하였기(道成肉身) 때문에 세상에 "하나님의 道"를 가져다 주었고, 인류는 예수로 인해 악에서 벗어나 선으로 돌아가 천국으로 돌아가게 되었다는 것이다. 그리하여 인간은 하나님이 부르자 곧 응답하고 나아가 하나님이 계신 "本鄕"으로 돌아가게 되었다. 그렇다면 인류가 돌아갈 "本鄕"은 어디인가? 노인은 여행자에게 "영원히 帝廷에 있으니, 그 곳이 本鄕이다."[31] 라고 알려주었다. 이에 여행자가 기

29) "非天則不足以知天。非人似不可以誨人。天而人、人而天, 乃得。蓋人而天者, 知之之至也。天而人者, 任之之至也。" 馬若瑟 著,《法國國家圖書館明清天主教文獻》第26冊《天學總論》, 484쪽.

30) 馬若瑟 著,《法國國家圖書館明清天主教文獻》第25冊《六書實義》, 468-473쪽 참조.

독교를 믿겠다고 하니 천국의 문을 열어 帝廷天堂을 보여주었다.[32] 여행자는 천상낙원을 보고서 탄성을 발하며 말했다.

> 아하! 좋고도 아름답도다! 참으로 사랑스럽고 어떤 것으로도 비교할 수가 없구나! 뛰어난 화공이 그린 그림이나 번쩍이고 화려한 말로 형용한 것, 심신의 영혼이 깊이 숙고한 생각일지라도 모두 이를 표현할 길이 없구나. 아름다운 선율이 귀에 가득하고, 찬란한 색상이 눈을 즐겁게 하며, 신령한 맛이 입에 가득하고, 潔音이 코를 즐겁게 하며 德馨이 마음을 기쁘게 하니, 기이하도다! 두루 갖추었구나! 더할 나위가 없구나![33]

帝廷天堂을 보고서 탄복하는 여행자에게 노인은 지금 目睹한 帝廷의 外觀은 그 內面을 보는 것만 못하다고 하며 직접 帝廷天堂의 福樂을 일일이 설명해 주었다. 帝廷天堂의 복은 지위, 봉록, 명예, 수명 중 어느 하나도 부족함이 없는데, 수많은 형용사를 사용하여 다음과 같이 천상낙원을 설명해 주었다.

> 그 곳은 康寧의 땅이고, 澄虛의 宅이며, 淸讌의 거처이고, 生活의 나라이며, 善聖의 본향이고, 功德의 응보이며, 永名의 언덕이고, 福祿의 중심이며, 逸樂의 綱領이다. 그 곳은 근심이 없는 즐거움, 두려

31) 永在帝廷, 時乃本鄉。《夢美土記》, 葉5乙.
32) 老翁曰: "俞, 來格吾兒, 予開衆妙之門, 俾爾賞玩帝廷。"《夢美土記》, 葉5乙.
33) 噫嘻! 佳矣, 美矣, 甚有可愛而無可以比矣! 凡巧之工所繪畫者、光華之言所形容者、神心之靈所擬思者, 皆非所能臻也。音樂盈耳, 粲彩愉目, 神味含哺, 潔音樂鼻, 德馨悅心, 奇哉! 備哉! 無可以尙哉!《夢美土記》, 葉6甲.

움이 없는 복락, 그림자가 없는 빛, 밤이 없는 낮, 병이 없는 평안함, 먹어도 질리지 않는 배부름, 늙지 않는 건장함, 죽지 않는 생명이 있으며, 세상의 환란이 조금도 미치지 못하고 죄악이 一毫도 용납되지 않는다. ……帝廷은 선한 사람이 모두 모이는 곳이다. 모든 물이 큰 바다에 모이듯이 萬福이 帝堂에 두루 갖추어져 있다. 純樂眞福의 上天은 바닥이 없고 가장자리가 없는 大淵이다.[34)]

여행자는 노인의 말을 듣고 帝廷天堂에 들어가고 싶은 간절한 所望이 생겼다. 그리하여 어떻게 하면 帝廷天堂에 들어갈 수 있는지 그 방법을 노인에게 물어보았다. 노인은 하늘에는 천상낙원 "帝廷"이 있고, 지상에는 지상낙원 "美土"가 있는데, 美土는 천상낙원 帝廷에 들어가는 "關門"의 역할을 맡고 있다고 하면서 여행자에게 천국에 들어가는 여정의 순서와 방법을 다음과 같이 알려주었다.

美土의 절벽에 오르고 싶으면 먼저 修身하는 것이 좋은데 시급하고도 중요하니 절대 늦추지 말게나!……자네가 옛 것을 좋아하는 것은 노부가 알기에는 대단히 좋은 일이네. 바로 《易經》·《書經》·《詩經》 等의 경전은 上古時代의 남은 보배이지. 반복해서 옛사람이 남긴 책을 읽고 진실로 경전을 믿어 은택을 전하면 美土에 가까워진다네"[35)]

---

34) 其地也, 康寧之地、澄虛之宅、清讌之居、生活之國、善聖之鄉、功德之報、永名之岡、福祿之中心、逸樂之綱領。其福樂也, 無憂之樂、無懼之福、無影之光、無夜之晝、無病之安、無厭之飽、無老之壯、無死之生。世之患, 一些所不及; 罪之惡, 一毫所不容。……帝廷也, 善人共會焉。萬水湊乎太洋, 萬福具乎帝堂。純樂眞福之上天, 無底無涯之淵淵。《夢美土記》, 葉6甲-乙.

35) 欲登于美土之崖, 莫如修身爲先, 且急, 且切, 萬不可緩矣。……吾子好古, 乃

천국에 가려면 먼저 "美土"에 갔다가 다시 "帝廷天堂"에 가야 하는데, 美土에 들어가려면 먼저 두 가지를 반드시 준행해야 한다고 알려주었다. 지상낙원 "美土"에 들어가려면 우선 "修身"을 해야 하고 다음으로는 四書五經과 같은 儒家經典을 읽고 그 속에 담겨있는 의미를 믿고 이해하는 "好古讀經"을 해야 한다고 노인은 여행자에게 구체적인 방법을 가르쳐 주었다. 그리고는 여행자에게 "元聖"이 누군지를 알아야 하고 그를 믿어야 한다고 말하였다.

> "오호라! 내 아들아! 元聖을 마음에 품고 重華를 생각하게나! 美土帝廷을 重華라고 부르고, 萬民의 救世主를 元聖이라 한다네. 자네가 만일 이해가 되지 않으면 '美'字 한 글자를 자세히 살펴보게나. '美'자는 '羊'에서 오고 '大'에서 왔지. '大'란 '一'에서 오고 '人'에서 왔네. '美'란 한 사람의 羊이라네! " 노인은 말을 마치고 갑자기 사라져 버렸다. 旅人은 깜짝 놀라 잠에서 깨어나 자신이 꿈속에서 본 것을 붓을 들어 기록하였다. 旅人은 누구인가? 동서남북의 사람이다.[36)]

노인은 여행자(旅人)를 "내 아들"이라고 불렀는데, 기독교를 믿기로 한 "여행자"를 이렇게 호칭한 것은 믿는 신자는 하나님의 자녀가 된다는 기독교의 교리에 근거한 것이다. 노인은 바로 삼위일체의 하나님 중

老夫之所知, 而甚善之者也。卽《易》、《書》、《詩》等經者, 上古之餘寶也。反覆讀古人之遺書, 固信其經而傳擇焉, 則近美土矣。《夢美土記》, 葉7乙.

36) "嗚呼! 吾兒, 懷乃元聖, 念乃重華。美土帝廷, 謂之重華; 求萬民主, 謂之元聖。爾如又不明, 細玩一美字。美者, 從羊, 從大。大者, 從一, 從人。美哉, 一人羊!" 老翁言畢, 忽散。旅人大驚而寤, 興而將自所夢筆之于書, 以爲記。旅人謂誰? 東西南北之人也。《夢美土記》, 葉8乙-9甲.

"聖靈"에 해당되며 聖靈이 직접 천상낙원에 가는 방법과 하나님의 독생자 聖子 예수를 믿어야 한다고 알려주는 것이라 해석할 수 있다. 노인은 여행자가 "元聖을 마음에 품고 重華를 생각해야" 하며, 元聖을 믿는 동시에 "重華"도 생각해야 한다고 하였다.

老翁은 마지막으로 여행자에게 구세주 예수를 다시 한 번 강조하여 설명해 주었다. "元聖", "萬民主", "一人羊"은 모두 예수 그리스도를 가리키는데[37], 노인은 특히 "美"자를 강조하며 拆字法을 써서 "美"가 세상 죄를 대속하신 어린 양 예수를 지칭하는 것이라고 해석해주고 있다. 앙리 프레메어는 중국의 전통 拆字法을 써서 기독교의 하나님, 예수 그리스도, 지상낙원 "美土"와 천상낙원 "帝廷天堂"을 해석해 주고 있으며 중국경전 "閱讀"하는 것을 천국으로 가는 주요 방법으로 제시하고 있다. 중국인이 만일 이 방법을 따라 행한다면, "美土帝廷"의 낙원세계로 들어갈 수 있다고 주장하였다.

노인은 말을 마치자마자 사라져버렸고, 서술자 여행자는 잠에서 깨어나 자신이 보고 들은 바를 글로 기록해 놓았다. 이 작품은 꿈으로 시작하여 꿈으로 끝나는 전형적인 夢境文學作品으로 서술자 "여행자"는 어디에나 존재하는 보편적인 인물을 가리키는데, 이런 호칭은 여러 기독교소설작품의 주인공의 이름으로 쓰였으니 예를 들면, 존 번연 著《天路歷程》의 "크리스챤(基督徒)"과《張遠兩友相論》의 張氏와 遠氏, 그리휘트 존 著《引家當道》의 "李先生" 등과 같은 人名이다. 中文基督敎小

37) 《요한계시록》 5장 6-13절 참고. 여기에서 죽임을 당하신 어린 양, 보좌에 앉으신 어린 양, 사람들을 피로 대속해서 하나님께 드리신 어린 양은 모두 구세주 독생자 예수를 지칭한다.《夢美土記》에서는 "元聖", "萬民主", "一人羊"이란 용어로 표현하였다.

說의 등장인물에 사용된 특정인의 성명이 아닌 일반사람을 지칭하는 이런 보편적인 "通稱"은 바로 《夢美土記》의 서술인이자 주인공 "旅人"의 일반 통칭과는 일맥상통하는 것으로 이 세상에 존재하는 수많은 "보통 세상사람"을 지칭하는 것이다.

제4절 앙리 프레메어 中文基督教小說의 索隱派 敍述傾向

작자 앙리 프레메어는 서방의 각종 우언수법을 사용하여 주인공 여행자의 정신과 육체가 "升天"하는 것을 암시하면서, 中國古典과 天主教의 神學教理가 서로 상통한다는 清初 중국 예수회 索隱派의 견해를 곳곳에서 피력하고 있다. 앙리 프레메어는 夢境寓言小說 〈夢美土記〉를 통해서 중국의 先秦 儒家經典에서 발견할 수 있는 기독교세계를 찾아내어 중국인으로 하여금 中華의 전통 속에서 기독교를 믿게 하려는 창작 목적을 가지고 있었다. 때문에 앙리 프레메어는 《儒交信》에서 다음과 같이 말하고 있다.

> 제대로 해석을 하니 古經에 비밀이 많이 담겨 있고, 神靈한 사건을 기술하니 大道가 실제로 실행된다. 사건을 정하여 진실을 구하니 근거가 있고, 당연히 明哲의 肝腸이 되려면 큰 일이 일상적이지 않다는 것을 알아야 할 것이다. 六經은 은밀한 곳에 깊이 감추어져 있고 玄論은 감추인 곳에서 내게 응하는데, 靈跡이 하나하나 모두 눈에 보이니 제자들이 비로소 감히 선양하려고 한다. 聖恩은 마치 아

침 해가 扶桑에 떠오르는 것 같아서, 빛이 서쪽 끝에 비춘 뒤에 지금 은 우리나라를 비추는구나.[38)]

위 문장 중의 "聖恩"은 하나님의 은혜를 지칭하며 서방을 비추고 있는 기독교의 "神光"이 지금은 중국을 비추고 있다고 말하면서, 바야흐로 기독교가 본격적으로 중국에서 선교활동을 진행하여 교회가 곳곳에 세워지고 教勢가 나날이 확장되는 것을 의미한다. 작자 프레메어는 청대 초기 예수회 索隱派의 "耶儒會通論"을 제4회의 開場詞를 통해 완곡하게 표현하고 있다.

그는 중국 문자와 古書 중에서 천주교의 교리를 찾으려고 노력하였는데,《儒交信》에는 작자의 이러한 索隱派的 神學觀點이 잘 나타나 있다.《儒交信》의 핵심 내용은 실제로 儒學과 天主教 사이에 공통점을 찾으려는 것으로 작중 등장인물의 유가경전에 대한 解讀과 천주교 교리에 대한 解釋을 빌어 "천주교를 신봉하는 것은 孔子를 위배하는 것이 아닐 뿐만 아니라 실제로 孔子의 도리를 제대로 지키는데 도움을 주며", "예수는 孔子를 멸하지 않고, 孔子는 예수에 의해 완성된다"(《儒交信》 제2회)는 사실을 입증하고자 하였다. 제2회에서 주인공 李光은 이에 대해 유가경전을 인용하여 다음과 같이 변론을 전개하고 있다.

擧人이 말하였다. "四書五經은 제가 일생 동안 읽은 것이고, 先師 孔子는 제가 일생 동안 배우고자 하는 스승이십니다. 천주교의 대략

38) 究眞詮古經多秘寓, 述靈跡大道見躬行。于事定求眞有據, 固爲明哲肝腸, 需知大事不尋常: 六經深隱處, 玄論應我藏, 靈跡般般皆目睹, 及門始敢宣揚。聖恩如日志扶桑, 光臨西極後, 今乃照吾邦。《儒交信》 제4회.

은 노형과 제가 몇 차례 말한 적이 있어 저도 웬만큼 알고 있지요. 제가 지금 추론해 보니, 天主教에 있는 것은 저희 儒教에도 다 있습니다. 천주교에서는 天主라 하고 저희 유교에서는 上帝라 합니다. 西儒의 말에 의하면 天主님은 無始無終하고 自有自足하며 全能 全知 全善하고 至尊하여 상대가 없으며 至公無私하고 유일무이하며, 無形無像하고 純神妙體하여 천지를 지으시고 사람과 만물을 지으셨습니다. 無所不在하시어 보지 않는 것이 없고 듣지 않는 것이 없으며 선한 것은 반드시 상을 주시고 악은 반드시 벌하시니 이것들은 모두 지극히 참된 道理입니다. 그리고 儒教의 六經에 의거하면, 上天·神天·上帝·皇天上帝라고 한 것은 西儒가 天主라고 하는 것과 조금도 차이가 나지 않습니다. 또한 천주교에서 선악이 함께 돌아가지 않는다고 하는데, 사람이 세상에서 선을 행하면 죽은 뒤에 반드시 천당에 올라가고, 세상에서 악을 행하면 죽은 뒤에 반드시 지옥에 떨어지게 됩니다. 그러나 《詩經》에서는 "文王이 위에 계시니 하늘에 밝히 보이게 된다"고 하였고, 《書經》에서는 "殷의 대부분 先哲王은 하늘에 계신다"고 하였습니다. 成湯이나 文王과 같은 善人은 결국 帝廷에 오르셨고, 桀王이나 紂王 같은 惡人은 반드시 지옥에 떨어졌을 것입니다. 서양의 선비나 중국의 선비가 이와 같이 마음이 같고 이치가 같습니다. 또한 천주교에서는 사람이 비록 죽지만 영혼은 항상 살아있다고 하는데, 이 영혼은 신묘한 것이라 죽을 수도 없고 없어지지도 않습니다. 그런데 유교에서도 이렇게 말하지요. 공자께서는 "죽은 자를 섬기는 것이 산자를 섬기는 것과 같이 하면 孝의 극치이다." 라고 이르셨습니다. 살아있을 때에 존재했고 죽은 뒤에도 존재하며, 선한 자는 하늘에 있고 악한 자는 연못(淵)에 있는데, 어떤 이는 위에 있고 어떤 이는 아래에 있다. 비록 확정지을 수는 없지만 이미 위에 있거나 혹은 아래에 있으며, 필경은 尙存하며 흩어지지 않고 또한

> 실로 의심할 수가 없다. 천주교에는 七克이 있고, 十誡가 있으며 十四哀矜이 있는데 모두 敬天과 修己와 愛人의 綱目으로, 공자의 주장과는 무슨 다른 점이 있습니까? 이 몇 가지 일을 제가 만일 제대로 보았다면 노형에게 감히 묻겠는데, 천주교를 믿는 것이 도대체 무슨 필요가 있습니까?[39]

주인공 李光은 유가경전을 인용하여 유학과 천주교가 서로 相通한다는 사실을 입증하고 있는데, 먼저 비록 호칭이 다르지만 천주교의 "천주"와 儒家의 "上天·神天·上帝·皇天上帝"는 모두 하나님을 지칭하는 것으로 같으며, 천주교의 천당과 지옥은 《詩經》과 《書經》에서는 "天", "帝廷", "地獄"이라 하였으며 영혼불멸설과 孔子의 효도를 연결시켰고 "敬天과 修己와 愛人의 綱目"은 천주교와 유가사상이 서로 같다고 주장

39) 舉人道: "五經四書, 是小弟一生誦讀的; 先師孔子, 是小弟一生願學的; 天主教大略, 也是老兄和我說過幾次的, 故小弟也頗曉得些。今推論之, 天主教所有, 我儒教都有了。天教言天主, 吾儒言上帝。據西儒說, 天主就是無始無終、自有自足、全能全知全善、至尊無對、至公無私、至一不貳、無形無像、純神妙體、造天造地、生人生物、無所不在、無所不見、無所不聞、無善不賞、無惡不罰, 這都是極眞的道理。然據儒教的六經, 言上天、神天、上帝、皇天上帝, 其與西儒言天主, 一些也不差。又天教言善惡不同歸, 人在世爲善, 身後必升天堂; 在世行惡身後必下地獄。然按《詩》曰: '文王在上, 于昭于天。'《書》曰: '殷多先哲王在天。' 善人如成湯, 如文王, 果登于帝廷; 惡人如桀如紂, 必墮于地獄。西儒中儒, 心同理同如此。又天教言人雖會死, 他的靈魂却常在, 這靈魂是神妙的物, 不會死, 不會滅。然儒教亦是這樣說, 孔子曰: '事死如事生, 孝之至也。' 生時旣在, 後必也還在; 善者在天, 惡者在淵; 某人在上, 某人在下。雖不可必, 然旣或在上, 或在下, 畢竟尙存而不散, 亦實不可疑。天教有七克, 有十誡, 有十四哀矜, 皆是敬天、修己、愛人的綱目, 與孔子的道理何嘗有甚麽不同? 這幾件事, 小弟若看得不錯, 敢問仁兄, 入天主教, 到底是甚麽要緊?"《儒交信》 제2회.

하고 있다. 李光이 말하는 유가의 천당인 “帝廷”은《夢美土記》에서 형상화시킨 천상낙원을 지칭하는 것으로 두 기독교소설은 동일하게《書經》에 근거하여 中國化된 천국의 명칭 “帝廷”을 사용하고 있다. 작자의 대변인인 천주교신자 司馬慎[40]은 비록 천주교와 유가가 서로 상통하지만 반드시 천주교를 믿어야 하는 이유를 다음과 같이 설명하고 있다.

> 李兄과 같은 大儒께서는 상관이 없지만 부인과 아드님, 집사들은 모두 유교에 귀의하고 불교의 보살을 믿지 말고 孔子만 알아야 하지요. 그러나 집밖에 있는 사방의 이웃들과 친척 친구들이 모두 잘 아는 것은 결코 아닙니다. 이형! 솔직히 제게 말씀해 보시지요, 당신이 몇 번이나 그들에게 하나님을 믿고 공자를 배워야 하며 異端을 끊어버리라고 권면하셨습니까? 만일 다른 사람에게 몇 번 권하셨다면, 솔직히 몇 명이나 그렇게 믿게 만드셨습니까? 本府 本縣 이외에 또 13省이 있지요. 중국 이외에 또 四夷가 있습니다. 그들은 하나님을 모르고 공자를 모르지만 설마 하나님 大父母가 낳은 인간이 아니고, 그렇다고 같은 氣를 타고난 우리의 형제가 아니겠습니까? 하나님의 明臣이시고 孔子의 賢徒이신 당신이 여기서 무엇을 하시고 어찌하여 만방에 儒敎를 펼치지 않으십니까? 孔子가 세상에 계실 때 하나님을 잘 섬겼고, 여러 나라에 가르침을 행하였으므로, 그러기에 자칭 동서남북의 사람이라 하셨습니다.[41]

---

40) 司馬慎은 세례를 받고 세례명을 “若瑟”이라 하였는데, 司馬若瑟은 바로 작자 “馬若瑟”을 가리킨 것이며, 司馬慎은 작중에서 천주교인으로 등장하여, 다른 인물들에게 천주교를 전도하는 작자의 대변인 역할을 하였다.

41) 在李兄大儒是不打緊, 必定尊嫂、令郎、管家們都歸儒教, 不信佛菩薩, 只認得孔子。然外有四鄰八舍、親戚朋友, 未必都是明白的。好兄! 你老實對我說, 你幾次去勸他事上帝, 學孔子絕異端? 若果勸了他幾回, 又老實說勸化了幾

유가의 선비 李光은 공자의 도리를 잘 배우고 준행했기 때문에, 작자의 대변인 司馬慎은 그를 "하나님의 明臣이고 孔子의 賢徒"라고 부르면서 "孔子가 세상에 계실 때 하나님을 잘 섬겼고, 여러 나라에 가르침을 행하였으므로, 그러기에 자칭 동서남북의 사람이라"고 했다는 것이다. 곧 孔子가 바로 세상에서 하나님을 잘 섬겼던 "천주교의 성인"이었고 때문에 孔子가 자칭 "東西南北의 사람"이라고 하였다. 이 호칭은《夢美土記》의 결말부분에도 나오는데, 서술인 "여행자(旅人)"를 지칭하는 호칭이다. 작자는 두 작품의 互文現象을 이용하여 孔子를 천국을 향해 가는 천주교의 聖人이자 傳道者로 만들어 놓았다.

《夢美土記》와《儒交信》에서 상호 인용한 어휘나 문장은 적지 않으며, 이런 互文現象을 통해 四書五經과 같은 고대 유가경전 속에《구약성경》의 흔적이 남아 있으며, 특히《說文解字》와 같은 字書 속에서 기독교의 교리를 찾아내려는 예수회 索隱派의 신학적 관점을 표현하고 있다. 이런 생각은 당시 로마교황청의 주류 사상과 충돌하여 앙리 프레메어는 異端으로 간주되었으며, 이런 연유로《夢美土記》와《儒交信》은 인쇄 간행될 수 없었고 단지 필사본으로만 전해지게 되었다.《夢美土記》와《儒交信》은 18세기 초 프랑스 예수회선교사 앙리 프레메어가 중국인에게 천주교를 선교하고자 지은 中文基督教小說로써 작자의 索隱派 신학관점을 章回體와 夢境寓言體로 구현해 놓은 소설작품인데, 중국 고대의

個? 除了本府本縣, 還有十三省; 除了中國, 還有四夷。他們不認得上帝, 不曉得孔子, 難道不是上帝大生, 難道不是與我們同氣弟兄不成? 上帝明臣, 孔子賢徒, 你在這裏做甚麼, 何不分敷儒教于萬方? 孔子在世, 昭事上帝, 也行教于諸國, 故自稱爲東西南北之人。《儒交信》 제2회.

儒家經典과 字書 중에서 기독교의 교리를 찾아내어 기독교와 유가사상이 상통한다는 사실을 밝혀내고자 했던 청대 초기 예수회 索隱派의 耶儒會通論을 표현해낸 첫 번째 기독교 창작소설이다.

19세기 기독교선교사의 中文期刊雜誌와 中文基督教小說의 出版과 傳播

제1절 19세기 初期 기독교선교사의 정기간행잡지에 나타난 章回體小說의 敍事傾向

첫 번째 개신교선교사 로버트 모리슨이 중국에 來華한 1807년부터 청조가 멸망한 1911년까지 수천 수만 종에 달하는 기독교 전적과 소책자가 저술 번역 간행되었는데 그 중에는 적지 않은 中文基督教小說이 출판되어, 중국은 물론이고 동남아와 한국, 일본에까지 널리 전파되어 기독교의 선교사업에 중요한 역할을 담당하였다. 1810년 중국에 왔던 개신교의 두 번째 선교사 윌리엄 밀네는 중국과 마카오에서 거주할 수가 없어 동남아의 말래카로 이주하여 기독교 선교기지를 구축하였다. 그는 《聖經》의 中譯作業을 진행하면서 기독교 문서선교활동을 진행하였는데, 그의 문서선교사업 중에는 중국어로 간행된 최초의 정기간행잡지가 있으니 바로 《察世俗每月統記傳》이다. 이 잡지는 당시 영국의 식민지였던 말래카에서 1815년에 간행되었으며, 최초의 中文基督教小說인 《張遠兩友相論》이 이 잡지의 제5권부터 연재되었다.《張遠兩友相論》의 저자인 윌리엄 밀네가 《察世俗每月統記傳》의 편집과 저술을 주관하였는데, 이 잡지는 윌리엄 밀네가 갑자기 病死한 1821년까지 간행되었다. 그 후 워털 메드허스트(Walter Henry Medhurst, 麥都思, 1796-1857)가 밀네의 유지를 받들어 1823년 7월 인도네시아의 바타비아(Batavia)에서 《特選撮要每月紀傳》을 창간하였는데 1826년까지 간행되었다. 그리고 독일선교사 카알 귀츠라프가 1833년 6월 중국 경내에서는 처음으로 廣東省 廣州에서 《東西洋考每月統記傳》을 창간하여 1838년까지 간행하였다. 이들 초기의 中文 정기월간잡지에 서양의 선교사들이 중문기독교소설을 연재하거나 혹은 게재 문서의 상당수가 중국소설의 여러 가지 서사방식을 모방·改編·轉用하여 중국의 민중들에게 기독교를 선교하고자 하였다.

본장에서는 1815년부터 19세기 말까지 서양 개신교선교사들이 중국인에게 선교하기 위해 시작했던 中文定期刊行雜誌의 간행사업과 이 시기에 진행되었던 중문기독교소설의 저술 번역작업의 상관관계를 고찰해 보고자 한다. 서양선교사들이 기독교 문서선교사업을 하면서 어떤 이유와 배경에서 대량의 중문기독교소설을 간행 유통시켰는지에 대해서 분명하게 연구되어야 하겠다. 최초의 세 가지 중문정기간행잡지들은 모두 분명하게 중국소설의 서사책략과 스타일을 차용하여 상당한 전파효과를 거두었는데, 이들 19세기 서양선교사에 의해 간행된 中文期刊雜誌에 대한 연구와 중문기독교소설의 관계 규명은 중국의 학계에서는 극히 일부 학자들만이 관심을 가졌고 아직 전반적으로 연구된 적이 없었다. 필자의 조사에 따르면 19세기 초기에 번역 창작된 중문기독교소설의 대표적인 작품들이 서양선교사의 中文期刊雜誌에 게재되었고, 이들 19세기 초기에 간행된 中文期刊雜誌들의 서술문체는 상당부분 중국소설의 문체를 차용하여 중국인들의 관심을 끄는데 성공하였다.

공개적으로 간행된 첫 번째 中文基督敎小說《張遠兩友相論》이 1819年 동남아시아의 말래카에서 출간된 후, 싱가포르와 홍콩, 중국본토의 통상항구 등에서 계속 출판되어 중국과 해외 각지로 전파되었다. 1815年 英國 런던선교회의 선교사 윌리엄 밀네(William Milne, 米憐)는 영국령 말래카에서 첫 번째 중국어 정기간행잡지 《察世俗每月統記傳》을 창간하였는데, 《察世俗每月統記傳》 第2卷의 〈序言〉에서 밀네는 다음과 같이 편집방침을 피력하고 있다.

> 독자들은 각 계층의 사람들 上中下 세 계층의 노인과 젊은이, 우매한 자와 현명한자, 지식인과 무식자가 모두 있어 사람들의 능력과 아는 바에 따라 진리를 전할 수 있다. 때문에 《察世俗每月統記傳》에는 반드시 각종 도리가 기재되어있는데, 神理·人道·國俗·天文·地理·新聞이 모두 실려 있다. 道理의 경중에 따라 전해지는데, 가장 비중이 높은 것은 神理이고, 그 다음은 人道이며 그 다음은 각지의 風俗이다. 이 세 가지를 많이 기술하였고 그 밖의 것들은 때에 따라 적절히 기술하였다. 하지만 사람들은 채색 구름을 가장 좋아하는데 이 잡지에서 논하는 道理도 채색 구름과 같아야 비로소 많은 독자들이 즐겨 읽게 될 것이다. 부귀한 사람은 여유로운 시간이 많은 편인데, 道에 뜻이 있다면 일이 없는 평상시에도 책을 열심히 읽을 수 있다. 하지만 부귀한 사람은 많지 않고 가난한 노동자들이 많은데, 이들은 여유가 없어서 비록 도에 뜻이 있어도 책을 많이 읽을 수 없어 한 번에 겨우 몇 줄을 읽을 뿐이다. 때문에 《察世俗每月統記傳》에 게재된 문장들은 반드시 길어서는 안되며 알기 어려워서도 안 된다. 대개 아주 심오한 책은 용도가 많지 않으니 심오한 이치를 이해할 수 있

> 는 사람이 적기 때문이다. 쉽게 읽을 수 있는 책으로 正道를 전한다면 세상에 용도가 많을 것인데, 지식이 얕은 사람도 알 수 있고, 우매한 자도 지식을 얻을 수 있으며 악한 자가 개과천선할 수 있고 선한 자가 수양을 쌓을 수 있는 일들이 모두 가능한 것이다. 1)

편집자 밀네는 이미 "노인과 젊은이, 우매한 자와 현명한자, 지식인과 무식자" 등 연령과 지식 수준이 다른 세 계층의 독자층을 고려하고 있는데 그 중에서도 특히 중하층의 일반 백성을 상당히 중시하였다. 때문에 이 잡지를 편찬할 때에 "심오하지 않고 쉽게 이해할 수 있는" 평이한 文言이나 口語體 문장을 사용하였다. 동시에 편집자는 독자들이 "채색 구름을 가장 좋아한다"는 사실을 잘 알고 있어 故事·寓言·에피소드 등의 각종 "채색 구름"을 게재하여 독자들이 즐겨 읽게 만들었다. 이런 경향은 "神理"에 관한 문장이 주류를 이루는 기독교잡지 《察世俗每月統記傳》에 세속적인 간행물의 通俗的 特性과 娛樂的인 性向을 띠게 하였다. 《察世俗每月統記傳》에 나오는 장편의 문장은 왕왕 章回小說에서 回를 나누는 것과 유사한 형식으로 잡지에 연재되곤 하였는데, 매

1) "看書者之中, 有各種人, 上中下三品: 老少、愚達、智昏皆有, 隨人之能曉, 隨教之以道。故《察世俗》書, 必載道理各等也。神理、人道、國俗、天文、地理、偶遇, 都必有些。隨道之重遂傳之, 最大是神理, 其次人道, 又次國俗。是三様多講, 其餘隨時順講。但人最悅彩色雲, 書所講道理要如彩雲一般, 方使衆位亦悅讀也。富貴者之得閑多, 而志若于道, 無事則平日可以勤讀書。乃富貴之人不多, 貧勞與作工者多, 而得閑少, 志雖于道但讀不得多書, 一次不過讀數條。因此《察世俗》書之每篇必不可長也, 必不可難明白。蓋甚奧之書不能有多用處, 因能明甚奧理者少故也。容易讀之書者若傳正道, 則世間多有用處, 淺識者可以明白, 愚者可以成得智, 惡者可以改就善, 善者可以進諸德, 皆可也。"《察世俗每月統記傳》卷二, 嘉慶 丙子年(1816), 〈卷首〉.

회의 말미에는 "後月續講"·"後月又講"·"後月接講" 등의 어휘가 부가되었고 심지어는 章回小說의 回末 常套語인 "欲知後事如何, 且聽下回分解!" 등의 문장을 그대로 가져다 사용하기도 하였다. 예를 들면 第2卷부터 連載되기 시작한《古今聖史紀》는《聖經·創世記》의 이야기를 기술한 것인데, 모두 두 권으로 나누었고 매 권은 회를 나누고 回目을 붙였다. 第1卷의 目次는 다음과 같다.

第2回 論萬物受造之次序	第3回 論世間萬人之二祖	第4回 論人初先得罪神主
第5回 論人初先得罪神關係	第6回 論神主之初先許遣救世者	第7回 論始初設祭神之禮
第8回 論始祖妣初生之二子	第9回 論在洪水先之列祖	第10回 論洪水
第11回 復論洪水	第12回 論挪亞與三子	第13回 論建大塔及混世人之言語[2)]

그리고 第2卷부터 게재되기 시작한《天文地理論》은 9回로 分回되어 있는데[3)], 이 문장은 판화로 그려진 삽화가 실려 있고 여기에 天文知識으로 解說을 가한 것이 마치 明淸時代에 유행했던 繡像小說의 양식을 취한 것 같다. 제3권부터 연재되기 시작한 中文基督教小說《張遠兩友相論》은 매권마다 상당한 편폭을 점유하였는데, 이로 인해 이 잡지의 내

2) 以上의 12回는《察世俗每月統記傳》卷二와 卷三에 수록되었지만 ,《古今聖史紀》第1回는 卷一에도 보이지 않는다.

3) 第1回 論日居中 第2回 論行星 第3回 論侍星 第4回 論地爲行星 第5回 論地周日每年轉運一輪 第6回 論月 第7回 論彗星 第8回 論靜星 第9回 論日食、論月食 第1回에서 第5回까지는 卷二에 게재되었고, 第6回에서 第8回까지는 卷三, 第9回는 卷五에 게재되었다.

용과 風格이 변화하게 되었다. 《張遠兩友相論》이 이루어놓은 소설문체상의 두드러진 공헌은 작품 전편에 두 사람이 對談하는 서술방식의 問答體를 채택하였고 또한 대담의 내용과 주제에 따라 分回를 하여 서술관점의 표현이 더욱 직관적이고 분명하기에 독자들이 이해하는데 도움이 되었다. 《張遠兩友相論》의 이러한 서술방식은 《察世俗每月統記傳》에서 자주 볼 수 있었고 언어 또한 확연하게 口語化 경향을 드러내었다. 예를 들면 第7卷에 수록된 《鐵匠同開店者相論》과 《東西夕論》은 《張遠兩友相論》과 거의 유사한 서술방식을 취하였다. 《鐵匠同開店者相論》에 등장하는 두 주인공의 신분이나 가정환경은 당시 南洋지역에 거주하는 華僑사회에서는 대단히 일상적인 경우이다.

> 오늘은 道光 元年 삼월 초삼일인데, 말래카에 사는 두 명의 중국인이 저녁에 만나 앉아서 대화를 나누었다. 한 사람은 何氏인데 廣東사람이다. 다른 한 사람은 進氏인데 福建사람이다. 이 두 사람은 집안형편이 어려워 먹고 살 수가 없었기 때문에 嘉慶 16년에 중국을 떠나 해외로 나와 호구지책을 찾고자 하였다. 進氏는 원래 鐵工 일을 배웠고 何氏는 가게를 열어 조그맣게 장사를 하였다. 하씨는 절약하는 사람이라 매년 30大圓 銀子를 집으로 송금해 주어 연로한 모친을 봉양하였고 또 10大圓을 더 부쳐주어 장애인 누이를 도와주었다. 進氏가 말래카에 온 후 2·3년 뒤에 廣西 客家사람의 딸을 아내로 맞아 중국에 돌아가지 않고 말래카에서 거주하기로 마음을 정하였다. 그러나 그도 매년 3~5원이나 10大圓을 부친에게 부쳐주었다. 그 두 사람은 어렸을 때 조금 공부를 한 적이 있었지만 가정이 빈한했기 때문에 오랫동안 스승에게 배울 수가 없었으므로 학문을 안다고 할 수는 없었다. 비록 그렇기는 하지만 그 두 사람은 《四書》와

《三國志注》、《勸世文》 등의 책을 볼 수 있었다.[4)]

《鐵匠同開店者相論》에 등장하는 何氏와 進氏 같은 일반 백성들이 바로 《察世俗每月統記傳》의 宣敎對象이며 또한 선교사들이 간행하는 선교잡지의 주요 독자층이다. 이들은 호구지책을 해결하기 위해 중국의 南方에서 이주해온 하층민들이며 비록 동남아에 거주하지만 여전히 중국어를 사용하며 손쉬운 책을 읽을 수 있고 고향의 가족 친척들과 연락을 하는 사람들이다. 《察世俗每月統記傳》의 편집자 밀네는 이런 두 명의 허구인물을 통해 동남아 화교사회를 묘사하고 있다. 하루는 廣東사람 "何氏"가 길을 걷다가 우연히 福建사람 "進氏"를 만나 예수교에 관한 책 《萬年壽藥》과 《永鍊論》을 주었다. 何氏는 進氏 그리고 반대 입장을 견지하는 昭先生과 함께 기독교에 대해 토론을 벌였다.

第7권에 수록된 《東西析論》에 나오는 주인공의 命名은 《天路歷程》의 인물처럼 상징적인 寓意를 내포하고 있다. "예전에 친형제처럼 서로 좋아하는 두 사람이 있었는데, 한 사람은 姓이 西이고 이름이 眞, 字를 求識이라 하며, 한 사람은 姓이 東이고, 이름은 知이며 자를 多識이라 하

4) "今道光元年二月初三日，在咖留吧有兩個唐人，晚上相談而坐。其一名何者，系廣東人。那一名進者，爲福建人也。此二人因家貧，且無過活之路，所以在嘉慶十六年出中國來海外，尋個食穿之道。進原習鐵工，而何開店做小生意。此何爲省儉之人，而每年寄回三十大圓銀子，以養一老年的母親，又送十大圓以助一殘疾的姐，養口也。進到吧後三二年，乃娶了個廣西客人之女爲妻，定了意要平生居于吧地，不想回中國。然其亦年年寄回三五圓或十大圓，與其父。其二人年少時，略略的有讀書，但因家貧寒，故不得久從師而算不得有學問。雖然如此，其二人亦能看四書、注三國志、勸世文等書也。"《察世俗每月統記傳》卷七，嘉慶 辛巳年(1821)，52葉.

였다."[5] 東氏와 西氏 두 사람은 好學求識하는 것을 매우 좋아하였는데, 작자는 두 사람 사이의 대담을 통해 동서양의 문화교류에 대한 갈망을 표출하고 있다. 작중에서는 대량의 편폭으로 두 사람의 신상 경력과 성격 및 기호에 대해 서술하고 있으며 대담의 주제는 天地萬物의 本原에 관한 것으로 철학적인 사변이 많고 설교적인 권계는 적은 편이다. 통속적이고 생동적인 소설서사 문체는 작중의 종교적이며 무미건조한 설교 내용을 약화시켜서 독자들에게 더욱 환영을 받게 하였다. 《察世俗每月統記傳》이 創刊된 第1年의 年末號에 편집자 밀네는 다음과 같이 고시하였다.

> 말래카 각지의 唐人 중에 《察世俗每月統記傳》을 읽기 원하는 분은 매월 초하루 이틀 삼일에 인편으로 저의 집에 와서 받아 가시기 바랍니다. 만약 페낭(Penang)·타이·베트남·자카르타·리오(Rhio)·싱가포르·트렝가누(Trengganu)·자바·반탐(Bantam) 등지에 거주하는 唐人 중에 이 책을 보고자 하는 분은 선박으로 말래카에 오실 때 편지로 제게 연락을 주시거나 혹은 선상의 친구에게 부탁해서 저의 집에 오셔서 직접 가져가시고자 한다면 제가 모두 드리거나 우편으로 보내드리겠습니다. 愚弟 밀네 알림[6]

5) "話說從前有二人爲有骨肉之相愛者。一姓西名眞字求識者, 一姓東名知字多識者也。"《察世俗每月統記傳》 卷七, 56葉.

6) "凡屬呷地各方之唐人, 願讀《察世俗每月統記傳》之書者, 請每月初一、二、三等日, 打發人來到弟之寓所受之。若在葫蘆檳榔、暹羅、安南、咖留吧、寥里、龍牙、丁几宜、單丹、萬丹等處, 所屬各地方之唐人, 有願看此書者, 請于船到呷地之時, 或寄信與弟知道, 或請船上的朋友來弟寓所自取, 弟卽均爲奉送可也。愚弟米憐告白" 《察世俗每月統記傳》 卷一, 嘉慶 乙亥年(1815), 卷末〈告帖〉.

이 잡지가 발행되던 네 번째 해부터 세속화 편집책략이 점차 효과가 나타나기 시작하여 독자들이 갈수록 많아졌는데, 밀네는 다음과 같이 언급하였다. “이 《察世俗》잡지가 발행된 지 이미 4년이 되어 중국의 몇몇 성에 보급되었으며 해외의 베트남 태국 자바 말래카 등지의 華人 사이에까지도 배포되었는데, 인쇄되어 독자에게 나누어준 것이 대략 삼만 권이 넘었다. 또한 이외에 나누어준 각종 서적 역시 적지 않았다.”[7] 윌리엄 밀네는 《察世俗》잡지를 중국 경내로 가져다 나누어 주었고, 베트남과 태국, 미얀마, 인도네시아, 필리핀 등 동남아 각지로 보내 유포시켰다. 그러나 밀네가 갑자기 病死하였기 때문에 《察世俗每月統記傳》은 바로 停刊되고 말았다. 밀네의 교육 출판사업에 참여하여 도움을 주었던 영국 런던선교회의 메드허스트(Walter Henry Medhurst, 麥都思, 1796-1857)가 밀네의 《察世俗每月統記傳》의 편집정신을 계승하여 인도네시아 바타비아에서 《特選撮要每月紀傳》을 창간하여 《察世俗每月統記傳》의 文體와 內容特徵을 구체적으로 구현시켜 나갔다. 메드허스트는 《特選撮要每月紀傳》의 創刊號 〈序言〉에서 다음과 같이 말했다.

지금까지 7년 동안 말래카에서 책이 출간되었는데, 이 책은 각종 道理를 많이 담론하여 세상에 큰 유익이 되었다. 애석하게도 편집인인 인자하신 노선생이 세상을 떠났다. 때문에 더 이상 그 책을 인쇄할 수 없게 되었는데, 바로 《察世俗每月統記傳》이다. 비록 더 이상

7) “此《察世俗》書今已四年, 分散于中國幾省人民中, 又于口外安南、暹羅、加拉巴、甲地等國唐人之間, 蓋曾印而分送于看者, 三萬有餘本。又另所送各樣書, 亦不爲不多矣。” 〈釋疑篇〉, 《察世俗每月統記傳》 卷五, 嘉慶 己卯年(1819), 24葉.

《察世俗每月統記傳》을 출판할 수 없게 되었지만 그곳에서는 아직도 몇 가지 勸世文이 다시 인쇄되어 사람들에게 여전히 배포되고 있다. 그러나 저는 여러분들이 이 각양 서적을 자세히 보고 그 道理를 살펴 노선생이 刻苦의 心血을 기울여 글을 지어 전파시키려 했던 취지가 헛되지 않기를 바랄 뿐이다. 이와 같은 취지로 저는 노선생의 德業을 이루고 그의 공적을 계승하여 글을 짓고 책을 인쇄하여 후세에 유익되게 하고자 한다. 또한 사람들로 하여금 착한 마음을 갖게 하고 욕심을 버리게 하고자 한다. 저는 이 《察世俗》잡지를 계승하고자 하며 서명을 바꾸어 《特選撮要每月紀傳》이라 하였다. 이 잡지는 비록 이름이 바뀌었지만 취지는 전과 같다.8)

메드허스트는 위의 서문에서 《特選撮要每月紀傳》을 《察世俗每月統記傳》의 續刊으로 간행하고 書名만을 바꾸었다는 취지를 밝히고 있다. 메드허스트는 최초의 세 가지 中文정기간행잡지 《察世俗每月統記傳》·《特選撮要每月紀傳》·《東西洋考每月統記傳》의 편찬작업에 모두 참여한 적이 있다. 메드허스트는 《特選撮要》의 創刊號에 長文의 〈咬留吧總論〉을 발표하였는데, 이 문장은 《察世俗每月統記傳》을 모방하였다. 章回小說의

8) "夫從前到現今, 已有七年, 在嗎啦呷曾印一本書出來, 大有益于世, 因多論各樣道理。惜哉作文者, 一位老先生, 仁愛之人, 已過世了。故不復得印其書也, 此書名叫《察世俗每月統記傳》。但雖然不復印此《察世俗》書, 在彼處地方, 還有幾樣勸世文再印出來的, 又可復送于人看。且弟勸君等細看此各書, 察其道理, 免老兄費了許多心血作文而流傳無用也。夫如是, 弟要成老兄之德業, 繼修其功, 而作文印書, 亦欲利及後世也。又欲使人有所感發其善心, 而遏去其人欲也。弟如今繼續此《察世俗》書, 則易其書之名, 且叫做《特選撮要每月紀傳》。此書名雖改, 而理仍舊矣。" 麥都思, 〈特選撮要序〉, 《特選撮要每月紀傳》 卷一, 〈卷首〉.

회를 나누는 分回 體例를 사용하여 인도네시아 자바섬의 歷史·風俗·民情·物産·山川·氣候 등 역사 지리 풍속을 상세하게 기술 소개하였다.

그러나 《察世俗每月統記傳》의 世俗化 경향은 독일선교사 귀츠라프가 창간한 《東西洋考每月統記傳》이 출간되고 나서야 비로소 윌리엄 밀네의 편찬목적이 크게 구현될 수 있었다.[9] 밀네는 《察世俗每月統記傳》을 편찬할 때에 이 잡지의 게재 기사가 지나치게 종교와 도덕문제에 편중되어 있고 天文·軼事·傳記·政治 등에 관한 게재가 지나치게 적었다[10]는 유감을 표명한 적이 있었다. 《東西洋考每月統記傳》은 《察世俗每月統記傳》의 발행취지를 계승하여 편집자가 기독교 선교에 관한 문장을 줄였고 게재 내용은 뉴스·天文·地理·貿易·政治·軍事·交通·災難·기후 등 世俗問題에 관한 것이 더욱 큰 비중을 차지하였다. 동시에 중국인 독자들이 즐겨 읽는 소설문체로 서술된 문장이 많았는데 이것 역시 기독교선교잡지에 나타나는 세속화 경향의 구체적인 표현방식이라 할 수 있겠다. 이 잡지에 게재된 論說·歷史·新聞·雜文 등의 文體 가운데에서도 소설체례의 흔적을 쉽게 볼 수 있다. 예를 들면 道光 癸巳年 12月號의 〈敍話〉는 시작부분에 한 편의 開場詩가 있을 뿐만 아니라 敍述方式 또한 완전히 話本小說의 敍事方式을 그대로 사용하고 있다.[11] 또한

---

9) 《東西洋考每月統記傳 *Eastern Western Monthly Magazine*》은 中國 境內에서 가장 먼저 刊行된 中文期刊雜誌이다. 이 잡지는 독일의 개신교선교사 카알 귀츠라프가 1833年 6月 廣州에서 創刊하였고 1838年에 停刊되었는데 모두 21册이 출판되었다.

10) "天文、軼事、傳記、政治各端,採擇甚寡。此則限于地位,致較預計爲少, 非本意也。"戈公振, 《中國報學史》, 〈英京讀書記·附錄〉, 北京: 三聯書店, 1955, 370쪽에서 인용.

11) 《東西洋考每月統記傳》, 道光 癸巳年 12月, 63葉.

道光 癸巳年 6月號의 〈新聞〉에서는 "터어키(土耳嘰)國事" · "네덜란드(荷蘭)國事"를 보도하기 전에 話本小說과 마찬가지로 다음과 같은 一段의 引子가 나온다.

> 廣州府에 두 명의 친구가 있는데, 한 명은 王氏이고 한 명은 陳氏인데, 두 사람은 모두 배우기를 좋아하고 법에 따라 바르게 사는 사람이었다. 서로 의기가 투합하고 사이가 좋아 시간이 날 때면 늘상 네가 나를 찾아오지 않으면 내가 너에게 가듯이 허물없이 지냈다. ……어느 날 갑자기 王相公에게 와서 말하길 "제가 오늘 우연히 외국인에게서 《東西洋考每月統記傳》이 편찬된다는 말을 듣고서 대단히 기뻤습니다." 왕씨가 말했다. "저는 (그 잡지에서) 많은 것을 얻을 수 있는데 언제나 묘책과 전환의 지혜가 실려 있지요. 喪心 喪德하고 궤계를 벌려놓는 것과는 바꿀 수 없는 것이죠." 진씨가 말했다. "그렇지요. 그 책의 작자들은 특별히 덕행을 쌓고 지식을 널리 전하고자 하니 어찌 즐겁지 않겠습니까?" 두 사람은 바로 《東西洋考》 한 권을 손에 들고 읽었다.[12)]

문장의 마지막 단락에서는 첫머리의 引子와 호응하는 結尾文을 지어 全文을 종결시키고 있다. "且說하고 陳相公이 읽었다. 王氏가 말했다. '글을 지은 이가 전후의 사정을 상세히 해설해주기를 간절히 바랍니다.

---

12) 在廣州府有兩個朋友, 一個姓王, 一個姓陳, 兩人皆好學, 盡理行義。因極相契好, 每每于工夫之暇, 不是你尋我就我訪你。……忽一日, 來見王相公說道: "小弟今日偶然聽聞外國的人, 纂輯《東西洋考每月統記傳》, 莫勝快樂。" 王道: "晚生大可取, 總有妙才, 轉環之智。若喪心喪德, 使詭設詐, 此不可交。" 陳道: "然也。那書的著文者, 特意推德行廣知識, 不亦說乎?" 二人就拿一篇《東西洋考》之讀。

다음 달에 매달의 新聞을 두루 전해준다면 좋겠습니다.' 陳氏가 대답했다. '이렇게 하는 것은 어려운 일이 아니지요. 다만 독자들이 좀 더 열심히 읽어주시기를 바랄 뿐이지요.' 왕씨는 꼼짝 않고 고민하다가 한 시간쯤 지나 말했다. '당신의 말씀이 대단히 지당하십니다. 저는 省의 선비와 상인들이 이 잡지의 큰 쓰임을 잘 알고 있으리라 의심치 않아 필히 도와드리지요.' 말을 마치고 두 친구는 인사를 나누고 헤어졌다.[13] 文章의 서술구조는 한 권의 話本小說과 같아서 앞머리에는 入話가 있고 신문내용이 正話가 되며, 마지막 부분은 結尾가 되어 작품을 마무리하고 있다. 이런 話本小說의 敍事方式을 채택한 新聞報導方式은 다른 정기간행 잡지에서는 전혀 찾아 볼 수 없는 서술형태이다. 이런 서술방식은 地理風物을 소개하는 〈論歐羅巴事情〉이란 기사에서도 찾아 볼 수 있다. "옛날에 胡潘이라는 프랑스사람이 있었는데 중국인 黃習이란 사람과 친분이 매우 두터웠다. 두 사람은 腹心之友라고 할 수 있는데 둘은 연애편지를 보내 매일같이 읊조리거나 집에 일이 없으면 만나서 대화를 나누었다. 자주 왕래하고 의기가 투합하여 전혀 체면치레를 하지 않았다. 어느 날 갑자기 黃氏가 胡氏를 찾아와 집안에 들어와서는 지도를 보고 글자를 읽다가 유럽을 보고서 물어보았다."[14] 유럽에 관한 소개는 두 사람의 對談을 통해 전개되었다. "무역"에 관한 장편의 연재물

13) 且說陳相公讀了。王道: "甚望其著文者, 詳明委曲。後月推廣每月之新聞則中意。" 陳答: "這也小事, 只情願讀者都加意閱之。" 王猶沉吟不動身, 一點時就道: "年兄之言最是。小弟不疑省之士與商等, 明曉其文之大用, 莫不必照顧。" 講完兩友拜別而去。각주12)의 引子와 위의 結尾文은 《東西洋考每月統記傳》, 道光 癸巳年 6月, 8葉에서 인용.

14) 《東西洋考每月統記傳》, 道光 乙未年 5月, 171葉.

은 道光 戊戌年 3月부터 시작해서 6期로 나누어 게재되었는데 실제로는 내용에 따라 6回로 나눈 것으로, 두 사람은 여섯 가지 측면에서 중국이 해외무역을 확대해야 한다는 필요성과 진행방안에 대해 토론하고 있다.

19세기 초 기독교선교사가 간행한 세 가지 정기간행잡지는 그들만의 독특한 文體 특징을 보여주고 있다. 첫 번째, 이 세 가지 잡지의 기독교선교사 편집인들은 章回小說을 일종의 문학장르로 간주하지 않고 章回小說體를 광범위하게 사용하여 각종 제재와 내용을 서술하는 서사문 속에 혼용하였기 때문에 이들 잡지 중에는 상당히 복잡한 문체가 나타나게 되었다. 두 번째, 일반 중국 대중들이 즐겨 읽는 白話章回小說의 敍述體例를 이용하여 기독교 선교메시지를 널리 전파하고자 하였다. 세 번째, 기독교선교사들은 대중 독자들이 편폭이 길고 내용이 심오한 문장을 결코 좋아하지 않기 때문에 쉬운 문장으로 正道를 말하여 愚民을 개화시켜 지식인이 되게 할 수 있다고 생각하였다.[15] 이런 생각에 기초를 두고 문장의 可讀性을 강조하였고 글은 쉽게 읽고 이해할 수 있어야 한다고 주장하였기 때문에 19세기 초기 기독교선교사의 정기간행잡지에 게재된 문장은 대부분 쉬운 文言이나 口語體 문장을 사용하였다.[16] 이렇게 민중을 대상으로 통속적이고 오락적인 口語體 문장을 널리 사용한 19세기 초기 기독교선교사의 정기간행잡지는 자신도 모르게 문학

---

15) 19세기 초기 기독교선교사의 中文期刊雜誌에 나타난 小說策略은 宋莉華 著, 《傳敎士漢文小說硏究》, 上海古籍出版社, 2010, 43-59쪽의 관련부분 참조.

16) “必不可長也, 必不可難明白, 蓋甚奧之書不能有多用處, 因能明甚奧理者少故也。容易讀之書者若傳正道, 則世間多有用處, 淺識者可以明白, 愚者可以成得智。”《察世俗每月統記傳》卷二, 〈卷首〉.

중심부가 아닌 域외인 동남아와 중국의 南方에서 中國語文의 通俗化와 口語化 운동, 民衆에 대한 文字敎育이라는 새로운 개혁계몽운동을 시작하게 되었다.

제2절 19세기 기독교선교사 期刊雜誌의 寓言筆記體小說

1) 《特選撮要每月紀傳》의 短文化 傾向

윌리엄 밀네의 《察世俗每月統記傳》은 傳統 章回話本體小說의 敍述方式을 모방하여 장편의 논설문을 연재하였기 때문에 논설문이 다수를 차지하고 각종 단편의 오락적인 "彩雲"은 도리어 조금 밖에 수록되지 않았다. 그러나 메드허스트의 《特選撮要每月紀傳》에서는 長篇大論이 감소되었고 더욱 短文化되는 경향이 있었다. 《察世俗每月統記傳》 중에 연재된 "神理"類 문장의 간절하게 직접 권면하는 서술경향은 《特選撮要每月紀傳》과 비교해 보면 아주 적게 보이며, 그 밖의 歷史 地理에 관한 長篇 연재 또한 줄어들었으며 대신 생동적이고 형상화된 短篇故事가 많이 증가하였다. 예를 들면 第2卷의 〈戰兵以聖書救命〉에서 《聖經》으로 인해 전투 중에 있는 병사의 생명을 구해주었다는 이야기를 서술하고 있다.

> 영국에 한 戰兵이 있었는데 집을 떠나 출전할 때에 성경 한 권을 가지고 전장에 나아가 편리할 때에 읽고자 하였다. 그러나 어느 날

아무 준비도 되지 않았는데 쇠북소리가 일제히 울리더니 적군이 쳐들어와 짐을 수습할 겨를이 없었지만 성경책을 가슴에 품었다. 나가서 적과 마주하고 싸움을 한지 얼마 되지 않아 敵陣에서 한 병사가 궁에 활을 재고 당겨서 그의 가슴에 바로 명중하였다. 그런데 요행스럽게도 성경책에 맞아 화살은 몸에 들어가지 않고 목숨을 건지게 되었다.17)

이 작품은 짧은 110 여 자의 短文으로 戰場에서 몸에 지니고 있던 《聖經》 때문에 목숨을 구한 병사의 看證故事를 서술하여 《聖經》의 異蹟을 증거하고 있다. 이런 軼事故事가 《特選撮要每月紀傳》의 편폭을 다수 점유하고 있어, 軼事小說이 이 잡지의 特色이라고 말할 수 있겠다. 《特選撮要每月紀傳》중에 게재된 軼事故事의 篇目은 다음과 같다.

卷一: 〈亞勒大門特之死〉, 〈一生諸事比終日之路〉, 〈感神恩〉, 〈水手悔罪〉, 聖經人物 모세의 이야기를 서술한 〈天理無不公道〉, 〈天理無不明〉

卷二: 〈論聖書之貴〉, 〈論貧人若色弗〉, 〈欽天監以天球受教〉, 〈戰兵以聖書救命〉, 〈天意要緊〉, 〈不可性急〉, 〈夫婦相愛〉, 〈母善教子〉, 〈父子不相舍〉, 〈異國之偶像〉

卷三: 〈惡有惡報〉, 〈太遲〉, 〈英吉利王之仁〉, 〈貧婦大量〉, 〈馬亦知仁〉, 〈老臣得賞〉, 〈巡市行仁〉, 〈屠人有仁〉, 〈和尙受教〉, 〈聽樂無益〉, 〈愛之在心〉, 〈悔罪之塔〉, 〈婦救其夫〉, 〈鳥人相愛〉

17) "且在英咕唎國, 有一個戰兵, 離家出戰時, 曾把一本聖書同帶入場, 以爲便讀。但或日未曾預備, 金鼓齊響, 而敵人前來, 故不得閑收拾行李, 乃只放書在心旁。出來迎敵, 惟打戰未久, 敵陣中一兵拉弓搭箭, 而正射中其胸膈。惟幸有書在彼, 箭不得入, 而生命救活也。" 《特選撮要每月紀傳》 卷二, 49葉.

卷四: 〈黑人大量〉, 〈良心自責〉, 〈神天主意〉, 〈賊首懷仁〉, 〈有勇且忠〉, 〈好友答恩〉[18]

이러한 軼事小說은 주로 《聖經》과 西方의 民間에서 유행했던 짧은 이야기인데, 하나님의 顯聖하심을 통해 신앙을 갖게 하거나 사람들에게 報恩·仁愛·寬容 등의 基督教 德目으로 訓誡하는 내용이 주를 이룬다. 지금 미국 하버드대학 燕京圖書館에 소장되어 있는 中文基督教小說 《論善惡人死》(道光 9年(1829)孟秋新鐫, 英華書院藏板)는 《特選撮要每月紀傳》 卷二에 게재된 〈論貧人若色弗〉와 卷一의 〈亞勒大門特之死〉 두 편의 作品을 편집하여 싱가포르에서 출판한 것이다. 이렇게 《特選撮要每月紀傳》에 먼저 게재된 뒤, 나중에 편집 출판한 것은 19세기 초기 基督教 宣教文書의 전형적인 출판양상이라 할 수 있다. 《論善惡人死》는 작자의 원래 성명이 저록되어 있지 않고"善德者"라는 필명만이 서명되어 있는데, "善德者"는 바로 《特選撮要每月紀傳》의 편집인인 메드허스트이다.

2) 윌리엄 마틴과 寓言軼事小說

《中西聞見錄》은 1870年代에 西方의 科學技術을 주로 소개했던 당시 中國에서 가장 유명한 科學普及雜誌였다. 북경에서 발행된 《中西聞見

18) 《特選撮要每月紀傳》에 게재된 短篇軼事小說의 篇目 整理는 宋莉華 著, 《傳教士漢文小說研究》, 51-53쪽에서 인용.

錄》의 투고 원고는 대부분 윌리엄 마틴(William A. P. Martin, 丁韙良, 1827-1916년)에게 의존하였다.[19] 윌리엄 마틴은 《中西聞見錄》에 오락(娛目)과 권계(警心)를 주제로 한 30여 편의 寓言筆記故事를 창작하였다. 그 중에서도 娛樂類寓言은 주로 에피소드나 흥미 위주의 이야기를 기술하고 있는데, 예를 들면 第10號의 〈도주한 흉악범의 남겨진 흔적(逃凶露迹)〉, 第13號의 〈英國近事: 화재에 노출된 수정궁(水晶宮不戒於火)〉, 第15號의 〈싱가포르近事: 뱀죽이는 故事〉, 第20號의 〈生과 死〉와 〈거대한 고기가 배를 휘감다(巨魚抱船)〉, 第21號의 〈영국 수도의 짙은 안개(英京大霧)〉, 第33號의 〈그림을 잘그리는 才童(才童善畵)〉 等의 고사가 그러하다. 그 중에서도 실제 사건을 서술한 몇 편의 故事는 대부분 基督教의 人道主義精神을 찬양하고 있다. 예를 들면 第12號의 〈재난

19) 커벨(Covell, 柯饒富)先生의 研究에 따르면 《中西聞見錄》은 北京 駐在 기독교선교사들의 民間組織인 "在華實學傳播會(The Society for the Diffusion of Useful Knowledge in China)"에서 창간한 잡지이다. 《中西聞見錄》은 1872年 8月부터 1875年 8月 停刊될 때까지 모두 36號가 발간되었다. 插圖本 月刊誌이며, 每號 28쪽에서 32쪽 정도의 편폭으로 西方科學技術知識·學說紹介·雜記·寓言·新聞報導·各國近事 等의 고정칼럼을 게재하였다. 《中西聞見錄》에 署名된 作者는 54人이 있고 이외에 약간의 익명 작자가 있어 모두 361篇의 문장이 게재되었다. 또한 〈各國近事〉 429篇 중에서 성명을 고찰할 수 있는 西方作家는 16名이고 華人作者는 38名이다. 내용면에서 살펴보면, 서양인의 문장은 西方의 近代科技知識과 西方 各國의 時事新聞을 집중적으로 소개하였으며, 中國人 作家는 寓言·雜記·遊記·考證·詩歌 등의 창작에 편중되어 있다. 서양인이 약 170篇의 文章과 〈各國近事〉거의 전부를 찬술하였는데, 전체 작가 중에서 윌리엄 마틴 혼자서 90여 편의 文章과 대부분의 〈各國近事〉를 찬술하여, 《中西聞見錄》 內容의 절반 이상을 윌리엄 마틴이 저술하였다. 王文兵 著, 《丁韙良與中國》, 北京: 外語教學與研究出版社, 2008, 192-194쪽 참조.

을 당한 義女〉는 어떤 젊은 電報 교환양이 비오는 밤에 철길 위에 쓰러져있는 큰 나무를 발견하고는 달려오는 열차와 충돌하는 것을 막기 위해 자신의 몸을 던져 열차의 탈선을 막아내는 헌신적인 이야기를 기술하고 있다. 第12號의 〈殺身成仁(危身救人)〉은 야간열차를 타고 필라델피아로 가던 한 여행객이 도중에 한 촌락에서 화재가 발생하는 것을 보고는 위험을 무릅 쓰고 달리는 열차에서 뛰어내려 화재를 알려주어 취침 중에 있는 마을사람들을 재난에서 구출해 내었지만 자신은 다리가 부러지는 중상을 입고 말았다. 작자는 작품 말미에 "용감하게 의를 행하는 사람은 진실로 이웃을 내 몸과 같이 사랑하는 자이다."[20]라고 평론하였다. 자신을 희생해서 남을 구제하는 주인공의 헌신적인 행위는 기독교의 예수 그리스도를 은유적으로 묘사한 것으로 작자는 이를 통해 일종의 이상적인 利他主義 精神을 표현하여 있어 새로운 기독교적 도덕관념을 소개해주고 있다.

또 다른 유형의 勸誡類寓言은 人類의 道義와 잘못이나 報應 등 여러 방면의 공통적인 도덕심에 대한 간구와 호소를 표현하고 있다. 예를 들면 第1號의 〈러시아인(俄人) 寓言〉은 道義와 관련이 있는 이야기이다. 甲과 乙 두 사람이 산길을 가다 곰을 만났는데 甲은 즉각 乙을 버리고 나무위로 기어 올라가 도망을 쳤고, 乙은 엎드려 죽은 척하고 있다가 위험을 벗어났다. 作者는 甲의 不道德한 行爲에 대해 다음과 같이 譴責하였다. "이후로 만일 어떤 사람이 자신은 항상 道義를 행한다고 말하다가 어느 날 환난을 당할 때, 자신만 살자고 친구를 버리고 가는 이런 부류의 인간은 정말 말할 가치가 없다."[21] 善惡에 대한 報應 역시 勸誡

20) 〈危身救人〉, 《中西聞見錄》 第12號.

類寓言의 主要 테마이다. 第12號의 〈奸徒現報〉는 어린 소녀를 유혹하여 강간한 두 명의 惡人이 모두 갑작스런 일로 暴死한다는 이야기로, 惡行에는 惡報가 따름을 기술하고 있다.

또 다른 유형의 우언은 "天道"가 勸善懲惡을 주관한다고 천명하고 있는데, 天道를 따르면 人類는 自然法則을 장악할 수 있고 자연을 통제할 수 있으며 사람의 의지에 따라 자연을 운행할 수 있어서 이를 통해 인류에 도움을 주고 폐해를 없앨 수 있다고 생각하였다. 예를 들면 第16號의 〈三神寓言〉 중에서 水·風·火 세 신령은 사람들에게 해를 입힐 때도 있지만, 사람들이 세 신령의 습성을 파악하여 그들을 운용하면 禍를 利로 바꿀 수가 있다. 그러나 뒤집어 보면 天道는 사람의 意志에 따라 바뀌는 것은 결코 아니다. 예를 들면 第32號의 〈人意難全〉은 어떤 고대 그리스의 제사장과 두 명의 사위들의 이야기를 기술하고 있는데, 채소밭을 가꾸는 작물이 잘 자라게 단비를 내려 달라고 기도해 달라는 첫째 사위와 도자기가 잘 건조하도록 맑은 날씨가 계속되기를 원하는 둘째 사위의 요청 때문에 제사장이 진퇴양난에 빠진다는 이야기를 서술하고 있다.

21) 〈俄人寓言〉, 《中西聞見錄》 第1號.

제3절 기독교선교사 期刊雜誌와 寓言翻譯小說

1) 기독교선교사의 期刊雜誌와 《이솝우언》의 번역

윌리엄 마틴은 1897년 6월부터 1898년 5월까지 《尙賢堂月報》을 간행하였는데, 이 잡지는 第3卷(1897년 8월)부터 《新學月報》라고 개명하였으며 모두 12卷이 출간되었다. 《尙賢堂月報》는 매권 마다 대체로 우언 1편이 수록되었다. 예를 들면, 〈厲鬼寓言〉(第1卷, 6葉)·〈寃女寓言〉(第2卷, 7葉)·〈쇠솥(鐵鍋)寓言〉(第3卷, 4葉)·〈珠橡寓言〉(第4卷, 10葉)·〈防漁寓言〉(第5卷, 8葉)·〈牧畜寓言〉(第6卷, 9葉)·〈로마國 古寓〉(第8卷, 10葉)·〈흰비둘기(白鴿)寓言〉(第9卷, 11葉)·〈手足寓言〉(第10卷, 8葉) 等의 故事가 게재되었다. 이런 우언들은 아주 흥미로운데 대부분 사람들에게 善行을 권면하고 도덕을 중시하는 주제를 가지고 基督教의 道德的 要求를 기술하고 있으며, 이들 중 몇 몇 작품은 時政이나 혹은 歷史를 諷刺하는 作用을 하기도 하였다.[22] 그 중에 〈쇠솥(鐵鍋)寓言〉과 〈手足寓言〉, 〈로마國 古寓〉은 모두 《이솝寓言》(*Aesop's Fables*)에서 나온 것으로, 마틴은 번역할 때에 원문에 구애받지 않고 여러 부분에 걸쳐 수정 改寫하였다.[23]

---

22) 《丁韙良與中國》, 262-264쪽 참조.

23) 〈쇠솥(鐵鍋)寓言〉은 《伊索寓言全集》 第353條 "The Pots"에 보인다. 李汝儀 譯, 譯林出版社, 2002年, 379쪽. 〈手足寓言〉은 《伊索寓言全集》 第158條 "The Stomach and the Feet"에 보인다. 171쪽. 〈로마國 古寓〉는 《伊索寓言全集》 第327條 "The Wild Boar, the Horse and the Huntsman"에 보인다. 354쪽. 《丁韙良與中國》, 262-264쪽에서 인용.

짧지만 精緻하고 흥미진진한 西方의 寓言故事를 중국어로 번역하여 잡지에 게재한 것은 결코 윌리엄 마틴의 《中西聞見錄》에서 시작한 것은 아니다. 일찍이 1819年에 윌리엄 밀네가 《察世俗每月統記傳》에서 이미 《이솝寓言》 다섯 편의 中譯作品을 게재한 적이 있다. 第5卷의 〈貪之害說〉·〈負恩之表〉·〈蝦蟆之喻〉·第6卷의 〈노새의 비유(驢之喻)〉·第7卷의 〈다리를 건너는 양의 비유(羊過橋之比如)〉 등은 모두 《이솝寓話》에서 나왔으니, 밀네는 개신교선교사 중에서 처음으로 《이솝寓言》을 중국에 번역 소개한 譯者라고 하겠다.

그 다음은 1853年 8月 홍콩에서 영국선교사 메드허스트가 창간한 中文期刊雜誌 《遐邇貫珍》이 第1期부터 시작해서 每期마다 항상 寓言 한 편씩을 게재하였다. 이 잡지에 수록된 寓言들은 바로 1840년 영국인 로버트 톰(Robert Thom, 羅伯聃, 1807-1846)과 그의 중국어 교사 "蒙昧先生"이 共譯한 *Aesop's Fables*의 中譯本 《意拾喻言》에서 가져온 轉載作品이었다. 《遐邇貫珍》은 1856年 5月 停刊될 때까지 모두 33期가 발행되었는데, 寓言은 30여 편이 게재되었다. 더욱 주목해야 할 것은 美國宣教士 존 영 알렌이 1868년에 창간한 週刊誌 《萬國公報》에는 1877年부터 1888年까지(499~517期) 英國宣教士 윌리엄 뮤얼헤드(William Muirhead, 慕維廉)가 代理編輯하던 시기에 每期마다 寓言을 몇 편씩 게재하였다. 이런 寓言들 역시 로버트 톰의 《意拾喻言》에서 轉載한 번역 작품이다.[24] 이러한 사실로부터 19世紀에 기독교선교사가 간행한 期刊雜誌의 主筆들은 寓言筆記故事의 登載를 상당히 중시하였음을 알 수

24) 19世紀 基督教宣教士의 《伊索寓言》 번역 상황은 顏瑞芳 著, 《清代伊索寓言漢譯三種·導論》, 臺北: 五南圖書出版公司, 2011, 3-7쪽 참고.

있는데, 이들 작품들은 대부분 西方寓言의 번역작품이다. 19세기 초기 윌리엄 밀네부터 19세기 말의 윌리엄 마틴까지 기독교선교사 편집인들은 자신들이 주관하는 期刊雜誌에 생동적이고 흥미진진한 "彩雲" 寓言軼事小說을 게재하여 中國人 讀者의 이목을 사로잡는데 성공하였다.

2) 《萬國公報》와 中文基督敎小說의 傳播

周聯華先生은 〈晩淸基督敎敍事文學選粹·總序〉에서 淸末 기독교 서사문학작품이 선교사의 기간잡지에 게재된 상황을 다음과 같이 논평하였다.

> 개신교는 1807년에 런던선교회에서 모리슨(Robert Morrison, 馬禮遜)을 중국에 선교사로 파견하였고……그의 뒤를 이어 來華한 선교사들은 모두 모리슨의 뒤를 좇아 특별히 저술과 번역작업을 중시하였다. 그 중에 대서특필할 사건은 바로 개신교에서 英文 이름이 *The Globe Magazine and A Review and the Times*라고 하는 《萬國公報》를 창간한 것이다. 실제로 《萬國公報》가 출판되기 전에 일찍이 선교사가 발행한 《察世俗每月統記傳》·《東西洋考每月統記傳》·《特選撮要每月紀傳》·《遐邇貫珍》·《中外新報》·《六合叢談》 등의 期刊雜誌가 있었다. 華文書局 編輯部에서 지은 〈影印《敎會新報》、《萬國公報》緣起〉에 따르면 "《中國敎會新報》(*The News of Churches, or The Church News*)는 同治 7年 7月(1868년 9월) 上海에서 창간되었고, 發行人은 미국선교사 존 알렌(Young John Allen, 林樂知)이다. 英國선교사 윌리엄 뮤얼헤드(William Muirhead, 慕維廉)와 조셉 에드킨스(Joseph Edkins, 艾約

瑟)가 집필인으로 도와주었다. 每週 한 차례 간행하였으며 편폭은 四張이다.……主要 內容은 中國의 基督教 事務기사를 게재하였는데 특별히 기독교 교리를 선양하고 聖經故事를 譯述하며 教會動態를 보도하고 난해한 宗教問題에 대한 질의 답변 등이 게재되었다. 그 사이에 간혹 中外의 역사 지리와 科學常識 및 中國의 教育消息 등을 기재하기도 하였다. 6년 동안 모두 300期를 간행하다가 同治 13年에 《萬國公報》라고 개명하였다. 《萬國公報》는 《教會新報》의 期數를 이어 續刊되었고, 여전히 존 알렌이 주필을 맡았고……光緒 15年 正月(1889년 2월)부터 廣學會(Christian Literature Society)에 귀속되어 發行되었다. ……이 잡지의 내용과 취지는 기독교의 선교를 벗어나지 않았고 교회 소식을 게재하긴 하였지만 西洋科學知識·史事人物·國家現勢에 두루 관계가 있는 西學을 널리 보급시킨다는 목적을 가지고 있었다. 《萬國公報》는 비록 朝野 官紳들의 폭넓은 주의를 끌어 일시에 새로운 지식을 얻는 가장 중요한 來源으로 간주되었을 뿐만 아니라 民族 自立과 主權確保·政治改革에 관해서도 더욱 참신한 자극을 주었다. 그 뒤의 變法維新運動은 이를 고취시켰던 《萬國公報》로부터 지대한 影響을 받았다.[25)]

廣學會는 清末 중국에 거주하는 外國宣教士와 外國領事·外國商人이 설립한 出版機構이다. 그들은 1884년에 上海에 "同文書會"를 설립하였고, 1887년 出版機構를 창립하였으며 1892년에 정식으로 "廣學會"라고 命名하였다. 영국선교사 윌리엄 뮤얼헤드와 티모티 리차드가 전후로 총간사를 역임하였다. 주요 회원은 조셉 에드킨스·존 알렌·윌리엄 마틴

25) 周聯華 著, 〈漢語基督教經典文庫集成·總序〉, 《晚清基督教敍事文學選粹》, 橄欖出版有限公司, 2012, iii-v.

·칼빈 마티얼(Calvin Wilson Mateer, 狄考文)·길버트 레이드(Gilbert Reid, 李佳白) 등의 구미선교사들이다. 總會를 上海에 두고, 北京·奉天·南京 등지에 分會를 설립하였다. 신문잡지와 서적 출판을 주요 사업으로 "서양의 학문으로 중국의 학문을 넓히고 서양의 新學으로 中國의 舊學을 넓힌다"는 취지를 가지고 중국인을 계몽하기 위해 "서양의 최신 지식을 수입하여 국민정신을 각성시키고 기독교를 전파하고자" 하였다. 廣學會는 西方의 各種 著作을 중국어로 編譯 출판하였는데, 宗教·政治·教育·科學 등 각 영역을 망라하였다. 出版된 譯著는 2천여 종에 달하였고 廣學會에서 발간한 중국어 신문잡지는《萬國公報》·《成童畵報》·《益智新錄》·《中西教會報》·《大同報》·《女鐸》 등 10여종에 달하였다.

존 알렌과 티모티 리차드는 廣學會에서 가장 영향력이 큰 인물인데, 그들은 장기간 중국에 거주하면서 중국사정에 정통하였는데《萬國公報》의 창간과 발행에 있어 이 두 사람의 힘이 가장 컸다. 티모티 리차드(Timothy Richard, 李提摩太, 1845-1919)는 戊戌維新運動 期間에 强學會에 가입하여 維新活動에 참여하면서 일련의 新政策을《萬國公報》에 발표하여 개혁운동을 선도하였으며, 20년간 廣學會 督辦을 역임하면서 廣學會에서 번역 저술한 저작이 70種에 달하였다. 존 알렌(Young John Allen, 林樂知, 1836-1907)은 출판사업, 신문잡지의 간행사업, 교육사업에 종사하면서 廣方言館과 廣學會에서 47部의 著譯書를 출간하였다. 그는《教會新報》와《萬國公報》를 창간하였으며 또한《中西教會報》·《益智聞錄》·《字林西報》·《上海新報》 등 신문잡지의 編輯과 執筆作業에도 참여하였다. 존 알렌은《中西教會報》에 〈喩道要旨〉欄을 개설하여 喩道小說의 譯著와 傳播를 주도하였는데, 티모티 리차드는 후에 알렌의 취지에 호응하여 喻道故事의 번역원고를 《中西教會報》에 연재하였다. 티모티 리차드의 《喻道要旨》와 존 알렌의 《安人車》는 모두 上海廣學會에서 出版되었으며, 티모티 리차드의 번역소설 《回頭看紀略》 역시 《萬國公報》에 연재되다가 1894年 廣學會에서 출판되었다.

그런데 이들보다 먼저 영국런던선교회 선교사 그리휘트 존(Griffith John, 楊格非, 1831-1912)은 1882년에 이미 자신의 中文基督教小說을 《萬國公報》에 연재한 후 출판하였다. 19세기 서양선교사 중에서 최고의 多産作家라고 평가되는 그리휘트 존은 다양한 문체로 저술 번역한 수많은 작품을 《萬國公報》에 발표하여 이 잡지의 주요 집필인이 되었다. 1882년에서 1883년 일 년 사이에 《上帝之稱》·《引父當道》·《引君當道》·《紅侏儒傳》·《引民當道》·《日月星眞解》·《引家當道》 등 일련의 著譯文을 《萬國公報》에 발표하였다. 《萬國公報》는 위에서 언급한대로 19세기 후기 중국에서 발행량이 가장 많고 영향력이 가장 큰 綜合雜誌였다. 그리휘트는 이 잡지에 왕성하게 기고함으로써 자신의 影響力을 확대시켜 나갔는데 같은 해에 두 권의 基督教小說을 《萬國公報》에 發表하였다.

《紅侏儒傳》은 1882년 《萬國公報》에 두 번에 걸쳐 연재되었고[26], 같은 해 漢口聖教書局에서 單行本으로 출판되었다. 《紅侏儒傳》은 영국작가 마크 게이 피얼스(Mark Guy Pearse,馬皆璧,1842-1930년)의 英文 原著 *The Terrible Red Dwarf*를 문언으로 번역한 우언소설이다. 이 작품은 사람의 혀를 붉은 난장이(紅侏儒)로 의인화한 우언작품으로 말의 해악

26) 첫 번째는 1882년 11월 25일 第15年 716卷에 第1～第3段이 게재되었고, 두 번째는 1882년 12월 2일 第15年 717卷에 第4段이 게재되었다. 林樂知主編, 《萬國公報》 (臺北: 華文書局, 1968年) 第15冊, 9481-9484·9499-9503쪽.

을 상징적으로 형상화한 작품인데 손쉬운 문언체로 쓰여졌으며 네 단락으로 分段된 短篇寓言小說이다.

《引家當道》는 1882年 漢口聖教書局에서 出版되었으며 작품 첫머리에는 金陵 沈子星이 지은 序文이 한 편 실려 있다. 1882年 12月부터 1883年 3月까지 《萬國公報》에 10차에 걸쳐 연재되었다.[27] 《引家當道》는 基督教의 선교를 위해 저술되었는데 타지에서 도박과 주색잡기로 타락해버린 李先生이란 장사꾼이 자신의 죄를 회개하고 신앙을 갖게 된 뒤에 이상적인 크리스찬으로 변모되는 과정과 신앙생활에 대해 서술하고 있는 16章의 中篇章回小說이다. 그러나 이 작품이 출간된 후에 作者가 기대했던 "집집마다 알고 있고 누구나 다 아는"그런 유명한 소설작품이 되지는 못하였다. 그리휘트 존은 이렇게 된 원인이 敍述言語 때문이라고 생각하여 1888年에 淺文理의 《引家當道》를 官話本으로 번역하여 《引家歸道》라는 제명으로 1889年 漢口聖教書局에서 출판하였다. 《引家歸道》는 1894년 플랭클린 올링거에 의해 서울에서 韓譯本이 출간되어 한국에서 번역된 근대 최초의 외국번역소설이 되었다. 그리휘트 존이 번역 저술한 두 권의 기독교소설은 모두 《萬國公報》에 연재된 뒤에 출판 유통되었고, 그 중의 《引家當道》는 그 官話本이 韓譯本으로 번역되어 한국 초기의 기독교선교사업에 상당한 영향을 미쳤다.

하지만 선교사의 기간잡지에 게재된 소설작품들은 대부분 寓言筆記類의 단편작품이 주종을 이루었는데, 두 편의 소설작품을 발표한 그리

27) 1882年 12月 30日 第15年 721卷에 第1章과 第2章이 게재된 이래로, 1883年 1月 6日 第15年 722卷에 第3章이, 724卷에 第4章과 第5章이, 1883年 3月 10日 第15年 730卷에 마지막 두 장인 第15章과 第16章이 게재되어 10차례에 걸친 《萬國公報》의 연재가 모두 완결되었다.

휘트의 경우에는 길지 않은 우언소설이나 중편의 장회소설을 연재하였으니 비교적 특수한 경우라고 하겠다. 선교사 기간잡지에 게재한 章回小說은 19세기 말까지 《張遠兩友相論》과 《引家當道》 두 편밖에 없으며 위에서 조사한 대로 대부분이 寓言軼事類의 단편작품이다. 이는 《察世俗每月統記傳》의 편집방침 대로 짧으면서 재미있는 단편소설이 期刊雜誌의 독자들에게 호응을 얻었기 때문이다.

제4절 《中西教會報》와 두 권의 基督教喩道小說集

기독교선교사의 期刊雜誌에 短篇寓言筆記小說이 연재되는 현상은 1890年代의 《中西教會報》28)에 이르기까지 계속되었다. 美國 감리회선교사 존 알렌은 선교잡지 《中西教會報》에 "喩道要旨"欄을 만들어 每期마다 2篇에서 5篇에 이르는 基督教 證道故事를 게재하였다. 이 잡지의 "喩道要旨"欄에 게재된 小說作品은 1891년 1월부터 1893년 11월까지의 25期에 걸쳐 집중적으로 게재되었다. 每期마다 수록된 短篇證道故事의 작자는 주로 西方의 개신교선교사들이고 간혹 중국인 목사도 있었다.

28) 《中西教會報》는 서양 개신교선교사가 중국에서 발간한 기독교 선교 전문지이며, 중국어 월간잡지이다. 1891年 1月 上海에서 창간되었으며 존 알렌이 주필을 맡았다. 1893年 11月에 停刊될 때까지 모두 35冊이 출간되었다. 1895年 12月에 復刊되어 廣學會의 기간지가 되었으며 발행 冊數는 따로 시작하였다. 1912年 11月 第234期부터 《教會公報》로 改名하였고, 1917年 2月 停刊될 때까지 모두 294冊이 간행되었다. 史和 編, 《中國近代報刊名錄》, 福州: 福建人民出版社, 1991年, 82쪽 참조.

1891년 1월부터 1892년 9월까지 존 알렌의 작품이 39篇 게재되었고, 馮活泉의 作品이 13篇, 劉樂義와 뮤얼헤드, 袁竹一의 作品이 각각 1편씩 게재되었다. 1892年 10月부터 1893年 11月까지 티모티 리차드의 작품 39篇이 게재되었다. 스토리와 서술구조를 갖추고 있는 이 94篇의 작품들은 짧지만 簡明하며 대부분 一人 一事의 스토리를 서술하고 있는데, 편폭은 3~4백자에서 2~3천자 사이의 短篇作品이다. 《中西敎會報》의 "喩道要旨"欄에 게재된 喩道小說은 수많은 중국의 민중들에게 基督敎의 福音을 전파하기 위해 번역 소개된 기독교 선교소설이다. 沈毓桂는 《中西敎會報》 第1册에 등재된 〈喩道要旨序〉에서 譯者 존 알렌의 出刊動機와 收錄經緯에 대해 다음과 같이 천명하였다.

> 무릇 도는 깊고 얕은 것이 없지만, 보는 것에 따라 깊거나 얕다고 생각하는 것이다. ……깊이 말해서 도가 밝히 드러나고, 얕게 말해도 도는 또한 볼 수 있다. 미국의 林樂知선생이 이런 면에 견해를 가지고 《喩道要旨》란 책을 저술하여 우리 고향 明經 任申甫선생에게 筆述을 부탁하였다. 자신이 獨創한 비유를 사람들에게 알려주어 함께 사용하게 하였고 어렵게 비유한 것을 사람들로 하여금 쉽게 알게 하였다. ……이 책이 출판되면 귀머거리를 듣게 하고 몽매한 자를 깨우칠 수 있을 정도의 계몽 역할을 할 것이다. 이로 부터 어두운 것이 일변하여 밝게 될 것이다.[29]

29) "夫道無淺深, 隨所見以爲淺深, 其人不足深言道也。……深言之而道顯, 卽淺言之而道亦見也。美國進士林樂知有見於是, 著《喩道要旨》一編, 倩吾邑明經任申甫先生筆述之。以己所獨喩者, 裨人人共喩, 且罕譬而喩者, 使人人易曉。……是書一出, 足以啓聵, 亦足以發蒙。從此昏昏者一變而爲昭昭矣。" 沈贅叟, 《中西敎會報》 第1册, 1891年 1月, 13葉.

주필 존 알렌(林樂知)은 《中西教會報》 第5册에서 〈喻道要旨〉란에 喻道故事를 많이 게재한 것은 기독교의 선교에 더 많은 도움을 주기 위한 것이라고 편집취지를 명확하게 밝혔다. 다시 말하면 〈喻道要旨〉란에 등재된 喻道故事들은 기독교의 전도를 위해 번역된 것이고, 존 알렌이 發起하여 쉽고 통속적이며 오락성이 높은 喻道故事로 기독교의 복음을 비유하고 설명하여 수준이 낮은 일반 민중을 啓導하기 위해 소개하였다고 한다.

1) 티모티 리차드의 喻道筆記小說集《喻道要旨》

《喻道要旨》는 영국 침례회선교사 티모티 리차드가 編譯한 文言筆記體 寓言小說集이다. 이 작품은 1894年 上海 廣學會 산하의 上海美華書館에서 刊行되었다. 《喻道要旨》의 〈譯者序文〉에 따르면 영국선교사 티모티 리차드는 독일의 저명한 목사 크루마허(Krummacher, 科錄馬赫)[30]가 지은 宗教寓言集 *Parabeln*의 英譯本을 文言筆記體小說로 번역한 번역작품집이다.[31] 이 文言小說集은 모두 71條의 短篇作品이 수록되어 있다. 原本 *Parabeln*은 모두 3卷의 故事集으로 구성되어 있는데, 第1卷에는 67편의 作品이 있고, 第2卷에는 53편, 第3卷에는 78편의 作品이 수록되어있어 全書는 모두 201편의 寓言故事로 구성되어 있다.

30) 역자 티모티 리차드는 저자 "Friedrich Adolf Krummacher"를 "戈睦克"라고 中譯하였는데, 이 譯名은 독일어 발음과 부합되지 않아 필자가 독일음에 맞게 "科錄馬赫"라 中譯하였다.

31) 李提摩太, 〈序〉, 《喻道要旨》, 上海美華書館, 1894, 崇實大學校 韓國基督教博物館 所藏本, 第1葉.

原著者 프레드리히 아돌프 크루마허(Friedrich Adolf Krummacher, 科錄馬赫, 1767-1845)는 독일의 신학자이자 목사이다.[32] 그는 일생동안 모두 23권의 著作을 저술하였는데, *Parabeln*으로 인해 세계적인 명성을 얻었다. 이 책은 1805年에 독일 두이스버그(Duisburg)에서 초판이 출간된 이후 1876년까지 모두 9版이 重刊되었고, 네덜란드어·덴마크어·프랑스어·영어 등 여러 종의 외국어 번역본이 출판되었는데 특히 英譯本은 여러 역자들에 의해 번역 출간되었다.[33] 역자 티모티 리차드는 1858년 헨리 본(Henry G. Bohn)이 번역한 英文本 ***The parables of Frederic Adolphus Krummacher*** 가운데에서 71篇을 선별하여 筆記小說體를 모방하여 文言으로 번역하였다.[34]

《喻道要旨》의 출판은 티모티 리차드가 1869년 중국에 來華한 이후 선교정책의 전환과 매우 밀접한 관계를 맺고 있다. 그는 중국에 오기 이전에는 기독교가 중국인의 심령을 바꾸어 놓을 수 있으며 중국인의 마음 속에 기독교가 절대적인 위치를 점유할 수 있다고 믿고 있었다. 그러나 19세기 淸末社會와 접촉한 뒤에 그는 비로소 자신의 이상과 중국의 현실사회 사이에는 상당한 거리가 있음을 깨닫고 중하층의 일반

32) Georg Rosenthal, *Friedrich Adolf Krummacher und seine Zeit*《크루마허와 그의 생애》, Bernburg: Kulturstiftung Bbg., 1996, p.8-13.

33) Georg Rosenthal, 〈Veröffentlichungen 出版著書〉, 前揭書, p.130.

34) 譯者 티모티 리차드는 〈序文〉에서 "章法은 中國筆記作品과 유사한 것을 선별하였다(謹擇其章法與中國筆記等書相似者)"라고 언급한 것을 보면 이 작품집은 文言筆記小說體로 서술되었음을 알 수 있다. 英譯本의 底本은 〈英文目次〉 위에 "Selections from *Krummacher's Parables(Bohn's Series)*"라고 明記되어 있다. 필자의 조사에 따르면 헨리 본의 英譯本은 1858년에 출판되었다.

평민들을 선교대상으로 전도를 하였지만 전도효과는 대단히 미미하였다. 그리하여 중국의 현실사회에 적응하려면 반드시 중국의 상층고관들에게 직접적인 영향을 미칠 수 있어야 한다는 생각을 갖게 되었다.[35) 《喻道要旨》의 編譯은 바로 이런 역자의 선교책략의 전환과정 속에서 생겨난 것이다. 《喻道要旨》는 上海 廣學會에서 1894년에 初版이 발행되었고(崇實大學校 基督教博物館 소장), 1904年에 第2版이 발행되었다(延世大學校 中央圖書館과 臺灣 東海大學校 圖書館에 소장). 티모티 리차드는 주로 중국인들이 기독교를 믿고 신앙을 갖는데 도움이 되고자 하는 선교목적에서 이 책을 번역하였다고 번역동기를 밝히고 있다. 書名中의 "道"는 "基督教의 福音"을 가리키며, "喻"는 "譬喻"를 말하는 것으로 譬喻의 표현방식으로 基督教의 福音을 전파한다는 이 작품집의 표현양식과 번역취지를 中文書名 가운데 함축시켜 놓았다.

2) 존 알렌의 喻道筆記小說集《安仁車》

喻道筆記小說集《安仁車》는 존 알렌이 41편을 編譯하고 後尾에 劉樂義이 번역한 9편을 합쳐 모두 50편의 단편고사로 구성되어 있다. 上海廣學會에서 光緒 28年(1902)에 출판하였는데 全書는 90葉이다. 이들 故事는 먼저 《中西教會報》 第1册부터 第20册까지 連載되었으며 41편 중에서 일부분은 존 알렌이 口譯하고 任申甫가 筆述하였으며 일부분은 존 알렌이 혼자서 번역한 것이다. 작품 말미의 9편 故事는 美國선교사

35) Timothy Richard, *Forty-Five Years in China:Reminiscences*, London: T. Fisher Unwin Ltd., 1916, p.199.

劉樂義가 번역하였다.[36] 1902年에 上海 廣學會에서 출판되었는데 단지 西方 基督教 喩道故事集의 翻譯本이라고만 언급되었고 原本에 대해서는 序文이나 其他 다른 어떤 文章에서도 구체적인 내용이 언급되지 않아 아직까지 原本과 譯者 劉樂義에 관해서는 알려진 바가 없다. 《安仁車》의 50편 故事는 內容과 文字가 《中西教會報》에 게재된 작품과 비슷한데, 단지 《安仁車》의 고사들은 제목이 모두 네 글자로 命名되어서 정련되고 條理가 있다. 이 50편의 작품은 구조와 인물형상이 생동적이고 문장이 簡明하고 요점이 있으며 一人 一事의 스토리를 서술하고 있는 典型的인 喩道筆記小說集이다. 먼저 〈先升不失〉이란 작품을 인용하여 이 작품집의 서술특성을 고찰해 보고자 한다. 어떤 선비에게 위로 딸 하나와 아래로 아들 한 명이 있었는데 누나와 동생은 대단히 사이가 좋았다. 뜻밖에도 딸아이가 일곱 살 때 갑자기 죽어 가족들은 대단히 애통해 하며 관습에 따라 墳山에 장사지냈다. 어느 날 아버지가 아들을 데리고 분산으로 성묘를 갔는데, 아이는 墳山에서 누나를 찾지 못하자 대성통곡하였다. 아버지는 아들에게 사망과 부활에 대해 다음과 같이 비유를 말해주었다.

> 아버지는 앞에 있는 얕은 연못 속의 벌레를 가리키며 부활의 비유를 들어 말하였다. "이 연못 속에는 한 마리 벌레가 사는데 얼마 후 물에서 나와 잠자리로 변하는 바로 그 벌레란다. 그 벌레가 변하지 않았을 때에는 같은 부류의 벌레들과 매일같이 여기서 아주 분주하

36) 林樂知의 譯作 41편은 《中西教會報》 第1册(1891.2)에서 第18册(1892.7)까지 연재되었고, 劉樂義의 譯作 9편은 第13册(1892.2) · 第19册(1892.8) · 第20册(1892.9)에 게재되었다.

게 기어 다니며 먹을 것을 찾아 먹고 살았단다. 하지만 이 벌레는 물속에서 살았기 때문에 물을 하늘이라 생각하고 물밖에 엄청나게 큰 세상이 있다는 것을 처음에는 알지 못했단다. ……개구리가 먼저 물을 떠났다고 믿는 작은 벌레는 이미 껍질을 벗어버리고 잠자리로 변해서 물위로 날아올랐는데, 대단히 신이 나서 정말로 극락세계에 왔다고 생각했단다. 그러나 어떤 때에는 함께 있었던 벌레들에게 이 사실을 알려주고 싶었지. 하지만 애석하게도 이미 물에서 나와 다시 물속으로 들어갈 수가 없게 되었고 그들도 때가 되면 하나하나씩 물을 떠나 뭍으로 올라와 이리저리 날아다니게 될 거 라는 사실을 확실히 알게 되었단다. 매일같이 강변에서 기다리니 과연 하나하나씩 날아올라와 모두가 함께 날아다니니 더욱 즐거웠단다. ……지금 물속에 있는 애벌레는 물위의 안락함과 영화로움을 다 알 수는 없지만 개구리의 말을 믿고 기다릴 수 있지. 우리도 역시 그러한데, 지금 세상에 있으면 天上이 얼마나 안락하고 얼마나 영화로운지를 알 수 없단다. 지금 네 누나도 애벌레처럼 먼저 하늘로 올라간 것이지 죽은 것이 아니란다. ……이 구절에 의하면 먼저 하늘에 올라간 자는 결코 목숨을 잃은 것이 아니니 슬퍼하면 무슨 이로움이 있겠는가!"37)

37) 父指前面淺水潭中小虫, 譬作復活之喩云 : "此潭中有一小虫, 卽他日出水變成蜻蜓者, 當其未變之時, 與同類各虫, 日在此忙忙碌碌, 爬行尋食。但此虫生長水中, 以水爲天, 初不知水上尙有極大世界。……至於相信田鷄先離水面之小虫, 已從殼中出來, 變作蜻蜓, 十分快活, 眞以爲極樂世界。然有時想到同伴各虫, 意欲報知消息。惜乎已出水不能再入水, 明知皮等時候一到, 個個都要離水上升, 飛來飛去。日在岸邊等候, 果然一一上來, 大家飛舞, 更覺有趣。……現在水中之虫, 不能盡知水面上之安樂榮耀, 但能將田鷄之言, 信心盼望。吾人亦然, 如今在世上, 不知天上如何安樂、如何榮耀。今爾姊不過如小虫先升, 並未失脫,……由是說之, 先升者並非失命, 憂愁何益哉!"〈先升不失〉,《安人車》, 上海美華書館, 1902, 崇實大學校 韓國基督敎博物館 所藏本, 4-7葉.

이 작품은 1,600자의 편폭으로 父子 間의 대화와 애벌레와 개구리 사이의 대화 등 장편의 대화체를 통하여 死後世界를 "물속의 작은 벌레가 껍질을 벗어버리고 잠자리로 변해서 물위로 날아올랐는데, 대단히 신이 나서 정말로 극락세계에 온 것 같다."라고 비유하고 있다. 아버지는 수중의 애벌레가 여러 차례 주저하고 망설였지만 결국은 어렵게 수면을 떠나 대단히 밝고 영화로운 외부세계를 보게 되는 경험을 통해서 누나를 잃고 슬퍼하는 아들에게 누이의 죽음은 애벌레가 먼저 수면을 벗어나 날아올라간 잠자리와 같아서 근심할 필요가 없다고 권면하고 위로해 주고 있다. 작자는 결미부분에서《구약·사무엘하》12장 23절을 인용하여 사람이 죽으면 사후세계에서 부활하여 다시 만날 수 있으며 지금은 죽은 사람이 천국에 먼저 들어갔다는 믿음을 가지고 천국을 기다린다는 기독교의 死亡觀과 부활신앙을 설명하고 있다.

〈國旗護身〉은 비유로 기독교 교리를 서술 설명한 작품인데, 1867년 美國籍의 英國商人이 쿠바에서 체포되어 사형 판결을 받았다. 그러나 영국과 미국 국기로 몸을 감싸고 있어 결국 무사하게 되었다는 스토리를 서술하고 있다.[38] 작품은 이어서 예수 그리스도의 능력이 이 국기보다 비할 수 없이 뛰어남을 강조하고 있다.

비록 알렌의 喻道故事가《中西教會報》에 먼저 연재되었고 티모티 리차드의 喻道故事가 나중에 게재되었지만 티모티 리차드는 1894年 上海 廣學會에서《喻道要旨》를 먼저 출판하였고, 존 알렌의 喻道故事集은 1902년이 되서야 비로소《安人車》란 書名으로 廣學會에서 出版되었다.《喻道要旨》와《安人車》의 喻道小說들은 모두《中西教會報》에 連載되었는

38) 〈國旗護身〉,《安人車》, 27-28葉.

데, 19세기 초기 기독교선교사의 期刊雜誌에 등재된 基督敎小說과 비교해 보면 서사방식에 있어 적지 않은 발전이 있었다. 초기 基督敎小說 중에 보이는 對話體 論爭과 遊說 그리고 章回小說의 서술형식을 모방한 敍述方式은 거의 도태되었고 등장인물의 의견 대립으로 인한 충돌과 대립양상은 더 이상 나타나지 않았다. 게다가 종교 교리는 교묘하게 구조와 문장 속에 감추어져 있으며 쉽고 이해하기 쉬운 口語文言體의 風格과 제3인칭 객관적 서술형식이 전반적으로 채택되었다.[39] 이러한 서술상의 발전으로 이들 中文基督敎小說이 더욱 많은 중국인 대중에게 사랑을 받게 되었으며 서방의 선진문화를 받아들이기 원하는 문인 사대부들도 쉽게 받아들이게 되었다. 종합적으로 말하면 존 알렌과 티모티 리차드 두 譯者는 작품을 손쉽게 전파시키고 독자층을 더 많이 확보하기 위하여, 원작 중에서 번역대상작품을 선별할 때나 번역문체에 의한 譯文 편폭의 길이, 번역방식 및 중국식으로 그려진 插畵의 편집운용방식 등에서 상당히 강력한 역자의 주관적인 변환의식을 보여주고 있다.

기독교선교사 中文期刊雜誌의 出版地와 傳播상황이 19세기 中文基督敎小說의 경우와 어떤 관계가 있는지 고찰해 보겠다. 먼저 小說작품의 發行地가 東南亞 南洋各地에서 中國境內로 이동하였고 다시 마카오·홍콩에서 廣州·夏門·寧波 등의 通商港口로 확대되었으며, 동시에 上海와 北京 等의 중심도시로 전파되었다. 게다가 다시 바다를 건너 日本과 韓國 등 동북아로 전파되었다. 이는 19세기 초기 선교사가 발행한 期刊雜

39) 拙著, 〈清末 영국선교사 티모티 리차드의 基督敎 文言翻譯小說《喩道要旨》의 翻譯特性 硏究〉, 《中國語文論譯叢刊》 第15輯, 中國語文論譯學會, 2008年 7月, 54-64쪽 참조.

誌의 발행 및 유통경로와도 일치하는 것이다. 1840년 이전 기독교의 禁教時期에 최초의 中文期刊雜誌들은 동남아지역(말래카·바타비아·싱가포르)에서 간행되었고, 후에 마카오·홍콩에서 발행된 후 중국경내에 유입되었다. 1842년 남경조약이 체결된 후,출판지는 廣州·福州·寧波 등의 통상항구로 이동하였고 1860년대에 上海, 1870년대에는 天津·北京으로 이동 확대되었다.

19世紀 宣教士 期刊잡지의 출판지점과 中文基督教小說의 出版地는 대체로 비슷하다. 예를 들면 《察世俗每月統記傳》은 말래카에서 창간되었고, 《特選撮要每月紀傳》은 바타비아에서 발행되었으며, 《東西洋考每月統記傳》은 싱가포르, 영문잡지 《*The Chinese Repository* 中國叢報》는 廣州(1832), 《遐邇貫珍》과 《中外新報》는 홍콩, 《六合叢談》·《教會新報》·《萬國公報》·《中西教會報》는 上海에서, 《中西聞見錄》은 北京에서 발행되었다. 선교사의 期刊잡지와 中文基督教小說은 모두 공통적인 유통경로를 가지고 있는데 19世紀初 東南亞南洋地區에서 中國境內로 유입되었으며, 다시 中國의 通商港口에서 東北亞地區로 확산 전파되었다.

두 번째로 개신교선교사작가들은 중국인에 대한 소설의 영향력을 중시하였는데 특히 章回小說과 쉽고 짧은 문체로 지은 筆記寓言體 短篇小說에 주목하여 처음으로 전통중국소설의 각종 서사방식을 자신들의 각종 문장 속에 적용하여 章回小說體와 筆記寓言體의 小說修辭방식으로 문장을 기술하였는데, 이는 모두 중국소설의 통속성과 전파력을 빌려 기독교를 전파하려는 의도에서 비롯된 것이다. 《察世俗每月統記傳》에서 《萬國公報》에 이르는 기독교선교사의 期刊雜誌는 19세기 西學의 知識 普及과 經典史傳의 通俗化 측면에서 개신교선교사 작가들이 각고의 심혈을 기울인 결과, 상당한 성과를 거둘 수 있었다. 선교사 작가들의 章回小說과 寓言筆記小說에 대한 폭넓은 譯著活動은 기독교선교사들의 世俗化와 토착화의 선교전략을 실천한 것이며 이러한 선교전략의 출발점은 모두 簡易化와 通俗化 知識을 지향하여 이를 일반 백성들에게 두루 알려서 하층 민중들까지도 즐겨 읽게 만드는 것이다. 때문에 선교사의 신문잡지에 게재된 중문기독교소설은 대부분 상당히 쉬운 글자의 전통소설문체로 기술되어 있어 중국인이면 누구나 쉽게 읽을 수 있는 작품들이었다. 중국의 일반 백성이 바로 선교사 신문잡지의 선교대상이며 중문기독교소설의 주요 독자층인데, 독자들의 주의를 끌기 위해 작가들은 작품의 娛樂性과 通俗性을 특별히 주목하였고 독자들의 성향을 파악하여 《察世俗每月統記傳》 이래로 선교사들의 신문잡지에는 줄곧 寓言筆記作品과 같은 짧고 흥미로운 단편작품을 게재하여 독자의 흥미를 유발하였다.

세 번째 윌리엄 밀네, 윌리엄 마틴, 그리휘트 존, 존 알렌, 티모티 리차드 등 中文基督教小說의 主要 作家들은 청말 신문잡지의 주필이거나 혹은 주요 집필자인데, 이들은 자신의 소설작품을 지명도가 높은 선교사 期刊雜誌에 게재하여 작품의 홍보와 전파에 결정적인 도움을 받았고 이들 작품은 중국과 해외에 광범위하게 전파될 수 있었다. 그들은 정기적으로 발간되는 기간잡지의 수요에 부응하기 위해 적지 않은 서방작품을 중국어로 번역 게재하거나 이미 번역된 작품을 轉載하기도 하였다. 이렇게 하여 19세기 선교사 기간잡지에는 많은 번역작품들이 수록되었고, 이것을 모아 책으로 출판하였으니 바로 《論善惡人死》부터 《安人車》에 이르는 번역소설집들이다. 또한 선교사잡지에 등재된 中文

基督教小說들은 신문잡지의 內容을 풍부하게 만들었고 기간잡지의 影響力을 빌려 광범위하게 홍보되고 전파되었으니 이로 인해 中文基督教小說과 宣教士期刊雜誌들은 서로가 도움을 주는 상부상조의 관계를 구축하게 되었다.

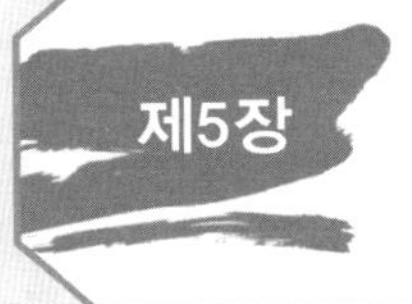

제5장 19세기 동아시아의 최대 베스트셀러 《張遠兩友相論》

제1절 백년 이상 愛讀된 《張遠兩友相論》의 작품 생명력

1916년 재중 개신교선교연합회의 위탁을 받은 영국목사 雷振華(George A. Clayton)는 중국 전역에 있는 개신교 각 선교회의 목사와 書記들에게 서신을 발송하여 선교회 소속 출판사와 신문잡지 및 교회학교에서 발간한 각종 기독교 서적을 조사하고자 하니 관련 간행물을 우송해 줄 것을 요청하여 약 3,500여종의 圖書를 수집하였고, 1917년 이 자료를 정리하여 《基督聖敎出版各書書目彙纂》을 간행하였다.[1] 이 書目에는 모두 9종의 《張袁兩友相論》이 저록되어 있는데, 다음과 같다.

書名	言語	譯著人名	面數	出版再版年月	次數	刊行會名		價値
兩友相論	文言	米 憐著	二八	一八一九	多	一九一六	兩粵	每百 一元七角
長遠兩友相論	文言	米 憐著	三八	一八一九	多	一九一七	閩省	每百 一元五角

1) 雷振華 纂, 《基督聖敎出版各書書目彙編》, 하바드대 옌칭도서관 소장, 1917, 〈條例〉〈一. 緣起〉 1쪽. 〈一. 緣起〉에서는 《基督敎出版書目彙纂》이라 하였고, 이 책의 표지에서는 《基督聖敎出版各書書目彙編》이라 명기하였는데, 본고에서는 《基督敎出版書目彙纂》이라 표기하겠다.

長遠兩友相論	文言	米 憐著	三四	一八一九	多	一九一四	中國	每本	三分
長遠兩友相論	文言	米 憐著	二八	一八一九	多	一九一七	漢津	每本	二分
張袁兩友相論	官話	米 憐著	三九	一九一二			漢津	每本	二分
長遠兩友相論	文言	米 憐著	二八	一八一九	多	一九一五	華西	每百	一元二角五分
張袁兩友相論	官話	米 憐·季理斐著	四八		七	一九一五	中國	每百	三元六角
張遠辯道記	官話	米 憐著	六四	一九0九			浸信	每本	三分
張袁兩友相論	上海	米 憐·晏瑪太著	三六			一九0九	中國[2]	每本	三分[3]

9종의 판본은 《兩友相論》·《長遠兩友相論》·《張袁兩友相論》·《張遠辯道記》의 네 가지 書名으로 표기되어 있고 廣州, 福州, 上海, 漢口, 天津, 重慶 등 중국 전역에서 간행되었으며, 文言과 官話 및 上海 方言의 세 가지 언어로 기술되었다고 저록되어 있다. 그리고 1819년 윌리엄 밀네의 초판본이 간행된 이래 끊이지 않고 重版이 거듭되었는데, 이 서목에 수록된 판본의 간행시기는 1909년부터 1917년 사이이다. 面數는 28면이 3종, 34 · 36 · 38 · 39 · 48 · 64면이 각각 1종으로 편폭과 판식이 대체로 같지 않음을 알 수 있다. 초판이 나온 지 거의 백년이 다 되어가는 1917년에 편찬된 이 서목에 의거해 볼 때, 이 작품은 여전히 지속적으로 재판을 거듭했을 뿐만 아니라 계속해서 다른 방언으로 번역되었고, 중국의 남북과 동서를 망라한 전역에서 발행되고 있어, 작품의 생명력

2) 刊行출판사의 약칭 대조는 雷振華 纂,《基督教出版書目彙纂》,〈條例〉 2-3쪽 참조.

兩粤	兩粤聖教書局	廣州	閩省	福州聖教書局	福州
中國	中國聖教書局	上海北京路	漢津	基督聖教協和書局	漢口 天津
華西	華西聖教書局	重慶 成都	浸信	美華浸會印書局	廣州

3) 雷振華 纂,《基督教出版書目彙纂》, 52-53쪽.

을 유지하면서 여전히 독자들로부터 애독되고 있음을 알 수 있다. 이 작품이 바로 최초의 中文基督教小說《張遠兩友相論》이다.

제2절 最初의 中文基督教小說《張遠兩友相論》의 敍述特性과 작자 윌리엄 밀네

이 작품의 초기 판본에는 작자가 著錄되어 있지 않지만, 알렉산더 윌리(Alexander Wylie, 1815-1887)의《*Memorials of Protestant Missionaries to the Chinese* 在中 개신교선교사 回想錄》[4](이하《선교사 回想錄》이라 약칭)에 의하면 윌리엄 밀네(William Milne, 1785-1822)가 지은 것이라고 한다. 初版은 1819년 말레이시아의 말래카(Malaca: 중국명 馬六甲)에서 출간되었는데 총 20面이다. 1831년 말래카에서 42面으로 재판되었고, 1836년에는 역시 42면으로 싱가포르에서 재판되었으며, 1844년 홍콩에서 수정본이 출간되었다. 그리고 후에 上海와 寧波 등지에서 수정본이 나왔는데, 서명은《張遠兩友相論》,《長遠兩友相論》,《張袁兩友相論》,《張遠辯道記》,《甲乙兩友相論》,《二友相論》,《兩友相論》등으로 다양하게 사용되었다. 高田時雄 編《映日書屋所藏 閩南語教會 로마자文獻目

4) Alexander Wylie, *Memorials of Protestant Missionaries to the Chinese: Giving A List of Their Publications, and Obituary Notices of the Deceased with Copious Indexes*, Original Edition Published by Shanghae: American Presbyterian Mission Press, 1867. Reprinted by Ch'eng-wen Publishing Company, Taipei Taiwan, 1967.

錄》에 수록된 알파벳표기 閩南語 宗教書目 중에는 《Tie^{n}Uân Liang-iú Siang-lun, ék-tsò Tie-chiu Péh-uè》이란 書名의 부록 1條가 실려 있는데, 실은 알파벳 표기방식으로 1886년 번역 출판된 潮州話本 《張遠兩友相論》이다. 이 작품은 20세기 초반까지 중국 전역에서 많은 판본이 간행되었고, 한국 일본 등지에서는 번역본이 여러 차례에 걸쳐 간행되는 등 출간된 이래 가장 널리 유통되고 번역된 중문기독교소설 최대의 베스트셀러이자 19세기부터 1세기 동안 판매부수가 가장 많은 중문소설이기도 하다. 여러 가지 통계에 의하면 적어도 1세기 동안 350만부 이상이 출간 유통되었다고 추정된다. 현존하는 가장 오래된 판본은 道光 16년(1836) 孟秋에 重版된 "(싱가포르) 堅夏書院藏板"이며, 현재 하버드대 옌칭도서관과 파리 漢學院 IHEC도서관에 소장되어 있는데, 모두 12回에 半面은 8行이고 1행은 20字이며, 총 42面에 모두 13,440자이다. 현재까지 조사된 《張遠兩友相論》의 판본과 서지사항은 다음과 같다.

1) 알렉산더 윌리(Alexander Wylie, 1815-1887)의 《선교사 회상록》에 저록된 13종의 판본[5]

(1) 1819년 《張遠兩友相論》, 말래카 초판, 20葉, 12회

(2) 1831년 《張遠兩友相論》, 말래카 重印本, 42葉, 12회

(3) 1836년 《張遠兩友相論》, 싱가포르 重印本, 42葉, 12회

(4) 1844년 《張遠兩友相論》, 홍콩 修訂本, 41葉으로 축소, 12회

(5) 1847년 《張遠兩友相論》, 上海 刊本, 41葉, 12회, 홍콩본의 重印本

---

5) 《張遠兩友相論》에 관한 저록은 Alexander Wylie, 전게서, William Milne 11條 16-17p, William Charles Milne 5條 124p, Andrew Patton Happer 9條 145p의 세 부분에 보인다.

(6) 1847년《張遠兩友相論》, 寧波에서 말래카 原本을 重印, 35葉

(7) 1849년 《張遠兩友相論》, 上海에서 존 레비스 숙(叔未士 John Lewis Shuck, 1812-1863)이 약간의 수정을 가하여 출판, 35葉, 12회

(8) 1851년《長遠兩友相論》, 上海에서 찰스 밀네(美魏茶 William Charles Milne, 1815-1863)의 修訂版을 출판, 24葉, 原作 12回를 11回로 압축한 改正本[6]

(9) 1851년《張遠兩友相論》, 홍콩에서 찰스 밀네의 수정본을 重印, 27葉, (8)의 reprint, 11회

(10) 1851년 《二友相論》, 寧波에서 改正本을 출간, 30葉

(11) 1858년 《甲乙二友論述》, 上海에서 修訂本 출판, 22葉. 이 판본은 12회를 10회로 축약하였고, 제10회는 에드킨스(艾約瑟 Joseph Edkins, 1823-1905)가 增補하였는데, "乙"이 완전히 信服하여 세례를 받고 교회에 입교한 내용을 증보하였다. (10)의 향상본(Improved edition)

(12) 1861년 《甲乙二友論述》, 上海의 重印本. 上海 墨海書館刊印, 알렉산더 修訂, 에드킨스 增補, 옥스퍼드대학 Bodleian Library 所藏. (11)의 재판본

(13) 1862년 《張遠兩友相論》, 廣東, 앤드류 하펄(Andrew Patton Happer)의 개정본, 16葉. 처음 5회는 밀네 原著와 같은 回目, 廣東方言으로 改作된 改正本

2) 옥스퍼드대학 보드레이안도서관(Bodleian Library) 소장의 21종 판본(윌리의 《선교사 회상록》에 저록된 5종을 제외한 16종의 판본)[7]

6) Alexander Wylie, 전게서, William Charles Milne 5條 124p 참조.
7) 宋莉華 著, 〈第一部傳教士中文小說的流傳與影響〉, 《文學遺產》, 2005년 제2기, 121쪽에서 인용.

(1) 1852년《長遠兩友相論》, 上海: 墨海書館, 24葉, 11회, 찰스 밀네의 수정본
(2) 1853년《張遠兩友相論》, 上海: 聖會堂, 24葉, 레비스 쉭의 수정본, 12회
(3) 1857년《張遠兩友相論》, 寧波: 華花聖經書房, 33葉, 12회
(4) 1857년《張遠相論》, 上海: 出版者 未記, 예츠(葉慈 M.T.Yates)가 官話로 번역
(5) 1863년《張遠兩友相論》, 上海: 美華書館, 40葉
(6) 1864년《二友相論》, 寧波: 英華聖經堂, 토마스 홀 허드슨(Thomas Hall Hudson, 1800-1876)修訂, 속표지에 "同治2년 寧郡福音殿, 30葉
(7) 1865년《張遠二友論述》, 上海: 墨海書館, 에드킨스 增補, 윌리엄 뮈얼헤드(William Muirhead, 1822-1900)編訂, 22葉
(8) 1867년《長遠兩友相論》, 홍콩: 英華書院, 찰스 밀네의 수정본, 32葉, 11회
(9) 1868년《張遠兩友相論》, 上海: 美華書館, 콜베트(H. Corbett)가 증보하고 官話로 번역, 60葉, 13章, 마지막 7葉 缺
(10) 1868년《張遠兩友相論》, 上海: 美華書館, 33葉
(11) 1869년《張遠兩友相論》, 上海: 美華書館, 新鑄銅版, 11葉
(12) 1871년《甲乙二友論述》, 福州: 太平街福音堂, 榕腔, 28葉, 10회
(13) 1871년《長遠兩友相論》, 홍콩: 英華書院刊本, 찰스 밀네의 修訂本, 32葉, 11회
(14) 1875년《兩友相論》, 京都: 美華書院, 콜베트의 증보 및 官話本, 63葉, 13章
(15) 1882년《張袁兩友相論》, 上海: 中國聖教書會, 찰스 밀네의 수정본, 22葉, 11회
(16) 1883년《長遠兩友相論》, 漢口: 聖教書局, 찰스 밀네의 수정본, 23葉, 11회

3) 하버드대 옌칭도서관 소장 9종의 판본[8)]

8) 9종의 판본 중에서 앞 2종의 저록과 중복되지 않는 판본은 4종이다. 필자의

(1) 1836년《張袁兩友相論》, 싱가포르 重印本, 42葉, 12회

(2) 1844년《張袁兩友相論》, 홍콩 修訂本, 41葉으로 축소, 12회

(3) 1849年《張遠兩友相論》, 福州: 福州城刊刻, 板藏花旗寓所, 12回

(4) 1854년《長遠兩友相論》, 福建: 福建鷺門 花旗館寓, 36葉, 11回

(5) 1857년《張遠兩友相論》, 寧波: 華花聖經書房, 33葉, 12회

(6) 1863년《張遠兩友相論》, 上海: 美華書館, 40葉

(7) 1871년《甲乙二友論述》, 福州: 太平街福音堂, 榕腔(福州方言)本, 28葉, 10회, 조셉 에드킨스(Joseph Edkins)의 수정본

(8) 1875년 京都 美華書院刷印,《美華書院短篇集》合集, 卷一 第1部《兩友相論》, 63葉, 헨리 브로드겟(Dr. Henry Blodget)의 改寫本, 13章, 12장은 다른 12회본과 동일, 13장은 창작

(9) 1906년《張袁兩友相論》, 華北書會印發, 上海 美華書館, 20葉, 11回

4) 프랑스 漢學院 IHEC圖書館 所藏本

(1) 1836년《張遠兩友相論》, 堅夏書院藏板, 12회[9)]

1819년 윌리엄 밀네의《張遠兩友相論》가 발행된 이래로 이 작품은 끊임없이 간행되었으니, 위에서 열거한 네 가지 著錄과 雷震華의《基督聖教出版各書書目彙編》에 수록된 9종의 판본을 합치면 각기 다른 판본은 모두 42종에 달한다. 1)~3)의 세 가지 저록은 다소 상이한 시기에 간행된 판본을 보여주고 있는데, 1)은 1867년 이전에 간행된 모든 판본

대조에 따르면 3)-(1)은 1)-(3)과, 3)-(2)는 1)-(4)와, 3)-(5)는 2)-(3)과, 3)-(6)은 2)-(5)와, 3)-(7)은 2)-(12)와 동일한 판본이다.

9) 이 판본은 앞의 3종 저록에 모두 보인다. 초기 판본 중에서 가장 많이 유통되었고, 출판 상태가 양호하여 윌리엄 밀네 원작의 면모를 파악하기에 가장 좋기 때문에 본고에서는 이 판본을 사용하여 분석하고자 한다.

을 소개하고 있으며, 2)의 소장본은 초기부터 1880년대까지의 출판상황을 구체적으로 파악할 수 있다. 특히 1849년 上海에서 레비스 쉭이 부분 수정본을 발간한 이래, 찰스 밀네, 조셉 에드킨스, 앤드류 하펄, 토마스 홀 허드슨, 헨리 브로드겟, 콜베트 등이 수정, 증보, 개정을 거듭한 판본을 계속해서 출간하였고, 廣東·福建·官話·上海·寧波 등의 방언으로 번역되었다. 하버드대 옌칭도서관의 소장본은 1906년까지의 각기 다른 9종의 대표적인 판본임을 알 수 있으며, 크레이튼(雷振華)의 저록은 20세기 초기에도 이 작품이 지속적으로 재판되었고 다른 문체와 방언으로 번역 출간되었음을 보여주고 있다. 이 작품은 최초의 판본이 말레이시아의 말래카에서 간행되었고, 이어서 싱가포르에서 재판본이 나왔는데, 이는 당시 중국정부의 基督教 禁教政策으로 말미암아 선교와 출판이 불가능했던 중국에 선교를 하기 위해서 런던선교회의 중국선교거점이었던 말래카를 중심으로 《성경》을 비롯한 선교문서를 인쇄하여 다시 중국본토로 유입시켰던 당시의 중국선교환경을 알 수 있다. 제1차 아편전쟁으로 南京條約이 체결된 이래, 이 작품은 먼저 홍콩과 上海, 福州 등의 통상항구에서 간행되기 시작하여 중국의 주요 도시로 확산되었다. 《張遠兩友相論》은 현재 집계된 42종을 비롯하여 수많은 판본이 있긴 하지만 작품의 편폭과 내용상의 차이를 고려해 보면 크게 10회, 11회, 12회, 13장의 네 가지 계통으로 나눌 수 있겠다.

먼저 윌리의 《선교사 회상록》과 後期의 書目에서 《張遠兩友相論》의 작자라고 지칭되는 윌리엄 밀네에 대해 살펴보자. 윌리엄 밀네는 스코틀랜드사람으로 1809년 런던선교회에 가입하여 수학한 후, 1812년에 목사 안수를 받고서 중국에 파견되어 최초의 개신교 중국선교사인 로버트 모리슨목사를 도와《성경》의 中譯作業과 교육, 문서선교의 초석을 다진 선구자이다. 그는 1813년 7월에 마카오에 도착한 지 얼마 후에, 廣州에 가서 중국어를 공부하였고, 복음서 낱장과 소책자를 중국인에게 배포해 주는 작업과《성경》의 中譯作業을 하다가, 1815년 봄 刻字工 梁發을 데리고 말래카에 가서 인쇄소를 설립하여 기독교 전단과 서적을 인쇄한 후, 중국으로 가져와 배포하였다. 1815년 8월에는 세계에서 최초로 중국어 정기간행지《察世俗每月統記傳 *The Indo-Chinese Gleaner*》을 창간하였고, 1818년에는 모리슨과 함께 英華書院(Anglo-Chinese College)을 창립하여 교장으로 취임하였으나, 1822년 갑자기 사망하였다. 그와 모리슨이 공동으로 번역한《신구약성경》은 1824년에 출판되었다.[10]《선교사 회상록》에 의하면 밀네의 저작은 그가 주관해서 편집한《察世俗每月統記傳》을 포함하여 모두 24종인데, 그 중에서 영문저작은 3종이고 나머지는 모두 중국어 저술이다. 밀네의 저작 중에서 가장 널리 전해지고 잘 알려진 작품이 바로《張遠兩友相論》이다.

이 작품은 공개적으로 출판 간행한 첫 번째 기독교소설이자 유일하게 中國小說書目에 수록된 기독교소설이다. 하지만 처음으로 이 작품을 소설의 범주에 넣어 소개한《中國通俗小說總目提要》에서는 1880년 上海 美華書館에서 출간한 南京博物院圖書館 所藏本에 근거하여 서지사항과 작품제요를 기술하였는데[11], 작품 개요는 12회의 전체 내용을 종

10) 밀네의 생평과 저작은 월리의《선교사 회상록》, 12-21쪽 참고.

11)《中國通俗小說總目提要》에서 歐陽健교수는 다음과 같이 기술하였다. "張遠兩友相論, 12回 現存, 作者未題. 光緒 6년(1880) 上海 美華書館 排印本. 속표지 가운데는 "張遠兩友相論"이라 쓰여 있고, 右欄에는 "예수降世一千八百八十年", 左欄 上方에는 "光緒6年歲次庚辰", 下方에는 "上海美華書館

합적으로 略述하지 않고서 단지 작품 서두의 1·2회 대담 요지만을 기술해 놓고 있다. 작품의 개요는 이미 발표된 다른 지면을 참고하고 간단히 서술특성을 살펴보도록 하겠다.

친구인 張氏와 遠氏가 "길을 함께 가다가 서로 담론하였다. 遠은 張이 예수를 믿는다는 것을 알고 있었기 때문에 "예수를 믿는 사람들은 어떤 사람들인가? 그들의 생활은 어떠한지를 물어보았다. 張은 그에게 "예수를 믿는 사람은 단지 한 분의 참 신을 공경하여 매일같이 참배합니다.……예수를 믿는 사람들은 누구나 자신의 나쁜 점들을 알고 있어 죄를 회개하고 악을 고쳐 개과천선합니다."라고 대답하였다. 두 사람은 또 다시 만나 遠이 張에게 "예수를 믿는 것은 어떤 것인가?"라고 물었다. 張은 그에게 예수는 하나님의 아들이라 부른다고 알려주면서, "참 신은 단지 한 분 뿐이지만 성체는 셋이 있는데 성부, 성자, 성신이라 하며, ……예수는 서양의 字意로 구원한다는 뜻이니 하나님의 아들이 세

重印"이라 쓰여 있다. 본문 상단에는 "保羅勸民棄假神, 宜專拜造天地萬物獨一眞神, 其意見《使徒行傳》十四章與十六章。(바울이 사람들에게 거짓된 우상을 버리고, 마땅히 천지만물을 지으신 유일신 하나님을 섬기라고 권면하는데, 이 구절은 《使徒行傳》 14장과 16장에 보인다.)"이란 구절이 있다. 12회, 回目이 없다. 卷端에는 "張遠兩友相論"이라 쓰여 있고, 題答과 板心에는 모두"兩友相論"으로 되어있다. 본문은 半面이 10行이고, 1行은 22字이다. [南京博物院圖書館 所藏] 작품은 두 친구를 서술하는데, 한 명은 張이고, 한 명은 遠이다. 張은 이미 예수를 믿고 따르고 있었으며, 遠은 예수를 잘 이해하지 못하여 장에게 설명해 주기를 청하였다. 장은 그리하여 그에게 예수가 어떤 인물이며, 기독교인의 매일 행적이 어떠한지 등을 설명해 주었는데, 대개 두 사람의 주고받는 대화를 통해 예수교의 교리를 드러내고 있다." 江蘇省社會科學院 明淸小說硏究中心 編, 《中國通俗小說總目提要》, 中國文聯出版公司, 1990년, 752-753쪽.

상에 와서 인류를 구원하기 때문에 이런 이름을 취한 것이다”라고 하였다. 그리하여 예수를 믿으면 어떤 좋은 점이 있는지 논하게 되었다. 張은 “믿는 신도는 영혼이 구원을 얻어 지옥에 떨어지지 않으며, 천당에서 무궁한 복을 누리게 된다.”고 말하였다. 두 사람은 다시 만나, 장이 원에게 말하길 “신자는 누구나 하늘의 情을 중히 여기고 이 세상의 情에는 마음을 두지 않는다” 며 영혼의 존재는 신체보다 더 귀하다고 말하였다.

3일 후 저녁 때에 遠氏는 張氏 집에 가서 물어보았다. 張은 하나님이 세밀하셔서 스스로 의롭다는 마음을 가져서는 안 되며, 자신의 죄를 자복하고 하나님께 사해줄 것을 간구해야 한다고 말하였다. 그리고는 死後의 善報와 惡報는 모두 영원하기 때문에 마땅히 마음을 돌려 하나님께 歸依해야 한다고 강조하였다. 遠은 집에 돌아와 잠을 이룰 수가 없었는데, 永福과 永禍를 생각하니 한 번 죽으면 그만이므로 자신은 “천당에 들어갈 수 없고 지옥도 벗어날 수 없음”을 걱정하게 되었다. 이런 걱정으로 밤새도록 잠을 이루지 못했고 음식을 먹어도 맛이 없었다.

그날 밤 또 다시 張氏 집에 갔다. 張은 遠의 얼굴에 수심이 가득한 것을 보고서 그 까닭을 물어 보았는데, 遠은 어젯밤에 고민했던 것을 토로하고는 비 오듯 눈물을 흘리며 자신이 죄가 있음을 깨닫게 되었다고 고백하였다. 張은 그를 위로하며 “누구나 살아서는 구원을 얻을 수 있지만 죽은 뒤에는 구원을 받을 수 없다”고 일러주었다. 마침 이웃사람이 청첩장을 가지고 張을 찾아 왔으므로, 張은 遠을 작은 방에 머물게 하고서 이웃사람을 접대하였다. 張이 돌아오자 遠은 張에게 어떻게 해야 죄 사함을 받을 수 있는지 알려달라고 간청하였다. 張은 《성경》을 가져다 보여주며 "하나님이 세상을 이처럼 사랑하사 독생자를 주셔서 모든 믿는 자들이 멸망에 이르지 않고 영생을 얻게 하셨다(요한복음 3:16)"는 구절을 그에게 해석해 주었다. 또 遠에게 "당신이 救主에게 의지하려면 의심하지 말 것이며 하나님의 명령을 어기지 않는다면 반드시 구원을 얻을 것이요" 라고 말하였다.

이 작품은 기독교를 믿는 信者 張氏와 不信者 遠氏라는 두 등장인물을 통해 불신자가 기독교를 믿게 되는 과정을 상세하게 서술한 기독교 선교소설이다. 張氏는 독실한 크리스챤으로 불신자 遠氏에게 기독교의 핵심 교리를 알려주면서 그가 신앙을 갖도록 인도하고 있으며, 작가는 張氏의 입을 통해 기독교의 주요 교리와 신앙의 본질과 신앙생활을 설명하고 있다. 작중에서 두 주인공의 역할과 발언권은 완전히 다르게 설정되어 있는데, 기독교도인 張氏는 언변이 뛰어나서 질의에 대해 막힘없이 대답해 주지만, 遠氏는 무지몽매해서 張氏의 논조에 異議를 제기하기는 하지만 곧바로 張氏에 의해 설득을 당하곤 한다. 張氏는 논리적이고 해박한 지식을 가지고 있으며, 遠氏는 가난하면서도 의심과 호기심이 많은 인물로 묘사되어 兩者가 각각 질의와 응답을 하는 구도로 작품을 전개시키고 있다.

이 작품은 回로 나뉘어 있으나 回目이 없고 각 회의 서두에는 章回體小說의 시작 상투어가 없으며, 각 회의 말미에도 마침 상투어가 없다. 두 인물의 등장과 10번에 걸친 긴 對談과 토론은 이 작품의 주요 전개 방식이다. 이 작품은 전체를 12小節로 나누어 章回體의 형식을 갖춘 基督教 教理問答式 章回小說이라 할 수 있다. 질의와 응답으로 구성된 問答體는 기독교의 교리문답서를 비롯한 기독교 문서에서 상용하는 서술

양식인데, 작자는 기독교의 선교를 위해 문답체의 서술방식으로 이 작품을 창작하였다.12)

제3절 《張遠兩友相論》의 改正과 傳播: 수정 및 개정본

1) 韓譯本의 저본과 版本問題

숭실대학교의 한국기독교박물관에 소장된 고문헌을 대상으로 편찬한 《韓國基督教博物館 所藏 古文獻 目錄》에는 다음과 같은 作品 著錄이 있다.

《쟝원량우상론(張袁兩友相論)》
저자미상, 발행연도 1898년, 기록문자 한글, 47장,
크기 21.4×14.7, 四周雙邊 半葉 12행 24자, 정동예수교회당 漢陽
Sign: By S. A. Moffett, 定價 엽전 30푼,
등록번호: 0078, 同一本 등록번호: 012913)

---

12) 제2절은 拙著,《中國 近代의 小說飜譯과 中韓小說의 雙方向 飜譯 硏究》, 崇實大學校 出版部, 2008년, 제1부 제4장 〈최초의 中文基督教小說과 韓國基督教博物館 所藏 초기 中文基督教小說의 韓譯本 연구〉 149-155쪽을 수정 요약하였으며, 작품 개요는 편폭의 제약으로 중간을 생략하였으니, 전체 개요는 拙著의 관련부분을 참고할 것.

13) 숭실대학교 한국기독교박물관 학예과 편,《韓國基督教博物館 所藏 古文獻 目錄》, 2005년 2월, 39쪽, 1. 기독교 5)신앙교리서 항목에 《쟝원량우상론(張袁兩友相論)》이 著錄되어 있다.

이 작품의 譯者 사무엘 마펫은 19세기 말부터 기독교의 초기 한국 선교를 위해 기독교와 관련된 다수의 번역물을 출간한 대표적인 선교사 번역가이다. 그는 숭실대학교 총장을 역임하였고, 평양에서 장로회신학교를 창립하는 등 교육과 선교사업에 주력하였다. 마펫이 번역하여 활자본으로 인쇄된 韓譯本에는 목차나 서문이 전혀 없고 다만 표지면의 四周雙邊 하단 왼쪽에 "By Samual Austin Moffett"이란 肉筆 署名이 있다. 韓譯本《쟝원량우샹론》의 서지사항은 다음과 같다. 표지는 세로쓰기로 되어있는데, 우측은 "구세쥬강싱일쳔팔빅구십팔년"이라 쓰여 있고, 좌측은 "대죠션국오빅칠년무술"이라 쓰여 있으며, 그 밑에 작은 글씨로 "엽젼삼십픈"이라 쓰여 있다. 표지 중간에 세로쓰기로 쓰여진 書名의 양쪽은 검은 줄에 전체 사방은 굵고 안쪽은 가로줄, 밖은 레이스 무늬가 있는 四周雙邊이며, 사주쌍변의 하단 왼쪽에는 "By Samual Austin Moffett"이라고 영문으로 표기되어 있다. 작품은 총 11回이며, 回目이 없다.

이 번역본은 원본과 비교해 보면 몇 가지 다른 특징이 있는데 다음과 같다. 첫째, 원본에는 回를 나눈 것 이외에는 장회소설의 흔적이 없으나, 한글번역본에는 본문이 시작되는 제1회가 "화셜 옛적에……", 제9회가 "챠셜 원이 집으로 도라와……"로 시작하여 12회본 보다는 話本套의 語調가 증가하였음을 알 수 있다. 둘째, 원본의 제1회와 제2회를 합쳐서 번역본의 1회로 만들었다. 원본의 제1회는 제5면a(번역본)에서 끝나며 원본의 제2회와 합하여 번역본 第1回가 되었다. 때문에 원본의 12회가 번역본의 11회로 줄어들었다. 셋째, 매회의 서두와 끝 부분은 1836년의 재판본보다는 문자가 약간 증가하였는데, 번역본의 종결부분은 이런 경향을 확실히 보여주고 있다.

재판본의 종결부분:

遠曰: “我之罪太過重, 恐怕神天不肯赦我, 又不肯賜我得此永福。” 張曰: “汝要依靠救世者勿疑, 勿違神天之令(, 則必得救也。) 終[14]

번역본의 종결부분:

원이 ᄀᆞᆯᄋᆞ듸 다만 내 죄악이 너무 만ᄒᆞ니 엇지 나ᄅᆞᆯ 샤ᄒᆞ여 무궁ᄒᆞᆫ 복을 엇게 ᄒᆞ시리오 쟝이 ᄀᆞᆯᄋᆞ듸 만일 예수씨ᄅᆞᆯ 밋어 ᄆᆞᄋᆞᆷ에 의심을 두지 아니 ᄒᆞ면 **반ᄃᆞ시 구원ᄒᆞᆷ을 엇으리니 일즉 예수씨를 말솜에 닐넛시되 하ᄂᆞ님이 나ᄅᆞᆯ 보내여 셰샹에 ᄂᆞ려왓슴은 곳 셰샹을 죄주고져 ᄒᆞᆷ이 아니라 이에 셰샹을 구원ᄒᆞᆷ이라 ᄒᆞ셧시니 진실ᄒᆞ신지라 이 말솜 이여 이제 샹공은 이 ᄎᆡᆨ을 닉히 보시고 진심으로 예수씨ᄅᆞᆯ 밋으면 반ᄃᆞ시 무궁ᄒᆞᆫ 복을 엇으리이다**

쥬일쳔팔ᄇᆡᆨ구십팔년

셩샹즉조삼십오년무술

쟝원량우샹론죵 **경셩졍동예수교회당간인**[15]

번역본은 총 47면으로, 版心 上段에는 “쟝원량우샹론”이라 쓰여 있고 무늬가 있으며, 판심 중간에는 “뎨십일회”등의 회수가 적혀있고 판심의 하단에는 한 줄을 긋고 그 아래 面數를 표기하였다. 四周雙邊, 반면은

14) 윌리엄 밀네 저, 《張遠兩友相論》, 프랑스 漢學院 IHEC圖書館 所藏本, 1836년, 第12回 42면.

15) 사무엘 마펫 역, 《쟝원량우샹론》, 韓國基督教博物館 所藏本, 1898년, 제11회 47면.

12행이고, 1행은 17자나 혹은 18자로 자수가 일정치 않다. 문장부호를 쓰지 않고 띄어쓰기를 정연하게 하였다. 문자는 한글로 표기되었지만 전형적인 線裝書 양식을 취하고 있으며, 작품 전체가 모두 순수한 한글로 표기되었고, 게다가 정연하게 띄어쓰기를 하여 당시에 이미 한글표기법에 있어 선구적인 역할을 하고 있다. 위의 진한 글씨 부분은 1836년의 재판본에 없는 문장인데, 한역본에서 첨가한 것인지 아니면 다른 판본을 저본으로 한 것인지 조사가 필요하다. 다만 재판본과 비교해 보면 한역본은 논리적인 문장이 부분적으로 증가하였고 게다가 고전소설의 章回體 語套 역시 증가하여 소설적 요소가 더 강화되었다고 할 수 있겠다.[16)]

그렇다면 韓譯本《쟝원량우샹론》은 왜 11회로 구성되어 있으며, 윌리엄 밀네의 12회본과는 어떤 차이가 있는가? 초간본이 출판된 지 70여년 뒤에 번역된 韓譯本《쟝원량우샹론》은 어떤 판본을 저본으로 사용하였는지 조사 분석할 필요가 있겠다. 분명한 것은《쟝원량우샹론》은 원본 12회본의 번역본이 아니기 때문에 먼저《張遠兩友相論》의 개정본부터 조사해 보도록 하겠다.

2)《張遠兩友相論》의 개정본과 네 가지 계통의 판본

윌리엄 밀네의《張遠兩友相論》가 말래카에서 초판본이 간행된 이후로 싱가포르와 홍콩, 上海 등지에서 여러 차례 발간되어 상당히 넓은

16) 이 부분은 拙著,《中國 近代의 小說飜譯과 中韓小說의 雙方向 飜譯 硏究》, 156-159쪽에서 인용.

지역으로 전래되기 시작하였다. 그 후 약 30년이 지난 1849년 레비스 쉭이 부분 수정본을 간행한 이후로 끊이지 않고 수정, 개정, 축약, 증보, 보완을 한 개정판이 출판되었다. 1909년 출판된 晏馬太의 개정본에 이르기까지 《張遠兩友相論》의 수정, 증보작업은 부단히 진행되었는데, 상기한 書目의 著錄에 의거하여 이들 수정 및 개정본의 출처와 특징을 조사해보면 다음과 같다.

2-1) 윌리의 《선교사 회상록》에 저록된 수정 및 개정본:

(1) 1849년 上海, 레비스 쉭(叔未士 John Lewis Shuck)의 일부 수정본, 35葉

(2) 1851년 上海, 《長遠兩友相論》, 찰스 밀네(美魏茶 William Charles Milne)의 修訂本, 24葉, 원작 12回를 11回로 압축한 압축개정본, 11회

(3) 1851년 寧波,《二友相論》, 30葉, 改正本, 10회본

(4) 1858년 上海, 《甲乙二友論述》, 22葉, 修訂本, 10回本 이 판본은 12회를 10회로 축약하였고, 제10회는 조셉 에드킨스(艾約瑟 Joseph Edkins)가 "乙"이 완전히 信服하여 세례를 받고 교회에 입교했다는 내용을 增補하였다. 1851年刊 《二友相論》의 향상본(Improved edition)

(5) 1861년 上海 重印本, 《甲乙二友論述》, 上海墨海書館, 알렉산더 修訂, 에드킨스 增補, 옥스퍼드대학 Bodleian Library 所藏, 1858年刊《甲乙二友論述》(10회본)의 재판본

(6) 1862년 廣東, 《張遠兩友相論》, 앤드류 하펄(Andrew Patton Happer)의 개정본, 16葉. 처음 5회는 밀네의 原著와 같은 回目, 廣東方言으로 改作된 改正本

2-2) 옥스퍼드대학 보드레이언도서관(Bodleian Library) 소장 수정본

(1) 1852년 《長遠兩友相論》, 上海 墨海書館, 찰스 밀네의 수정본, 24葉, 11회 2-1)의 (2) 1851년 간본과 동일
(2) 1853년 《張遠兩友相論》, 上海 聖會堂, 레비스 쉭의 수정본, 24葉
(3) 1864년《二友相論》, 寧波 英華聖經堂, 토마스 홀 허드슨(Thomas Hall Hudson)의 修訂本, 속표지에 "同治 2년 寧郡福音殿, 30葉
(4) 1865년 《張遠二友論述》, 上海 墨海書館, 에드킨스 增補, 윌리엄 뮈얼헤드(William Muirhead) 編訂, 22葉, 10회
(5) 1867년 《長遠兩友相論》, 홍콩 英華書院, 찰스 밀네의 수정본, 32葉, 11회
(6) 1868년 《張遠兩友相論》, 上海 美華書館, 콜베트(H. Corbett)가 증보하고 官話로 번역, 60葉, 13章
(7) 1875년 《兩友相論》, 京都 美華書院, 콜베트의 증보 및 官話本, 63葉
(8) 1882년 《張袁兩友相論》, 上海 中國聖教書會, 찰스 밀네의 수정본, 22葉
(9) 1883년 《長遠兩友相論》, 漢口 聖教書局, 찰스 밀네의 수정본, 23葉

2-3) 하버드대 옌칭도서관 소장 수정본
(1) 1875년 京都 美華書院刷印, 《美華書院短篇集》合集, 卷一第一部 《兩友相論》, 63葉, 헨리 브로드겟(Dr. Henry Blodget)의 改寫本, 13章, 12장은 다른 12회본과 동일, 마지막 1장은 브로드겟의 창작

上記한 16종의 개정본 중에서 중복되는 1종을 제외하면 이들 저록 중의 수정 개정본은 모두 15종인데, 레비스 쉭의 수정본이 2종, 찰스 밀네의 수정본이 4종, 에드킨스의 수정본이 3종, 콜베트의 증보 및 관화본이 2종, 앤드류 하펄과 토마스 허드슨, 헨리 브로드겟의 수정본이 각각 1종이다. 이 중에서 1851년 찰스 밀네의 수정본이 上海에서 출간

된 이래 20세기 초기까지 끊임없이 간행되어 가장 널리 유포되었음을 알 수 있다. 콜베트의 增補 官話本과 헨리 브로드겟의 개정본은 13장으로 되어 있는데 일부를 수정하고 마지막 장을 창작 보강한 판본이며, 에드킨스의 수정본은 12회본을 10회로 축약하고 제10회에 不信者 "乙"이 예수를 믿고 세례를 받는다는 내용을 增補한 것이다. 1849년 레비스쉭의 수정본이 나온 이래 20세기 초까지 적어도 15종 이상의 修正 改寫本이 출현하였고, 이 때문에 《張袁兩友相論》의 판본은 12回本, 11回本, 10回本, 13章本의 네 가지 종류로 나눌 수 있다.

판본의 비교를 통해, 분명히 살펴볼 수 있는 것은 작품 중에서 人物의 性格과 心理 描寫, 스토리의 전개과정 등에 있어 초기 판본인 12회본에서는 단지 主人公 두 사람의 개성과 언행이 확연하게 서술되었을 뿐이고, 작중에 등장하는 그들의 가족이나 친구와 같은 기타 인물들은 아주 간단한 행동묘사만 있을 뿐, 대화나 외형 묘사는 거의 서술되지 않았다. 하지만 여러 차례 改寫되고 修正되면서 다른 인물의 형상과 성격 묘사도 증가되고 풍부해졌다.

1875년 京都 美華書院에서 발간한 《兩友相論》의 第13章에는 遠氏의 가족이 등장한다. 제12장의 끝은 12회본의 結尾부분과 마찬가지로 張씨가 遠씨에게 예수를 믿고 구원을 받으라고 권면하는 장면으로 끝이 난다. 제13장은 張氏의 권면을 받고 밤새도록 잠 못 이루며 고민하던 遠氏가 가족과 함께 아침 식사를 하는 장면으로 시작한다. 가족들과 함께 식사를 하려던 遠氏의 얼굴이 근심으로 가득차고 눈에는 눈물이 그렁그렁한 것을 아내가 보고는 깜짝 놀라서 그 까닭을 물어보았다. 遠氏는 지은 죄가 너무 重해서 죽은 뒤에 지옥의 형벌을 면하기 어렵게 될 것을 알게 되어서 그렇다고 대답하였다.

他的妻就說: "那有地獄? 那有刑罰?" 遠說: "我終身沒有恭敬天主, 竟是忘恩負義, 違背天主, 任意而行。所以這樣懼怕。" 他兒子在旁邊聽見這些話, 就嚇得不敢言語。他的妻用手指著遠向他兒子說: "你父親必是瘋了, 不然就是被甚麽迷住了。你快去請你的先生來, 看看你父親是怎樣了。" 原來這先生姓王, 是聰明人, 最與遠相好, 晌午時分, 王來到遠的家裏, 問遠說: "吾兄有甚麽苦處?" 遠說: "我得罪了天地萬物的主, 恐怕難免地獄的刑罰。" 王說: "吾兄不必這樣懼怕, 你是最公平、最善良的人, 人人都知道。" 遠就仰面長歎說: "我的心是善是惡, 你們不能看見, 我自己知道我心中的罪惡, 所以我這樣懼怕。" 王說: "你說的這些話, 我全不明白你的意思, 也不知道你是聽了誰的講論了。" 遠說: "我有一個朋友姓張, 他將這樣道理將與我聽, 我纔知道我的罪。" 王就驚訝起來說: "怪不得你這樣胡說, 原來你是聽了他的講論。他是耶穌教的人, 他的眷屬本家鄰舍, 誰不厭惡他, 你爲甚麽與他來往? 我勸你不要親近他, 免得受了他的迷惑。" 遠說: "那位先生講論的道理, 甚是有憑有據, 我也確實知道是好, 人若不肯聽信, 決不能得救。……凡信他的人, 可以得救, 不信他的人, 必要定罪。" 王說: "你旣是信這道理, 又爲甚麽這樣憂愁痛哭呢?" 遠說: "……又恐怕至公至義的天主, 不肯赦免我的罪, 所以我這樣傷心。" 王聽完這些話便說: "你眞糊塗, 我沒有工夫與你講論。我要回到書房裏去了。"[17]

위의 인용문은 네 명의 등장인물이 출연하여 대화를 나누는 장면을 서술하고 있다. 遠氏는 張氏로부터 들은 永生과 死後의 審判 때문에 자

17) 《兩友相論》, 京都 美華書院, 1875년, 第13章, 57-59쪽.

신의 죄를 인식하게 되었고 하나님의 말씀에 순종하지 않아서 지옥의 영원한 형벌을 받을 것이란 죄의식에 사로잡혀 고민하고 있었다. 하지만 작자는 遠氏의 아내를 등장시켜 遠氏의 이런 태도에 대해 깊은 우려를 나타내며, 아들의 사숙선생이자 遠과 절친한 사이인 王先生을 불러오게 한다. 여기서 작자는 王으로 하여금 기독교를 반대하는 일반 중국인의 입장에서 遠氏가 고민을 할 필요가 없으며, 그런 죄의식에 빠진 것은 바로 기독교인인 張氏의 邪說을 들었기 때문이라고 비판하였다. 하지만 遠氏는 이미 예수를 하나님의 독생자로 믿고는 있었지만 자신이 지은 죄가 너무 무거워 하나님이 자신의 죄를 사해주지 않을 것이란 고민을 토로하였다. 王先生은 답답한 마음으로 遠氏를 비난하며 돌아갔다.

원작 12回本은 遠氏가 불신자의 입장에서 張氏에게 기독교에 대해 문의하면서 한 단계씩 기독교의 복음을 깨달아가다가, 마지막에는 張氏의 권면으로 끝을 맺고 있다. 13章本에서는 마지막장에서 자신의 죄를 회개한 遠氏가 기독교의 구원관과 복음을 전하는 신자로 바뀌어 非基督教人인 가족과 친구에게 기독교의 교리와 입장을 강론하고 있다. 여기서 改作者는 기독교인에 대한 일반 중국인들의 반감과 우려를 보통 부녀자와 하류 문인인 사숙선생의 입을 통해 표현하고 있는데, 그다지 긴 편폭은 아니지만 배역과 환경에 걸맞은 대화를 통해 생동적으로 서술하고 있다.

원작에서는 두 주인공의 대화 속에서 기독교에 대해 제기된 일반인의 의문과 반감, 그리고 이에 대한 기독교인들의 답변이 순차적으로 서술되어 있으니, 非信者인 遠氏는 질의자이자 기독교를 이해해 나가는 배역이고, 張氏는 기독교의 전도자로서 상세하게 기독교의 주요 教理와 신앙관을 설명해주는 역할을 맡고 있어 비록 소설의 형태를 갖추고 있지만 마치 기독교 교리문답서와 같다는 느낌을 받는다. 그런데 13장본에서는 마지막 부분에서 불신자 遠氏가 기독교인으로 바뀌어가는 과정을 세세하게 묘사하고 있어 인물의 성격과 심리 묘사가 한층 원숙해진 느낌을 갖게 한다. 그의 바뀌어진 생활태도 때문에 遠氏의 주변인물이 자연스럽게 등장하는데, 개정자는 다양화된 등장인물의 대화와 행동 묘사를 통해 작품주제를 情理에 맞으면서도 다변화된 방식을 통해 표현하고 있다. 《兩友相論》의 第13章에서는 遠이 회개하고 성령의 감화를 받는 과정이 상세하게 묘사되어 있다.

> 그 자신은 집으로 돌아와 밤낮으로 말 한 마디 하지 않고 며칠 동안 생각해보니 자신의 죄가 바닷가의 모래알보다 많고 하늘의 별보다 더 많다고 느껴졌다. 또한 내가 어려서부터 지금까지 하나님께서 나를 길러주시고 보호해 주셨는데 그의 은혜가 바닷가의 모래와 하늘의 별처럼 한량없지만 나는 이에 보답하지 못했다는 것이 생각났다. 나는 언젠가는 반드시 죽을 것이고 死後에는 또한 예수님 앞에서 심판을 받을 터인데 내가 이 세상에서 지은 죄를 터럭만큼도 감출 수가 없을 것이니, 예수님은 반드시 내 죄에 따라 내게 보응하실 것을 또한 알고 있는데 내가 어떻게 이 영원한 형벌을 감당할 수 있을까?……마태복음 제11장 28절을 보니 이렇게 쓰여 있었다. "고생스럽고 무거운 짐을 진 자들은 다 내게로 오라 내가 너희에게 평안을 주리라." 원은 이 구절을 보고서 마음속으로 생각하였다. "내게 이런 죄를 가지고 있다는 것은 정말 무거운 짐을 진 것과 같은 것인데, 救主께서 성경에 이 구절을 써놓으신 것은 우리와 같은 이런 사람을 구원하시기 위함 일 거야."[18]

遠은 기쁨이 충만하여 꿇어앉아서 하나님께 기도를 드렸다. 자신의 모든 죄를 사해 주시고 부족하고 미약한 자신에게 성령을 보내 주사 능력과 신심을 더해 주셔서 일생 동안 예수님을 사랑할 수 있게 해달라고 기도하였다. 그는 기도하는 중에 갑자기 聖靈의 감동을 받아 가슴 속에서 뜨거운 환희가 솟구치면서 하나님의 사랑을 느끼게 되었다.

> 하나님이 그를 사랑하사 그의 죄를 사해주셨음을 알게 되었다. 게다가 예수께서 그를 사랑하시고 그도 또한 예수를 사랑하고 있음을 알고서 이전에 고통스러웠던 자신의 마음이 모두 기쁨으로 변했고 심지어 기뻐서 눈물이 흘러내렸다. 그래서 일어나 한편으로 하나님을 찬양하고 한편으로는 집으로 돌아오는 길에 공중에서 지저귀는 새소리와 나뭇가지와 잎이 부딪히는 소리를 들으면서 자신을 향해 "이 새와 수목들도 하나님을 찬양할 줄 아는구나" 라고 말하였다.[19]

통회 자복의 고통이 기도를 통해 성령의 감화를 받게 되어 마음의 평

---

18) "自己回到家裏, 日夜不說一句閒話, 一連數日, 竟尋思自己的罪, 覺得比那海邊的沙還多, 天上的星還密。又想我從小時到如今, 蒙天父養育我, 保護我, 他的恩與這沙這星一樣, 我並沒有報答。我也知道早晚必要死, 死後也必站在耶穌面前受審問, 我在世所犯的罪, 一毫不能掩藏, 他必要按著我的罪報應我, 我如何當得起這永遠的刑罰。……看到馬太福音第十一章二十八節, 上面寫著說: "凡勞苦背負重擔的人, 可到我這裏來, 我要賜給你們平安。" 遠看到此處, 心裏便說: "我身上有這些罪, 實在如同背負重擔, 救主令人將這句話記在書上, 正爲指示像我們這樣的人。"《兩友相論》第13章, 59-61쪽.

19) "覺得天父愛他, 赦免他的罪。又覺得耶穌愛他, 他也愛耶穌, 就將自己從前那些苦難的心事, 都變爲歡喜, 甚至歡喜的流出淚來。於是, 起來一面讚美天父, 一面起身回家, 聽見空中的雀鳥叫喚, 樹上的枝葉響聲, 就對著自己的心說: "你看這雀鳥樹木, 也知讚美天主。"《兩友相論》第13章, 62쪽.

안과 환희로 바뀌었다. 돌아오는 길에서 만난 張氏는 遠氏에게 기독교인으로써 앞으로 어떻게 신앙생활을 해야 되는지 다음과 같이 알려주었다.

> "언제나 조심해야 하고, 자기 자신을 속이지 마시오. 다시 미혹 되어 죄 가운데 빠져버리면 성령께서 당신을 떠나버릴 것이오. 당신은 자신의 힘에 의지하지 말고, 성령에게 감동시켜달라고 구하십시오. 또한 게으르지 않게 항상 힘써 기도해야 하는데 이렇게 하면 반드시 구원을 얻을 것이오."[20]

張氏는 이렇게 말한 후 기뻐서 눈물을 흘렸고 둘이 작별인사를 나눈 뒤, 귀가하는 것으로 작품은 끝을 맺고 있다. 작품 전체 17,770여자 가운데 약 10의 1이 넘는 1,834자의 편폭으로 제13장에서는 遠의 結信過程과 성령감화로 기쁨이 충만한 크리스챤으로 변모하는 과정을 세세하게 묘사하고 있다. 믿지 않다가 張의 傳道를 받고 결신하여 信者가 된 遠氏와 원래 신앙이 좋은 張氏를 동일선상에 놓고서 사숙선생과 원씨의 아내를 불신자로 배치시켜서 한편으로는 기독교의 복음을 전도하면서 한편으로는 기독교에 대한 민중들의 반감과 우려를 은연중에 전달하고 있다. 일반 서민의 시각에서 기독교에 대한 우려와 비판의식을 표현한 것은 아마도 기독교소설 가운데 거의 보이지 않는, 이 판본의 큰 장점이라 할 수 있겠다.

---

20) "你要時刻小心, 不要自己欺哄自己。恐怕你再受了迷惑, 陷在罪裏。那聖靈就離開你了。你不要靠自己的力量, 要求聖靈感動。又要常常用心禱告, 沒有懈怠。這樣必得救。"《兩友相論》第13章, 62쪽.

제4절 東南亞에서 中國으로, 그리고 各地 方言으로: 《張遠兩友相論》의 傳播와 方言本

1) 동남아에서 중국으로: 基督教 禁教時期의 동남아 출간

로버트 모리슨은 1807년 개신교선교사로는 처음으로 중국 마카오에 도착하여 1834년 廣州에서 病死할 때까지 모두 25년간 중국에서 선교사로 활동하였다. 그는 기독교의 선교를 금지한 청나라의 禁教政策 때문에 중국 체류가 불가능해지자 영국 동인도회사의 직원으로 廣州에서 활동하면서 《성경》의 중국어 번역작업을 시작하였고, 당시 불모지였던 중국선교를 개척하기 위해 영국의 런던선교회와 미국 연합외국인선교회에 서신을 보내 선교사의 파견을 요청하여 중국선교의 발판을 마련하였다. 런던선교회의 중국 선교는 각국 선교회의 시발이 되었으니 모리슨목사는 런던선교회에 선교활동을 보고하면서 더 많은 선교사의 파견을 요청하여, 1812년 두 번째 선교사로 윌리엄 밀네가 파송을 받아 1813년 7월에 廣州에 도착하였다. 하지만 淸政府의 규제로 중국에 거주할 수 없었기 때문에 밀네는 동남아의 말래카로 이주하여 선교사업에 종사하였는데, 밀네의 말래카 거주와 南洋에서의 선교활동은 모두 모리슨의 계획과 주장에 따른 것이다. 밀네의 뒤를 이어 말래카에 부임한 메드허스트(麥都思 Water H. Medhurst), 존 스레이터(史賴德 John Slater), 존 인스(恩士 John Ince), 사무엘 밀튼(美爾敦 Samuel Milton), 로버트 플레밍(菲利民 Robert Fleming), 허트맨(赫特民 G. H. Huttman),

제임스 험프레이스(宏富禮 James Humphreys) 등 南京條約 이전에 來華한 14인의 선교사는 말래카와 바타비아, 싱가포르, 페낭 등지에서 중국인을 대상으로 전도활동을 하였다. 당시 말래카와 싱가포르, 페낭 등지는 영국이 식민통치하던 지역이었으며 특히 말래카는 런던선교회의 선교거점이어서, 英華書院과 인쇄소가 모두 말래카에 설립되었고 선교사들은 이곳에서 중국어를 배운 뒤 중국 각지로 파송되었기 때문에 말래카는 실제로 중국선교의 훈련 본부가 되었다.

1819년 모리슨목사는 윌리엄 밀네와 共譯으로 중국어 《聖經》을 完譯하였고, 이 해에 윌리엄 밀네는 최초의 中文基督敎小說 《張遠兩友相論》을 저술하여 말래카에서 간행하였다. 中文基督敎小說이란 중국어로 저술되고 번역된 기독교소설을 지칭하는데, 주로 서양선교사가 주관하여 저술한 기독교 宣敎文書로써, 1843년 南京條約의 체결로 중국이 개방되기 이전에 이미 마카오와 동남아에서 출판·유포되었으며, 1843년 이후에는 上海·홍콩·福州·漢口·北京·天津 등지에서 간행되었다. 그리고 이들 작품은 해외로 전파되어 1860년대에 일본에 전래되어 東京에서 간행되기도 하였으며, 1885년부터 기독교 선교가 시작된 한국에서는 1890년대 초부터 多數의 중문기독교소설 韓譯本이 번역 출판되어서, 19세기 후반부터는 일본과 한국을 포함한 동아시아 전역으로 전파되었다.

19세기 전반 동아시아에서 가장 오랫동안 航海를 했던 선교사 귀츠라프는 중국인에 대한 《張遠兩友相論》의 영향력에 대해 언급한 적이 있다. 1833년 그가 제3차 중국연해지방을 여행하면서 浙江省 普陀山을 방문했을 때, 많은 기독교문서를 가져가서 배포해 주었다.

우리를 아주 만족하게 하는 것은 불교사원의 스님 가운데 학식과 자질이 뛰어난 지도적 위치에 있는 몇몇 사람들이 이렇게 우리의 책을 읽는데 열중해서 우리에게는 관심도 없었다는 것이다. 그 중에서 가장 그들에게 감동을 주는 서적은 張과 遠-어떤 기독교인과 그의 무지몽매한 이웃-사이에 나누는 대화로 이루어져 있다. 이 책의 저자는 이미 故人이 되어 애도해 마지않는 밀네박사인데, 작중에는 대단히 첨예하고 公正한 評述이 포함되어 있으며 줄곧 중국 독자의 뜨거운 사랑을 받았다.[21)]

중국의 연안지방에 대한 외국인의 항해가 완전히 금지되었던 1833년에 선박으로 남부 浙江의 普陀山을 방문한 귀츠라프는 동남아에서 간행된 중문기독교문서를 다량으로 가져가 배포하였는데, 그 중에서도 대화체로 구성된 《張遠兩友相論》에 대해 승려들이 대단히 큰 관심을 표명하였다고 술회하고 있다. 이 작품은 외래종교인 기독교의 주요 교리와 대량의 외국 고유명사를 사용하고 있으며, 일반 대중들에게 익숙한 소설문체로 저술되었다. 내용면에서는 중국인들이 접촉해 보지 못한 외래사상과 문물, 종교에 관해 서술하고 있으며, 손쉬운 문언문(淺理文)으로 기술된 기독교 대중선교소설이다. 한편 이 작품은 여러 가지 방언본이 통용되었는데, 방언본의 출판상황을 상기한 판본 조사에 의거하여 정리하면 다음과 같다.

21) Jacob Tomlin, *Journal of a Nine Month's Residence in Siam*, London: Frederick Westley and A. H. Davis, 1831, p105.

2) 현존하는 방언본·번역본과 13章 福州方言本《甲乙二友論述》

현존하는 방언본(官話, 廣東, 榕腔) 및 번역본(日語, 韓語)의 서지사항은 다음과 같다.

(1) 1857년《張遠相論》, 上海 출판, 예츠(葉慈 M.T. Yates)의 官話本
(2) 1862년《張遠兩友相論》, 廣東 출판, 앤드류 하펄(Andrew P. Happer)의 개정본, 16葉, 처음 5회는 밀네 原著와 같은 回目, 廣東語 改正本
(3) 1868년《張遠兩友相論》, 上海 美華書館, 콜베트의 增補 官話本, 60葉
(4) 1871년《甲乙二友論述》, 福州 太平街福音堂, 榕腔本, 28葉, 조셉 에드킨스(Joseph Edkins)의 수정본
(5) 明治14年(1881)《兩友相論》,《張遠兩友相論》의 日譯本, 安川亨(yasukawa toru)譯, 東京 原胤昭(harataneaki)出版, 十字屋書鋪, 日本國立國會圖書館과 와세다대학 도서관 所藏本, 11회본. 찰스 밀네의 수정본을 安川亨이 日語로 번역.
(6) 윌리엄 밀네 저, 사무엘 마펫 역,《쟝원량우샹론》, 韓譯本, 정동예수교회당, 장로회신학대 도서관, 1894년·1896년; 숭실대 한국기독교박물관, 1898년; 연세대 중앙도서관, 1905년. 마펫이 찰스 밀네의 11회 수정본을 한글로 번역. 韓譯本 4종의 내용은 거의 비슷하지만 판식과 일부 호칭이 다소 다름.

상기한 方言本 중에서 12回本, 11回本과는 다른 13章本의 내용과 方言本의 특색을 살펴보기 위해 13章 福州方言本《甲乙二友論述》을 조사 분석해 보겠다. 1871년 福州 太平街 福音堂에서 출간한《甲乙二友論述》의 서두에는 이 책의 출간경위를 설명한 〈序文〉 한 편이 수록되어 있다.

이 책은 嘉慶 년간에 영국선교사 밀네가 지은《張遠兩友相論》이다. 나중에 영국선교사 에드킨스가 윤색을 더하여 上海書局에서 간행하면서 제명을 바꾸어《甲乙二友論述》이라 하였다. 제가 이 책을 보니 이치가 간결하고 명료하며, 의미가 확연하고도 통순하여 읽는 사람들에게 적지 않은 도움이 될 것이라 생각되었다. 그리하여 大意를 모아 복주 방언으로 번역하여 村老와 시골아이들까지도 쉽게 읽도록 지었는데, 이로 인해 예수그리스도가 세상 사람을 구하신 鴻恩과 우리들이 신앙을 갖게 된 大意를 알게 하였다. 마침내 邪道를 버리고 正道로 돌아가 새로운 백성이 되어 天道를 받들고 복음을 믿고 따라 사후의 무궁한 복을 함께 누리고자 한다.

同治 10년(1871) 仲春 하순 교인 沈守眞 識[22)]

위의 인용문은 1871년 沈守眞이 지은 복주방언본의 〈서문〉이다. 이 판본은 12회를 10회로 축약한 뒤에 에드킨스(艾約瑟 Joseph Edkins)가 제10회에 내용을 더 增補시켰는데, 주인공 "乙"이 완전히 信服하여 세례를 받고 교회에 입교한다는 내용을 증보한 것인데, 이 增補本을 沈守眞이 福州方言으로 번역한 것이다.

甲講: "該當受洗禮, 者禮也是耶穌昇天時候, 務將換吩咐伊門生講: '汝去通天下招亻人做門徒, 凡信其人, 汝就替伊施洗禮。'" 乙講: "受者

22) 《甲乙二友論述》, 福州太平街福音堂印, 1871년, 〈沈守眞序〉: "是書係嘉慶年間英國米教士所著, 名曰《張遠兩友相論》。後英國艾教士再加潤色, 重付上海書局刊印, 易其名曰: 《甲乙二友論述》。愚得此書, 見其理簡而明, 意顯而順, 其裨益人, 誠非淺鮮。遂撮其大意, 譯爲榕腔, 俾野叟村童易於誦讀, 由是知耶穌救世之鴻恩, 以及吾儕奉道之大意。遂棄邪歸正, 同作新民, 欽崇天道, 信順福音, 致同享身後無窮之福云爾。同治拾年仲春下浣愚教弟沈守眞識。"

禮務也乇意思?" 甲講: "嚽是入教其記號, 也是表明人決意離世俗、憑眞理、拜三位一體其上帝。" 自此以後, 乙早晚時常祈禱上帝, 也細膩憑聖經其道理, 熱心做主其門生。親友共外人, 八傳伊奉教, 也務笑伊, 欺負伊, 乙都忍耐。有時也務對人有講耶穌救世其代。後就憑主其命令, 受洗入教, 心裏大感上帝其鴻恩。因甲教導伊, 共甲更相親相愛。伶我記者代, 望看者書其人, 也學乙一様, 齊做天國其子民, 齊享天堂其福氣。(甲이 말하였다. "세례를 받아야만 하지요. 이 禮는 예수께서 승천하실 때, 그의 제자들에게 분부하며 말하길 '너희는 이 세상의 모든 사람을 제자로 삼고, 무릇 믿는 자들에게는 나를 대신해서 세례를 베풀어라'" 라고 말씀하셨지요." 乙이 말했다. "세례를 받는다는 것은 무슨 뜻입니까?" 갑이 말했다."그것은 입교했다는 표식이고, 또한 반드시 세속을 떠나서 진리에 따라 삼위일체 하나님을 믿겠다고 결심한 것을 나타내지요." 이후로 을은 아침저녁으로 항상 하나님께 기도하고 세세하게 성경에 쓰여진 도리에 따라 열심히 예수의 제자가 되었다. 친구들과 다른 사람들은 그가 예수를 믿는 것을 보고서 그를 비웃고 업신여겼으나 乙은 모두 참아내었다. 어떤 때에는 사람들에게 예수께서 세상사람들을 구원하셨다고 말하였다. 나중에 주님의 명령에 따라 세례를 받고 입교하였으며, 마음에 하나님의 큰 은혜에 크게 감동을 받았다. 갑이 그를 인도하였으므로 갑과는 더욱 친밀해졌다. 지금 쓰고 있는 나는 이 글을 읽는 사람들이 을과 같이 되어 함께 천국의 백성이 되어 천당에서 같이 복락을 누릴 수 있기를 바란다.)[23]

"甲"은 여기서 《사도행전》 제1장에서 예수께서 승천하기 전에 제자들을 불러놓고 명령하신 전도와 세례의 사명을 인용하여 기독교인들이

23) 《甲乙二友論述》 제10회, 27-28쪽.

행해야할 일들을 "乙"에게 알려주고 있다. 세례와 선교, 성경읽기와 기도생활을 작자는 두 사람의 대화를 통해 전달하는데, 작품의 결말에서는 서술인이 직접 나서서 기독교를 믿지 않던 "乙"이 회개하고 예수를 믿어 하나님의 자녀가 된 것 같이 讀者들이 이 작품을 읽고서 천국백성이 되어 함께 천당의 복락을 누리기를 바란다고 기술하고 있다.

이 개정본은 1856년 조셉 에드킨스가 上海에서 개정한 수정본을 榕腔語로 번역한 방언본이다. 榕腔語는 복주지방의 방언인데, 이 방언본은 白話文의 口語體로 복주지방의 사투리를 표기하는 방언 어휘와 문장으로 서술되었다. 일부 한국에서 입력할 수 없는 한자가 있으며(乜, 乇, 亻人), 官話나 文言에서 사용하지 않는 榕腔語 전용 어휘를 常用하고 있는데[24], 이런 어휘와 부분적인 문장의 배열 차이를 이해한다면 복주방언본의 독해는 크게 어려운 편이 아니다. 에드킨스의 수정본도 13회본과 마찬가지로 12회본을 축약한데다 마지막 회에 자신이 새롭게 지은 불신자가 신앙을 갖고 기독교에 入教한다는 내용을 增補시킨 것으로 나중에 간행된 선교사 수정자들의 공통된 내용 특징을 갖고 있음을 알 수 있다.

이 작품은 기독교의 선교를 목적으로 창작한 기독교 선교소설이라서 원작인 12회본을 축약, 개정, 수정, 증보한 여러 판본은 대부분 불신자 주인공이 독실한 기독교인으로 변화하여 이상적으로 신앙생활을 한다는 내용을 작품의 말미에 보강한 것이다. 이 방언본은 上海에서 15년전에 발간된 개정 증보판을 福建지방에서 현지 방언으로 다시 번역한 판본인데, 이렇게 《張遠兩友相論》은 文言本에서 시작하여 半白半文體, 官

24) 상기 단락에서 사용한 榕腔 어휘를 官話로 표기하면 다음과 같다. "伊 → 他, 者 → 這, 嚽 → 那, 講 → 說, 共 → 跟 혹은 和, 伶 → 今, 亻人 → 人"

話本으로 20세기 초기까지 기록언어를 바꾸어 가면서 지속적으로 출간되었으며, 福建, 廣東, 寧波, 漢口 방언본이 출간되어 해당 지역에서 유통되었다.

제5절 中國에서 東北亞로: 韓譯本《쟝원량우샹론》과 日譯本《兩友相論》

앞에서 살펴본 韓國基督教博物館 所藏 한역본 《쟝원량우샹론》은 1898년 정동교회에서 출간되었지만, 이 작품의 번역본은 그 이전의 목록에서도 찾을 수가 있으니, 1892년 조선성교서회(The Korea Relligious Tract Society)의 출판목록에 이미 수록되어 있다.

> 1890년에 초교파(장·감 연합) 문서사업기관으로 '조선성교서회'(The Korea Relligious Tract Society)가 설립됨으로 보다 체계적인 문서선교의 기틀이 잡혔다. 언더우드·헤론·올링거 3인의 노력에 의해 태동된 이 서회는 "조선어로 기독교 서적과 전도지와 정기간행의 잡지류를 발행하여 전국에 보급하는 것"에 그 목적을 두었다. 1890년에 출판된《성교촬리》를 비롯하여 《텬로지귀》, 《훈ᄋ진언》(1891),《쟝원량우샹론》(1892), 《구셰진젼》(1893년), 《덕혜입문》(1893년) 등의 전도 교리문서들을 출판해 냈다. 이 서회는 1897년에 대한성교서회로 명칭을 바꾸었다가 합방후인 1915년 조선예수교서회(The Korea Relligious Book and Tract Society)로 다시 바뀌었는데 이것이 오늘의 대한기독교서회의 전신이다.[25)]

대한기독교서회의 문서간행물 중에는 1892년에 출판된《쟝원량우샹론》이 있는데, 이는 정동교회의 간행본보다는 6년이 앞선 것이다. 하지만 현존하는 번역본은 1894년에 간행된 장로교신학대학 도서관 소장본이 가장 오래되었으며, 1905년까지 간행된 한글번역본은 모두 4종이 국내에 소장되어 있다. 韓譯本《쟝원량우샹론》은 영국선교사 밀네가 동남아시아에서 중국선교를 위해 창작하여 중국 전역에 전파 보급시킨 작품을 한국에서 미국선교사 마펫이 한글로 번역하여 일반 대중들에게 기독교를 선교하기 위한 목적으로 출간한 19세기말 기독교 韓譯小說이다.

한편 日本에서는 1881년 6월《兩友相論》이란 제명으로 安川亨(yasukawa toru)가 번역하여 原胤昭가 東京에서 출판하였다. 모두 66쪽이며 1쪽은 세로가 19cm에 12行으로 되어 있고, 漢字의 우측에는 히라가나가 표기되어 있다. 日譯本《兩友相論》은 11회로 구성되어 있는데, 표지의 우측상단에 "米人之兒子著 日本安川亨譯"이라 두 줄로 並記되어 있다. 일본국회도서관과 와세다대학 도서관에 소장되어 있는 이 판본은 바로 윌리엄 밀네의 아들 찰스 밀네가 1851년 12회본의 2회를 압축하여 수정한 11회본을 저본으로 한 日譯本이다. 이 譯本에는 번역경위나 출판동기를 설명한 어떤 序跋文도 첨부되지 않아서 이 작품을 完讀한 뒤에야 이 번역본이 어떤 계통의 판본을 사용했는지 판단할 수 있다. 표지에 표기된 "米人"은 미국사람을 의미하는 것이 아니라 "밀네의 中國式 音譯"이다. 그런데 일본국회도서관에서는 이를 "Milne, William(1785-

25) 이만열 저,《韓國基督教文化運動史》, 대한기독교출판사, 1987년, 308쪽. 이 문장은《한국기독교의 역사1》, 한국기독교사연구회 편, 기독교문사, 1990년 206쪽에서 재인용.

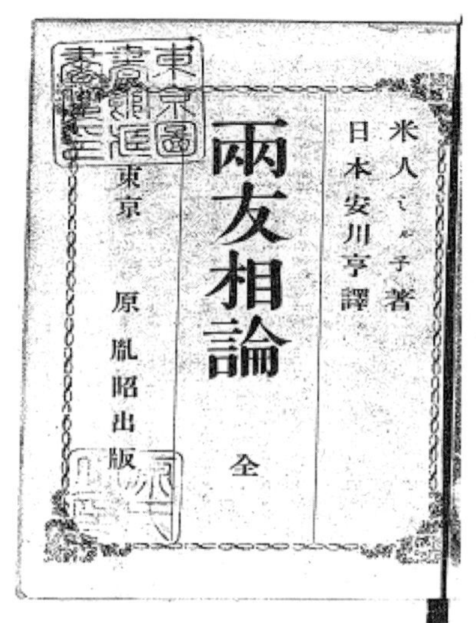

日本國會圖書館에 소장된
日譯本《兩友相論》의 표지

1822)作”이라 분류해 놓았다. 그리고 日本 安川亨譯의 “日本”을 米人과 나란히 병기시켜 놓아 독자들로 하여금 저자와 역자의 국적을 표기한 것으로 오해하게 만드는데, 이는 日譯本《兩友相論》의 저본이 된 찰스 밀네의 11회 수정본이 윌리엄 밀네의 12회본을 축약 수정하여 만들었기 때문에 밀네의 아들이 지었다는 “米人之兒子著“라고 표기한 것이다.

1851년과 1852년 上海에서 간행된 찰스 밀네의 11회본은 면수가 모두 24面이고, 1851년 홍콩의 重印本은 27면이며, 1867년과 1871년 홍콩 英華書院에서 간행된 11회본의 면수는 모두 32면이다. 1882년 上海 中國聖教書會 간행본은 22면이고, 1883년 漢口 聖教書局 간행본은 23면이며, 1906년 上海 美華書館 간행본은 20면으로 편폭과 판식이 다소 차이가 있다. 때문에 面數와 回數만을 가지고 저본을 판단할 수는 없지만, 대체로 日譯本《兩友相論》은 30面 이상의 편폭으로 된 찰스 밀네의 11회 수정본을 저본으로 사용하였을 것이다. 여기에 근접한 판본은 32면으로 된 홍콩의 英華書院本으로, 편폭의 길이가 상당히 유사하다.

일본에서는 日譯本《성경》과 거의 비슷한 시기에 日譯本《兩友相論》이 출간될 정도로 이 작품은 가장 뛰어난 기독교 문학작품으로 간주되었다. 현재 日本國會圖書館에 소장되어 있는 日譯本《兩友相論》의 첫 회와 마지막 회를 살펴보도록 하자.

此み兩人の良朋友ありき一人わ潘長と云一人を曹遠どいふ一日種種の話をなしつ、同伴行けり遠の曰み 私他人の話しみ君わ前より耶穌の教を學ひ これを信すも聽たり私世間よて此道を議論するを看み異同なり 私も亦明白ならすろわ(第1回)

荅て曰けるηこれ上帝限りなきの大恩を賜し其子イエスを地み降生し人の爲めみ諸の難を受け終み死し賜へり何故死せしや曰く我我人間み代り罪を贖ひ凡てこれを信きる者み亡るこも無して永生を受しめんの爲なりこれ其難を受け死するの理由なり 遠曰く我の罪太た重し恐く救きる、こもなく又た我れみ賜み永生を以てきまじ長曰く兄一心みイエスみ依頼て疑なのれ懼るなのれこの世の罪惡必きのれみ由て救を得べきなりイエス曾て人み諭して曰く上帝の其子を世み遺し給へる世の罪を定んもみ非も彼み由て世を救んが爲なりロハテ三ノ十七是の言葉誠み信すへき也

兩友問答 終 ((第11回)[26]

“여기에 두 사람의 좋은 친구가 있는데 한 사람은 潘長이라 하고, 한 사람은 曹遠이라 한다. 하루는 다양한 주제로 말을 하면서 함께 길을 가는데, 원이 말하길……”이렇게 시작하는 日譯本《兩友相論》은 두 주인공 ‘潘長’과 ‘曹遠’의 人名을 명확하게 거명하고 있다. 《張遠兩友相論》

26) 安川亨 譯, 《兩友相論》, 明治 14年(1881) 6月, 東京 十字屋書舖 刊, 제1회 11면과 제11회 66면에서 인용.

의 수 많은 판본은 두 주인공의 이름이 대부분 '張'과 '遠', 혹은 '長'과 '遠', '張'과 '袁' 등 姓氏만을 기술하였지 姓名을 명기한 것은 단지 咸豊 4년(1854) 福建 鷺門 花旗館寓에서 간행한《長遠兩友相論》뿐이다. 이 판본은 11회로 구성되었는데, 日譯本《兩友相論》역시 11회본이다. 제1회와 제11회의 원문을 비교해 보면 바로 日譯本 譯者가 사용한 中文 底本이 어떤 판본인지를 짐작할 수 있겠다.

> 長이 말하기를 "세상에 주셨다는 말은 하나님께서 한없이 크신 은혜를 베푸사 세상사람들에게 자기의 아들을 주사 예수께서 세상에 내려와 고난을 받고 죽으심을 일컫는 말입니다."遠이 말하길 "무슨 연고로 죽었습니까?" 말하길"우리 인류의 죄를 대속하기 위함이며, 무릇 모든 사람 중에서 그를 믿고 따르는 사람은 죽은 후 지옥에 떨어지지 않고 천당에서 永福을 누리게 한다는 것이 바로 그가 고난을 받은 까닭입니다." 遠이 말하길 "나의 죄는 너무 무거워서 사해 주시려 하지 않을 것이고 또한 나는 이런 永福을 얻지 못할 것입니다."長이 말하길 "당신은 예수께 의지하고 의심하지 말며 두려워하지 않으면 반드시 구원을 얻을 것입니다. 왜냐하면 예수께서 '하나님께서 나를 세상에 보내신 것은 세상을 벌하기 위한 것이 아니라 세상을 구원하기 위함이다'라고 말씀하였는데, 진실되도다！이 말이여." (長曰: "賜世言上帝大施其無限之恩, 與世上人而賜其子, 耶穌降地, 受難受苦而死。" 遠曰: "緣何死?"曰: "其欲代我人類贖罪, 而使萬人中, 凡信從之者, 不至死後沉淪于地獄, 乃得永福于天上, 此其受難之意也。" 遠曰: "我之罪太重, 恐怕不肯赦我, 又不肯賜我得此永福。" 長曰: "汝要依賴耶穌, 勿有疑心, 毋畏毋懼, 必得救也。因耶穌有言: '上帝遣我臨世, 非以罪世, 乃以救世。'誠哉! 是言也。")(《長遠兩友相論》 제11회)

日譯本의 11회 상기 인용문 중에서 앞부분과 마지막 부분을 번역해 보면 다음과 같다. "대답하여 말하길 "이것은 하나님이 한없이 큰 은혜를 베푸사 그의 아들 예수를 땅위에 내려 보내시어 인류를 위해 갖가지 고난을 받고 마침내 돌아가셨다." ……장이 말하길 "당신께서 일심으로 예수께 의뢰하고 의심하지 않고 두려워하지 않으면 이 세상의 죄악은 반드시 구원함을 받을 것입니다. 예수께서 사람들에게 '하나님의 아들을 세상에 보내주신 것은 세상의 죄를 심판하기 위한 것이 아니라 그로 말미암아 세상을 구원하기 위함이다(요한복음 3:17)'라고 말씀하셨는데, 이 말씀은 진실로 참되도다.'"

日譯本과 福州語刊本을 비교해 보면, 문장은 큰 차이가 없고 다만 《성경》 구절의 인용문은 일역본의 경우 그 출처를 "요한복음 3장 17절" 이라고 작은 글씨로 주기하였을 뿐 별다른 개정의 흔적은 보이지 않았다. 문장의 詳略에 약간의 차이가 있고, 저본에 충실하게 번역되었음을 알 수 있다. 하지만 공교롭게도 韓譯本 4종은 모두 찰스 밀네의 11회 개정본을 저본으로 하였고 日譯本 제1회 서두에 명기한 "米人之兒子(윌리엄 밀네의 아들)著" 라는 著錄으로 미루어 볼 때, 해외에서 가장 많이 전파되고 가장 많이 간행된 판본은 아마도 原著者 윌리엄 밀네의 아들 찰스 밀네가 12회본을 축약 수정해서 만든 11회본이라는 것을 알 수 있겠다.

일본에서는 《聖經》이 明治 12년(1878) 11월 3일에 완역되었고, 明治 13년(1879) 4월에 인쇄되었던 사실로 미루어 보아, 日譯本 《兩友相論》이 1881년에 출간된 것은 일본에서 기독교 선교가 허용된 지[27] 채 10

27) 일본에서 기독교금교령이 철폐된 소위 "切支丹禁制"의 "高札"이 철폐된

년이 되지 않는 매우 이른 시기이다. 일본의 경우에는 《성경》의 번역에 버금갈 정도로 《張遠兩友相論》이 일찍 번역되었음을 알 수 있다. 게다가 한국에서는 기독교문서 중에서 가장 먼저 번역된 기독교번역소설로 출판되었으니 《張遠兩友相論》의 번역본 출간은 동아시아의 基督教文書宣教史에서 매우 의미 있는 작업이라 할 수 있겠다.

것은 明治 6년(1872)의 일이다. 日譯 《성경》의 번역과 출판 및 기독교금교령의 철폐에 관한 것은 五野井隆史 著, 《일본キリスド教史》, 東京 吉川弘文館, 2001年 4刷版, 267쪽 참조.

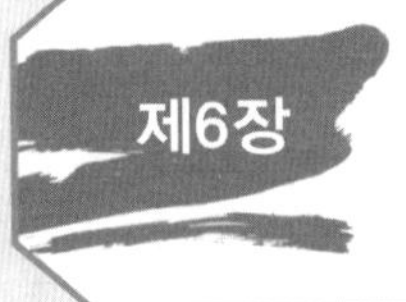

제6장 윌리엄 마틴의 基督教寓言小說 《喩道傳》

제1절 윌리엄 마틴과 기독교 문서선교 활동

중국의 근대 교육사업과 출판 선교사업에서 각별한 족적을 남긴 윌리엄 마틴은 66년 동안 중국에서 활동하며 수많은 저술을 발표하여 중국을 서방에 소개하고, 서방의 학술과 기독교 선교사업을 중국에 전파하는 東西 文化交流의 교두보 역할을 담당하였다. 그가 장기간 봉직했던 북경의 同文館과 京師大學堂은 후일 북경대학교로 발전하여 중국 근대 대학교육의 기초를 닦는데 크게 공헌하였으며, 1860년대부터 번역 간행한 《萬國公法》과 여러 국제법 저작은 중국은 물론이고 일본과 한국의 헌법과 법률 제정과 발전의 첫 걸음을 띠게 하였다. 그에 대한 연구는 여러 분야에서 진행되었고, 적지 않은 연구성과가 발표되었지만 대부분은 그의 국제법 분야와 교육분야, 그리고 기독교 저술분야에 대한 연구로 대별할 수 있다. 필자가 근래에 5종의 주요 서목을 중심으로 21종 38부의 19세기 中文基督教小說을 발굴 조사하였는데 이 중에는 윌리엄 마틴의 저작 《喩道傳》과 《勸善喩道傳》 2종을 발견할 수 있다. 현재까지 윌리엄 마틴의 저작에 대한 연구는 국제법 관련 저역서와 그의

漢學 분야의 저작에 치중되어 있으며, 선교사로써 그의 본업인 기독교 문서선교에 관한 연구는 한국에서는 전무하며, 근래까지 그의 기독교 저술에 관한 개괄적인 소개 이외에 체계적이고 심도 있는 연구는 이루어지지 않았다.

윌리엄 마틴의 기독교 저술에 대해 이루어진 著錄 상황을 고찰해 보려면 두 가지 조사서를 살펴보아야 하겠다. 우선, 1807년 개신교선교사로 중국에 최초로 입국한 로버트 모리슨 이후, 중국에서 활동한 개신교 서양선교사에 대한 활동과 저술작업에 대해 종합적으로 조사 평가한 저술로써 1867년 上海에서 간행된 알렉산더 윌리의 《개신교 선교사 기록》[1]이 있다. 이 저술은 1800년 이후부터 1867년까지 중국에서 활동한 개신교 서양선교사에 대한 생평과 간행 저작을 연대순으로 기술하였다. 이 책에는 윌리엄 마틴이 1850년 중국 寧波에서 처음 선교사업을 시작한 때부터 1862년 상해 거주 기간까지의 간략한 선교활동 기록과 더불어 모두 16종의 저작이 저록되어 있다.

*중문 저술:

(1) *Di-li shü lin van-koh kwu-kying z-t'i yiu-tin kông-tsing* 지리서. 4卷, 185면, 寧波(Ningpo), 1852년. 1859년 寧波에서 재판, 52면에 대형 접개 2면 첨부. 寧波方言으로 쓰여졌으며 알파벳 병음방식으로 기록.

1) Alexander Wylie, *Memorials of Protestant Missionaries to the Chinese: Giving A List of Their Publications, and Obituary Notices of the Deceased with Copious Indexes*, Original Edition Published by Shanghai: American Presbyterian Mission Press, 1867. Reprinted by Ch'eng-wen Publishing Company, Taipei Taiwan, 1967

(2) *Di gyiu du. Ng da-tsiu di-tu. Peng-koh, peng-sang, peng-fu, San-foh di-tu, wa-yiu, Sing-kying di-tu, lin. Dili veng-teh. Di-ming tsiao ying-wan-ts liah* 지리에 관한 문답이 가미된 지리책. 10면에 10면의 대형 접개 지도 첨부. 寧波, 1853년. 寧波方言으로 쓰여졌으며 알파벳 병음방식으로 기록.

(3) *Son-foh k'a-tong* 산수책. 63쪽. 寧波, 1854년. 寧波方言으로 쓰여졌으며 알파벳 병음방식으로 기록. 아라비아숫자 사용.

(4) 《天道溯原 *T"ëen taòu soo yuên*》기독교 교리서. 3권 77면. 寧波, 1854년. 1858년 재판본이 寧波에서 91면으로 출간. 1860년 寧波에서 개정판이 118면으로 출간.

(5) *Sing-s* 찬송가. 72면. 寧波, 1857년. 寧波方言으로 쓰여졌으며 알파벳 병음방식으로 기록.

(6) 《喻道傳 *Yú taòu chuen*》宗教寓言故事集. 48면. 寧波, 1858년. 2편의 서문과 목차가 시작부분에 4면의 편폭으로 수록되었고, 식사기도문과 아침과 저녁 기도문이 첨부되었다. 1863년 寧波에서 重印.

(7) 《三要錄 *San yaou lŭh*》 기독교의 세 가지 원리론. 22면. 寧波, 1858년. 1859년 寧波에서 再版重印本이 28면으로 출간.

(8) 《保羅垂訓 *Paóu lo ch'uy heûn*》 아테네에서 행한 바울의 설교서. 9면, 寧波. 1859년 寧波에서 28면으로 重印. 1861년 제3판이 上海에서 간행.

(9) 《公會政治》 교회조직론. 24면, 寧波. 1860년 다른 장로회 선교사에 의해 72면으로 증보 개정되었다.

(10) *Foh-ing dao-li ling-kying veng-teh* 단문의 교리문답서. 寧波, 1859년. 寧波方言으로 쓰여졌으며 알파벳 병음 방식으로 기록.

(11) 《救世要論 *Kéw shé yaou lùn*》 기독교 구원에 관한 要論. 4면, 寧波, 1860년. 1862년 상해에서 5면으로 重印. 1864년 상해에서 4면으로 다시

重印.

(12) 《雙千字文 *Shwang ts'ëen tszé wan*》 二千字文. 26면, 上海, 1865년. 각기 다른 2,000자의 한자로 기독교 교리를 기술한 한자 독본.

(13) 《萬國公法 *Wàn kwó kung fă*》 국제법 번역서. 4권, 228면, 北京, 1864년. 일본어로 重印.

(14) 《官話約翰福音書 *Kwan hwà yo han fŭh yin shoo*》 북경어 요한복음서. 22면, 上海, 1864년. Edkins 등과 공동번역한 신약성경 北京官話本의 일부.

* 영문 저술:

(15) *Jin tsze sin fă* 認字新法 Ch'áng tsze shwang ts'ëen 常字雙千 한자 글자 해석 교본. 한자의 읽고 쓰는 방법을 해설. 143면, 上海, 1863년.

(16) *Ch'ang tsze shwang ts'ëen shih é* 常字雙千釋義 북경어 발음과 뜻이 표기된 2,000자의 상용 한자 어휘집. 57면, 上海, 1863년.[2)]

윌리엄 마틴은 12년 동안 浙江의 寧波와 上海에서 16종의 저작을 찬술 출판하였으니, 상당히 왕성한 저술활동을 하였다고 할 수 있다. 그는 19세기 중반 중국어를 알파벳으로 표기하는 중국어 발음표기법의 사용을 처음 시도했던 개신교선교사 중의 한 명인데, 1850년대 5권의 각종 서적(지리서, 산수책, 찬송가, 기독교 교리문답서)을 알파벳으로 표기하여 보급시켰다. 60년이 넘게 중국에 거주하면서 저술 간행한 그의 저작은 기독교, 어학, 법학, 과학·철학·교육, 영문 저작의 다섯 가지 부류로

2) 윌리, 《선교사 回想錄》, 臺北 成文出版社, CXL. 丁韙良 Ting Weì-lëâng. Rev. WILLIAM A. P. MARTIN D. D., 204-206쪽.

나눌 수 있다. 그 중에서 기독교와 관련한 저작을 김효전은 모두 17종을 열거하였다.

(1) 《요한복음서》 1855, 寧波 方言, 로마자

(2) 《天道溯原》 1854, 3책 77면, 기독교 교리서

(3) 《Sing-s》 1857, 72면 시편, 寧波 방언, 로마자

(4) 《三要錄》 1858, 22면, 기독교의 해설

(5) 《保羅垂訓》 1858, 9면, 바울의 가르침

(6) 《喩道傳》 1858, 48면, 기독교 해설의 우화집

(7) 《教理問答書》 1859, 22면, 寧波 방언, 로마자

(8) 《公會政治》 1860, 24면, 교회정치 형식의 토론

(9) 《救世要論》 1860, 4면, 《天道溯原》의 서문

(10) 《官話約翰福音書》 1864, 22면, 《요한복음서》

(11) 《性理略論》 1869, 19면, 기독교 교양의 해설

(12) 《性學擧隅》 1898, 320면, 문답형식에 의한 철학적·종교적 문제(李鴻章 서문)

(13) 《天道蠡較》 1909, 100면, 기독교와 다른 종교와의 비교

(14) 《花甲憶記》 1909, 50면, 윌리엄 마틴의 회상록(60년의 전도)

(15) 《高厚論》 1911, 20면, 小論集

(16) 《喩道新編》 1914, 56면, 《喩道傳》의 증정본

(17) 《聖經略選》 1914, 340면, 《성경》초역[3)]

---

3) 김효전은 《근대 한국의 국가사상—국권회복과 민권수호》(철학과 현실사, 2000년) 제2편 〈국가사상의 발견〉 제1장 〈W.A.P. 마틴의 漢譯 국제법 책과 동아시아〉에서 마틴의 저술을 모두 5종으로 나누고 법학 관련 10종, 기독교 관련 17종, 어학 관련 5종, 과학 철학 교육 등 16종, 영문 저작 8종을 열거하였다. 관련 연구저술 중에서 김효전교수는 윌리엄 마틴의 전체 저술을 가장 많이, 그리고 체계적으로 기술하였지만, 필자의 조사에 따르면 일부 수정

일생 동안의 저작을 총괄하고 있는 이 서목에서는 훨씬 증가된 文書를 조사 열거하였지만 알렉산더 윌리의 서목과 비교해보면 약간의 차이가 있음을 알 수 있다. 먼저 서지사항과 제목은 대체적으로 일치하며 일부에서 약간의 차이를 보일 뿐이다.

첫 번째, 김효전의 목록에 있는 寧波方言의 《요한복음서》는 윌리의 서목에는 없으며, 7. 《敎義問答書》는 서지사항으로 볼 때, 윌리의 10. *Foh-ing dao-li ling-kying veng-teh*와 일치하는 것으로 알파벳 표기의 서명임을 알 수 있다.

두 번째, 3. Sing-s의 내용 설명으로 언급된 "시편"이란 표기는 윌리의 서목에는 "찬송가"라고 명기되어 있고, 歌詞가 《구약·시편》에서 유래되었다고 하면서 《시편》의 편명을 일일이 열거해 놓았다. 김효전의 서목에서 저작의 내용은 당연히 '찬송가'로 바꾸어야 하겠다. 이 兩者를 비교해 보면, 당연히 1867년의 《선교사 回想錄》은 정확도와 자료의 출처에 관하여 전문성과 신빙성을 갖추고 있는데, 아쉽게도 저록대상이 1867년 이전의 저작으로 국한되어 있다.

그런데 우리가 연구하고자 하는 윌리엄 마틴의 기독교문학 분야에서 전반적인 연구를 진행한 학자는 단연 일본의 佐伯好郎을 꼽을 수 있다. 그는 《淸朝基督敎의 硏究》 제9장에서 〈개신교선교사의 漢文 著書〉라는 제명으로 19세기 중국의 기독교저서를 개술하고 있는데, 수 천 명의 개신교선교사들이 중국에서 저술 출판한 130년 동안(1807년~1930년대)

보완할 부분이 있다. 예를 들면, 어학 관련 저작으로 분류한 《認字新法》과 《常字雙千釋義》는 모두 영문으로 저술된 저작으로 내용과 표기문자를 파악하지 못해 드러난 분류상의 오류이기에 수정되어야 한다. 앞의 책, 418-421쪽 참조.

에 있었던 중국의 기독교 저술상황을 개술한 뒤에 8명의 대표 작가를 들어 이 시기 중국 기독교문학의 특징을 고찰하고 있다. 그 중 제3절 〈《天道溯原》과 그의 저자〉에서는 윌리엄 마틴의 기독교 문학저작에 대해 기술하면서 그의 대표 저작으로 2권을 평술하고 있는데, 바로 《天道溯原》과 《喩道傳》이다.[4)]

제2절 윌리엄 마틴의 《喩道傳》과 와타나베 온의 《勸善喩道傳》

佐伯好郎이 평술한 두 권 중에 《天道溯原》은 상당히 널리 전파 유전되었고 적지 않은 학자들이 관심을 가지고 연구를 한 바 있다. 하지만 佐伯好郎의 간략한 평론 외에는 《喩道傳》에 대해서 관심을 가진 학자는 누구도 없었는데, 먼저 이 작품의 소장처와 작품 내용에 대해 살펴보도록 하겠다. 하버드대 옌칭도서관의 소장도서목록 *China and Protestant Missions: A collection of their earliest Missionary Works in Chinese*에는 윌리엄 마틴의 저작이 모두 9종이 수록되어 있는데, 순서대로 열거하면 아래와 같다.

(1) 《雙千字文》 작자 표기 없음 1865? A44

4) 佐伯好郎 著, 《清朝基督教の研究》, 東京: 名著普及會, 昭和 54년(1979), 503-504쪽.

(2)《勸善喩道傳》丁韙良著·渡部溫訓點 1877 C75
(3)《天道溯原》 丁韙良著 1872 C77
(4)《天道溯原》 丁韙良著 中村正直[敬宇]訓點 1877 C78
(5)《泰西城鎭記》丁韙良著 F26
(6)《新開地中河記》丁韙良著 F31
(7)《舊金山記》 丁韙良著 F39
(8)《西學考略》 丁韙良著 貴榮·時爾化同書 1883 F56
(9)《性學擧隅》 丁韙良著 1898 G2 5)

이 중에서 기독교 교리서로 분류된 작품은 세 가지가 있는데, 바로 《勸善喩道傳》과 《天道溯原》 2종이다. 이 두 전적은 모두 日語訓點本이 간행되었는데, 일본 明治時代인 1877년에 일본학자들이 訓點을 並記하여 일본에서 간행한 것이다. 그리고 윌리의 저록 중에서 《喩道傳》이란 작품을 발견할 수 있으며, 김효전의 서목에서는 1914년에 간행된 《喩道傳》의 증정본 《喩道新編》이란 서명이 보이기도 한다. 그러면 이 작품들은 어떤 내용과 양식의 작품이며, 이들 세 가지 다른 서명의 소설작품들은 어떤 관계를 가지고 있는지, 어떻게 전파 · 유통 · 증편되었는지를 구체적으로 고찰해 보도록 하겠다.

---

5) *China and Protestant Missions: A collection of their earliest Missionary Works in Chinese*, 2-20p. A는 Christianity in general, C는 Theological works, F는 History and Geography, G는 Humanities 관련 서적이 포함되는데, 기독교 관련 저서는 A와 C항에 열거된 저작들이며, 이 가운데 C군의 세 전적이 바로 《天道溯原》과 《勸善喩道傳》이다. A군의 《雙千字文》에는 저자가 표기되어 있지 않지만 윌리와 다른 저록에는 모두 윌리엄 마틴의 저작이라 저록되었기에 여기에 열거하였다.

《喻道傳》은 19세기 말 北京의 同文館과 京師大學堂에서 總教習(현재의 총장에 해당)을 지낸 미국선교사 윌리엄 마틴(William A. P. Martin, 丁韙良 1827-1916)이 1858년에 저술한 기독교 문언소설로써, 중국 浙江省 寧波에서 간행되었는데, 그 후 중국에서 간행된 판본은 다음과 같다.

1) 咸豊 8년(1858) 浙江 寧波의 華花聖經書房에서 초판 출간, 48면; 中國聖教書局 重刊本 61면; 基督聖教協和書局(漢口, 天津) 重刊本 64면.6)
2) 1863년 上海美華書館, 44면, 영국 옥스퍼드대학 보드라이언도서관(Oxford Bodleian Library) 소장.
3) 1869년 上海美華書館, 31면, 영국 옥스퍼드대학 보드라이언도서관과 하버드대학 옌칭도서관(Harvard Yenching Library) 소장. 1874년 이 판본을 上海美華書館에서 再刊, 1916년 第5版, 현재 北京大學圖書館과 영국 옥스퍼드대학 보드라이언도서관 소장.
4) 1884년 上海圖新報館 간행, 《眞理譬言》·《證道比喻》·《和聲鳴盛》과 함께 수록, 中國社會科學院圖書館 소장.7)

《喻道傳》은 일본에 전파되어 《勸善喻道傳》이란 제명으로 1877년 일본학자 와타나베 온(渡部溫)이 訓點을 달아 東京에서 간행하였다. 明治

6) 1867년에 간행된 알렉산더 윌리의 《선교사 回想錄》에는 48면 1종만 수록되어 있고, 宋莉華의 《傳教士漢文小說研究》의 저록에는 重刊本 2종이 더 수록되어 있다. Alexander Wylie, 前揭書, 205쪽 참조. 宋莉華 著, 《傳教士漢文小說研究》, 上海古籍出版社, 2010年, 359-360쪽 참조.
7) 宋莉華의 《傳教士漢文小說研究》에는 중국에서 간행된 7종의 판본이 수록되었는데, 1884년 刊本은 宋莉華의 著錄에서만 보인다. 하지만 면수가 수록되어 있지 않았다. 역자는 역자 자신이 발견한 판본을 합하여 모두 4가지로 분류하였다.

10년(1877) 東京 渡部氏藏版. 1行은 20字에, 半面은 10行이고, 본문은 모두 35面이며, 작품 뒤에는 作者의 〈跋文〉 3面과 판권면 半面이 있어 全書는 모두 41面인데, 日本 東京에서 刊刻된 일본식 線裝本이다. 이 책은 중국어 원문의 좌우에 작은 글씨로 日語 訓點을 부기하여 일본 독자들의 독해능력을 도와주는 中日文並記本이다. 현재 동경 와세다대학 도서관 · 일본국회도서관 · 미국 하버드대 옌칭도서관에 소장되어 있다.

1858년 寧波 華花聖經書房의 초간본에는 咸豐 8年(1858) 9月 "四明 休休居士"가 지은 序文 1편과 咸豐 8年 季秋月에 "四明 企眞子"가 지은 序文 1편 및 著者의 署名이 없는 跋文 1편이 수록되어 있다. 중국에서 간행된 판본은 모두 2편의 序文과 1편의 跋文이 수록되어 있다. 하지만 1877년 渡部溫의 日本訓點本에는 첫머리에 나카무라 마사나오(中村正直)가 明治 10年 3月 1日에 지은 〈刻勸善喻道傳敍〉 1편이 있고, 그 뒤에는 咸豐 8年 "四明 休休居士"의 序文과 咸豐 8年 季秋月 "四明 企眞子"의 序文이 수록되어 있다.

이 작품은 각별한 문학적 가치를 가지고 있어 中國小說史에서 특별한 地位를 인정받아야 하겠다. 왜냐하면 《喻道傳》은 중국 최초의 基督教 文言創作寓言小說이기 때문이다. 이 작품의 공간 배경은 中國 혹은 歐美이고, 등장인물은 중국인이 아니면 서양인이다. 하지만 文字가 精鍊되고 문장이 流暢하며, 형식면에서는 중국 文言短篇小說의 傳統을 계승하였다. 게다가 작품 말미에는 "企眞子"의 作品 評語가 실려 있어 독자가 작품의 주제를 이해하기 쉽게 구성되어 있는데, 이런 구성은 내용을 전달하는데 있어서 일반 백화소설과는 다른 문장 특성을 가지고 있다. 비록 1850년 이전에 《論善惡人死》 등 두 세 권의 기독교 문언단편소설이 출판되긴 하였지만 이들은 모두 서양작품을 文言으로 번역한 번역소설이어서, 《喻道傳》은 중국에서 저술된 최초의 기독교 문언단편 소설집이라 할 수 있겠다. 게다가 日語訓點本 《勸善喻道傳》은 중문기독교소설이 외국에 전래되어 외국어로 번역 출간된 첫 번째 中文基督教小說이라 할 수 있다.

윌리엄 마틴은 중국 近代에 가장 오래 활동했던 선교사 중의 한 사람으로 1827년 4월 美國 인디애나주의 리보니아(Livonia)에서 출생했다. 부친은 미국 장로교의 선교사로 三男五女를 출산하여 세 명의 아들에게 유명한 선교사의 이름을 붙여 주었고, 이들은 장성하여 모두 선교사가 되었다. 마틴은 1843년 인디애나대학에 진학하였다가 1846年 뉴알바니아 神學院으로 전학하여 神學을 전공하였고 목사 안수를 받았다. 1849년 졸업한 뒤 1850년 미국 장로회 선교사로 중국에 와서 浙江省의 寧波에서 선교활동을 시작하였다. 寧波에 있을 때 마틴은 《聖經》의 일부를 寧波方言으로 번역한 적이 있었고, 알파벳으로 표기된 신약복음서와 지리·산수책을 편찬 인쇄하여 알파벳으로 표기된 서적을 보급하기도 하였다. 1854년, 문언으로 찬술한 《天道溯原》을 출간하였는데, 이 책은 1910년대 말까지 여러 차례 재판을 거듭하였고 중국 전역에 널리 전파되었으며[8], 해외에 전래되어 일본에서 訓點을 가한 訓點本이 간행되

8) 1917년에 간행된 雷振華(Clayton, George A)의 《基督教出版書目彙纂》에는 모두 8종의 《天道溯原》이 수록되어 있다. (1) 《御覽天道溯原》, 文言, 丁韙良著, 320면, 1911年, 中國 (2) 《天道溯原》, 官話, 丁韙良著, 196면, 1914年, 中國 (3) 《天道溯原》, 文言, 丁韙良著, 188면, 1914年, 中國 (4) 《天道溯原》, 文言, 丁韙良著, 188면, 1913年, 漢津 (5) 《天道溯直解原》, 官話, 丁韙良著, 155면, 1917年, 漢津 (6) 《天道溯原》, 文言, 丁韙良著, 159면, 1911년, 閩省

었고 조선에서는 한국어로 번역되기도 하는[9] 등 동아시아의 기독교 선교사업에 상당한 영향력을 발휘하였다.

윌리엄 마틴은 1858년 미국이 중국과 天津條約을 체결할 때에 미국의 전권사절인 리드(W. B. Reed, 1806-1876)의 통역을 맡기도 하였으며, 1860년 안식년으로 寧波를 떠나 1년간 미국에 갔다가 1862년에 상해로 가서 미국 장로회 선교출판부(American Presbyterian Mission Press)에서 근무하다가 다음 해에 존 프라이어의 후임으로 北京의 同文館에 영어교수로 부임하였다. 당시 국제법 최고의 권위자인 휘튼(Wheaton)의 *Elements of International Law*를 《萬國公法》이란 제명으로 中譯하였는데, 이 책은 출판된 이듬해에 일본에 전해질 정도로 대단히 호평을 받았다. 그는 北京 同文館에 교수로 재직하면서 《公法便覽》(1877)·《星軺指掌》(1877)·《公法千章》(1880)·《陸地戰例新選》(1883)·《中國古世公法》(1884) 등 다수의 국제법 전적을 연이어 중국어로 번역 출판하였다.

1868년에는 同文館의 국제법 교수로 근무하다가 이듬해에 總教習(총장)이 되었고, 1898년 京師大學堂이 창설되자 마틴은 西學總教習으로 추대되었다. 京師大學堂은 同文館에서 발전된 종합고등교육기관으로 天文算學館, 格致館, 化學館, 工程館, 農功館, 醫學館, 律學館, 英文館,

---

(7) 《天道溯原直解》, 官話, 丁韙良著, 144면, 1911년, 美華 (8) 《天道溯原擇要》, 文言, 丁韙良著, 42면, 初版 1902年, 1911年, 中國(《基督教出版書目彙纂》, 47-48쪽) 1854년에 초판이 간행되고 56년이 지난 1911년부터 1917년까지의 6년 동안에도 여러 지역의 출판사에서 8종의 다른 판본이 계속해서 출간된 것으로 미루어 이 저작은 상당한 영향력을 가지고 있음을 알 수 있다.

9) 《天道溯原》은 明治 初年에 일본에 전래되었는데, 明治 8년(1875) 頃 中村敬宇가 訓點을 가하여 런던聖教書類會社에서 출판하였다. 81面, 上中下 三卷. 佐伯好郎 著, 《清朝基督教の研究》, 504쪽 참조.

佛文館, 露文館, 獨文館, 日文館의 12館으로 구성된 근대적 대학의 면모를 갖추고 있었다. 하지만 설립되자마자 바로 戊戌政變과 義和團事件이 연이어 일어나 심각한 타격을 입었다. 西太后를 중심으로 한 清朝의 보수세력은 근대교육의 상징인 경사대학당에 갖가지 압력을 가하였고, 1900년 의화단사건이 일어나자 排外的인 민중들이 경사대학당에 침입하여 기물을 파괴하고 방화하는 등 혹독한 시련을 겪었다. 의화단사건으로 北京에 감금된 마틴은 당시 이미 70세의 고령이었지만 각국 외국사절과 외국인의 보호에 적극적이었다. 그러나 마틴을 조정에서는 西學總教習의 직책에서 해임하였고, 1900년 10월 그는 실의에 빠져 미국으로 귀국하였다. 1902년 의화단사건이 수습되면서 京師大學堂이 교육활동을 재개하자 다시 중국으로 돌아온 마틴은 1902년 張之洞의 초청으로 武昌에서 國立大學의 신설에 참여하였다. 1906년 79세의 고령으로 국립대학에서 은퇴한 마틴은 다시 선교사들과 함께 선교활동에 종사하면서 개인적으로 중국 학생을 가르치다가 1916년 12월 북경의 저택에서 서거하였다. 그의 대표적인 영문저작으로는 *A Cycle of Cathay, or China, South and North with Personal Reminiscences*(중국명《華甲憶記》), *Siege of Peking, China against the World*(중국명《北京包圍記》), *The Awakening of China*(중국명《覺醒中的中國》) 등이 있고, 중문 저역작으로는《天道溯原》과《萬國公法》이 가장 널리 알려져 있다.10)

《勸善喩道傳》의 訓點者이자 刊行人인 와타나베 온(渡部溫, 1837-1898)은 日本 근대의 言語學者이며 教育家로 일찍이 東京外國語學校의 校長

10) 顧長聲 著,《從馬禮遜到司徒雷登》, 上海書店出版社, 2005년, 185-202쪽과 김효전 저, 전게서, 413- 418쪽 참조.

을 역임하였는데, 譯訓 編著로는 《通俗伊蘇普物語 통속이솝우언》(明治 8年, 1876), 《康熙字典》(明治 12年, 1880), 《訂正康熙字典》(明治 20年, 1888), 《增訂通俗伊蘇普物語 증보 통속이솝우언》(明治 21年, 1889), 《康熙字典考異正誤》(昭和 18年, 1943) 등이 있다. 그는 《이솝우언》의 日譯者이면서 또한 《喻道傳》에 訓點을 달아 出刊하는 등 우언작품집의 번역 보급에 각별한 관심을 보여주었다.

나카무라 마사나오(中村正直, 1832-1891)는 그의 〈勸善喻道傳叙〉에서 와타나베 온이 《勸善喻道傳》을 읽고 나서 기독교를 믿게 되었고, 와타나베 온의 동경외국어학교 학생들이 그가 학교를 떠나는 것을 아쉬워하여 그에게 선물을 하였는데, 와타나베는 이에 보답하기 위해 東京에서 이 책을 간행하게 되었다고 출간 경위를 밝히고 있다.[11] 이 작품집은 작자 윌리엄 마틴이 중국에서 기독교를 선교하기 위해 수준 높은 문학적 修辭技巧를 사용하여 창작한 기독교 우언소설인데, 中日並記本의 刊行者 渡部溫 역시 일본에서의 기독교 선교를 위해 동경에서 訓點本을 간행한 것이다. 이 작품의 서문을 지은 나카무라 마사나오는 바로 《天道溯原》의 日語訓點本을 간행한 일본 明治시대의 교육가이자 계몽사상가인데, 同人社와 明六社를 설립하여 계몽사상의 보급에 주력하였고, 明治시대의 六大 教育家 중의 한 사람이다. 이들 중 森有禮와 新島襄, 中村正直 3인은 모두 기독교인인데, 나카무라 마사나오(中村正直)는 明治 이래 일본의 교육, 언론, 계몽활동 및 기독교 문서선교사업에 있어

11) 中村正直 撰, 〈刻勸善喻道傳叙〉: "東京外國語學校長渡部溫君之罷職也。生徒皆感其愛遇, 思慕不已, 相謀各有所餽獻。君思所以報之, 則施訓點於是書。" 明治 10年(1878) 3月 1日, 하버드대 燕京圖書館 所藏本, 1面.

가장 활발하게 활동한 일본 근대의 대표적인 크리스찬 학자이다.[12)]

제3절 《喩道傳》의 基督教的 主題 表現方式

《喩道傳》 卷頭에는 16篇의 目錄이 수록되어 있는데, 한 행에 4편씩 정연하게 배열된 목록을 통해 이 작품집의 주제와 내용을 고찰해 볼 수 있다. 1편의 篇目은 4字, 1行에 2篇씩 모두 정연하게 著錄되어 있는 16篇의 目錄은 다음과 같다.

孝子覔父　蕩子歸親　仁慈徧覆　恩義兩全
苦海遠離　前車可鑒　明鏡無遺　分陰當惜
至老知非　託行試夥　莫恃己力　宜慎其習
順受天命　預防死期　死後有福　魂實長生[13)]

---

12) 中村正直(なかむら　まさなお　天保3년 1832-明治24년 1891), 이름은 敬輔, 字는 敬宇. 日本의 武士, 幕臣, 계몽사상가. 明治時代 六大教育家 중의 한 사람이자 대표적인 크리스찬 학자. 同人社의 창립자이며, 福澤諭吉·森有禮·西周·加藤弘之 등과 明六社를 결성하여 啓蒙思想의 보급에 주력하였으며 기관지 《明六雜誌》의 주필을 맡았다. 존 스튜어트 밀의 *On Liberty*를 《自由之理(自由論)》란 제목으로 번역하여 "最大 多數의 最大 幸福"이란 공리주의 사상을 주장하고 개성과 자유의 중요성을 강조하였으며, 사뮤엘 스마일즈의 *Self Help*를 日語로 번역한 《自助論》의 서문에서는 "하늘은 스스로 돕는 자를 돕는다(Heaven helps those who help themselves)"라는 유명한 번역문을 남겼다. ベディア(Wikipedia)(http://ja.wikipedia.org/wiki)에서 검색 참조하였음.

13) 〈喩道傳目錄〉, 《喩道傳》, 上海 美華書館, 1863년, 옥스퍼드대학 보드라이

篇目은 모두 四字 單句로 제목을 달아 작품의 창작 취지와 내용 특징을 표현하고 있다. 게다가 작품의 배열 또한 작자의 세심한 배치에 따라 작품의 기독교적 주제와 서술의 포커스를 어디에 두었는지를 보여주고 있는데, 단지 篇目만을 보고서는 작품의 내용과 주제를 파악하기가 쉽지 않아, 먼저 순서대로 작품의 내용을 살펴보도록 하겠다.

第1篇 〈孝子覓父〉는 주인공 "脫耳不花"가 천신만고 끝에 親父를 찾아내어 효도하는 이야기를 서술하고 있다. 襄陽人 駱德은 젊고 貧賤할 때에 아리따운 처녀와 결혼하였고, 일 년이 되지 않아 아내는 임신을 하였다. 송나라 시절인 그 때에 원나라 군사가 쳐들어와 駱德의 아내는 전쟁의 와중에서 원나라의 장수에게 붙잡혀 갔다. 나중에 다른 지휘관이 다시 아내를 빼앗아 갔다는 사실을 알게 되었지만 장수의 위세가 두려워 감히 아내를 돌려달라고 요구하지 못하였다. 그의 아내는 지휘관의 부귀함을 좋아하여 서로 사랑하게 되었다. 그 후에 지휘관이 명을 받아 변방에 부임해 갈 때에 아내를 데리고 가서 그 곳에서 正室로 맞아들였고, 아내가 사내아이를 낳자 이름을 "脫耳不花"라고 불렀다. 脫耳不花는 어려서부터 아주 총명하였고, 자라면서 아들 노릇을 매우 잘해서 지휘관은 자신의 소생처럼 그를 극진히 사랑하였다. 脫耳不花가 열 다섯 살이 될 때에 지휘관이 죽었는데, 그는 어머니에게도 극진하게 효도하였다. 그 후 모친이 병에 걸려 위독해지자, 직접 약을 다려드리고 밤에 옷도 벗지 않은 채, 곁에서 시중을 들며 정성을 다하였다. 모친이 임종할 무렵에 그에게 親父가 있다는 사실을 알려주었고, 모친은 이 말

언도서관 소장본, 목록 1쪽. 원문은 1행에 2편씩 배열되었으나 편폭을 줄이기 위해 1행에 4편씩 배열하였다.

을 마치자마자 숨이 끊어졌다. 脫耳不花는 발을 구르며 애곡하였는데 거의 죽을 지경이었다. 장례를 마치자마자 행낭을 꾸려 말을 타고 곧장 襄陽으로 달려가 친부를 탐문해 보았지만 종적이 묘연하였다. 雲南에서 北京까지 남북 각지를 두루 돌아다니다가 우여곡절 끝에 결국 北京의 길가에서 친부를 찾아 내었다. 脫耳不花는 변방으로 가서 遺産을 수습해 가지고 친부를 찾아가 조석으로 극진하게 봉양하니, 많은 사람들이 그를 효자라고 불렀다.

이 작품은 孝子가 나중에 親父가 있다는 사실을 알고 나서 온갖 고생 끝에 아버지를 찾아내어 극진히 효도한다는 "孝親"을 주제로 한 故事이다. 작품은 駱德 일가의 離散과 敗家의 고통에서 시작하여 父子가 상봉하는 "父子有親"의 스토리를 세세하게 묘사하고 있다. 그러나 작품 말미에 있는 企眞子의 評語를 읽고 나서야 비로소 작자의 창작 취지가 단지 "孝親"이란 주제만을 전달하려는 것이 아니라는 사실을 발견하게 된다.

> 아비가 없는 아들이 갑자기 친부를 찾게 되니 사람들은 脫耳不花가 운이 좋다고 하는데, 나는 도리어 脫耳不花가 불쌍하다고 생각한다. 왜 그런가? 脫耳不花에게 있어 駱德은 肉身의 아버지이다. 육신의 아버지를 잃어버리면 아버지를 찾을 때까지 반드시 찾아다닌다. 그가 만일 영혼에게도 아버지가 있다는 사실을 안다면? 옛날 혼돈의 때에 神이 자신의 형상대로 흙으로 사람을 빚어 生氣를 불어넣으니 즉시 생명이 있게 되었고, 그 후 대대로 전해지게 되었다. 육신은 부모로부터 태어난 것이고, 영혼은 실제로 天主로부터 받은 것이니, 天主는 진실로 인간 탄생의 大本이다. 우리는 모두 천주의 아들이고,

> 육신의 부친은 물론 마땅히 효성으로 봉양해야 하지만, 영혼의 부친은 더욱 특별하게 공경해야 하지 않겠는가? 脫耳不花로 하여금 천부가 나를 지으신 것을 알게 해야 하고, 우리 세상 사람들이 마귀의 말에 현혹되어 도리어 天父를 버리고 邪神을 부친으로 섬기고 있으니 그 죄는 죽임을 당해도 씻을 길이 없으니, 마땅히 아비가 아닌 아비를 버리고 天父를 부친으로 모셔야 할 것이다. 駱德을 찾는 자식의 마음을 천지의 大主宰에게 미루어 사용한다면 천국에 재물을 쌓게 될 것이니, 얻는 것이 비단 지휘관의 유산뿐이겠는가? 때문에 사람들이 다행이라 여기는 것을 나는 도리어 불쌍하게 생각하는 바이다.[14)]

이 작품의 주인공은 "육신의 아버지를 잃어버리면 아버지를 찾을 때까지 반드시 찾아다녀야 한다"는 사실을 알고 있다. 만일 사람을 창조하신 영혼의 부친이 존재한다는 사실을 알게 된다면 찾지 않을 수가 없을 것이다. 이 때문에 評者 企眞者는 단지 육신의 부친만을 찾고 영혼의 부친을 찾지 않는 脫耳不花를 매우 불쌍하게 여긴다고 말하였다. 脫耳不花가 전심전력으로 親父를 찾는 것과 마찬가지로 인간은 천지의 창조주이고 주재자인 天父를 반드시 찾아야 한다는 메시지가 바로 작

14) 無父之子，忽而有父，人爲脫耳不花幸，吾轉爲脫耳不花惜。何則? 脫耳不花之駱德也，肉身之父也。失肉親之父，必求得其父而後止。其亦知靈魂之亦有父乎? 上溯洪荒之世，神以塵土造人肖乎己像，噓以生氣，即能運動，其後世代相衍，肉身本於父母，而靈魂實賦自天主，則天主誠爲生人之大本，我儕皆爲天主之子類，肉身之父固宜孝養，靈魂之父不尤當敬事乎? 使脫耳不花知天父之生我，我儕世人惑聽魔言，反棄天父，而父事邪神，罪不容誅，亟宜棄非父之父，而認天父爲父，則以覓駱德之心，推而用於天地之大主宰，將見積財於天所，得者不僅指揮之遺資矣。故人爲之幸，吾轉爲之惜。《喻道傳》，上海美華書館，1863년，3面.

자 윌리엄 마틴이 이 작품을 창작한 본래의 취지라고 企眞子는 논평하고 있다. 《喻道傳》의 제1편은 "孝子尋父"의 이야기를 통해 사람은 반드시 우주만물의 조물주인 하나님을 찾아 공경해야 한다는 聖父論을 서술하고 있는 "喻道"故事인 것이다.

第2篇 〈蕩子歸親〉의 主人公 "狄生"은 관료가문 출신으로 부친은 將軍이었다. 狄生이 어려서 아버지가 별세하여 어머니가 엄격하게 교육을 시키고 집안을 다스렸다. 그러나 狄生은 어머니의 가르침을 따르지 않고 방탕무도하게 생활하며 절약할 줄 모르고 멋대로 돈을 탕진할 뿐만 아니라 집에서 몰래 돈을 훔쳐내어 재산을 낭비하였다. 모친이 이를 알고서 그의 잘못을 질책했지만 말을 듣지 않자 모친은 다시는 그를 보지 않겠다고 맹세하고서 狄生을 집에서 쫓아내었다. 狄生은 하는 수 없이 南美로 가서 장사를 하였고, 그 후 거부가 되어 타국에서 명성이 자자하게 되었다.

그는 20년이 지난 뒤 고향에 돌아와 어머니와 다시 재회하고 싶었지만 자신의 잘못 때문에 감히 집으로 찾아가지를 못했다. 어느 날 모친이 출타하여 들에서 말을 타고 가다가 놀란 말이 갑작스럽게 날뛰는 바람에 死境에 처하게 되었다. 그 때, 狄生은 위험을 무릅쓰고 날뛰는 말을 제압하여 모친을 구해주었고, 고맙게 생각하는 모친에게 자신이 바로 집에서 쫓겨난 아들임을 밝히게 되었다. 어머니는 감정이 북받쳐 올라 지난 일을 후회하였고, 모자가 얼싸 안고 얼굴을 비비며 재회를 기뻐하였다. 母子는 손을 맞잡고 함께 가마를 타고 집으로 돌아와 화목하게 살았다. 企眞子는 이 작품을 읽고서 느낀 바를 다음과 같이 평하였다.

나는 이 작품을 읽고 느낀 바가 있다. 天父가 나를 낳아주시고 나를 길러주셨는데, 나는 그 은혜에 보답할 것을 생각지 않고 도리어 天父를 노하게 하였으니 마땅히 쫓겨나야할 이유가 그 하나이다. 천부는 지존하시고 유일하신데, 내가 그 이름을 드러내게 할 수 없고 도리어 그 존귀함을 모독했으니 마땅히 쫓겨나야 할 또 한 가지 이유이다. 천부께서는 높은 것을 나에게 바라셨는데, 나는 下流에 머물러 그 바람을 안위하지 못하고 도리어 가르침을 어겼으니 마땅히 쫓겨나야할 또 한 가지 이유가 된다. 이미 쫓겨나서 천부의 생각이 바뀌기를 바라고 천부의 축복을 원하며 천부께서 나를 아들로 여기기를 구해서 내가 다시 천부를 모실 수 있게 된다면 오직 천부의 은혜에 보답하고, 천부의 이름을 드러내며, 천부의 바람을 위로하여 천부의 기쁨을 구할 뿐이다. 천부를 기쁘게 하려면 어떻게 해야 하나? 천부가 말씀하시기를 "너희는 불결한 자 가운데서 나와 따로 있고 그것에 가까이 하지 말라. 나는 너희를 영접하여 반드시 너희의 아버지가 되고 너희는 나의 자녀가 되리라."(《고린도후서》 제6장)[15] 사람들은 마땅히 狄生이 모친을 섬기는 마음으로 천부를 섬겨야 한다.[16]

15) 《喻道傳》 원문에는 《고린도후서》 제6장이라 표기되었는데, 해당 구절은 제6장 제17-18절이다.

16) 吾讀此, 而有感焉。天父生我、養我, 我不思報其恩, 而反干其怒, 則宜黜者此其一。天父至尊無對, 我不能顯其名, 而反褻其尊, 則宜黜者又其一。天父以上達望我, 而我自居於下流, 不能慰其望, 而反違其敎, 則宜黜者又其一。旣已被黜而欲天父之轉念, 望天父之祝福, 求天父認我爲子, 而使我復得乎天父, 則惟有報天父之恩, 顯天父之名, 慰天父之望, 以求天父之悅而已。悅天父, 奈何? 天父曰: 爾出不潔者中, 自爲樹立, 不近於彼, 吾則納爾, 吾必爲爾父, 爾爲我子女也。見《哥林多後書》 第六章 人其廣狄生事母之心, 以事天父哉。《喻道傳》, 6-7面.

작자는 狄生이 모친의 훈계를 듣지 않고 방탕하게 가산을 탕진하다가 집안에서 축출당한 사건을 아담과 하와가 하나님에게 득죄하여 하나님과 인간 사이가 소원하게 된 사건에 비유하고 있는데, 평자 企眞子는 쫓겨나야 하는 이유를 세 가지로 귀납하여 설명하고 있다. 첫째, 天父께서 나를 지으시고 양육하셨으나 내가 그 은혜에 보답할 것을 생각지 않고 도리어 그를 노하게 만들었다. 두 번째, 天父는 至尊唯一하신데 내가 그 이름을 기릴 수 없고 도리어 존귀함을 욕되게 하였다. 세 번째, 天父는 上級으로 내게 바라셨는데 나는 스스로 下流에 처하여 그의 바람에 부합하지 못했고 도리어 가르침을 거슬렀다. 만일 이전의 죄를 회개하고 天父의 품으로 돌아온다면 천부는 기쁘게 자녀로 영접하고 "父子有親"의 원래 관계를 회복하게 될 것이라고 말하고 있다.

제2편의 작중에 나오는 嚴母는 天父를, 蕩子 狄生은 조물주 하나님을 모르고 죄를 짓다가 자신의 죄를 회개하고 개과천선한 크리스챤을 가리킨다. 이 작품은 인간이 죄를 회개하고 돌아오면 하나님께서는 자녀로 기쁘게 받아 주신다는 것을 비유로 표현하면서 죄를 회개하고 하나님께 돌아와야만 비로소 하나님과 사람 사이의 친밀한 관계가 회복될 수 있다고 설명하고 있다. 작중에서는 하나님을 줄곧 "天父"라고 지칭하고 있는데, 이는 19세기 후기 중국에서 《성경》 번역상의 호칭문제로 기독교의 교파 간에 분쟁이 야기되었을 때, 하나님에 대한 호칭은 천주교와 개신교 사이에 가장 명확한 입장 차이를 드러낸 어휘였다. 19세기 후반부터 개신교에서는 하나님의 호칭으로 "天父"라는 명칭을 전혀 쓰지 않았다. 그런데 작자 윌리엄 마틴이 이 작품 중에서 줄곧 하나님을 "天父"라고 지칭하는 것은 아주 예외적인 경우라고 할 수 있는데, 《喻

道傳》의 창작과 서술방식이 천주교와 매우 밀접한 관계를 갖고 있음을 단적으로 보여주고 있다.

第3篇 〈仁慈徧覆〉은 어떤 남방 국가의 사건을 서술하고 있다. 남방에 한 군주가 있어 나라를 통일하여 東西로 나누고 수도를 東土에 세웠다. 임금은 내심으로는 백성들을 끔찍이 사랑하지만 禁令은 대단히 엄격하게 시행하였다. 西土의 백성들은 수도와 거리가 멀고 때때로 性情이 완악해져서 國法을 준수하지 않거나 금령을 거역하곤 하다가 결국에는 대대적으로 반란을 일으켰다. 西土의 지방관은 임금에게 군사를 파병하여 이들을 진압해 줄 것을 주청하였지만 임금은 사랑으로 그들을 감화시키고 싶어서 太子를 서토에 파견하여 그들을 다스리게 하였다.

태자는 임금의 御旨를 받들고 서토에 가서 백성들에게 두루 격문을 돌려 반란을 그만두고 나라에 투항할 것을 권유하였다. 그러나 叛民들은 도리어 태자를 모살하려고 계획하였다. 태자는 그들의 의도를 간파한 뒤에 이렇게 말하였다. "그대들이 나를 죽이려한다는 것을 나는 물론 알고 있다. 그러나 내 한 몸이 죽어 천 만인이 구함을 얻는다면 비록 죽임을 당한다고 해도 어떻겠는가? 내가 살해된 뒤에 피살당한 이유를 여러 叛民들에게 공포하여 내가 피살될 것을 알면서도 반민들이 살해되는 것을 참을 수가 없어 스스로 피살되는 것을 감내했다는 사실을 알도록 하여 반민들이 감화를 받게 된다면 나는 마음의 위로를 받을 수 있을 것이다. 내가 비록 권세가 없는 것은 아니지만 특별히 父皇의 御旨를 준수하면서 백성들을 해치고 싶지는 않을 따름이다.[17]" 반역한 西

17) 衆欲殺我，我固知之。但殺我一人，而千萬人得救，雖殺，何妨? 我願遭害之後，將我被殺之由，曉喻諸叛民，俾知我之被殺爲不忍殺爾等故，使之感化，

土의 백성들은 결국 태자를 살해하였는데, 나중에 태자의 뜻대로 그들에게 사건의 전말을 상세하게 알려 주었다. 반민들은 이 사실을 알고 나서 모두 회개하였고 임금에게 투항한 뒤, 복명하였다. 임금은 그들의 죄상을 크게 사면해 주었고, 태자의 유지 때문에 각별하게 은혜를 베풀어 주었다. 이 작품 속의 太子는 바로 인류의 죄를 대속하기 위해 십자가에서 피 흘려 고난을 당한 예수 그리스도를 상징하고 있음을 알 수 있다. 이 때문에 企眞子는 다음과 같이 논평하고 있다.

> 예수께서는 天父께서 萬民을 두루 사랑하시어 그들이 죽임 당하는 것을 원치 않으시지만 죽이지 않을 수 없음을 아시고 육신을 입고 세상에 降生하사 인류를 대신하여 속죄하기 위해 십자가에 못박혀 죽으심으로 인류를 죄에서 구원하셨다. 유태인들은 스스로 존귀하다고 믿고서 예수를 구주로 인정치 않아 결국은 주륙을 당하였고 도리어 외방의 패역한 백성들은 죄를 회개하고 개과천선하여 예수를 믿음으로 구원을 얻었다. 그리하여 천부의 인애하신 마음과 예수의 자비하신 생각은 千萬世에 영원히 계속되고 바뀌지 않을 것이라! 남방의 태자는 예수께서 만민을 구원하시려한 그 뜻을 가지고 있는 바이다.[18]

작자는 人事로 天理를 서술하고 있는데, 주로 獨生子 예수를 이 세상

則我心得慰。我非無權勢，特遵皇父旨，不欲荼毒生靈耳。《喻道傳》，8面.

18) 耶穌知天父之偏愛庶民，不忍加誅，而又不得不誅。於是以肉身降世，代民贖罪，釘死十字架，普救萬世人。猶太人自恃尊貴，不認耶穌，竟遭誅戮，反使外邦違逆之民，悔改自新，藉耶穌以得救。而天父仁愛之心，耶穌慈悲之念，遂永存於千萬世而弗替。 南方之太子，其有合耶穌拯救庶民之旨歟。《喻道傳》，8-9面.

에 강생시키신 天父 하나님과 십자가에 달려 고난을 받으며 인류의 죄를 대속하신 聖子 예수 그리스도의 萬民에 대한 지극한 사랑을 남방 군주와 태자의 이야기를 통해 寓話的으로 표현하고 있다. 企眞子의 평론은 바로 작가의 은유적 서술기법을 일일이 기독교의 代贖사건과 대비시켜 독자에게 기독교의 교리를 손쉽게 이해하도록 만들었다. 만일 企眞子의 평론이 없었다면 이 작품에서 전달하려는 독생자 예수의 代贖 주제를 이해하는 데는 다소 한계가 있을 것이다.

第4篇 〈恩義兩全〉에서는 그리스의 어떤 작은 나라에서 일어난 사건을 서술하고 있다. 그리스의 小國 루오지(羅吉)에는 淫風이 流行하여 임금님이 禁令을 내렸다. 만일 법을 어기는 자는 두 눈을 도려내고 절대 죄를 사면해주지 않겠다는 준엄한 금지령을 공표하였다. 그런데 태자가 음풍을 범하다가 사람들에게 발각되어 체포되었고 감옥에 갇히게 되었다. 임금님은 進退兩難의 곤경에 처하여 어찌 할 바를 모르며 寢食을 전폐한 채, 고심하게 되었다. 그는 태자를 재판하는 자리에서, 자신이 공포한 법에 따라 준엄하게 판결을 내렸다. 바로 임금님 자신의 눈을 하나 도려내고 태자의 눈도 하나 도려내라는 판결이었다. 태자는 자신의 잘못을 크게 통회하고 완전히 바뀌었는데, 나중에 왕위를 계승하여 훌륭한 明君이 되었다. 企眞子는 작품의 말미에서 다음과 같이 논평하였다.

> 천하에 아들을 사랑하지 않는 아비는 없으니, 자식이 죄를 지어 아비가 그 형벌을 대신 받았는데, 그 뒤에 아들이 잘못을 진심으로 뉘우치고 회개한다면 아비는 아들을 다시 얻은 것이다. 사람들은 자

> 식이 이전의 잘못을 고쳤음을 알고, 그 아버지의 마음 씀씀이가 얼마나 깊고 고통스러웠는지도 알 것이다. 지금 天父께서 인류를 창조하여 사랑하는 아들로 삼으셨는데, 사람이 죄를 지어서 만일 公義에 따라 天刑을 가한다면 이는 은혜를 손상하는 것이고, 만일 사사로운 은혜로 완전히 사면해 준다면 이는 義를 해치는 것이다. 그리하여 하나님이 육신을 입고 이 세상에 강생하시어 이름을 예수라 하시고는, 고난을 당하여 億兆 蒼生을 구원하셨으니 인애가 지극하시고 의리를 이룬 것이라 실로 만부득이한 苦心인 것이다. 사람들은 이미 죄에서 깨끗하게 씻김을 당해, 그 크신 은혜에 보답할 길이 없으니, 만일 그들이 완악하여 변화되지 않는다면 천벌을 면키 어려울 것이니, 天父께서 버린 것이 아니고 사람들이 스스로 끊은 것이다. 오호라![19]

第5篇 〈苦海遠離〉에서는 미국 이리호의 나이아가라 강에서 있었던 이야기를 서술하고 있다. 작은 배가 나이아가라 강위에서 뱃놀이를 하며 행락을 즐기다가 갑자기 급류를 만나 조난을 당하였다. 배위의 사람들은 성령께서 직접 강림하시어 절벽 위로 떨어질 위기에 처한 배를 구해달라고 하나님께 간절히 기도를 드렸다. 기도를 마치자 삽시간에 東風이 크게 일고 파도가 하늘까지 높이 치솟았고, 뱃사공이 급히 돛을 높이 돋우어 바람을 타고 상류로 거슬러 올라가 순식간에 몇 리를 나아

19) 天下無不愛子之父，子罹於罪，父受其刑，迨其後子能悔過，而父得令子，人知子之克改前非，其亦知乃父之用心爲良苦乎。今天父創造人類，視爲愛子，人旣獲罪，若仗公義而卽行天討，是爲賊恩，若因私恩而概行赦免，是爲害義，於是化身降世，名爲耶穌，以受痛苦，以救億兆，仁至義盡，實萬不得已之苦心也。人卽祓濯自新，已莫報鴻恩，於萬一彼頑梗不化，難免天誅者，非天父之見棄，實斯人之自絕矣。噫!《喩道傳》，10面.

가게 되어 마침내 배는 위험에서 벗어나게 되었다. 배에 타고 있던 사람들은 집에 돌아간 뒤, 神風에 감격하여 더욱 돈독하게 신앙생활을 하였고, 이 사건의 전말을 신문에 게재하여 타향에서 온 뱃사공들이 이러한 전철을 다시는 밟지 않도록 하였다고 한다.

제1편과 제2편은 모두 조물주 聖父 하나님의 실존하심과 인간에 대한 사랑을 서술하고 있고, 제3편과 제4편은 인류의 죄를 대속하신 聖子 예수 그리스도의 십자가의 고난과 사랑을 비유로 서술한 것이며, 제5편은 폭포 아래로 떨어질 위험에서 벗어난 작은 배의 故事를 통해 역사하시는 성령의 실존과 보우하심을 설명하고 있다. 바로 이 작품집의 앞 5편은 성부·성자·성령의 三位一體論을 순차적으로 서술한 것으로 모두 "人事"를 가지고 "天理"를 비유한 이야기인데, 여기서의 天理란 바로 기독교의 三位一體論을 가리키고 있다.

그리고 처음 두 편은 모두 孝道를 주제로 하였는데, 父子之間과 母子之間이란 至親關係를 가지고, 공의로우며 세상 사람들을 두루 사랑하는 聖父 하나님의 사랑을 비유로 설명하고 있다. 부모에 대한 효도는 전통 儒家社會의 가장 중요한 덕목인데, 제1편 故事는 부자지간의 혈연관계를 강조하면서 인간은 만물의 창조주이신 하나님을 육신의 아버지처럼 마땅히 공경해야 한다고 묘사하고 있다. 제2편의 작품은 嚴母의 형상으로 聖父 하나님의 公義를 형용하고 있는데, 이 두 편의 이야기는 표면상으로는 孝親의 주제를 서술하고 있지만 사실은 모두 儒家의 윤리 관념을 빌려다 기독교의 神觀을 설명하는 것으로 작자는 은연중에 유가의 도덕관념과 기독교의 교리가 서로 합치된다는 사실을 설명하고 있다. 이러한 전통 유가사상으로 기독교의 교리를 표현하는 서사방식은 중국인들로 하여금 거부감 없이 외래종교인 기독교의 교리를 쉽게 받아들이게 하여 외래종교를 거부하는 배타적인 정서를 완화시키고자 한 것이다.

제4절 《喻道傳》의 夢境 運用手法과 서술방식

《喻道傳》의 16篇 故事 중에서 다섯 편의 作品은 夢境의 出入을 통해 작품을 전개시키고 있지만, 夢境의 묘사방식과 운용수법은 각 편마다 모두 다르게 표현되었다. 작자는 夢境의 묘사를 적절하게 사용하여 몽롱하고 허황되며 盲目的인 現實世界와 鮮明한 對比를 이루도록 하였으며, 이를 통해 天理의 覺醒이란 주제를 절묘하게 표현하고 있다. 〈至老知非〉의 주인공인 "젊은이(少年)"는 음력 섣달 그믐날 타지로 여행을 하다가 우연히 시골의 폐허가 된 정원에 유숙하면서 잠이 들어 꿈을 꾸게 되었다. 꿈속에서 세월이 지나 늙어버렸고 숨이 끊어져 죽은 뒤, 묘지에 매장되고 나서야 비로소 人生의 無常함을 깨닫게 되었다. 이 이야기의 시작부분에서는 入夢한다는 어떤 언급도 없이, 단지 주인공이 낡고 허름한 타지의 廢家에서 섣달 그믐날, 쓸쓸하게 유숙하고 있는 초라한 자신의 신세를 한탄하다가 갑자기 늙어빠진 노인으로 변해있는 자신을 발견하게 된다.

> 생각지 않게 노쇠해 버렸는데, 창밖을 바라보니 주먹만한 눈송이가 바람에 따라 휘날리고 수목들은 모두 벌거벗은 채 쓸쓸히 서 있

으며, 멀리 산자락은 푸르른 기운이라고는 전혀 없구나. 자신을 돌아보니 늙어서 머리카락과 귀밑머리는 성글고 거의 내리는 눈과 같이 희기만 한 데 이 해도 어느덧 다 지나가 버렸구나.[20]

그리하여 그는 자신의 일생을 回顧해 보고는 悲感이 교차하여 獨白으로 울분을 토로하였다. 바로 그 때에 자신이 귀신으로 변하여 새로 만든 무덤에 들어가고 있는 것을 직접 목도하게 되었다. 그는 자신도 모르게 放聲大哭하며 부르짖었다. "귀신이 다른 사람이 아니라 바로 나로구나! 내가 오늘 이 지경이 되었구나. 그러나 이미 돌이킬 수 없게 되었으니 어찌 하겠는가?"[21] 그는 무릎을 꿇고 앉아 하나님께 간절히 기도를 드렸다. 만일 지나간 세월을 그에게 다시 돌려준다면 촌음을 아끼고 결코 낭비하지 않겠다고 맹세하였다. 그 때에 "당상의 시계가 자정을 알리는 소리를 듣고는 갑자기 놀라 깨어나서 비로소 꿈이라는 것을 알게 되었다. 자신이 노인이 되었고, 귀신이 되었다고 스스로 의심이 들어 거울을 가져다 살펴보니 자신은 여전히 20여 세의 젊은이였다."[22] 당상의 종소리를 듣고 놀라 깨어난 주인공은 꿈을 꾸었다는 사실을 알고는 夢境을 다시 회상해 보면서 일희일비하며 꿈속의 사건을 하나하나 숙고해 보았다. 그 후 그는 완전히 一新하여 확고한 의지를 가지고 사업에 정진하여 세상에 명성을 날리게 되었다.

---

20) 居然衰老, 見窗外雪花如拳, 隨風飄颺, 群木脫赤, 遠山失靑, 自顧煢煢一老, 鬢髮蕭疎, 幾如此雪, 年已垂暮。《喩道傳》, 19面.

21) 鬼, 非他, 卽我也。吾今日乃至此乎。然已挽救莫及, 可奈何?《喩道傳》, 19面.

22) 唯聞堂上鐘漏, 響徹中宵, 忽然警覺, 方知是夢, 猶自疑己之爲鬼、爲老人, 而擧鏡審視, 竟依然二十來許一少年人也。《喩道傳》, 20面.

이 작품은 주로 주인공의 심리활동을 통해 스토리를 전개시키고 있는데, 시작 부분에서는 주인공 젊은이가 사방이 적막하고 아무 인기척도 없는 시골의 황폐한 정원에서 고독하고 쓸쓸한 심정으로 혼자 세모의 스산한 밤을 보내고 있는 장면이 세밀하게 묘사되었다. 그리고나서 작자는 주인공의 두 차례에 걸친 독백을 통해 인생에 대한 노인의 감회와 귀신이 되어 묘지로 들어가는 비탄한 심정, 그리고 하나님께 드리는 간절한 기도를 서술하고 있다. 작품 후반부에 나오는 꿈에서 깨어난 뒤의 서술관점은 주인공 "나"의 시각으로 바뀌어 서술되다가 마지막 결말 부분에서는 처음의 시작 부분과 마찬가지로 다시 전지적 관점의 서술인이 서술을 하고 있다. 이 때문에 이 작품의 스토리 전개에 있어서 夢境의 역할은 그다지 중요하지는 않지만 갑자기 노인으로 변해버린 자신의 變化와 귀신이 되어 묘지에 들어가는 비현실적인 장면, 그리고 꿈에서 깨어난 뒤 주인공의 회상 등 각각의 사건에 대해서는 서로를 연결시켜주는 연결고리 역할을 하고 있다. 夢境의 前과 後에는 세월이 총총히 흘러가 버렸다는 주인공의 감회가 서술되어 있다. 꿈속에서는 두 차례에 걸친 주인공의 독백과 주인공과 하나님의 대화가 들어있어 이 작품을 회상하면서 自省하는 勸戒心理小說로 만들어 버렸다.

그런데 어떤 작품은 夢境과 현실을 하나하나 대비시켜 작품의 주제를 확연하게 표현하고 있다. 바꿔 말하면 꿈속의 환상을 구체적인 意象으로 해석하여 전후가 대칭이 되는 선명한 對比技法으로 꿈속의 人事를 설명하고 있다. 예를 들면, 〈宜愼其習〉의 앞부분에는 入夢에 관한 기술이 없이, "山中長者"의 遺記를 빌어 夢境을 서술하고 있다.

서방의 어떤 섬에 후덕한 노인이 살았는데, 임종한 뒤에 그의 遺稿를 수습하다가 한 가지 기록을 발견하였다. 그 기록에 이르기를 "전에 내가 여행을 갔는데, ……童子 몇 사람이 흰 옷을 입고 거기에서 신나게 놀고 있었고 전혀 거리낌이 없었다. 남녀 두 사람이 그들을 돌보고 인도하는데, 한 사람은 엄격하고 한 사람은 자애로웠다. 동자들을 거느리고 정원에서 놀다가 산기슭까지 이르니, 멀리 산상의 明宮이 보였다. 여러 동자들이 그 곳으로 가고자 하나 어떻게 가야할 지를 몰랐다. 갑자기 한 백발노인이 낭하에 앉아있는 것이 보였고, 그가 앉은 곳에 방문이 붙어 있는데 "잃은 길을 알려준다."고 써 있었다. 두 사람은 인사를 올리고 나아가 말했다. "저희들이 산상의 明宮으로 가고자 하는데 길이 여러 갈래로 복잡하게 나뉘어지니, 인도해 주시기를 바랍니다." 노인은 그 뜻의 진실함을 보고는 기쁘게 응락하였다. 두 사람이 돌아가자 노인은 정색을 하고 여러 동자들에게 분부하였다. "너희들은 무지하기 때문에 멋대로 노는 것을 허락지 않는다. 만일 잘못 길을 가면 그 해로움은 이루 말로 형용할 수 없다." 동자들은 믿지를 못하였다. 노인이 말하기를 "나는 입산한 지 오래 되었다. 너희가 믿지 못하면 길가에 마실(삼베(麻)로 만든 실)이 있어 사람에게 도움을 줄 수도 있고 害가 될 수도 있는데, 붉거나 혹은 검은 색이 있어, 스스로 선택할 수 있다. "……노인이 많은 마실 중에서 붉은 것을 골라 동자들을 불러 알려주었다. "비록 마실이지만 힘이 매우 대단하다. 너희가 믿지 못하겠거든 이것을 따라가면 된다. 하지만 검은 마실이 오면 반드시 거절하고 가까이 하지 말아라. 나도 너희와 같이 가겠다." 여러 동자들이 잠시 그의 명을 준수하여 그를 따라서 갔다. 붉은 마실은 바로 紅絲를 동자의 팔에 묶어주어 끌고 가는 것 같았다. 그 중에 두 명의 동자가 입을 막고 미소를 띠며 이 실 한 가닥의 힘이 어찌 사람을 도울 수 있겠는가 하

는 무시하는 마음이 생겼는데, 검은 마실은 이 틈을 타서 유혹하였고 그들은 그 뒤를 따라갔다.[23]

그러나 주인공은 꿈에서 깨어난 뒤에 "저녁 때 꿈에서 깨어나서야 비로소 이 산에서 쉬다가 꿈을 꾸었다는 것을 알았는데, 꿈속을 회상해보니 그대로 재현되었다."라고 술회하였다. 하지만 꿈속에 본 것이 무엇을 의미하는지 몰라서 책상에 엎드려 곰곰이 생각해보다가 결국 그 중에 담겨 있는 寓意를 깨닫게 되었다. 그리하여 주인공은 이를 하나하나 해석 설명하고 있다. "산상은 바로 천상이고, 산 아래는 바로 세상이다. 동자는 인간들을 지칭하는데, 흰옷은 이들이 아직 세속에 더럽혀지지 않았음을 의미한다. 동자를 관리하고 이끄는 사람은 父母이다. 동자를 지도하여 데려가는 사람은 스승이다. 지식을 점점 익히면 선악의 습관이 이로부터 물드는데, 이것이 붉은 마실과 검은 마실의 유래가 된다.

23) 西方島上, 有一山中, 有厚德長者, 臨終後, 撿其遺稿, 曾於稿中得一記曰: "囊吾遊歷,……有童子數人, 身著白衣, 嬉戲其中, 毫無猜忌。有男女二人管領之, 一嚴、一慈, 率童子在園中遊玩。至山麓, 遙見山上明宮, 諸童欲就之, 莫知所適。忽見一白髮老叟坐廊下, 榜其居曰: '指迷。' 二人起敬就之曰: '兒輩欲赴山上明宮, 恐岐途錯雜, 敢望指引。' 叟見其意誠, 欣然允諾。二人退, 叟卽正容論諸童子曰: '爾輩無知, 毋許任意遊玩, 若一經錯走, 害有不可言者。' 童子以爲妄也。叟曰: '吾入山久矣。爾若不信, 且視路旁有么麼者, 能助人, 亦能累人, 或紅或黑, 任人自擇。' 童子曰: '旣屬么麼其助也, 幾何? 其累也, 又幾何?' 叟於諸么麼中, 擇其紅者, 招童子而告之曰: '雖屬么麼, 其力甚大, 爾不信, 蓋隨之而行, 但須記黑么麼來, 必却之, 勿使近, 吾亦偕爾。' 衆童子姑遵其命, 從之去, 紅么麼卽以紅絲繫童臂, 作牽引狀。內有二童子, 掩口微笑, 以爲此一絲之力, 豈能助人, 有渺視心, 黑么麼欲乘閒而誘之, 遂隨其後。"《喻道傳》, 27-28面.

선을 익히면 어려움에서 쉬운 데에 이르고, 악을 익히면 편안한 데 안주하다가 위험하다는 생각을 잊어버려 처음에는 띄엄띄엄 있다가 계속하게 되면 아주 멀어져 버리게 되니, 비록 실 한 가닥의 미미함이지만 점점 계속되면 天鈞의 힘[24]을 갖게 된다. 사람이 만일 선을 버리고 악의 길로 나아가면 바로 함정에 떨어지는 것과 같아서 구원을 얻을 수가 없다. 비록 金甲神이 있다 해도 어찌하겠는가? 습관들이는 것을 삼가지 않을 수 없다! 나는 동자가 되는 사람들을 위해 警戒하고 勸勉하기를 바란다."[25]

주인공 "나"는 꿈속의 등장인물과 두 가지 마실이 가리키는 것을 하나하나 풀어서 그 의미를 설명해 주었다. 인간이 태어나 부모에게 양육되고 스승에게 배워서 성장하는 과정을 산 아래에서 산상을 향해 나아가는 과정으로 비유하였고, 살아가면서 선악을 분별하고 대처하는 것을 홍마와 흑마를 선택하여 나아가는 것으로 비유하면서 두 가지 다른 선택이 완전히 인생을 다른 길로 나아가게 한다고 해석하고 있다. 작자는 짧은 이야기에 담긴 寓意를 독자들에게 바로 알려주기 위해 주인공의 해몽을 통해 夢境 속에서 指示하는 의미를 일일이 대비하여 설명하고 있다.

24) 鈞은 30斤을 이르는 매우 무거운 重量을 지칭한다. 千鈞은 3,000근이며 매우 무거운 것을 의미한다.

25) 乃知山上, 卽天上也。山下, 卽世間也。童子指凡民, 白衣者, 以其未染汚俗耳。管領童子者, 爲父母。指引童子者, 爲師傅。智識漸開, 善惡之習, 由此而染, 此紅、黑么麽之所由來也。習於善, 自難而至易, 習於惡, 苟安而忘危, 初則幾希, 繼而甚遠, 雖一絲之微, 亦漸而有千鈞之力。人若去善就惡, 一落坎陷, 難以得救。雖有金甲神, 亦無如之何矣。習其可不愼哉。吾願爲童子者, 戒之, 勉之。《喩道傳》, 29面.

제14편 〈預防死期〉에서는 꿈속에서 갑자기 강위에 놓여 있는 이상한 돌다리를 보게 된다. 흉흉한 물결이 넘실거리며 흐르는 양자강 위에 다리 하나가 놓여있는데, 이 "돌다리는 길이가 수십 丈이나 되었고, 다리 위에는 백여 개의 구멍이 나있으며, 양편에는 雲霧가 끼어있는 것 같이 희미하게 가려져 있어 다리를 알아볼 수가 없었다. 게다가 행인이 대단히 많았는데 다리를 향하여 오는 사람은 있어도 건너가는 사람이 없어, 마음 속으로 이상하게 생각하였다. 이미 행인들이 실족하여 다리 위에서 물속으로 떨어지는 데도 전후로 끊임없이 다리 위로 오고 있었다."[26] 문득 잠에서 깨어나 꿈을 꾼 것을 알고는 오랫동안 정신을 가다듬고 곰곰이 꿈속의 정경을 생각해보았다.

> 세간에서는 저승에 奈何橋라는 것이 있다고 하더니 그 말은 실로 허망한 것이지만 인생이 세상을 살아가는 것은 마치 다리를 건너는 것과 같아서 이 의미는 스스로 증명되는 것이다. 다리에 백 여 개의 구멍이 나 있는 것은 마치 사람이 백 여 살을 사는 것과 같다. 여기서 구멍에 빠지는 시간의 전후가 다른 것은 사람이 어려서 요절하거나 혹은 장년이 되어 죽거나 혹은 늙어서 죽는 등 각기 다르기 때문이다. 천사는 구원자이다. 산상은 천당이다.[27]

주인공 "泰西士人"은 夢中의 喻象을 하나하나 해석하고 있는데, 다리

26) 石橋長數十丈, 百有餘洞, 兩旁若有雲霧, 遮掩摸糊, 不可認橋, 但行人甚多, 有來無往。心竊異之, 旣見行人失足墮水, 前後相繼不絕。《喻道傳》, 33面.

27) 俗謂陰間有奈何橋者, 其說固屬虛妄, 而人生度世, 如度橋, 斯意自可明證, 橋有百餘洞, 猶人有百餘歲也。溺之先後不一者, 喻人之死或幼而殤, 或壯而卒, 或老而終之不一也。天使, 救者也。山上, 天堂也。《喻道傳》, 34面.

를 건너는 사건을 사람의 일생으로 비유한 이야기의 전말을 일일이 설명해 주어 비유된 사건의 우의를 완전히 드러나게 하였다. 위에서 논의했던 〈分陰當惜〉도 마찬가지의 解夢方式을 사용하여 주인공이 꿈에서 깨어나 몽중의 각종 人物과 事象을 하나하나 대조하여 설명해 주었다. 이런 해몽방식으로 전달하는 의미와 주제는 완전히 드러나게 되었고, 독자들에게 선명하고도 강력한 인상을 갖게 하였다.

제2부

清末 中文基督教小說의 번역과 전파 및 서술특성

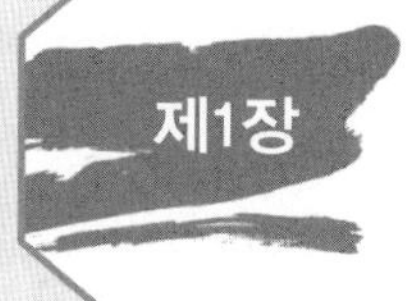

제1장 基督教 寓言翻譯小說《紅侏儒傳》

제1절 《紅侏儒傳》과 역자 그리휘트 존

《紅侏儒傳》은 영국작가 마크 피얼스(Mark Guy Pearse, 馬皆璧, 1842-1930)의 英文寓言小說 *The Terrible Red Dwarf*를 중국어로 번역한 번역소설이다. 原著 *The Terrible Red Dwarf*는 1880년 영국 런던의 Wesleyan Conference Society에서 출판되었는데, 이를 그리휘트 존이 淺文理文[1])으로 번역하여 1882년 漢口聖教書局에서 간행하였다. 작자 마

---

1) '文理(wenli)'란 어휘는 19세기 中國에 있는 서양 기독교선교사들이 '文言'을 지칭하는 말인데, 중국인들은 이 어휘를 사용한 적이 없었다. 在中기독교선교사들이 지칭하는 '深文理'는 文言을 가리키며, '淺文理'는 비교적 쉽고 口語에 가까운 文言을 지칭하는데, 일종의 文言과 官話 사이에 있는 문체를 가리킨다. 麥金華 著,《大英聖書公會與官話《和合本》聖經翻譯》, 홍콩 基督教中國宗教文化研究社, 2010年, 1-2쪽과 尤思德(Jost Oliver Zetzsche) 著·蔡錦圖 譯,《和合本與中文聖經翻譯》, 홍콩 國際聖經協會, 2002年, 155쪽 참조. 그리휘트 존은 상당수의 기독교저작을 '淺文理'로 찬술하였는데,《引家當道》,《眞理八篇》,《德惠入門》 등이 대표적인 저작이며,《聖經》의 中譯本 중에서는 최초로《楊格非新約全書》를 1885년 淺文理로 번역하여 중하급 문인도 읽을 수 있는 中譯聖經을 출판하였다.

크 피얼스는 영국 웨슬리 감리회(The Wesleyan Methodist Missionary Society)[2]의 목사이자 작가인데, 《하나님의 사자 엘리야 *Elijah, the Man of God*》(1891), 《예수 그리스도의 고결함 *The Gentleness of Jesus*》(1898), 《로마 군인의 이야기 *The Story of a Roman Soldier*》 (1899) 등의 기독교 관련 저작을 발표하였다.

《紅侏儒傳》은 1882년 《萬國公報》에 두 차례에 걸쳐 연재되었으며[3], "大英 楊格非著 金陵 沈子星書"라고 표제되었는데, 그 해에 漢口聖教書局에서 단행본으로 출판되었다. 1889년에 재판되었고, 1939년까지 발행되었다.[4] 《紅侏儒傳》은 서방선교사와 중국인 작가가 공역한 작품으로 영국 런던선교회의 선교사 그리휘트 존(Griffith John, 楊格非, 1832-1912)이 口譯하고 沈子星이 筆述한 基督教 寓言翻譯小說이다.

그리휘트 존은 1831년 영국 웨일스의 스완시(Swansea)에서 태어나서 1855년 런던선교회의 선교사로 중국에 파견되어 來華 초기에는 주로 上海에서 전도활동을 하다가 1861년 漢口로 가서 華中地方의 기독교선교사업을 시작하여 수많은 교회와 교육 출판사업을 개척하였는데, 57년

2) K. S. Latourette, *A History of Christian Mission in China*, New York: The Macmillan Company, 1929, p.206 참조. 이 선교회는 1813년 10월 영국에서 조직되었으며, 중국명은 "循道會"라 하는데, 영국 침례회와 런던선교회에 이어 세 번째로 설립된 해외선교회이다. 李志剛 著, 《基督教早期在華傳教史》, 臺灣商務印書館, 1985년, 88쪽 참고.

3) 첫 번째는 1882년 11월 18일자에 第1~第3段이 게재되었고, 두 번째는 1882년 12월 2일자에 第4段이 게재되었다. 林樂知 主編, 《萬國公報》, 臺北: 華文書局, 1968年, 第15册 9481-9484, 9499-9503쪽 참조.

4) 廣協書局總發行所 編, 《中華全國基督教出版物檢查册》, 上海: 廣協書局總發行所, 1939년, 88쪽.

동안 華中地方에 거주하면서 기독교선교사업에 매진한 그는 "華中 宣敎의 아버지"라고 불리웠다. 1876년 "漢口聖敎書會(Hankow Tract Society, 혹은 漢口聖敎書局이라고도 부름)"를 창립하여 기독교 문서출판 활동을 주도하였는데, 1884년에는 "華中聖敎書會(Central China Religious Tract Society)"라고 개칭되었고, 그리휘트 존은 첫 번째 회장으로 취임하였다. 그는 대량의 선교책자를 저술했는데, 주요 저작으로는 《天路指明》(1862), 《訓子問答》(1864), 《耶穌聖敎問答》(1869), 《傳敎大旨》(1876), 《德惠入門》(1879), 《耶穌聖敎三字經》(1880), 《眞理八篇》(1880), 《引道三章》(1882), 《引家當道》(1882) 등이 있으며, 이들 작품은 漢口聖敎書會의 주요 출판물이 되었다.[5)]

沈子星은 江蘇省 金陵人(지금의 南京)으로 1825년에 태어나 1847년 22세에 秀才에 합격하였으며, 南京에서 敎師로 근무하였다. 나중에 上海에서 그리휘트 존에게 중국어를 가르쳤으며 이 때에 기독교에 귀의하였고 그 후 그리휘트 존을 따라 漢口로 가서 전도활동을 하였는데, 이후 20여 년 동안 그리휘트 존의 助手가 되어 존의 많은 저작을 필술하였다.[6)] 沈子星은 〈《引家當道》序文〉에서 자신의 신앙내력을 다음과 같이 피력하였다. "20여 년간 하나님의 은총을 입고 예수그리스도의 공로와 聖神의 감화를 받아 나는 《신구약성경》을 대략 이해할 수 있었고 매일같이 교회규칙을 힘써 지키며 어질고 훌륭한 목사, 친지들과 친하

5) *Catalogue of the Publications of the Hankow Religious Tract Society*, January 1883, Hankow: Hankow Religious Tract Society, 1883.

6) Patrick Hanan, *Chinese Christian Literature: The Writing Process*, Treasures of the Yenching, ed. Patrick Hanan, Cambridge: Harvard-Yenching Library, 2003, p.279.

게 지내게 되었는데, 그 후부터 지금의 나는 예전의 나와는 아주 다르게 바뀌어 버렸다."[7]라고 술회하였다. 그는 그리휘트 존의 전도로 기독교에 귀의한 뒤, 열심히 신앙생활을 하면서 존의 전도출판사업에 필술자로 참여하여 주요 저작의 간행에 직접 참여하였다.

본고는 19세기 후기의 대표적인 다산작가 그리휘트 존이 영국작가 마크 피얼스의 영문우언소설을 번역한 《紅侏儒傳》을 연구대상으로 19세기 서양소설의 中譯過程과 번역방식을 탐구하고자 한다. 19세기에 중국에 번역 소개된 서양문학작품들은 존 번연의 《天路歷程》을 제외하고는 원전과 원작자를 명시한 사례가 매우 드물고 중국어로 번역된 판본과 외국어 원문을 입수 조사하는 것은 더욱 어렵기 때문에 거의 연구가 되지 못하였다. 다행히 中譯本 《紅侏儒傳》은 현재 영국 옥스퍼드대학 도서관과 오스트레일리아 국립도서관에 초판본과 재판본이 소장되어 있으며, 필자가 원전인 마크 피얼스의 원본 *The Terrible Red Dwarf*를 영국에서 직접 입수하게 됨에 따라 그리휘트 존이 진행한 번역작업의 전모를 조사 분석할 수 있게 되었다. 본고는 이들 원본과 中譯本의 비교 분석을 통해 譯者가 번역·개사·재편·첨가·삭제·창작한 사례를 구체적으로 분석해보고, 이를 통해 19세기 서양소설의 중역과정과 번역방식 및 역자의 번역목적을 고찰해 보고자 한다.

7) "二十餘年, 蒙上帝之恩, 因耶穌之功, 賜聖神感化, 使余粗通《新舊約聖經》, 日日勉遵教規, 常親仁牧良朋, 而今吾遂異故吾矣。" 楊格非著·沈子星書, 《引家當道》, 漢口: 聖教書局, 1882年, 〈沈子星序〉.

제2절《紅侏儒傳》의 작품 개요와 譯者의 새로운 編輯構造

붉은 난장이라는 의미의 "紅侏儒"는 사람의 혀를 은유한 것으로《紅侏儒傳》은 유언비어의 해악을 서술한 基督教寓言小說이다. 1882년 漢口聖教書局에서 刊行된 初版本은 작품 正文 앞에 모두 5폭의 삽화가 실려 있고, 版心의 중앙에는 삽화의 題辭 다섯 구가 적혀있다. 1882년 초판본의 다섯 폭 삽화는 인물과 배경이 모두 서양의 사물로 그려져 있다. 이 작품은 전체가 4段으로 나뉘어 있는데, 4段의 段目은 다음과 같다.

第1段 紅侏儒와 그가 거주하는 동굴(論紅侏儒及其所居之洞)
第2段 紅侏儒의 부하들(論紅侏儒之役使)
第3段 紅侏儒가 어떤 마을에서 어떻게 행동하였나(論紅侏儒在某村所行如何)
第4段 紅侏儒가 마을에서 어떻게 제압되었나(論紅侏儒在村中如何被治服)

段目에 이어서 正文은 다음과 같이 서술자가 직접 등장하여 독자에게 사건을 기술하는 全知的 관점의 제3인칭 서술방식으로 이야기를 서술하고 있다.

중국은 옛날부터 전해지고 책에 실리는 일이 대단히 많지만 또한《紅侏儒傳》이 있는지는 모르겠다. 다만 이 紅侏儒(붉은 난장이)를 나는 서양에서 동양에 이르기까지 모두 만날 수가 있었다. 서양에서 이 紅侏儒의 평생 동안의 인품을 가장 잘 알고 있어 뒤에 대략적으로 기술하고자 한다. 중국인이 이 작품을 보면 그 紅侏儒가 어떤 者

인지를 알 수 있는데, 비단 외국에 있을 뿐만 아니라 중국에도 또한 있다는 사실을 알 수 있을 것이다.8)

紅侏儒(붉은 난장이)는 외모가 작고 영리하며 키는 몇 寸밖에 되지 않았고 奇巧한 동굴에 살고 있다. 이 동굴은 어둡고 나지막하며, 상아로 만든 문이 있는데 그 문밖에는 또 다른 문이 굳게 닫혀 있었다. 그는 각종 악행을 자행하고 다녔는데, 어떤 때는 동굴 문을 열고 나가 여러 집을 불태워버리거나 성 하나를 모두 불 질러 버렸고, 어떤 때는 한 나라를 전부 무너뜨리기도 하였다. 어떤 때는 수많은 도적이 이 동굴에서 슬그머니 나와 다른 사람의 금은보화를 빼앗아가기도 하였는데, 이런 갖가지 일들은 사람들에게 치유할 수 없는 극심한 고통을 안겨 주었다.

어떤 마을에서는 사람들마다 紅侏儒에게 해를 당해 모든 일이 뜻대로 되지 않았다. 紅侏儒에게 공격을 당하면 부부 사이에 의심을 하게 되었고, 친구들은 서로 반목하고 소원해져 버렸으며 이웃 사이에도 사이가 나빠져 원수지간이 되어버리기도 하는 등 근심걱정으로 나날을 보내지만 마을사람들은 그를 제압할 수가 없었다.

어느 날, 한 노인이 이웃마을에서 갑자기 기이한 책 한 권을 얻었는데, 이 책 속에는 奇妙한 말들이 가득 담겨있었고 게다가 紅侏儒에 대한 일도 적혀 있었다. 노인은 매일같이 이 책을 탐독하고 공부하여 지혜가 크게 늘어났다. 그리하여 마을사람들이 수시로 노인에게 가르침을

8) 中國自古以來，傳載之事甚多. 未知亦有紅侏儒傳否。惟此紅侏儒，余自西至東，皆得遇之。在西方，其生平之爲人，知之最悉，試畧述之於後。華人觀此，可知彼紅侏儒者，非但在外國有，中國亦有之矣。《紅侏儒傳》，漢口聖教書局，1882년, 오스트레일리아 국립도서관 소장본, 1面.

청해서 紅侏儒에 대처하는 묘책을 얻게 되었다. 노인의 지도 아래 마을 사람들은 紅侏儒의 박해를 벗어나서 부부 사이, 친구 사이가 다시 화목하게 되었으며, 紅侏儒까지도 설득을 시켜 그 후로는 더 이상 사람을 해치지 않게 되었다. 작품 말미에서는 노인이 얻은 奇書가 바로 《聖經》이고, 紅侏儒가 사람의 혀라는 사실을 밝히고 있다. 혀는 마음에 의해 움직이는데, 노인은 작품 말미에서 다음과 같이 紅侏儒에게 핍박을 받고 있는 木工을 지도하고 있다.

> 가장 고치기 어려운 것이 바로 사람의 마음인데, 사람의 힘으로 할 수 있는 일이 아닙니다. 하지만 사람은 할 수 없지만 하나님은 능치 않음이 없으시니 간구하면 반드시 허락해 주시지요. 《시편》 51편 10절에서 다윗왕이 하나님께 간절히 간구하여 말하기를 "하나님이시여! 나의 마음을 깨끗하고 바르게 하여 완전히 새롭게 하여 주소서!" 141편 3절에서 다윗은 또 하나님께 간구하기를 "하나님이시여! 제가 입을 조심하여 나오는 말을 예방하게 하소서." 목공이 이를 듣고 간절하게 말했다. "이것 역시 제 마음이 바라는 바입니다." 이 작품의 저술자 역시 간절하게 말하기를 "이것 역시 제 마음이 바라는 바입니다. 또한 이 작품을 읽는 사람들이 똑같이 이런 마음을 갖고, 이런 말을 간직하기를 간절히 바랍니다. 언어에 허물이 없는 사람은 덕을 갖춘 사람인지라 자신의 全身을 통제할 수 있습니다. 이것은 《聖經》에 기재된 말이라 지극히 진실되고 지극히 중요하니 각자가 세세하게 지켜야 합니다.[9]

9) 最難改者此心耳, 非人力所可爲。但人所不能, 上主無不能, 懇求之, 必皆允准, 觀《詩篇》五十一篇十節便知, 大闢王切求上主云: "上帝兮! 求使我心潔而正, 煥然一新!" 一百四十一篇三節大闢又求上帝云: "上帝兮! 求使我守口, 以

그리휘트 존은 비록 마크 피얼스의 영문소설[10]을 번역하였지만 자신이 독창적으로 변형 기술한 부분이 적지 않았다. 역자는 작품 말미의 跋文에서 이 작품을 번역하게 된 경위와 번역방식을 다음과 같이 밝히고 있다.

> 저는 이전에 서양에서 작은 포켓형 책자를 보았는데, 紅侏儒의 일을 기술한 것으로 마크 피얼스선생이 지은 작품이다. 의미는 완곡하고 깊으며 글은 유려하고도 명쾌해서 몇 번을 거듭 읽어보게 되었다. 이 책은 우리를 깊이 숙고하고 반성하게 만드는데, 1882년 9월, 이 작품을 중국어로 번역하였다. 그 중에 번잡한 것은 없애버리거나 혹은 아름다운 어휘로 윤색하여 새롭게 기술하면서 파란을 더하여서 원본보다 더 새로운 모습으로 서술하였고, 글자를 따라 또박또박 직역한 것은 아니다. 이 작품을 읽는 사람은 번역이라 해도 되고 저술이라 해도 되며, 절반은 번역이고 절반은 저술이라 해도 안 될 것은 없겠다. 종합해보면, 번역인지 저술인지를 물을 필요가 없으니, 나는 말 한 마디나 한 글자도 아주 조심스럽게 기술하였다.[11]

防所出之言兮。" 老人引經旣畢, 告木工曰: "我等亦當效大闢, 常求上主云: '使我心潔而正, 守口以防所出之言。'" 木工聞之, 切言曰: "此亦我心之所願也。" 著此篇者亦切言之曰: "此亦我心之所願也。亦深望閱此篇者, 同有是心, 同有是言也。言語無愆者, 是爲德備之人, 能約束其全身矣。此乃《聖經》所載之言, 至眞至要, 各宜細玩。"《紅侏儒傳》, 漢口聖教書局, 1882년, 10面.

10) 본문에서는 마크 피얼스(Mark Guy Pearse)의 *Short Stories, And Other Papers*(London: T. Woolmer, 1887)에 수록된 *The Terrible Red Dwarf*, 영국 대영도서관(British Library) 소장본, 1-27쪽을 근거로 하였다.

11) "余向在西國, 見一袖珍小本, 言紅侏儒之事, 乃馬皆璧先生所著, 意婉而深, 詞腴而正, 一再讀之, 發人猛省不少。壬午桂秋, 譯以中國文字, 其間或芟其冗煩, 或潤以華藻, 推陳出新, 翻波助瀾, 是脫胎於原本, 非按字謹譯也。閱是

19세기 개신교선교사들이 구미의 기독교소설을 中國語로 번역할 때에, 결코 原本에만 충실하지 않고 중국의 상황에 따라 유연하게 번역을 하였다. 그들의 번역작업은 "原語原本取向"방식에서 "譯語原本取向"방식으로 전환하여 중국어로 번역된 소설작품은 이미 중국문화의 한 부분이 되어버렸고, 중국문학과 서로 유기적인 관계를 갖게 되었으며 심지어는 중국문학의 발전에 직접적인 영향을 미치기도 하였다. 譯語의 문화와 종교환경, 번역목적 및 출판환경 등의 문화조건에 부합하기 위해서, 선교사 譯者들은 왕왕 原本에 대해 대대적으로 改寫하거나, 改編, 節錄, 重述 등의 서사조치를 취하였다. 이런 현상은 어떤 한 작품이나 혹은 어떤 한 역자에게만 나타난 것은 아니며, 19세기 기독교소설의 번역작업 중에서 쉽게 찾아볼 수 있는 일종의 보편적인 현상이 되어 버렸다. 《紅侏儒傳》의 역자 그리휘트 존은 영어 원본에는 없는 이야기를 의도적으로 작품 말미에 배치시켜 이 작품의 주제를 중국독자들에게 익숙한 방식으로 이해하도록 설정하였다. 역자는 작품이 끝난 뒤에 다시 출현하여 다음과 같이 기술하고 있다.

> 제1단에서 이르기를 "中國에도 《紅侏儒傳》이 있는지 여부는 모르겠습니다. 그 紅侏儒는 東西洋에 모두 있으며 紅侏儒의 性情과 거동 또한 모두 같습니다. 뒤에 모두가 읽을 수 있게 부록으로 일화 한 편을 수록하니 읽어 보십시오.[12)]

編者, 謂之譯可, 謂之著可, 謂之半譯半著亦無不可。總之, 不問是譯是著, 吾人於一話一言, 切宜愼之。" 楊格非 譯·沈子星 書, 《紅侏儒傳》, 漢鎭英漢書館鉛板印, 1899년, 오스트레일리아 國立圖書館 所藏本, 8面.

12) 首段云: "未知中國亦有《紅侏儒傳》否?" 彼紅侏儒, 中外皆有, 其性情擧動亦

역자는 이렇게 설명한 뒤에 바로 이어서 唐太宗의 典故를 기술하여 紅侏儒가 東西古今에 모두 존재하며 성격과 행동거지 또한 모두 동일하다는 것을 보여주고자 하였다. 서술자는 작품 결미에 한 편의 일화를 다음과 같이 소개하고 있다.

> 唐太宗이 許敬宗에게 질의하셨다. "짐이 볼 때에 群臣 중에서 卿이 가장 현명하다고 생각하는데, 그렇지 않다고 하는 자도 있는 것은 무엇 때문이요?"
>
> 許敬宗이 말하기를 "봄비는 기름과 같아서 농민들은 땅을 적셔주는 은택을 기뻐하지만 길을 가는 행인들은 옷이 젖는 것을 싫어합니다. 거울같이 밝은 가을 달은 연인들이 쳐다보며 감상하는 것을 좋아하지만 도적들은 달의 휘황한 빛을 미워합니다. 천지가 큰 것을 사람들은 유감으로 생각하는데, 하물며 사람에게는 어떻겠습니까? 臣은 뭇사람의 입에 오르내리는 是非를 조절할 기름진 양과 맛있는 술이 없습니다. 게다가 是非는 들어서는 안 되고 들어도 말해서는 아니 됩니다. 임금이 시비를 들으면 신하가 죽임을 당하고 아비가 들으면 자식이 두들겨 맞고 夫婦가 들으면 헤어지게 되며, 친구가 들으면 갈라서게 되고, 친척이 들으면 멀어지게 되며, 이웃이 들으면 왕래가 끊어지게 됩니다. 사람의 七尺 신체가 항상 세 寸의 혀에 달려 있는데, 혀에는 龍泉이 있어 살인을 해도 피 한 방울 나오지 않습니다."
>
> 태종이 말씀하시기를 "그대의 말이 심히 좋아 짐이 마땅히 알아야 하겠소."13)

皆同。後閱雜典一則, 附錄之以供衆覽。《紅侏儒傳》, 漢鎭英漢書館, 1882년, 漢口聖教書局, 오스트레일리아 국립도서관 소장본, 10面.

13) 唐太宗問許敬宗曰: "朕觀群臣之中, 惟卿最賢, 人有議其非者, 何也?" 敬宗對

작품이 종결된 뒤에 역자는 다시 언어의 害惡을 역사의 실존인물 唐太宗과 許敬宗의 대화를 통해 표현하고 있는데, 이 逸話는 영어 원본에는 없는 것이고 완전히 역자 그리휘트 존이 가져다 놓은 故事이다. 작품의 마지막 결미에 이렇게 원작에 없는 다른 일화를 배치한 역자의 의도는 중국독자에게는 상당히 익숙한, 작품의 結尾에 다른 故事를 기술하여 작품의 주제를 다시 한 번 인식시키는 話本小說의 전통적인 서사방식을 모방하여 중국독자에게 작품의 주제를 명확하게 전달하고자 한 것이다. 왜냐하면 이런 결미의 일화는 사람의 혀를 의인화한 이 작품 전체에 대한 가장 좋은 註解이면서 또한 中國白話小說에서 상용되는 서술방식을 보여주고 있으니, 바로 작품의 말미에 내용이 유사하거나 혹은 완전히 相反된 짧은 故事를 서술하여 주제를 좀 더 분명하게 설명해주는 중국화본소설의 서사방식을 채택하였기 때문에 《紅侏儒傳》은 중국독자들에게 아주 익숙한 형태로 받아들여질 수 있었다.

위의 일화의 전반부는 세간에 유전되어 오는 許敬宗의 《君臣對》에 나오는 對話이고, 후반부는 唐代詩人 白居易의 詩歌라고 추정되는 문장을 각색하여 서술한 것이다. 전반부는 앞의 일화와 동일하지만 후반부의 스토리는 《鶴林玉露》의 〈聽讒詩〉를 참조하여 다시 改寫하였는데, 그 詩는 다음과 같다.

曰: “春雨如膏, 農民喜其潤澤, 行者惡其淋漓; 秋月如鏡, 佳人喜其玩賞, 盜賊惡其輝光。天地之大, 人猶憾焉, 而況于人乎? 臣無肥羊美酒以調衆口是非, 且是非不可聽, 聽之不可說。君聽臣遭戮, 父聽子遭撲, 夫婦聽之離, 朋友聽之別, 親戚聽之疏, 鄉鄰聽之絕。人生七尺軀, 常憑三寸舌, 舌上有龍泉, 殺人不見血。” 太宗曰: “卿言甚善, 朕當識焉。” 《紅侏儒傳》, 1882년, 10-11面.

참언은 듣지 않도록 조심해야 하는데 들으면 재앙이 생긴다. 임금이 들으면 신하가 죽임을 당하고 아비가 들으면 자식이 갈라서고 부부가 이를 들으면 헤어지게 되고 친구가 들으면 사이가 소원해지고, 친척이 들으면 사이가 끊어지게 된다. 당당한 팔 척 체구는 세 촌의 혀에서 나오는 참언을 듣지 말아야 한다. 혀에는 龍泉이 있어 사람을 죽여도 피 한 방울 나오지 않는다.[14]

羅大經은 이 詩가 白居易의 작품 같다고 논평하였는데, 역자 그리휘트존은《君臣對》와〈聽讒詩〉두 작품을 참조하고 이를 연결시켜 한 편의 終結故事로 개사해 놓은 것이다. 때문에 영어 원본의 말미에 나오는《舊約·詩篇》의 終結文[15]은《紅侏儒傳》에서는 번역되지 않고 생략되어 버렸으며, 역자는 唐太宗과 許敬宗의 君臣間 對話錄이란 중국의 終場故事를 새롭게 배치하여 "입에서 나오는 말"의 해악에 대한 이 작품의 주제를 진일보 강조하면서 明清白話小說의 독특한 서사방식으로 작품을 종결짓고 있다. 한 마디로 西洋寓言小說의 번역본을 중국적인 문화 환

---

14) 宋의 羅大經은《鶴林玉露·聽讒詩》에서 세간에 流傳되는 讒言詩에 대해 다음과 같이 말하였다. "世傳聽讒詩云: '讒言謹莫聽, 聽之禍殃結。君聽臣當誅, 父聽子當決, 夫妻聽之離, 兄弟聽之別, 朋友聽之疏, 骨肉聽之絕。堂堂八尺軀, 莫聽三寸舌, 舌上有龍泉, 殺人不見血。' 不知何人作, 詞意明切, 類白樂天。" 黎子鵬 編注,《晚清基督教敍事文學選粹》, 臺北: 橄欖出版有限公司, 2012年, 424쪽에서 인용.

15) 영어원본은 작품 결미를 다음과 같이 끝맺고 있다. "KEEP THY TONGUE FROM EVIL, AND THY LIPS FROM SPEAKING GUILE.(네 혀를 악에서 금하며 네 입술을 궤사한 말에서 금할지어다.)" 이 문장은《舊約·詩篇》34篇 13節의 구절에 나오는데, 그리휘트는 이 문장을 생략하고 번역하지 않았다.

경과 전통소설스타일로 변환시켜 완전히 중국적인 작품으로 만들어 놓았다.

하지만 작품은 여기서 완전히 종결되지 않고, 〈跋文〉이 끝난 뒤에 역자 그리휘트 존은 다시 《紅侏儒傳》 중에 나오는 "上主"에 대한 해석을 하면서 원래 이 작품을 번역했던 번역동기를 실현시키기 위해 기독교의 선교주제를 기술하였다. 그래서 역자는 《紅侏儒傳》의 부록으로 〈上帝眞理〉를 편말에 수록한 이유를 설명하고 있다.

> 《紅侏儒傳》 중에 언급한 上主는 바로 하나님(上帝)을 가리킨다. 작중에서 하나님을 논한 것이 너무 간략했기 때문에 사람들이 가볍게 읽고 지나쳐 버려 하나님을 경외하고 믿을 줄을 모르게 되었다. 때문에 특별히 〈上帝眞理〉란 문장 한 편을 뒤에 실어, 이 大道를 밝히 드러내고자 한다. 사람이 모든 사악함을 고치고자 한다면 반드시 하나님의 힘에 의존해야 비로소 가능한 것이니, 어찌 紅侏儒만 하나님에 의지하여 제압할 수 있겠는가! 사람이 마땅히 알아야 할 것은 하나님의 眞理이니, 이 문장을 곰곰이 읽어보면 되겠다.16)

역자가 《紅侏儒傳》을 번역한 목적은 바로 기독교의 선교를 위한 것이지만, 《紅侏儒傳》 중에 하나님에 대한 서술이 "너무 간략해서" 독자들이 이를 간과해 버리기 쉽기 때문에 〈上帝眞理〉를 뒤에 부록으로 수록

16) 《紅侏儒傳》中所言之上主, 卽上帝也。因其論上帝處甚畧, 恐人輕易讀過, 不知敬畏而崇拜之也。故特續〈上帝眞理〉一篇於後, 使此大道顯明。人欲改一切邪惡, 必賴上主之力而始能, 非但紅侏儒賴上主以制服之也。人所當知者, 上帝眞理耳, 請細玩此篇可也。《紅侏儒傳》, 1899年, 오스트레일리아 국립도서관 소장본, 12面.

하였다는 것이다. 이런 《紅侏儒傳》의 구조적 변형은 역자의 번역목적을 명확하게 밝히면서 이 우언소설의 기독교 선교주제를 완벽하게 강화시켜 놓았다. 그런데 〈上帝眞理〉의 편말 수록은 1899년 간행본에서만 보이고, 1882년 초간본에는 없는데, 역자 그리휘트 존은 기독교 선교를 위해 우언소설 《紅侏儒傳》에 나오는 "上主"라는 어휘에 대한 해석을 통해 자신의 기독교 선교문서를 이 번역본 뒤에 수록하여 출판목적을 강화시켰다. 〈上帝眞理〉는 원래 그리휘트 존이 1880년 漢口聖教書局에서 간행된 《眞理八篇》(1880년) 중의 첫 부분인데, 그리휘트는 이를 수정하여 《紅侏儒傳》의 편말 부록으로 배치한 것이다.

하나님의 도를 언급하자면 사람들은 대부분 하나님이 누구인지를 모르는데, 이것은 대단히 애석한 일이다. 백성이 군주를 알지 못하고 자식이 부친을 알지 못하는 것은 애석한 일인데, 하나님을 알지 못하는 것은 더욱 애석한 일이다. 하나님의 진리를 논하면, 하나님은 천지만물을 창조하신 大主宰이시어서, 모르는 것이 없으시고, 불가능한 것이 없으며, 無所不在하시고, 시종이 없고 변함이 없는 神이시다. 그는 나온 뿌리가 없이 만물의 뿌리가 되셨고, 태어난 본원이 없이 만물의 본원이 되셨으며, 시작한 원천이 없지만 만물의 원천이 되셨다. ……

그러므로 사람들은 마땅히 유일하신 하나님을 천지의 주재로 알아야만 한다. 구할 바가 있으면 유일하신 하나님께 구해야 하고, 얻은 것이 있으면 유일하신 하나님께 감사해야 한다. 만유의 영광을 보면, 반드시 유일하신 하나님을 공경하고 찬미해야 한다. 중국에서는 오래전 하나님을 잊어버리고 섬기지 않았는데, 만물이 하나님으로 말미암아 있게 되었고 하나님을 의지하여 존재한다는 것을 몰랐다. 때문에 망령되이 천지를 신으로 생각하고 천지의 모든 사물을 신으로 섬겼으니, 예를 들면 火神, 水神, 風神, 雨神, 門神, 부뚜막神(竈神) 등이 그러하다. 또한 옛사람을 경배하여 복을 구하고 화를 면하고자 하며 이를 믿어 의심치 않는 자가 있는데 화복은 모두 하나님이 주관하신다는 것을 모르는데 저들과는 무엇을 같이 하겠는가? 나무, 돌, 金, 흙, 조각 그리고 종이에 그려놓은 모든 거짓 우상들을 전부 버리고 유일하신 하나님만을 항상 공경해야 한다. 전에 하나님께서 계명을 주시며 "나 이외에 다른 신은 없다"라고 말씀하셨는데, 유일하심을 이르신 것이다.[17)]

〈上帝眞理〉의 편폭은 모두 1,680자로 《紅侏儒傳》 4,530여자의 삼분의 일이 넘는 편폭이니, 1899년 재판본 중에서 상당한 비중을 차지하는 것이다. 〈上帝眞理〉의 내용은 대부분 《眞理八篇》에서 나왔지만, 이 내용은 1890년 간행된 〈眞理便讀三字經〉에도 3字一組의 격식으로 재작성되어 중국 전역과 한국에까지 널리 전파되었다.[18)]

---

17) 言及上帝之道, 人多不知上帝爲誰, 此大可惜事也。民不認君, 子不認父, 可惜矣, 究不若不認上帝爲更可惜也。論上帝眞理, 上帝卽創造天地人物之大主宰, 無所不知, 無所不能, 無所不在, 無始終無變易之神也。彼無根出而爲萬物之根; 無本生而爲萬物之本; 無源起而爲萬物之源。……故人當認一上帝爲主宰也。有求, 求一上帝; 有得, 謝一上帝。見萬有之榮光, 必恭敬而頌美此一上帝也。中國久忘上帝而不事, 因不知萬物由上帝而有、賴上帝而存, 故妄以天地爲神, 並天地所有之物爲神, 如火神、水神、風神、雨神、門神、竈神等是也; 又有拜古人求福免禍、信之不疑者, 而不知禍福皆上帝主之, 與彼何與哉? 宜盡棄所有之木、石、金、土、彫塑, 及紙繪之僞像, 而恆敬一上帝而已矣。昔上帝垂誡曰: "余而外, 不可別有上帝", 獨一之謂也。〈上帝眞理〉, 1899년, 오스트레일리아 국립도서관 소장본, 9-12面.

18) 하나님과 우상숭배에 대한 《引家歸道》와 《眞理便讀三字經》의 변환관계에 대

영문본 표지그림 *THE TERRIBLE RED DWARF*

영문본 삽화1 농부 해스티(FAMER HASTY)

제3절 삽화의 변화과정과 譯者의 토착화 서사책략

1882년 漢口聖敎書局에서 刊行된 初版本은 작품 正文 앞에 모두 5폭의 삽화가 실려 있고, 版心의 중앙에는 삽화의 題辭 다섯 구가 쓰여 있는데, 이 삽화들은 인물과 배경이 모두 서양화기법을 사용하여 서양의 인물과 배경그림이 그려져 있다.

마크 피얼스의 영어 원본에는 표지 그림 1폭과 삽화 7폭이 실려 있는

한 연구 분석은 졸저, 〈1894년간 中文基督敎小說의 傳播와 翻譯 그리고 초기 韓國의 文書宣敎〉, 《中國小說論叢》 제27집, 2008년 3월, 209-212쪽 참조. 《眞理便讀三字經》에서는 제1절 〈獨一上帝〉와 제2절 〈封神之謬〉에서 각각 84字와 156字로 하나님과 중국의 우상숭배에 대해 논의하고 있다.

데 4폭의 삽화에는 내용을 알려주는 설명문이 실려 있지 않았고, 3폭에는 삽화에 그려진 인물의 이름이 소개되어 있으니, 바로 "FARMER HASTY(농부 해스티)", "POOR HARRY(가난뱅이 해리)", "THE WISE OLD SHOEMAKER(현명한 제화공 노인)"이다.

그런데 1882년 漢口聖教書局 간행 漢譯本 初版本에는 5폭의 삽화가 수록되어 있는데, 인물과 배경그림은 모두 서양식으로 영문원본을 모방하여 그린 것임을 짐작할 수 있다. 그 중에서도 영문본 삽화1, 삽화3, 삽화5, 삽화6의 4폭은 1882년 초간본의 삽화와 상당히 유사하다. 하지만 1882년 간본에는 題辭가 있어 삽화가 어떤 내용을 묘사하고 있는지 바로 알 수가 있다. 영문 원본의 삽화에 題辭가 없거나 단지 인물의 이름만 기록된 것보다는 더 구체적이며, 5폭의 題辭가 모두 비슷한 자수의 문장으로 기술되어 있는데, 版心의 중앙에 적혀 있는 題辭는 다음과 같다.

삽화1: 휘파람을 다시 부는 목공(木工之嘯歌復作矣)

삽화2: 다시 들을 수 없게 된 목공의 휘파람 소리(木工之嘯歌不復聞矣)

삽화3: 마음에 근심 걱정으로 가득찬 목공의 아내(木工之妻憂悶填胸矣)

삽화4: 紅侏儒에게 놀라 넋이 나간 농민의 개(農民之犬被紅侏儒驚成呆物)

삽화5: 걱정이 기쁨으로 바뀐 농민(農民改愁爲喜)

영문본삽화2 가난뱅이 해리(POOR HARRY)

영문본 삽화3 무제(가슴 가득 근심으로 괴로워하는 목공의 아내)

영문본 삽화4 현명한 제화공 노인(THE WISE OLD SHOEMAKER)

영문본 삽화5 무제(근심이 기쁨으로 바뀐 농민)

영문본 삽화6 무제(다시 휘파람을 부는 木工)

영문본 삽화7 무제(기쁨에 찬 목공의 아내)

삽화1 다시 휘파람을 부는 木工(좌) 1882年 漢口聖教書局印《紅侏儒傳》 표지(우)

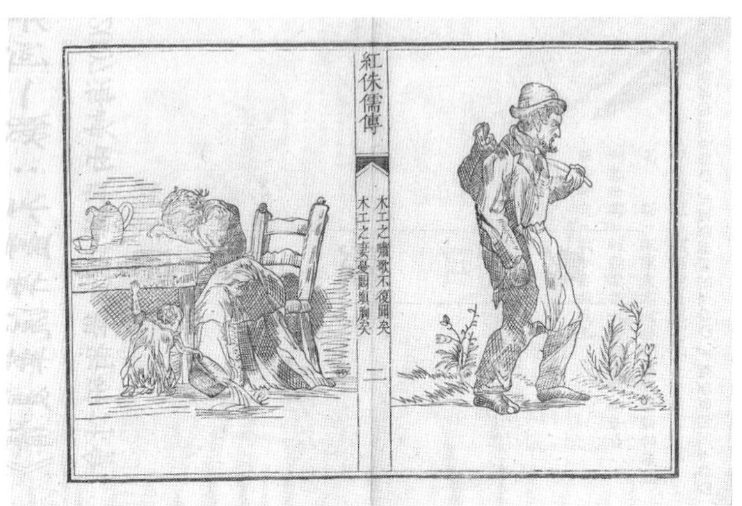

삽화3 가슴 가득 근심에 쌓인 목공의 아내(좌)

삽화2 다시 들리지 않는 목공의 휘파람소리(우)

삽화5 근심이 기쁨으로 바뀐 農民(좌)

삽화4 紅侏儒에게 놀라 넋이 나간 農民의 개(우)

그리휘트 존의 번역본에 수록된 삽화를 비교해 보면 역자의 토착화 번역책략을 더욱 분명하게 확인할 수 있으니, 영어 원본에서는 8폭의 그림에 이를 설명하는 메시지가 분명히 표현되어 있지 않았고 단지 인물의 이름과 직업만이 기술되어 있다. 하지만, 中譯本《紅侏儒傳》에서는 5폭의 삽화를 통해 독자가 작품 내용을 손쉽고 일목요연하게 이해할 수 있게 하였다. 영어원본에서 단지 시각적인 효과에 치중했던 삽화의 기능은 1882년 중역본에서는 작품의 핵심 내용을 표현하는 전달기능과 시각적 효과를 동시에 구현해내고 있다.

역자 그리휘트는 영문본의 경우 표지부터 작품 사이에 그려진 이 8폭의 삽화를 1882년 초판 中譯本에서는 5폭으로 줄여서 모두 작품의 본문 앞에 배치시켰다. 인물과 배경은 원본과 마찬가지로 서양적이지만, 1882년 초판본의 삽화에는 版心 중앙에 다섯 구의 題辭를 적어놓았다. 이런 삽화의 판심에 기술된 題辭는 삽화의 그림 내용을 압축적으로 표현하고 있는데, 단행본으로 간행된 명청소설작품에서는 이런 題辭가 달린 挿圖本 소설작품을 손쉽게 볼 수 있다. 이 삽화들이 비록 서양의 인물과 배경을 묘사하고 있지만 본문 앞에 題辭가 달린 삽화를 배치한 것은 역자가 전형적인 明清繡像小說의 간행형태를 취한 것이라 할 수 있겠다. 이 5구의 題辭는 번역본 《紅侏儒傳》을 중국 명청시대의 전형적인 삽화본 소설로 만들어 놓았으니, 독자들은 題辭가 달린 다섯 폭의 삽화를 통해 작품의 주요 내용을 손쉽게 이해할 수 있다. 1882년 초판본의 삽화에 대해 역자 그리휘트는 〈跋文〉의 종결부에서 沙修道목사가 그렸다고 밝히고 있는데[19], 원본의 삽화와 대조해보니, 역자는 원본의

19) "이 책의 그림은 沙修道목사가 그린 것이다.(此書之圖畫乃沙修道牧師所繪

삽화를 沙修道목사에게 보여주고 이를 중국소설의 전통양식으로 개조하여 그린 것이라 추측할 수 있다.

그런데 역자는 한걸음 더 나아가 1899년 제2판에서는 삽화의 인물과 환경을 완전히 토착화하여 모두 중국인과 중국적 배경으로 바꾸어 버려 영국의 번역소설을 중국의 삽화본 장회소설양식으로 만들어 놓았다. 1882년과 1899년 두 간본의 삽화는 幅數와 題辭가 동일하고 삽화의 인물과 환경이 각각 서양식에서 중국식으로 바뀐 것을 분명하게 확인할 수 있다. 두 판본의 본문 앞에 수록된 5폭의 삽화는 다음과 같다.

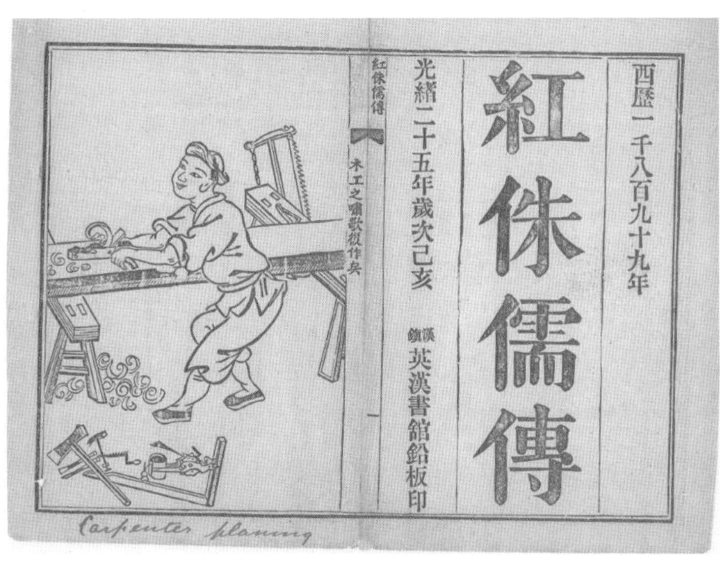

삽화1 다시 휘파람을 부는 木工(左)　1899年 漢鎮英漢書館《紅侏儒傳》 표지(右)

者。)" 楊格非 著, 〈跋文〉, 《紅侏儒傳》, 11面.

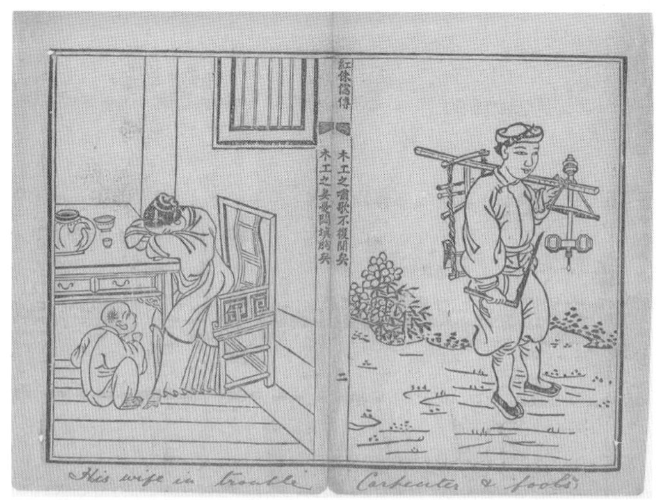

삽화3 가슴 가득 근심에 쌓인 목공의 아내(좌)　**삽화2** 다시 들리지 않는 목공의 휘파람소리(우)

삽화5 근심이 기쁨으로 바뀐 農民(좌)　**삽화4** 紅侏儒에게 놀라 넋이 나간 農民의 개(우)

1899년 간본에는 1882년 초판본과 동일한 題辭가 달린 5폭의 삽화가 본문 앞에 수록되어 있는데, 이들 삽화는 인물과 배경이 모두 중국인과 중국의 배경으로 바뀌어 있었다. 1899년 재판본의 삽화는 명청소설의 전형적인 삽화형태를 취하고 있으며 1882년 초판본과 비교해 보면, 인물과 배경의 내용은 그대로인 채, 그림 전체가 서양식에서 중국식으로 완전히 변환되어 있다.

영문 원본과 1882년 초간본, 1899년 재판본의 세 가지 판본의 삽화를 비교해 보면, 1882년 초간본의 삽화1, 3, 5는 영문 원본과 1899년 재판본에 모두 보이는데, 모두 영문 원본의 삽화에 근거하여 다시 그려진 것으로 1882년에서는 題辭를 첨부하여 삽화의 그림 내용을 명확히 설명해주고 있다. 1882년 간행본의 삽화2와 삽화4는 1882년 간행본의 전후 삽화와 연결하여 새롭게 그려지거나 변형시킨 것으로 "中譯本에만 보이는 삽화"인데, 이런 비교를 통해 삽화를 그린 화가 沙修道牧師가 1882년 초판본에 창의적으로 그려 넣은 새로운 삽화임을 알 수 있다.

이들 세 가지 다른 판본의 삽화를 비교해 보면, 역자 그리휘트 존은 中譯本에서 점차적인 두 번의 변환과정을 통해 번역본의 중국적 토착화 번역작업을 완성하였으니 1899년 再版本에서는 5폭 삽화에 첨부된 일련의 통일된 題辭와 삽화 그림의 중국적인 변환양상을 통해 영국의 포켓용 우언작품을 전형적인 중국소설양식으로 바꾸어 놓았다. 이런 삽화의 토착화 경향은 본문의 明清章回小說 구조양식과 조화를 이루어 번역본 《紅侏儒傳》을 중국소설작품으로 독자들이 인식하게 만들어 놓았다.

제4절 譯者의 토착화 번역책략과 중국적 표현방식

토착화 번역법(domesticating translation)은 "가능하면 독자에게 간섭하지 않고 작자가 독자에게 가까이 다가가야 한다"는 프리드리히 쉬라이어마흐(Friedrich Schleiermacher, 1768-1834)의 번역론에서 유래되었다.[20] 토착화 번역의 목적은 번역문 가운데 나오는 異國的인 분위기나 요소를 가능한 한 줄이고자 하는 것인데, 譯語文化의 독자들에게 의식적으로 자연스럽고도 유창한 번역문을 제공하여 원본 중의 관념이나 특성과 서로 조화를 이루도록 하기 위한 것이며, 필요할 때에는 解釋을 위한 자료를 삽입시키기도 한다.[21]

마크 피얼스의 원작소설에 나오는 서양색채를 띤 어휘와 사회 상황을 당시 清末의 중국 독자들은 이해할 수가 없다고 판단하였기 때문에 그리휘트 존은 왕왕 토착화 번역방식으로 이를 번역하였다. 마크 피얼스의 원작에서는 《성경》과 서양신화에 나오는 적지 않은 典故를 인용하고 있는데, 동서 문화의 차이 때문에 독자가 이해할 수 없다고 생각하여 역자는 이런 典故들을 삭제해 버리거나 혹은 이를 토착화(중국화)하여 재창작해 버렸다. 원작 제1장에는 《舊約·創世記》에 나오는 가나안 사람 거인 골리앗(Goliath of Gath)이 나오는데, 《紅侏儒傳》에서 역자

---

20) Friedrich Schleiermacher, "On the Different Methods of Translating," in *Translating Literature: The German Tradition from Luther to Rosenzweig*, ed. and trans. André Lefevere(Assen: Van Gorcum, 1977), 66-89.

21) Lawrence Venuti, *The Trnslator's Invisibility: A History of Translation*, London/New York: Routledge, 2008.

는 골리앗이란 거인 장사를 번역하지 않고 덕행과 지혜가 출중한 "聖賢之輩"란 통칭으로 바뀌어 버렸다.[22] 때문에 출중한 힘은 덕행과 지혜의 비교로 바뀌어 버려 이스라엘 최고의 장사 士師 삼손(Samson)에 관한 典故는 완전히 삭제되어 버렸다.[23]

또한 어떠한 火攻도 무서워하지 않는 紅侏儒를 형용할 때, 원작에서는 타오르는 불속에서도 살아있는 전설 속의 도마뱀 사라만더(Salamander)로 비유하였지만, 역자는 이 문장을 다르게 번역해 버렸다.[24] 그리고 원작 제2장에서는《성경》에서 가장 장수했던 무두셀라(Methuselah,《창세기》5章 27節)를 인용하였지만, 중국인에게 생소한 무두셀라는《紅侏儒傳》에서는 800세를 장수했다고 전해지는 道敎의 "彭祖"로 바뀌어 버렸다.[25] 이런 번역사례는 문장의 내용에 따라 필요하지 않은 부분을 생략해 버렸거나 혹은 중국인들에게 생소한 서양의 인물과 문화배경을 중국인들이 이해할 수 있는 譯語文化 용어로 바꾸어 번역하였으니 역자의 토착화 번역은 거의 재창작한 것이라 할 수 있겠다.

《紅侏儒傳》의 영문 원작에는 적지 않은 서양 인명과 생활환경, 직업

22) *Terrible Red Dwarf*, Chapter the First, 6p. 《紅侏儒傳》, 第1段, 2面.
23) "Chains could no more hold him than the green withs could hold Samson."(*Terrible Red Dwarf*, Chapter the Second, 13p.) 이 부분은《紅侏儒傳》에서는 완전히 삭제되고 보이지 않는다.
24) "As for fire, he was a very Salamander, and delighted in it."(*Terrible Red Dwarf*, Chapter the Second, 13p.) 이를 그리휘트는 "想彼農民以火燒多黃蜂之窩矣。何不以火炬焚紅侏儒之洞乎?(농민들은 불로 많은 벌집들을 태워 버리는데, 어찌하여 횃불로 紅侏儒의 동굴을 태워버리지 않는가?)"(《紅侏儒傳》, 第3段, 5面.)라고 번역하여, 사라만더의 비유를 삭제하고 다르게 번역하였다.
25) *Terrible Red Dwarf*, Chapter the Second, 7p. 《紅侏儒傳》, 第2段, 2面.

에 대한 묘사가 나온다. 하지만 역자 그리휘트는 이런 異國文化 색채를 대부분 희석시켜 버렸고 중국화해 버렸다. 예를 들면 "Lord Mayor of London(런던시장)", "parish(교회의 教區)" 등과 같은 영국문화 속의 특정 용어는 중국 독자들에게 이해될 수 없기 때문에 모두 삭제해버렸다. 영국에서 유행하는 "술집(public house)"은 "주점(酒館)"이라 번역했으며, 술집 이름 "Blue Boar"는 전혀 번역되지 않았다. 원작 중의 "술주정뱅이(drunkard)"는 "아편쟁이(吸鴉片者)"로 바꾸어 놓았는데, 清末에 아편흡연자가 사회에 흔했기 때문에 역자는 독자들이 쉽게 이해할 수 있도록 인물의 특성을 譯語文化의 사회실상에 맞추어 바꾼 사례가 되겠다. 영국의 어떤 직업은 중국에서 쉽게 볼 수 없는데, 젖 짜는 女工(milkmaid)이나 양치기(shepherd) 등은 역자가 모두 "하인(僕人)"으로 바꾸어 번역해 버렸다. 그리고 학교의 교장(schoolmaster)은 당시 중국에서는 학교 교육이 보편화되지 않아 독자가 이해할 수 없었기 때문에 번역본에서는 "선비(士人)"로 바뀌어 버렸다.

《紅侏儒傳》의 역자는 원작의 어떤 부분은 간략하게 줄여놓았으니, 예를 들면 紅侏儒의 이웃에 대한 묘사나 왕이 세상을 떠나는 장면, 老人이 《聖經》 읽는 법을 논하는 부분이다. 그러나 다른 한 편으로 원본에는 없는데 역자가 보충하여 서술한 부분도 있으니, 두 단락의 스토리를 새로이 첨가하였다. 제3단에서는 농민과 과부의 아들, 木工이 각각 紅侏儒에게 피해를 당해 곤경에 처하게 되는 스토리를 번역하고 난 뒤에, 친구 두 사람(村中二老友)과 두 사람의 이웃(村中二姓)에 대한 이야기가 나온다.

마을에 두 사람의 친구가 있는데 아주 절친하였다. 의견이 있으면 반드시 서로 상의하였고, 일이 생기면 반드시 서로 도왔으며 선한 일은 반드시 서로 권면하고, 악한 일은 반드시 서로 경계하였다. 어디든 함께 다니고 두 사람 사이에는 숨기는 것이 없었으며 조금도 서로 간에 의심하는 것이 없었다. 紅侏儒는 두 친구의 교분이 이와 같은 것을 보고 마음이 대단히 불안해져서 드디어 계획을 세워 그들 사이를 이간질하였다. 저 사람 앞에서는 이 사람이 잘못됐다고 妄言을 하고, 이 사람 앞에서는 저 사람이 잘못됐다고 망언을 하여, 매일같이 근거 없는 말을 날조해내어 양쪽에 옮겨서 싸움을 붙였기 때문에 두 친구는 부지불식간에 서로 의심을 하게 되었고 점점 소원해져 버렸다.

마을에 사는 두 사람은 본래 사이가 좋았지만 후에 전답의 일로 조금 사이가 벌어졌다. 두 사람은 송사를 벌일 마음이 없어 서로 허심탄회하게 논의하려고 주위의 이웃들을 불러 함께 논의를 하였다. 일이 다 해결되려고 할 때에 홍주유가 와서는 이 사람 앞에서는 저 사람이 공정하지 못하다고 말하고 저 사람 앞에서는 이 사람이 不義하다고 말하였다. 이렇게 교활하게 사주하고 여러 사람의 마음을 흔들어 놓으니 두 사람은 송사를 치르지 않을 수 없게 되었고 오랫동안 소원해져서 원수가 되고 말았다.[26)]

26) 村中有二老友, 極稱知己; 有言必相商, 有事必相助, 有善必相勸, 有惡必相戒; 行坐不離, 兩無所隱, 並毫無所疑也。紅侏儒觀二老之交好如此, 其心大有未安, 遂定計離間之: 妄言此之非於彼前, 妄言彼之非於此前; 日造無根之言而搬弄是非, 二老不覺交相疑忌, 而漸皆疎遠矣。村中亦有二姓本和好, 後因田土之事小有不和。二姓不欲結訟, 彼此平心論事, 央請四鄰來公議之。事將淸結, 紅侏儒至矣, 於此前論彼不公, 於彼前論此不義。如此刁唆擾亂衆心, 二姓之訟不免, 且久遠成仇矣。《紅侏儒傳》, 1882年, 4-5面.

마을의 두 친구가 紅侏儒에게 피해를 당해 시비에 휘말리고 결국은 절친했던 사이가 소원해져 버렸다. 또한 마을의 두 사람이 農地 때문에 약간의 분쟁이 일어났는데, 紅侏儒의 농간으로 서로를 질책하다가 官府에 고소하게 되어 원수가 되고 말았다. 이 두 가지 새로 늘어난 부분은 역자가 중국의 당시 사회생활에 부합되는 스토리를 창작하여 삽입한 경우로 이 번역작품 《紅侏儒傳》의 내용을 더욱 曲折이 있고 풍부하게 만들고 있으며 원작의 서술구도 속에 유기적으로 결합하여 紅侏儒의 害惡이 보편적으로 도처에 나타난다는 메시지를 강화시키고 있다.

원작에서는 제일 먼저 농민이 가정에서 가족들과 불화하는 경우를 서술하였고, 이어서 가난한 과부의 아들이 자신을 후원하는 富戶에게 함부로 입을 놀려 앞길을 망치고 타지로 유랑하는 경우를 서술하였으며, 그 뒤에는 목공 부부가 불화하게 되는 상황을 서술하는 등 세 가지 紅侏儒의 피해를 원문에 의거하여 번역하였다. 그런 연후에 바로 원문에 없는, 친구 사이의 불화와 이웃 간의 토지분쟁 등 중국사회에서 보편적으로 볼 수 있는 두 가지 사례를 더 삽입하여 부부 사이, 가족 사이, 부유한 후원자와 불우한 젊은이 사이, 친구 사이, 이웃 간의 이해관계 등 가정과 지역, 사회에서 일어나는 유언비어의 폐해에 대한 보편적인 사례를 확장시켜 놓았다. 때문에 第4段에서 紅侏儒를 제압할 때에는 농민과 과부, 목공의 사례만이 나오고 譯者가 삽입한 친구와 마을주민에 관한 두 가지 사례는 더 이상 나오지 않았다.

《紅侏儒傳》은 중국 전적에 나오는 고유의 표현방식을 많이 사용하였는데, 예를 들면 《詩經》에 나오는 典故 "琴瑟調和"를 사용하여, 부부의 감정이 조화를 이루고 화목하다는 것을 비유하였다. 또한 "小時偷針,

大時偷金"이란 俗語로 조그만 惡習이 장래에는 돌이킬 수 없는 해악의 결과를 초래하게 된다는 사실을 설명하고 있다. 또한 "작은 천당이 변해서 생지옥이 되었다(小天堂變而爲活地獄矣。)"는 구절과 "예전의 생지옥이 지금은 작은 천당으로 바뀌었다(前之活地獄, 今化爲小天堂)"는 두 구절이 전후로 호응하여 상황이 바뀐 것을 형상적으로 묘사하였다. 그리고 번역문이 중국의 倫常關係에 더욱 부합되도록 원작에 없는 "아내가 어질지 못하고 자식이 효성스럽지 못하다(妻不賢, 子不孝)"는 말을 첨가하였다.

그리고 문장에 리듬감을 주기 위해 수시로 排比句法을 구사하고 있으니 예를 들면 "만일 성현들을 만나게 된다면 紅侏儒는 반드시 극력으로 배척하고 신랄하게 헐뜯을 것이고, 비록 영걸한 선비를 만난다 할지라도 紅侏儒는 미친 듯이 물어뜯을 것이며, 유약한 부녀와 아이들을 만나게 되도 紅侏儒는 또한 그들을 번뇌하게 만들 것이다(若聖賢之輩遇之, 紅侏儒必力排而痛詆之; 雖英傑之士遇之, 紅侏儒能狂噬之; 卽柔弱之婦孺遇之, 紅侏儒亦能煩惱之。)"와 같이 원작과는 다르게 중국적인 용어와 전통적인 修辭技法을 사용하였다.

이런 수사기법은 도처에서 보이는데 앞에서 인용한 두 친구 사이에 대한 서술문장도 그런 전형적인 경우라고 할 수 있다.(村中有二老友, 極稱知己; 有言必相商, 有事必相助, 有善必相勸, 有惡必相戒; 行坐不離, 兩無所隱, 並毫無所疑也。) 이 문장의 경우에는 排比技法을 사용하면서 글자수도 전반부 4자, 중반부 5자, 다시 후반부 4자로 정연하게 배열되었으며, 각 문장에는 동일한 유형의 품사가 짜임새 있게 배열되어 있어 독자들이 리듬감을 가지고 읽어나갈 수 있게 만들었다. 이런 전통적인 문학수사기법은 번역작품《紅侏儒傳》의 異國的인 색채를 전혀 느끼지 못하게 하였고 완전히 전통적인 중국의 우언소설작품으로 감상할 수 있게 만들었다.

그리휘트 존은 19세기 중국의 기독교선교사업을 개척한 清末 宣教士 三傑 중의 한 사람으로 대표적인 기독교출판사이자 문서선교기관인 漢口聖教書會의 창시자이면서 기독교문서의 대표적인 多産作家이기도 하다. 그가 저술 번역한 기독교문서는 중국은 물론이고 아시아 전역에 보급 전파되어 기독교선교사업에 중요한 역할을 담당하였는데, 그 중에 영국작가 마크 피얼스의 영문우언소설을 번역한《紅侏儒傳》은 19세기 후반 서양소설작품의 中譯過程을 연구 분석할 수 있는 중요한 텍스트라고 할 수 있다. 본장에서는 현재 영국 옥스퍼드대학도서관과 오스트레일리아 국립도서관에 소장되어 있는《紅侏儒傳》의 초판본과 재판본, 그리고 마크 피얼스의 원본 *The Terrible Red Dwarf*를 대조·분석하여 그리휘트 존이 진행한 번역작업의 전모를 연구할 수 있었다.

마크 피얼스의 영문 원본은 모두 26쪽의 포켓용 책자인데, 그리휘트 존은 이를 한자 4,250字의 우언소설로 번역, 개사, 재편하였다. 원래 세 장으로 구성된 작품을 역자는 4개의 段으로 나누었고 세 장에 달린 제목을 4개의 段目으로 만들었다. 우선 역자는 시작부분에 導入文을 첨가하였고, 이 작품이 종결되는 결미에 唐太宗과 許敬宗의 對談錄을 수록하여《紅侏儒傳》전체의 주제 전달과 작품에 대한 주석으로 삼았다. 이렇게 도입문과 결미의 대화록은 明清章回小說의 開場詞와 終場詞에 대신하는 서술구도로써 다분히 章回白話小說 구조의 산문화된 형태라고 할 수 있겠다. 그리고 역자는 연이어〈跋文〉을 기술하여 이 번역본의 원본과 출판경위 및 번역방식, 작품내용에 대한 종합 논평을 하였는데, 이런 〈跋文〉은 전통중국소설의 종결부분에 작자가 직접 쓰는 작품 후기의 형식을 취한 것이다. 譯者가 저술한 〈跋文〉은 작품 시작부분의 도입문과 종결부분의 대화록의 서사구도와 더불어 모두 역자 그리휘트 존이 번역본에 자신이 기술하여 삽입한 것이며, 영문 원본에는 없는 역자의 창의적인 저술이자 편성인 것이다.

본고에서 논의한 《紅侏儒傳》의 토착화 번역책략에서는 다양한 번역방식으로 譯語文化 독자들이 손쉽게 받아들일 수 있는 유창하게 서술된 우언작품이 번역, 개사, 재편, 첨가, 삭제된 사례를 분석 탐구해 보았다. 그리휘트 존은 淸末의 중국독자들이 이해하고 공감할 수 있는 토착화 방식으로 영국의 우언작품을 번역하였는데, 4장의 작품 전체를 합리적이고 중국화된 체례와 문장으로 개조했을 뿐만 아니라 본문의 앞부분에 5폭의 삽화를 수록하여 이 번역본을 완전히 揷圖本 중국소설작품으로 바꾸어 놓았다. 영문 원작에서 서양화기법으로 그려진 삽화를 1882년 초간본에서는 중국 삽화본 소설작품에 상용하는 題辭를 첨가하여 첫 번째 토착화를 시도하였고, 1899년 재판본에서는 5폭의 삽화를 전부 중국식으로 바꾸어 그려놓음으로 題辭와 揷畵를 모두 토착화 시켰다. 이러한 변환과정을 통해 번역본 《紅侏儒傳》은 전형적인 淸代 揷圖本小說로 바뀌게 되었다.

그런데 그리휘트 존은 이 《紅侏儒傳》을 번역한 원래 번역목적이 기독교선교에 있었기 때문에 번역상의 改寫와 改編은 여기서 끝나지 않았다. 《紅侏儒傳》의 〈跋文〉에 이어서 다시 한 단락의 설명문이 더해졌고, 이 작품의 맨 끝 부분에 1,850자에 달하는 〈上帝眞理〉를 첨부하여 역자의 기독교 선교목적을 더욱 확연하게 이루고자 하였다. 마크 피얼스의 영문 원작은 기독교우언소설로써 작중에서 《성경》을 인용하여 하나님과 《성경》의 진리를 믿어야 한다고 완곡하게 표현은 하였지만, 기독교 주제를 표면적으로 강조하거나 드러내지는 않은 우언작품이다. 하지만 번역본 《紅侏儒傳》은 역자 그리휘트 존의 편집과 개사, 창작, 삽화의 배치 등 다양한 토착화 번역책략에 따라 거의 완벽하게 중국화하는데 성공하였지만, 말미에 〈上帝眞理〉를 첨부하는 기독교 선교주제의 강력한 표현방식으로 인해 우언소설로써의 문학작품성은 도리어 반감되고 기독교 선교용 책자라는 인식을 갖게 만들고 말았다.

제2장

플랭클린 올링거의 韓譯本 《인가귀도》와 《의경문답》

제1절 플랭클린 올링거와 한국 개신교 초기의 문서선교사업

플랭클린 올링거(Franklin Ohlinger, 武林吉, 1845-1919)목사는 한국에서 선교활동을 하고 있던 미국 개신교선교사 아펜젤러의 요청으로 1887년 12월 來韓하여 배재학당에서 교편을 잡았고, 1888년에는 배제학당에 기독교 최초의 인쇄소이자 출판사인 三文出版社(Trilingual Press)를 설립하여 초대 사장으로 취임하면서 한국에서 개신교 문서선교를 본격적으로 진행하였다. 삼문출판사는 "미이미활판소", "한미화출판소" 또는 "정동예수교출판소"라고도 불렀다.[1] 여기서 그는 1889년 최초의 기독교 잡지인 《교회》를 발행하였고 〈주기도문〉, 〈십계명〉, 〈사도신경〉과 한국기독교 최초의 전도책자와 문서들을 발간하였으며[2], 또한 《성교촬요》(1889, 아펜젤러), 《미이미교리문답》(1889, 조원시), 《라병론》(1889, 올링거)을 출판하였고, 1892년 한국 최초의 영문월간지 *The Korea Repository*를 창간 발행하였다. 그는 초기 몇 년간의 어려움을 극

1) 崔俊, 《韓國新聞史》, 서울 一潮閣, 1960년, 93-94쪽.
2) *Missionary Report*, 1890년, 273쪽.

복하고서 1892년 1월 *The Korea Repository*의 창간을 계기로 새로운 인쇄기를 외국에서 구입해 들여왔고 건물을 마련하여 기독교 출판사업을 본격적인 궤도에 올려놓았다. 1892년의 선교보고에 의하면 삼문출판사는 한글 10,300부에 362,500면, 한문 14,000면, 한글과 한문 3,000부에 654,000면, 영어 150종 3,800면 월간잡지 7종에 94,560면, 영어 2,000면 등 총 1,130,860면을 인쇄 발행하였다고 한다.[3] 한편, 올링거목사는 교회의 개척선교에도 적극적이어서 1888년 정동교회의 노병일권사와 인천내리교회를 설립하였으며, 1891년부터 정동교회를 담임하다가 1893년 미국으로 귀국하였고, 1895년부터 중국에서 독립선교사로 선교활동을 하다가 1919년에 별세하였다.

20대 후반의 아펜젤러와 언더우드가 내한한 때는 선교사업의 기반이 구축되지 않았던 1880년대이다. 이에 아펜젤러는 한국의 기독교 초창기 선교사업을 위해 이미 중국 福州에서 16년간 선교사업에 투신했던 올링거목사를 초빙하여 한국선교의 기초를 닦고자 하였다. 때문에 40대의 올링거목사는 來韓하자마자 한국의 각종 선교사업을 주도하였는데 그 중에서도 개신교 문서선교사업의 기초를 다지고 저역작업과 출판문화사업을 시작하였다. 저서로는 *Korean Names*(1893년)와 《라병론》(1890년)이 있고, 역서로는 《신덕통론》(1890년), 《의경문답》(1893년), 《진도입문문답》(1893년), 《삼자경》(1893년), 《인가귀도》(1894년)가 있다.[4] 이 중에서 몇 권은 지금 한국에 현존하는데, 《한국기독교박물관 고문헌목록》

3) 尹春炳, 《韓國基督教新聞·雜誌百年史》, 서울 大韓基督教出版社, 1984년, 25-28쪽.

4) 김승태·박혜진 편, 《내한선교사총람 1884-1984》, 한국기독교역사연구소, 1994년, 379쪽.

에는 윌리엄 내스트 著, 中文本《依經問答喻解》를 한글로 번역한 1893년 刊《의경문답》과 1894년에 간행된 그리휘트 저·올링거 譯《인가귀도》 1책 및 올링거 著《牧師之法》(光緒 34년 1908년, 上海美華書局 刊)이 著錄되어 있다. 한국기독교박물관에는 올링거목사의 저역서가 모두 3종, 그리고 《의경문답》의 原本인 《依經問答喻解》 1책이 소장되어 있다.

본고는 한국번역문학사에서 근대 최초의 한글번역소설로 평가되는 《인가귀도》5)가 번역작품으로써 어떤 번역특징과 시대적 특성을 가지고 있는지 살펴보고자 한다. 이를 위해 이전에 분석한 적이 있는 官話本《引家歸道》와 韓譯本 《인가귀도》의 대조작업 뿐만 아니라 최근 필자가 발굴한 그리휘트 존목사가 처음 저술한 문언본《引家當道》의 한국 소장본을 입수하여, 세 가지 다른 언어로 기술된 3종 판본의 저술과 번역상태를 비교 분석해 보고자 한다.

1890년대 초기는 한글 표기가 본격적으로 시작되었는데, 특히 개신교의 문서출판사업은 결정적인 영향력을 발휘하였다. 미국 개신교선교사들은 기독교문서와 《성경》을 중심으로 대량의 한글번역사업을 진행하였는데, 대략 1890년 초부터 올링거목사가 창립한 삼문인쇄소와 朝鮮聖教書會를 중심으로 본격적인 활동을 시작하였다. 그 중에 현존하는 자료가 다수 있지만 한글번역본과 원본의 입수 조사가 가능한 기독교문

5) 김병철교수는《한국근대번역문학사연구》에서 한국번역문학의 효시로 1895년에 발간된《유옥역전》과《텬로력뎡》을 들고 있으나, 필자는 1893년에 번역되고 1894년에 출판된 올링거 역《인가귀도》를 근대번역문학의 효시라고 주장하였다. 졸저, 〈최초의 中國基督教小說과 韓國基督教博物館 소장 초기 기독교소설의 韓譯本 연구〉, 《中國語文論譯叢刊》 제16집, 中國語文論譯學會, 2005.8, 223-225쪽.

서는 손으로 꼽을 정도이다. 그런데, 올링거목사가 진행한 한글번역작업 중에서 이런 연구를 위해 양자를 모두 제공할 수 있는 작품은《인가귀도》이외에《의경문답》이란 기독교 교리문답서가 현존하고 있다. 필자는 현재 숭실대 한국기독교박물관에 소장된 1880년 中國 福州美華書局 刊 中文本《依經問答喩解》와 이를 한글로 번역한 올링거 역 1893년 刊《의경문답》을 비교 분석하여 올링거의 한글 번역작업이 어떤 형태로 진행되었는지, 그 번역수준과 번역특성 및 번역책략을 검토해 보고자 한다. 다행히 필자는 다년간의 조사 끝에《인가귀도》와《의경문답》의 번역본과 원본을 모두 입수할 수 있어서, 1890년대 초 한국에서 중국어 원본을 한글로 번역한 플랭클린 올링거의 번역작업을 구체적으로 분석해 낼 수 있게 되었다.

제2절 韓譯本《인가귀도》와 두 가지 中文 原本《引家當道》와《引家歸道》

1894년 플랭클린 올링거목사가 한글로 번역하여 서울의 정동교회에서 출간한 번역본《인가귀도》는 현재 한국의 여러 대학에 소장되어 있다. 올링거는 한글번역본 序文인〈인가귀도셔〉에서 다음과 같이 번역동기를 밝히고 있다.

이 책은 영국목사 그리휘트선생이 지은 중국 李先生의 眞道를 진실하게 믿는 일이니, 그 일이 진실 되고 말이 자세하여 어린아이라도 알기가 쉽기 때문에 다시 번역하여 출판하노니, 바라건대 보는 이는 허물이 있거든 즉시 뉘우쳐 고치기를 아끼지 말고, 어버이를 섬기매 효도를 하며, 형을 공경하고, 아내와 화목하고 아우와는 우애를 나누며, 고아들을 사랑하며 가르치고, 원수를 대접하고, 빚 갚는 일을 본받고자 하나니, 이는 자기의 힘으로 이룰 수 있는 것이 아니오, 하나님의 은혜와 그리스도의 공로와 성신의 감화를 힘입은 것이니 원컨대 이 세상 사람은 모두 이선생 같이 굳게 眞道를 믿어 화를 돌려 복을 받으시기 바랍니다.[6)]

올링거는 이 작품이 원저자 그리휘트 존목사의 작품을 한글로 번역한 翻譯本임을 서두에 밝히고 "그 일이 진실하고 말이 자세하여 어린이라도 알기 쉬운 고로" 번역하게 되었다고 번역동기를 천명하면서 누구나 쉽게 읽을 수 있도록 상세하게 서술된 이 작품의 문체 특성을 강조하고 있다. 그는 독자가 이 작품을 읽고서 죄를 회개하고 개과천선하여 부모, 형제, 자녀와의 인륜관계를 바르게 갖고, 원수를 사랑해야한다고 주장하고 있는데, 이선생이 이렇게 참된 신앙을 갖게 된 것은 오로지 聖父, 聖子, 聖神 三位一體 하나님의 은총을 입었기 때문이라며 《인가귀도》의 주인공 이선생과 같이 하나님을 믿으라고 기독교를 권면하고 있다.

그리고 서문의 끝에는 "무림길 거듭 번역"이라고 쓰여 있는데, 이것은 역자 올링거목사가 官話譯本인 《引家歸道》를 저본으로 번역하였기

6) 존 그리휘트 저·올링거 역, 《인가귀도》, 정동예수교회당, 숭실대 韓國基督教博物館 소장본, 1894년, 1면.

때문에 "重譯"이란 의미의 "거듭 번역"이란 용어를 사용하였다고 생각하였다. 왜냐하면 패트릭 하난교수는 대영박물관에 소장된 《引家當道》를 가지고 그리휘트의 기독교소설에 대해 비평한 적이 있는데, 필자는 올링거목사가 번역하는 과정에서 제목을 뜻에 맞게 바꾸어 "인가귀도"라고 개명하였을 것이라 추측한 적이 있었다. 하지만 "거듭 번역"이란 단어는 분명 직접 번역한 것이 아니라 누군가의 번역본을 다시 번역했다는 "轉譯"이란 의미로 해석할 수 있기 때문에 이 문제는 풀리지 않는 숙제로 남아 있었다. 그런데 필자는 작년에 그리휘트 존이 처음 저술한 《引家當道》를 고려대 중앙도서관에서 발견하여 직접 원본을 열람한 결과, 이전의 추측이 사실임을 알게 되었다. 그리휘트가 漢口聖敎書局에서 출간한 《引家當道》는 평이하고 간결한 文言體로 기술한 章回體小說로써, 그리휘트 존이 口述하고 중국인 조수 沈子星이 筆寫한 중문기독교소설이며, 이를 다시 周明卿이 北京 官話體로 바꾸어 서술한 작품이 바로 《引家歸道》이다.[7)]

올링거목사가 번역한 韓譯本의 소장 현황은 다음과 같다. 한국기독교박물관에는 1894년 간행본과 1911년 8월 5일에 '朝鮮耶穌敎書會'에서 주관하여 徽文館에서 인쇄한 간행본이 소장되어 있고, 장로회신학대학교 도서관에는 1894년 간행본이, 연세대 도서관에는 1911년 간행본이 각각 소장되어 있다. 1894년 간행본은 반면이 10行이고 1행은 18字인데, 전체가 띄어쓰기가 되어 있지 않고 붙여쓰기로 기술된 전형적인 초기 한글기록문체이며, 모두 79면이다. 1911년 간행본은 78면인데, 1894

7) 周明卿 著, 〈譯官話序〉, 《引家歸道》, 漢口聖敎書局, 1889년, 연세대 중앙도서관 소장본, 1면.

년 간본과는 달리 문장은 띄어쓰기가 정연하게 되어있다. 半面은 10行이고 1行은 띄어쓰기로 字數가 일정치 않지만 대부분 17~18字 전후이다.

그리휘트 존이 처음 저술한 고려대 중앙도서관 소장본《引家當道》는 1887년 간행본으로 표지에는 "中國聖教書會 發, 上海美華書館"이라 표기되어 있는데, 모두 19면이며, 반면은 12행, 1행은 31자이다. 작품 서두에는 "壬午 菊秋 上浣 金陵 沈子星 書於漢皋客次"라고 서명된 沈子星의 〈序文〉이 1면 있고, 이어서 〈引家當道目錄〉 半面에 16章의 章目이 수록되어 있다.[8] 본문의 시작은 상단에 큰 글씨로 제목 "引家當道"라 표기되었고, 하단에는 작은 글씨로 "楊格非著 沈子星書"라고 2행으로 병렬하여 기록되어 있는데, 이 작품은 전체가 위에서 아래로 세로쓰기로 되어 있고, 띄어쓰기를 하지 않았으며, 문장의 우측에 문장의 분단이나 마침을 표시하는 "쉼표"가 찍혀 있다. 沈子星이 찬술한 〈序文〉의 "壬午菊秋上浣"은 1882년 9월 상순을 가리키는데, 이 판본은 1882년 漢口聖教書局에서 간행된 첫 번째 판본[9]을 1887년에 上海美華書局에서 다시 重刊한 것으로 내용은 대영박물관 소장본 1882년 초판본과 완전히 동일하지만 판식은 다소 상이한 편이다. 때문에 그리휘트 존이 설립한 "中國聖教書局 發"이라 표지에 명기하고 있다.

---

8) 16章의 章目은 다음과 같은데, 章數가 표기되지 않았다. 從世情起落無常 聽眞理今昔大異 復天良游子歸家 觀善行哲婦慕道 兒死女存悲復喜 聞聲放足理兼情 謊罵賭錢從幼戒 家庭禮拜照常行 聖靈妙化求能得 眞道微言問更明 欠債淸還毋再欠 仇人善待不終仇 奉老親勸歸眞道 找長兄救出迷途 公道謀生爲善策 親身見嫂入明宮

9) 패트릭 하난 著·徐俠 譯,《中國近代小說的興起》, 上海教育出版社, 2004년 5월, 67쪽. 패트릭 하난은 大英博物館에 소장된 1882년 初刊本《引家當道》의 서지사항을 여기서 설명하였다.

2007년 필자는 연세대 중앙도서관에서 1889년(己丑年) 漢口의 聖教書局에서 간행된 英漢書館鉛板本《引家歸道》를 발견하였다. 이 책에는 壬午年(1882)에 沈子星이 저술한 〈原序〉 1面과 戊子年(1888) 官話本의 譯者 周明卿이 저술한 〈譯官話序〉 半面이 본문 앞에 수록되어 있다. 그 뒤에는 〈引家歸道目錄〉 半面이 있는데, 章目 앞에 章數가 표기되어 있지 않고 다만 中文의 章目만이 있는 것은 〈引家當道目錄〉과 동일하며, 章目이 모두 같은데 다만 第9章의 章目 중 "聖靈"을 "聖神"으로 바꾸어 표기한 차이가 있을 뿐이다. 그런데 《引家歸道》의 목록 뒤에는 揷圖 8幅이 수록되어 있다. 半面 1폭의 삽화는 선명하고 수준 높은 그림으로 작품의 주요 장면을 묘사하고 있으며 그림 하단에는 7자의 揷圖 題詞가 쓰여 있다.[10] 이 작품은 序文 2面, 揷圖 4面과 본문 21面이 있는 19.5×12.5cm의 鉛活字本으로 총 27면이며, 半面은 13行이 있고, 1행은 32字이다. 기술방식은 세로쓰기와 붙여쓰기로 표기되어 있어 《引家當道》와 같은 방식이며, 문장의 우측에는 경지부(頓號)가 전편에 걸쳐 찍혀 있는데, 쉼표를 사용한 《引家當道》와 부호는 다르지만, 문장부호를 사용했다는 점에서 유사하다. 周明卿은 〈譯官話序〉에서 1882년에 楊格非 口述, 沈子星 筆書의 《引家當道》가 출판되었는데, 이 작품을 그리휘

10) 揷圖의 제명과 한글 번역문은 다음과 같다. "別妻子出外營生 처자를 이별하고 타지에 가서 돈벌이하다 濫交友被誘入迷 친구를 제멋대로 사귀다 유혹 당하여 미로에 빠지다 講堂聽道受感 교회당에 들어가 복음을 듣고 감동을 받다 與教師屈膝祈禱 목사와 함께 무릎을 꿇고 기도하다 奉教後寄來家書 입교한 후에 집안에 편지를 쓰다 贖女回母心歡暢 딸을 속량해 돌아오니 어미의 마음이 즐겁고 기쁘다 禮拜日停止買賣 일요일에 장사를 멈추다 在本村宣傳聖道 마을에서 聖道를 널리 전하다"

트목사의 저술동기에 부합되도록 '村夫나 俗子"와 같은 일반 백성들까지도 읽을 수 있게 北京官話로 번역하게 되었다고 번역동기를 밝히고 있다. 그리고 본문이 시작되는 제1장의 章目 하단에는 《引家當道》와는 달리 "楊格非 著"라고 그리휘트 존을 1人 著者로 표기하고 있다. 먼저 이 작품의 내용을 서술구조의 분석을 통해 살펴보도록 하자. 작품의 제1장 첫머리는 다음과 같이 시작된다.

> ᄒᆞᆫ마을에리아모가잇ᄉᆞ니비록박학ᄒᆞᆫ션ᄇᆡ와문쟝은되지못ᄒᆞ나ᄯᅩᄒᆞᆫ글ㅅᄌᆞᄅᆞᆯ알고리치에ᄇᆞᆰ으니사ᄅᆞᆷ마다리션ᄉᆡᆼ이라닐ᄏᆞᆺ더니집이가난치아니ᄒᆞ야여간밧과씨간이잇ᄉᆞ나날마다쓰ᄂᆞᆫ거시부죡ᄒᆞᆫ고로밧긔나가ᄉᆡᆼᄋᆡᄒᆞ야돕ᄂᆞᆫ지라안ᄒᆡ하시ᄅᆞᆯ취 ᄒᆞ니문벌이서로맛당ᄒᆞ고어려서글을ᄇᆡ윗고셩픔이총혜ᄒᆞ니졍히닐ᄋᆞᆫ바됴흔인년이러라혼인ᄒᆞᆫ후에금슬이고르고범ᄉᆞᄅᆞᆯ서로의론ᄒᆞ야ᄒᆞ니의식에근심이업고후에두아ᄃᆞᆯ과ᄒᆞᆫᄯᆞᆯ을나으니모양이범샹치아니ᄒᆞ며니웃사ᄅᆞᆷ이보고칭찬치아니ᄒᆞᄂᆞᆫ이업고리션ᄉᆡᆼ이밧긔잇서나ᄂᆞᆫ바돈은집에갓다가봇ᄐᆡ고조곰도허비치안코그안ᄒᆡᄂᆞᆫ집에잇서날마다녀공을부ᄌᆞ란이ᄒᆞ야써용도ᄅᆞᆯ도으니온집가온ᄃᆡ춤락이잇더니(어떤 마을에 李아무개라는 사람이 있는데, 비록 박학한 선비나 문장가는 아니지만 글자를 알고 이치에 밝아 사람들이 그를 이선생이라 불렀다. 집안 살림이 가난하지 않고 약간의 전답이 있지만, 일용생활에 부족하기 때문에 밖에 나가 장사를 하여 이를 보충하였다. 何氏를 아내로 맞이하였는데, 남편과 가문이 비슷하였으며 어려서 문자를 배웠고 성품이 총명하니, 정말 좋은 인연이라 하겠다. 결혼한 후에 금슬이 좋고 매사를 서로 도우며 순리대로 생활하였는데, 먹고 입는데 걱정이 없었다. 나중에 2남1녀를 낳았는데, 용모가 범상치 않아 이웃사람들이 보고서 칭찬하지 않는 사람이

> 없었다. 이선생이 밖에서 버는 돈은 집에 가져다 보태어 조금도 허비하지 않고, 그의 아내는 집에서 날마다 길쌈을 부지런히 하여 살림을 도우니 온 집이 和樂하였다.)(제1장 4면)[11]

이 작품은 비록 章回體의 형식을 갖추고 있지만, 작품의 서두는 明淸章回小說의 전통적인 시작방식과는 상당히 다르다. 우선 得勝頭會의 入話가 없고, 開場詩와 같은 韻文이 없이 서술인의 전지적 관점의 散文敍述로 시작한다. 그리고 各章의 시작과 말미에도 韻文의 開場과 終章의 詩詞가 없이 산문의 서술로 일관된다. 제1장의 시작은 장소가 명시되지 않은 불특정 장소에 거주하는 이선생이란 주인공이 전지적인 서술방식에 의해 소개되었다.

그는 높은 지위와 상당한 재산이나 대단한 학문을 가지지는 않았지만, 현명한 아내를 맞아 슬하에 잘 생긴 이남일녀의 자녀를 두었으며, 의식주를 걱정하지 않는 유복한 가정을 꾸리고 있어 주위로부터 부러

---

11) 某村有李某, 雖非學士文人, 究亦知書明理, 人皆稱之爲李先生云。家道小康, 薄有田産, 因不足日用, 故在外謀生以補之。娶妻何氏, 與夫門戶相當, 幼習文字, 性亦聰明, 正所謂好姻緣也。新婚之時, 琴瑟調和, 凡事相助爲理, 衣食無憂。後生子二女一, 器宇不凡, 鄰里見之, 無不稱讚。李先生在外所入之項, 歸以養家, 毫無浪費。其妻在家, 日事女工, 以助用度。一屋之中, 愉愉然有眞樂也。(《引家當道》 第1章 1면) 某村有一人姓李, 雖然不是讀書人, 究竟也知書明理, 四鄉的人都稱他爲李先生。家中稍有蓄積, 也有些田産, 無奈用度浩繁, 所以在外做生意, 帮補家用。娶妻河氏, 與李先生門當戶對, 這何氏幼年學習文字, 天性聰明, 眞算得是好姻緣。新婚的時候, 琴瑟調和, 凡事你帮我助, 有吃有穿, 並無憂愁。後來生了二男一女, 相貌甚好, 鄰舍看見, 沒有不稱讚的。李先生在外所賺的銀錢, 帶回養家, 毫無浪費。他的妻子在家裏, 日做女工, 帮助用度。一家之中, 相親相愛, 眞是快樂。(《引家歸道》 第1章 1면)

움과 존경을 받는 사람이었다. 이렇게 유복한 가정의 가장으로 생업에 열심이었던 이선생이 자신을 절제하지 못하고 완전히 방탕한 생활에 빠져버렸다.

> 헤아리지아니ᄒᆞᆫ리션ᄉᆡᆼ의ᄆᆞᄋᆞᆷ이단단치못ᄒᆞ고ᄯᅳᆺ잡음이굿지못ᄒᆞ야사ᄅᆞᆷ의현우ᄅᆞᆯ분변치못ᄒᆞ고그릇벗ᄉᆞᆯ사괴여악소년의ᄭᅬ임을닙어미혹ᄒᆞᄂᆞᆫ길노드러가니쥬샤쳥루ᄅᆞᆯ유련ᄒᆞ야ᄯᅥ나지못ᄒᆞ며ᄯᅩ각ᄉᆡᆨ노림이며벗ᄉᆞᆯ닛글고차ᄑᆞᄂᆞᆫ집을ᄎᆞᆺ고ᄉᆞᆯ먹기로여간잇ᄂᆞᆫ바ᄌᆡ물을다허비ᄒᆞ야ᄇᆞ리고집가온ᄃᆡ결발ᄒᆞᆫ안ᄒᆡ와ᄌᆞ녀ᄂᆞᆫ조곰도본체아니ᄒᆞ니집에도라오ᄂᆞᆫ날도졈졈젹다가아조도라오지아니ᄒᆞ니이는돈도업고무안ᄒᆞᆷ을인ᄒᆞᆷ이라(뜻밖에도 이선생의 마음이 단단치 못하고 뜻이 굳지 못해 사람의 어질고 어리석음을 분변치 못하고 잘못된 벗을 사귀고 나쁜 소년의 꾀임에 빠져 미혹된 길로 들어가니 화려한 기생집에 머물며 떠나지 못하고 게다가 각색 노름을 하며 벗을 데리고 찻집을 찾고 술을 먹어 제법 있던 재물을 모두 탕진해 버리고 집에 있는 조강지처와 자녀는 조금도 돌보지 아니하니 집에 돌아오는 날도 점점 적어지다가 아주 돌아오지 아니하니, 이는 돈도 없고 무안하기 때문이었다.)(《인가귀도》 제1장 4~5면)[12]

---

12) 不料李先生心無把握, 立足不牢, 不識人之賢愚、良暴, 而妄與之訂交, 被惡少誘入迷途, 秦樓楚館、柳巷花街, 戀戀不舍, 步步難離, 往往擲骰、搖攤、抹牌、押寶, 而且引類呼朋, 烹茶飮酒, 所有之財花費已盡。家中之髮妻, 置之度外, 子女之艱苦, 亦置若罔聞。歸家之日漸少, 由漸少以至終不歸家。因無錢耳, 因無顔耳。(《引家當道》第1章 1면) 不料李先生心裏沒有把握, 立脚不穩, 不識人的賢愚、好歹, 輕易與人接交, 被那些浪蕩子弟,引入迷途, 秦樓楚館、柳巷花街, 戀戀不舍, 步步難離, 並且常有擲骰、搖攤、抹牌、押寶, 成群結黨, 烹茶飮酒等事, 將所有的錢財, 都花費了。家中髮髮的妻子, 不放在心上, 兒女的艱難苦楚, 全然不顧。回家的日子漸漸少了, 到後來總不回家, 是因爲手

이선생은 타락하여 술 마시고 주색잡기와 놀음에 빠져 가산을 탕진해 버렸고, 집안은 전혀 돌보지를 않고 심지어 집에도 돌아오지 않는 지경에 이르렀다. 어쩌다 집에 돌아와도, 이미 가족의 정이 끊어져 버렸고, 부친의 본분도 잊어버린 채, 자식을 팔아먹는 비인륜적인 상태로 타락해 버렸다. “그안ᄒᆡ와ᄌᆞ녀ᄅᆞᆯ만일보면눈을바로ᄯᅳ지아니ᄒᆞ고조곰도골육의졍이업서오ᄌᆞᆨ뮈워ᄒᆞ더니후에그ᄯᆞᆯ과밋버금아ᄃᆞᆯ을ᄂᆞᆷ의게ᄑᆞᆯ아먹으니ᄒᆞᆫ집의괴로옴이이디경에니ᄅᆞ럿더라(그 아내와 자녀를 보게 되면 눈을 바로 뜨고 보지 아니하고 조금도 골육의 정이 없이 미워하기만 하더니 나중에는 딸과 둘째 아들을 남에게 팔아 버려, 한 집의 괴로움이 이 지경에 이르렀더라.)(《인가귀도》 제1장 5면)”

주색잡기와 노름에 빠져 가산을 탕진하고, 처자와 반목한 채 자식을 팔아먹는 비인간적 범죄를 저지른 이선생은 이미 죄의식에 사로잡혀 마음이 항상 불안하였고, 잘못을 고쳐 새롭게 개과천선할 생각을 거의 접어버린 완전히 절망의 상태에 빠져있었다. 그런데 어느 날 他地에서 교회당 앞을 지나다 목사가 강론하는 설교를 듣고는 자신의 죄를 뉘우치고 회개를 하게 되었다. 이 때부터 이선생은 이전의 잘못을 고치고 항상 기도하며 자신을 새롭게 수양하였다.[13] 그는 영혼의 重生을 체험한 뒤에 더욱 열심히 일을 하여 가족을 부양하였고 하나님을 믿도록 가족들에게 전도하였다. 먼저 그와 함께 악행을 저질렀던 무뢰배와 비행소년들이 개과천선한 이선생을 보고 감복하여 신앙을 갖게 되었는데, 그에 대해 다음과 같이 평하였다. “다만션ᄉᆡᆼ을보건ᄃᆡ악ᄒᆞᆫ거ᄉᆞᆯᄇᆞ리고착

中無錢, 臉上抱愧的緣故。《引家歸道》第1章 1면.

13) 《인가귀도》 제2장 9면. 《引家當道》 第2章 2면. 《引家歸道》 第2章 3면.

ᄒᆞᆫ일을ᄒᆡᆼᄒᆞ며간샤ᄒᆞᆷ을ᄇᆞ리고올흔도로도라오니지금ᄒᆞᄂᆞᆫ일노녯날을ᄉᆡᆼ각ᄒᆞ매대단이ᄀᆞᆺ지아니ᄒᆞ니만일올흔도가아니면션ᄉᆡᆼ이엇지능히변ᄒᆞᆷ이이ᄀᆞᆺᄒᆞ리오ᄒᆞ더라(다만 선생을 보건대, 악한 것을 버리고 착한 일을 행하며, 간사함을 버리고 옳은 도로 돌아오니, 지금 하는 일로 옛날을 생각해보면 대단히 다르니, 만일 옳은 도가 아니면 선생이 어찌 능히 변함이 이 같으리오 하더라.《인가귀도》 제2장 10면)" 작품의 서술인은 함께 비행을 저지른 무뢰배와 불량 청소년의 관찰을 통해 기독교 신앙을 갖은 뒤에 변화된 이선생의 모습을 평가하고 나서, 전지적 관점에서 기독교에 入教한 이후의 달라진 이선생의 생활에 대해 기술하고 있다.

> 리션ᄉᆡᆼ이교를밧든후로일마다사ᄅᆞᆷ으로ᄒᆞ여곰항복ᄒᆞ게ᄒᆞᄂᆞᆫ즁뎨일항복되게ᄒᆞᄂᆞᆫ거ᄉᆞᆫ그집사ᄅᆞᆷ을셩실ᄒᆞᆫᄆᆞᄋᆞᆷ으로복밧게ᄒᆞ고져ᄒᆞ야일면으로쟝ᄉᆞᄅᆞᆯ힘써온집으살니고일면으로셩경을강론ᄒᆞ야집사ᄅᆞᆷ을듯게ᄒᆞ며여러가지로인도ᄒᆞ여간샤ᄒᆞᆫ길을ᄇᆞ리고졍도로드러가게ᄒᆞᆷ이라(이선생이 기독교를 믿은 후로 일마다 사람들로 하여금 탄복하게 하였다. 가장 탄복할 만한 것은 바로 성실한 마음으로 그의 가족에게 복을 받게 하려는 것이다. 한편으로는 힘써 장사하여 온 가족을 부양하고, 한편으로는 《성경》을 강론하여 가족들에게 들려주어 온갖 방법으로 그들을 간사한 길에서 나와 정도에 들어가게 하였다.(《인가귀도》 제3장 10~11면)[14]

이선생은 정성과 노력을 기울여 먼저 아내와 그 자녀에게 전도하였고, 이어서 맏형과 큰 형수 그리고 연로한 부모 모두 한 사람 한 사람씩

14) 《引家當道》 第3章 2面. 《引家歸道》 第3章 3면.

예수를 믿도록 전도하여 온 가족이 重生하여 구원을 얻는 기쁨을 누리게 되었다. 작품의 마지막 결미에서는 온 가족이 신앙을 갖고 사망도 두려워하지 않는 영생의 기쁨을 누리며, 사망의 권세를 이기고 천국으로 올라가는 이선생 형수의 임종장면으로 끝을 맺는다.

> ᄒᆞ로ᄂᆞᆫ그집사ᄅᆞᆷ의게말ᄒᆞ야ᄀᆞᆯᄋᆞ듸내이제맛당이가리라ᄒᆞ거ᄂᆞᆯ엇지아ᄂᆞ뇨무ᄅᆞ면ᄀᆞᆯᄋᆞ듸밤에ᄒᆞᆫᄭᅮᆷ을엇으니비록ᄭᅮᆷ이허탄ᄒᆞᆷ이만ᄒᆞ나이ᄭᅮᆷ에 쥬가나타내보이시니흰옷ᄉᆞᆯ닙고손으로나ᄅᆞᆯ부ᄅᆞ시니내헤아리건듸오ᄂᆞᆯ은반ᄃᆞ시 쥬의게로도라가셰샹의괴로옴을쉬리라ᄒᆞ더니저물ᄯᅢ에긔운이쟝ᄎᆞᆺᄭᅳᆫ어질ᄉᆡ가는소래로리션ᄉᆡᆼ을듸ᄒᆞ야닐ᄋᆞ듸쳥컨듸일제이집사ᄅᆞᆷ을모흐라ᄒᆞ고ᄎᆞ례로쟉별ᄒᆞᆫ후집사ᄅᆞᆷ을쳥ᄒᆞ야ᄂᆞ즉이셩시뎨일ᄇᆡᆨ팔십구편을다부ᄅᆞ게ᄒᆞ니……부ᄅᆞᆯᄯᅢ에그눈이하ᄂᆞᆯ을우러러ᄇᆞ라더니하ᄂᆞᆯ의영광이그ᄂᆞᆾ헤빗최더니부ᄅᆞ기ᄅᆞᆯ임의ᄆᆞᆺ치고혼이임의 샹뎨의게도라갓더라(하루는 가족들에게 말하기를 "내가 이제 마땅히 가야 되리라."라고 하거늘, "어떻게 압니까?"하고 물으니, 대답하였다. "밤에 꿈을 하나 꾸었는데, 비록 꿈이 허탄한 것이 많기는 하지만, 이 꿈속에 주님이 나타나셨는데 흰옷을 입고 손으로 나를 부르시더라. 내가 헤아리건대 오늘은 반드시 주님께로 돌아가 세상의 괴로움을 쉬게 되리라." 하더라. 저물 때에 기운이 끊어지려 하는데, 가는 소리로 이선생에게 말했다. "청컨대 가족들을 모두 모아주세요." 차례로 작별을 한 후에 가족들에게 나직히 찬송가 189장을 불러달라고 하더니,……찬송을 부를 때에 그녀의 눈이 하늘을 우러러 바라보았고, 하늘의 영광이 그녀의 낯에 비추었으며, 찬송가를 다 부르고나니 영혼이 이미 하나님께로 돌아갔더라.)(《인가귀도》 제16장, 76~79면)[15]

---

15) 一日告其家人云: "我今當去矣。" 問: "何由而知?" 答: "夜得一夢, 雖夢兆迷

이 작품은 분명히 《성경》의 "탕자의 비유"[16]의 서술구조를 채택하고 있으니, 유복한 생활→범죄→수난→회개→구원의 서술구도를 가지고 있다. 이를 黎子鵬교수는 U자형 서술구조라고 지칭하였지만[17], 그가 말한 대로 원래 낙원의 상태에서 다시 낙원으로 돌아가는 구조는 아니다. 왜냐하면 처음 상태는 하나님을 모르는 불신앙상태의 평안한 삶이었지만, 범죄한 뒤 자신의 죄를 회개하고 구원을 받아 비로소 영생의 상태로 돌아가는 이런 서술구조는 일자형으로 발전된다. 예수 그리스도를 믿고 죄사함을 받는 회개과정을 거쳐야 비로소 구원을 받고 낙원에 들어가 영생을 누리게 되므로 원래의 낙원상태로 회귀하는 U자형 서술

茫者多, 而此夢不同, 卻甚清切, 夢中見主顯現, 衣白衣, 以手招我, 我料今日必歸於主, 而息世之勞苦矣。" 至暮, 氣將絕, 細聲對李先生云: "請齊集家人。" 旣集, 挨次作別, 後請家人低唱聖詩第一百八十九篇, ……。唱之時, 其目仰天而望, 天上之榮光, 映於其面。唱旣畢, 視之, 魂已歸於上主矣。(《引家當道》第16章 19면) 有一日告訴他家裏的人說: "我現在應當去了。" 問: "是怎麼知道的?" 答: "夜得一夢, 雖然夢兆迷茫的多, 但這個夢不同, 卻甚清切, 夢中看見我主顯現, 穿着白衣, 用手招我, 我料今日必要歸到主那裏, 歇息世上的勞苦了。" 到了晚上, 氣將要斷, 細聲對李先生說: "請集家裏的人。" 旣已聚集, 他就挨次作別, 後請衆人低聲唱聖詩第一百八十九篇, ……唱詩的時候, 他的眼睛仰天觀望, 天上的榮光, 映在他臉上。唱完了, 衆人看他, 他的魂已經歸於上主了。(《引家歸道》第16章 21면)

16) 예수가 세리와 죄인들과 함께 먹고 마시며 말씀하시는 것을 바리새인들이 비방하자, "잃은 아들을 되찾은 아버지의 비유"를 들어 인류가 회개하고 돌아오기를 기다리는 하나님의 마음을 알려 주었다. 이 "탕자의 비유"는 《누가복음》 15장 11절-32절에 나온다.

17) 黎子鵬은 이 작품이 "樂園-犯罪-受難-懺悔-구원"의 구조를 가지고 있는 성경의 U자형 서술구조라고 하였다. 〈晚清基督教小說《引家當道》的聖經底蘊與中國處境意義〉, 《華人學術處境中的宗教研究》, 黎志添·蔡彥仁 主編, 홍콩: 中文大學出版社, 2010년, 102쪽.

구조는 결코 아니며, 처음 출발이 원죄에 빠진 불신앙 상태이므로 "불신앙 생활→범죄→수난→회개→구원"의 일자형 서술구조라고 하는 것이 타당하겠다. 이런 "탕자의 비유"형 서술구조는 《성경》에 익숙한 독자라면 아주 자연스럽고 친근하게 받아들이게 된다.

다만 이 작품은 불신앙 상태의 유복한 생활 → 범죄 → 수난의 세 가지 과정이 제1장에 간략하고도 압축적으로 기술되어 있는데, 한글본의 경우 이선생의 행복한 가정생활(낙원)은 278자이고, 이선생이 타락하여 가정을 파괴하고 범죄하며, 가족들이 고통을 받는 부분은 더욱 간략하여 235자에 불과하다. 1면이 360자인 것을 고려하면 제1부분은 4분의 3면, 제2부분은 이보다도 더 적은 편폭이다. 제2장부터는 바로 목사의 설교를 듣고 통회 자복하고 개과천선하는 "회개"와 "구원"의 사건이 전개되고 있다. 작품의 16장 가운데 제1장을 제외한 15장의 편폭이 기독교의 복음을 믿고 회개 구원받는 기독교 복음선교의 내용을 소설로 형상화한 것으로 편폭의 안배로 볼 때, 2만 8천자 작품 전체의 90%를 점유하고 있으며, 때문에 이 작품은 《성경》의 탕자의 비유형 일자형 서술구조의 기독교 장회체 선교소설이라 하겠다. 바로 불신앙의 유복한 생활 → 타락(犯罪) → 수난 → 참회(회개) → 구원 → 낙원(영생) 의 구조를 가진 탕자의 비유의 서술구조를 장회체소설로 서술한 전형적인 작품이라 하겠다.

제3절 韓譯本《인가귀도》의 한글 번역상태

한글본 역자 올링거목사는 제목만을 본다면《引家歸道》(이후로는 官話本이라 약칭하겠다)를 저본으로 삼아 번역했을 가능성이 많은데 이제 원본인《引家當道》와 官話本 그리고 한역본《인가귀도》(이후로는 韓譯本이라 약칭하겠다)를 비교 검토하여 두 가지 중문본의 서술상태와 韓譯本의 번역상태 및 번역수준, 번역 특징을 고찰해 보고자 한다. 그런데 이 세 가지 작품을 비교하게 되면 편폭이 상당히 길어지기 때문에 앞에서 논의한 이 작품의 6가지 구조를 중심으로 대표성이 있는 부분을 선별하여 한역본의 번역상태와 수준을 분석 탐구해보고자 한다. 그리고 편폭의 제한 때문에 앞 절에서 언급한 인용문은 다시 인용하지 않고 해당부분의 번역상태를 살펴보도록 한다.

韓譯本 제1회의 시작부분은 축자번역이라 할 수 있는데, 내용이 대체적으로 무리 없이 번역되었으며,《引家當道》와 官話本의 내용 또한 대체적으로 비슷하다. 다만 韓譯本에는 人名에 해당하는 이선생과 아내 何氏의 호칭에 줄을 그어 고유명사임을 명기해 놓았다. 그런데 "날마다 쓰는 거시 부족훈 고로"는《引家當道》의 "因不足日用"을 번역한 것이고, 官話本의 이에 해당하는 "無奈用度浩繁"와는 사뭇 다르다. 또한 韓譯本에는《引家當道》의 "愉愉然"이나 官話本의 "相親相愛"는 번역이 완전히 누락되어 있다. 그리고 韓譯本에는 中文本에 없는 "녀공을 부즈란이 ᄒᆞ야써 용도를 도으니"라는 부분이 더해져 있다. 이렇게 韓譯本과 두 가지 중문 원본을 대조 분석해보면 여러 가지 상이한 부분을 발견하

게 된다. 다음에는 대표적인 誤譯 사례를 분석하면서 이 작품의 번역특성을 고찰해 보겠다.

> 세쇽사름으로의론ᄒᆞ면만일ᄌᆞ녀가젹은물건을ᄭᆡ칠진ᄃᆡ반ᄃᆞ시치고ᄭᅮ짓고무레ᄒᆞᆫ말을니ᄅᆞᆯ거시나리션ᄉᆡᆼ은듯고도못드른것ᄀᆞᆺ치ᄒᆞ더라(세상사람들로 말할 것 같으면, 만일 자녀가 작은 물건을 깨뜨리면 반드시 때리고 꾸짖고 무례한 말을 하겠지만, 이선생은 듣고도 못 들은 척 하더라)(《인가귀도》 제7장 26면)[18]

일반사람들이 자녀를 대할 때 생각 없이 나타나는 나쁜 교육방식에 대해 기독교인의 이상적인 자녀교육방식을 제시한 장면인데, 두 가지 원본과 대조를 해보면 韓譯本의 번역은 완전히 誤譯이라는 것을 알 수 있다. 《引家當道》와 官話本은 비록 자수가 일치하지는 않지만 전체의 의미는 거의 비슷하다. 《引家當道》에는 "세상 사람들로 말하자면, 그 자녀가 잔이나 그릇 같은 작은 물건을 깨뜨리면, 즉시 때리고 욕을 하게 된다. 자녀가 이치에 닿지 않은 말과 부실한 말을 하면 듣고도 못들은 체 하며, 도리어 영리하고 똑똑하다고 칭찬을 하다니, 애석하구나!" 라고 번역되어야 하고, 官話本은 이보다 조금 더 상세하게 기술되었는데, 韓譯本은 "잔이나 그릇 같은"을 빼 버렸고, "ᄭᅮ짓고 무레ᄒᆞᆫ 말을 니ᄅᆞᆯ

18) 以世人而論, 見其子女敗一小物, 如杯碗之類, 卽打罵交至。說無理之言、不實之言, 乃聞如未聞, 且誇其靈巧也, 惜哉!(《引家當道》 第7章 6면) 論到世人, 有許多爲父母的, 看見兒女打壞一小小物件, 如杯碗等類, 就打就罵。若兒女說無道無理的話、不誠實的話, 聽見只像沒有聽見的, 並且誇他們伶俐乖巧, 這實在是可惜的事!(《引家歸道》 第7章 8면)

거시나" 이하는 거의 오역이 나와 문맥이 통하지 않게 되었다. 작은 실수에도 자녀에게 욕하고 때리는 것과 이치에 맞지 않고 진실되지 못한 말을 듣고도 제대로 훈육을 시키지 않는 世人들의 자녀교육 실태를 비판하면서 기독교인의 이상적인 자녀 교육관을 소개하고 있다. 두 번째 사례는 다음과 같다.

> 리션ᄉᆡᆼ이늣게도라와그안ᄒᆡ로더브러등잔아래서도ᄅᆞᆯ말ᄒᆞᆯᄉᆡᄂᆞ진ᄃᆡ로브터깁흔ᄃᆡ밋고간략ᄒᆞᆫ걸노죠차ᄌᆞ세이ᄒᆡ석ᄒᆞ며ᄯᅩᄌᆞ긔지닌바엇더케긔도ᄒᆞ고엇더케감화ᄒᆞᆷ을엇고엇더케죄를뉘ᄉᆞᆺ쳐엇더케곳치고엇더케교ᄅᆞᆯ밧들고교를밧든후에ᄂᆞᆫ엇더케 예수쓰ᄅᆞᆯ위ᄒᆞ야증거ᄒᆞᆫ슈말을다력력히말ᄒᆞ고(이선생이 늦게 돌아와 그 아내와 더불어 등잔 아래서 도를 말하는데, 낮은 데로부터 깊은 데까지 이르고, 간략한 것으로부터 자세하게 해석하며, 또한 자기가 어떻게 기도하고, 어떻게 감화를 받았으며, 어떻게 죄를 뉘우쳐 고치고, 어떻게 기독교를 믿게 되었으며 기독교를 믿은 후에는 어떻게 예수를 위하여 증거하게 되었는지 등의 전말을 일일이 똑똑하게 말하고)(《인가귀도》 제4장 14면)

이 부분은 官話本과 다소 다른 문장이 있는데, "늣게 도라와 그 안ᄒᆡ로 더브러 등잔 아래서 도ᄅᆞᆯ 말ᄒᆞᆯᄉᆡ"에서 官話本은 "晚上回來, 點着了燈, 就與他的妻子, 在窗前談論道理。(《引家歸道》 第4章 4면)"로 되어 있어 직접 대조를 해보면 오역이라 생각할 수도 있다. 하지만 《引家當道》의 해당 부분을 대조해 본다면 올링거가 완전히 오역한 것이 아니라는 사실을 알 수 있다. 먼저 《引家當道》를 살펴보면 다음과 같다.

"李先生晚歸, 遂與其妻, 燈窗談道, 由淺入深, 由略而詳。又將己之如何進堂、如何聞道、如何辯論、如何禱告、如何受感、如何悔罪、如何變化、如何奉教, 奉教之後, 如何爲耶穌作證等情, 歷歷言之。(《引家當道》第4章 3면)

官話本의 "晚上回來, 點着了燈"을 한역본과 비교하면 완전한 오역이지만, 《引家當道》와 비교하면 그렇지 않다는 것을 알 수 있다. "晚歸"는 당연히 "늦게 돌아와"로 번역해야 한다. 하지만 官話本에 의거한다면 "저녁에 돌아와"로 번역해야 타당하다. 그리고 "點着了燈"을 "등잔 아래서"로 번역한 것도 官話本과 대조하면 오역이라 할 수 있지만, 《引家當道》에서는 아주 간략하게 "燈窗談道"로 기술되어 있어 이를 올링거는 "등잔 아래서 도를 말할 새"로 번역하였던 것이다. 官話本의 "在窗前談論"도 아니고 문언본의 "燈窗談道"도 아니니, 이 부분의 한글 번역은 중문의 두 가지 판본을 그대로 축자번역을 한 것이 아니라, 상황을 고려하여 한국의 독자들이 이해하기 쉽도록 "등잔 아래서"라고 의역해 버린 것이다.

그런데 세 가지 판본을 대조해 보면, 올링거는 일부 문장을 빼 버리고 번역하지 않은 부분이 있으니, 바로 이선생이 타지에서 길을 가다가 교회당에 들어가 목사의 설교를 듣고서 회개하는 장면에서 앞부분의 번역이 보이지 않는데, 바로 《引家當道》의 "如何進堂、如何聞道、如何辯論"이 번역에서 누락된 것이다. 官話本에서는 더욱 상세하게 기술된 "將自己在某城, 怎樣進講書堂、怎樣聽道、怎樣辯論"이 번역되지 않아서 이선생이 아내에게 자신이 어떻게 교회에 가서 설교를 듣고 목사와 변론을 통해 자신의 죄를 깨닫고 회개하여 예수를 믿고 구원을 얻게 된 경위를 상세하게 설명해주는 과정이 제대로 번역되지 않은 점은 역자의 결정적인 오류라 하겠다. 세 번째 사례는 다음과 같다.

> 리션ᄉᆡᆼ이ᄀᆞᆯᄋᆞᄃᆡ교밧긔사ᄅᆞᆷ의집은 샹뎨ᄅᆞᆯ공경치아니ᄒᆞ고세쇽을조차그ᄌᆞᆺ신에절ᄒᆞ고거동과ᄒᆡᆼᄒᆞᄂᆞᆫ일이만히진도ᄅᆞᆯ좃지아니ᄒᆞᄂᆞ니만일ᄯᆞᆯ노써혼인ᄒᆞ면이ᄂᆞᆫ깁흔골목으로드러감이니사ᄅᆞ서ᄂᆞᆫ능히 샹뎨의명을슌히ᄒᆞ야사ᄅᆞᆷ노릇ᄉᆞᆯᄒᆞ지못ᄒᆞ고죽은후에능히텬당의긴복을누리지못ᄒᆞ리니내ᄎᆞᆷ아그발ᄆᆡᄂᆞᆫ괴로옴밧ᄂᆞᆫ거ᄉᆞᆯ보지못ᄒᆞ거든엇지ᄎᆞᆷ아그디옥의고초밧ᄂᆞᆫ거ᄉᆞᆯ보리오(이선생이 말했다. "기독교를 믿지 않는 사람의 집은 하나님을 공경하지 아니하고, 세속을 좇아 가짜 신에게 절하며, 행동거지가 참 도를 따르지 않는 경우가 많습니다. 만일 딸을 혼인시킨다면 이는 깊은 골목으로 들어가게 하는 것이니 살아서는 하나님의 명을 순종하여 사람노릇을 하지 못하고 죽은 후에는 천당의 영복을 누릴 수 없게 됩니다. 내가 그 아이의 전족하는 괴로움도 차마 볼 수가 없거늘, 어찌 지옥에 가서 고통 받는 것을 볼 수 있으리오!")(《인가귀도》 제4장 23～24면)[19]

韓譯本은 官話本의 해당부분을 번역하지 않았으며, 《引家當道》를 번

19) 李先生曰: "外敎人家不敬眞神、從世俗、拜假神, 擧動行爲, 多離眞道。以女嫁之, 乃入幽谷矣。身前不能順眞神之命而爲人, 身後不能享天堂之永福。我不忍見其受纏足之苦, 何忍聽其受地獄之苦乎!"(《引家當道》 第6章 6면) 李先生說: "敎外的人家, 不敬上帝、順從世俗、敬拜假神, 擧動行爲, 多有離開眞道之處。 把女兒嫁出敎外, 就是送到黑暗的地方去了。 身前不能順上帝的命做人, 身後也不能享天堂的永福。我看見女兒受纏脚的苦, 尚且不忍, 何忍聽憑他受地獄的苦呢!"(《引家歸道》 第6章 7면)

역하였다 하여도 겨우 축자번역에 해당하는 부분이 있다. “만일 ᄯᆞᆯ노써 혼인ᄒᆞ면, 이ᄂᆞᆫ 깁흔 골목으로 드러감이니”의 구절이 바로 그러하다. 官話本은 매우 명확하게 표현되었으니, “딸을 믿지 않는 사람에게 출가시키는 것은 바로 어두운 곳으로 보내는 것이다.(把女兒嫁出教外, 就是送到黑暗的地方去了。)” 라고 문맥에 맞게 작자의 원의를 자세히 풀어 기술하고 있다.

《引家當道》에서도 “딸을 믿지 않는 집에 출가시키는 것은 어두운 골짜기에 들어가는 것이다.(以女嫁之, 乃入幽谷矣。)”라고 번역해야 하는데, 韓譯者는 ‘之’의 용법을 알지 못해서 이를 누락시키고 번역하지 못했다. 여기서 ‘之’는 앞 부분의 ‘教外人家’를 받는 지시대명사의 용례로 사용되었다. 그렇다면 역자 올링거목사는 官話本의 자세한 서술을 배제하고, 《引家當道》의 간략한 문장을 저본으로 번역하였으나, 중국어의 독해능력 때문에 부분 오역이 나온 것이라 볼 수 있다. 그리고 마지막 문장에서는 두 가지 중문본의 ‘見’과 ‘聽’ 의 두 가지 동사를 韓譯本에서는 모두 ‘보다’ 라는 동사로 번역하였다. 하지만 中文本에서는 딸이 전족 때문에 고통스러워 하는 것을 직접 눈으로 보는 것과 지옥에서 당하는 고통을 직접 목도하는 것이 아니라 멀리서 귀로 듣는다는 의미까지 내포하는 작자의 원의를 그냥 직간접 경험을 뭉뚱그려 하나의 동사로 번역해 놓았다. 하지만 이것은 한역자가 스토리의 흐름을 따라 작품의 내용을 자연스럽게 번역해 놓은 것으로 볼 수도 있다. 네 번째 사례는 오역과 더불어 누락까지 생겨났다.

ᄯᅩ장ᄉᆞᄒᆞᄂᆞᆫ것도힘ᄃᆡ로ᄒᆞ고ᄂᆞᆷ의게빗지지안코ᄯᅩᄆᆡ매ᄒᆞᆯᄣᅢ당장돈을

밧고주니셰시든지명일을당ᄒᆞ든지ᄒᆞ면놈집은다분부ᄒᆞ나홀노아모일도업더라(또 장사하는 것도 힘대로 하고 남에게 빚지지 않으며, 또 매매할 때 당장 돈을 받고 주니, 세시든지 명절을 당하더라도 다른 집은 다 분주하지만 홀로 아무 일도 없더라)(《인가귀도》 제15장 67면)[20]

韓譯本의 번역은 축자번역이 아니며, 《引家當道》나 官話本의 문장과는 다소 차이가 있다. 먼저 문언본과 官話本은 비록 기록문자가 어느 정도 차이가 있긴 하지만 그 내용은 대체로 동일하다. 그런데, 韓譯本은 중국어 원본의 문장을 적당히 뭉뚱그려 번역하고 있다. 우선 "물건을 사는 것은 능력에 따라서 사며, 외상으로 하지 않는다.(買貨量力而爲, 不欠客賬。)"와 "물건을 파는 것도 현금 거래를 요구하며, 받든지 주든지 일체 개인이 주조한 돈을 쓰지 않는다.(賣貨也要現錢, 或進或出, 一概不用私鑄的錢。)" 라는 부분에서 한역본은 "물건을 사는 것과 파는 것"을 구분하지 않고 "장사하는 것"으로 묶어서 번역하였는데, 이는 분명히 오역이라 하겠다.

그리고 "概不用私鑄之錢(一概不用私鑄的錢)"은 누락된 채, 전혀 번역이 되지 않았다. 아마도 중국과 조선의 당시 상거래 관습이 같지 않아, 조선에서는 개인이 私造한 돈이 통용되는 일이 없었기 때문에, 조선의

20) 他買貨量力而爲, 不欠客賬。賣貨亦要現錢, 或入或出, 概不用私鑄之錢。故逢年遇節, 幾於家家忙擾, 而彼一家安安逸逸, 如同平日一樣。(《引家當道》 第15章 17면) 買貨量力而爲, 不欠客賬。賣貨也要現錢, 或進或出, 一概不用私鑄的錢。所以逢年遇節, 幾乎家家忙亂, 他一家安然如平日也。(《引家歸道》 第15章 19면)

독자들이 이해할 수 있는 정도로 이를 번역하지 않았을 가능성이 있으며, 고의로 누락한 것은 아닐 것이다. 그리고 마지막 문장도 "연말이나 명절에도 평상시에 공정한 거래만을 하였기 때문에 집집마다 분주하지만 그의 집만 평일처럼 편안하다"는 구절을 간략하게 기술하고 있어 이 작품은 완전히 축자번역된 것만은 아니었다. 도리어 官話本은 거의 문언본의 문장에 근거하여 완전히 北京官話로 상세하게 서술하고 있다. 아래 문장에서는 主語가 잘못 번역되는 결정적인 오류를 범하고 있다.

> 그이튼날을기ᄃᆞ려ᄒᆞᆷᄭᅴ며ᄂᆞ리ᄅᆞᆯ보고ᄀᆞᆺ초아말ᄒᆞ니ᄆᆞᆺ며ᄂᆞ리가말을듯고긔ᄉᆡᆨ을ᄉᆞᆯ피니크게 셩신의감화닙은줄알고곳 샹뎨ᄅᆞᆯ찬미ᄒᆞ야ᄀᆞᆯᄋᆞᄃᆡ 샹뎨여나ᄅᆞᆯ안연이도라가게주시도다ᄒᆞ더라두늙이가이날은ᄌᆞᆷᄭᆞᆫ도ᄯᅥᄂᆞ지아니ᄒᆞ고다른날보덤ᄇᆡ나더욱친ᄋᆡᄒᆞ며ᄯᅩ도의말을즐겁게듯고웨젼브터듯기ᄅᆞᆯᄉᆞ랑치아니ᄒᆞᆫ고ᄒᆞ야뉘웃치니온집이두늙은이이ᄀᆞᆺ치감화밧옴을보고크게깃거ᄒᆞ야서로하례ᄒᆞ며ᄀᆞᆯᄋᆞᄃᆡ우리무리다구ᄒᆞᆷ을엇ᄂᆞᆫ사ᄅᆞᆷ이되여셰샹에셔ᄂᆞᆫ ᄒᆞᆷᄭᅴ 샹뎨의셩민이라ᄒᆞ다가셰샹을ᄇᆞ리면ᄒᆞᆷᄭᅴ텬당의긴복을누리리니즐겁고복되도다이즐거옴과복은다 샹뎨의주신바로말ᄆᆡ암엇ᄉᆞ니맛당이영화ᄅᆞᆯ 샹뎨ᄭᅴ돌녀보내리라ᄒᆞ니리션ᄉᆡᆼ의부모가크게감동ᄒᆞᆷ을밧어오즉탄식ᄒᆞ여ᄀᆞᆯᄋᆞᄃᆡ 샹뎨ᄭᅴ영화ᄅᆞᆯ돌녀보내ᄂᆞᆫ거시나의원ᄒᆞᄂᆞᆫ바ㅣ라ᄒᆞ더라(그 이튿날에 함께 며느리를 찾아가 전일의 사정을 모두 말하니, 맏며느리가 말을 듣고 기색을 살피보니 크게 성신의 감화를 입은 줄 알고 바로 하나님을 찬미하여 말하길 "하나님께서 나를 편안히 돌아가게 해 주시는구나!" 두 늙은이가 이 날은 잠깐도 곁을 떠나지 아니하고 다른 날보다 배나 더 가깝게 대하며 또 복음의 말을 즐겁게 들으며 예전부터 듣기를 즐겨하지 않았음을 뉘우치니, 온 집안사람은 두 노인이 이같이 감화 받음

을 보고 크게 기뻐하며 서로 축하하며 말하길 "우리가 다 구원을 받은 사람이 되어 세상에서는 함께 하나님의 聖民이라 하다가 세상을 떠나면 함께 천당의 永福을 누리리니 즐겁고 복되도다! 이 즐거움과 복은 모두 하나님께서 주신 것이니 마땅히 영광을 하나님께 돌려드려야 하리라!" 하니라. 이선생의 부모가 크게 감동을 받아 다만 탄식하며 말하길 "하나님께 영화를 돌려보내는 것이 나의 원하는 바이다."라고 하였다.) (《인가귀도》 제16장 75-76면)[21]

늙으신 부모님이 하나님을 믿게 되었다고 고백하자, 이선생의 형수는 병석에서 하나님께 영광과 찬양을 드리고, 온 가족이 서로 축하하며 기뻐하였다. 이를 보고 "이선생"은 크게 감동을 받았는데, 올링거의 韓譯本에는 "이선생"을 "이선생의 부모"로 오역하였다. 두 가지 중문 원본에는 모두 "이선생"이 감동을 받아 하나님께 영광을 돌린다고 되어있는

21) 次早, 同見長媳, 具告前情, 長媳察言觀色, 知其大得神化, 卽讚美眞神云: "眞神乎! 賜我安然而逝矣。" 二老於是日, 刻不離其長媳, 較往日倍加親愛, 並樂聞談道之言, 惟悔其早不愛聞也。全家見二老如此受感, 皆大悅, 交相賀曰: : "我等皆爲得救之人, 在世共稱眞神之聖民, 去世同享天堂之永福, 樂哉! 福哉! 此樂此福, 皆由眞神所賜。當歸榮於眞神也!" 李先生大受感動, 惟嘆云: "歸榮眞神, 我所願也。"(《引家當道》 第16章 18면) 次日早晨, 一同來見長媳, 告訴前情, 長媳聽他們的話語, 觀他們的顔色, 曉得他們大得聖神的感化, 就讚美上帝說: "我感謝我父上帝! 今賜我安然去世。" 二老在這日,時刻不離長媳, 比往日加倍的親愛, 並且歡喜聽他講道的話, 卻悔恨自己早不愛聽。全家見二老這樣受了感動, 都大大的喜悅, 彼此慶賀說: "我們這一家都是得救的人, 在世共稱上帝的聖民, 去世同享天堂的永福, 豈不是喜樂麽! 豈不是福氣麽! 這樣的喜樂, 這樣的福氣, 都是上帝所賞賜的。應當將榮耀歸給上帝!" 李先生大受感動, 嘆息說: "將榮耀歸給上帝, 是我心所願的。"(《引家歸道》 第16章 21면)

것을 역자가 주어를 "이선생의 부모"라고 바꾸어 버렸다. 역자는 중국어 원문 解讀에 착오를 일으켰는데, 이 부분은 당연히 수정되어야 하겠다.

이 작품은 세 가지 판본을 일일이 대조해 볼 수 있는 장점을 가지고 있는데, 이를 통해 역자가 어떻게 번역을 하였는지 譯文의 번역 상태와 번역 정도는 어떠한 지를 판별할 수 있었다. 작자 그리휘트목사는 제10장에서 중국의 우상숭배에 대해 그 허망함을 비판하고 만물의 창조주 하나님이 유일하신 참 신임을 설명하고 있다.

로인이ᄯᅩᄀᆞᆯᄋᆞᄃᆡ션ᄉᆡᆼ은엇지ᄒᆞ야세샹의공경ᄒᆞᄂᆞᆫ신이다그ᄌᆞᆺ거신즐아ᄂᆞ뇨ᄃᆡ답ᄒᆞᄃᆡ세쇽의공경ᄒᆞᄂᆞᆫ바신은보건ᄃᆡ진흙으로뭉치고나무로삭인거시니사ᄅᆞᆷ의손으로ᄆᆞᆫᄃᆞᆫ바형샹이오벙벙ᄒᆞᆫ물건이여ᄂᆞᆯ지극히령ᄒᆞᆫ사ᄅᆞᆷ이이런무령ᄒᆞᆫ물건에절ᄒᆞᄂᆞᆫ거시엇지쳔ᄒᆞ지아니ᄒᆞ며ᄯᅩ능히보지못ᄒᆞᄂᆞᆫ거ᄉᆞᆫ이젼의임의죽은사ᄅᆞᆷ이니쟝의ᄂᆞᆫ옥황이라ᄒᆞ며류쟝ᄉᆡᆼ은진무라ᄒᆞ고문태ᄉᆞ는뢰조라ᄒᆞ고황비호ᄂᆞᆫ동악이라ᄒᆞ며관공은협현대뎨라ᄒᆞ고죠공명은ᄌᆡ신이라ᄒᆞᆷᄀᆞᆺ치이ᄀᆞᆺᄒᆞᆫ거시만흐니이ᄂᆞᆫ다사ᄅᆞᆷ이여ᄂᆞᆯ 샹뎨라도ᄒᆞ며신이라도ᄒᆞ야절ᄒᆞ고공경ᄒᆞ니이ᄂᆞᆫ다스ᄉᆞ로어두울ᄲᅮᆫ아니라ᄯᅩ크게죄ᄅᆞᆯ 샹뎨진신ᄭᅴ엇으리라로인이ᄀᆞᆯᄋᆞᄃᆡ그러면오뎨와옥뎨와원텬과ᄌᆞ미의무리가다 샹뎨아니뇨ᄃᆡ답ᄒᆞᄃᆡ다 샹뎨가아니오다사ᄅᆞᆷ들이억지로ᄆᆞᆫᄃᆞ라혹임군의봉ᄒᆞᆫ바ㅣ오혹그교에셔세운것시니이ᄂᆞᆫ닐ᄏᆞᆺ되 샹뎨라ᄒᆞ니ᄎᆞᆷ망녕도이 샹뎨의일흠을닐ᄏᆞᆺᄂᆞᆫ거시니라ᄯᅩ무ᄅᆞᄃᆡ그러면부쳐와보살도사ᄅᆞᆷ이뇨신이뇨ᄃᆡ답ᄒᆞᄃᆡᄯᅩᄒᆞᆫ다사ᄅᆞᆷ이나다만즁국사ᄅᆞᆷ은아니오인도사ᄅᆞᆷ이니라그러면이우희말에보살은다봉ᄒᆞᆷ을밧엇다ᄒᆞ엿ᄉᆞ니이도신이라ᄒᆞ지아니ᄒᆞ여야올흐냐리션ᄉᆡᆼ이ᄃᆡ답ᄒᆞᄃᆡ신을봉ᄒᆞᄂᆞᆫ풍쇽이ᄀᆞ장허ᄒᆞ고ᄯᅩ간샤ᄒᆞ며악ᄒᆞ니 샹뎨ᄂᆞᆫ이텬디만물을ᄆᆞᆫᄃᆞ신큰쥬ᄌᆡ라능치못ᄒᆞ신바ㅣ업고알지못ᄒᆞ신바ㅣ업ᄂᆞᆫ홀노ᄒᆞᆫ진신이여ᄂᆞᆯ ᄆᆞᆫᄃᆞ심을밧은젹은사ᄅᆞᆷ이엇지능히사ᄅᆞᆷ을봉ᄒᆞ야 샹뎨ᄅᆞᆯᄉᆞᆷ으며또엇지능히봉함을밧어 샹뎨가되리오(묻기를 “선생은 세속에서 공경하는 神이 모두 가짜라는 것을 어찌 아십니까?” 대답하기를 “세속에서 공경하는 신은 어떤 것은 사람이 볼 수가 있고, 어떤 것은 사람이 볼 수가 없습니다. 볼 수 있는 그것은 바로 진흙으로 빚고 나무를 조각하여 만든 것이고, 사람 손으로 만든 像은 단지 멍청한 물건일 뿐이지요. 가장 신령한 인간이 영혼이 없는 물건을 공경하는 것은 실로 가장 비천한 짓입니다. 그 볼 수 없는 것에 대해 말하자면 바로 前代에 이미 죽은 古人인데, 예를 들면 張儀를 玉帝라 하고, 劉長生을 眞武라 하고, 聞太師를 雷祖라 칭하며, 黃飛虎를 東嶽이라 칭하고, 關公을 協天大帝라 하며, 趙公明을 財神이라 칭한다. 이런 부류는 사람이 아닌 것이 없는데 그들을 하나님이라 부르고 신이라 부르며, 그들에게 제사드리고 절을 하는 것은 비단 자신의 우매함을 드러낼 뿐만 아니라 참신이신 하나님께 크게 得罪하는 것입니다.” 묻건대 “玉帝, 元天, 紫微 등은 모두 하나님이 아니라고 말할 수 있습니까?” 대답하기를 “모두 하나님이 아니고, 바로 사람의 생각에서 나온 것으로 혹 君王이 봉한 것이고, 혹은 그 教에서 스스로 세운 것으로 그들을 하나님이라 부르는 것은 하나님의 이름을 망령되게 일컫는 것입니다.”묻기를 “부처와 모든 보살들은 사람입니까 아니면 신입니까?” 대답하기를 “그들 역시 모두 사람이지만 중국 사람이 아니고 외국 사람이지요.” 묻기를 “세속에서 공경하는 신은 이미 봉함을 받았는데, 어째서 그들을 신이라 부르면 안 됩니까?” 대답하기를 “신을 봉하는 일은 가장 허황되고 사악한 일입니다. 하나님은 천지만물을 지으신 大主宰이셔서 불가능 한 일이 없으시고 모르는 것이 없으신 유일한 참 신이신데, 지음을 받은 小人이 어찌 사람을 하나님으로 봉할 수 있겠으며 사람이 어찌 하나님으로 봉함을 받을 수 있겠

습니까?")(《인가귀도》 제10장 39-40면)[22]

올링거의 韓譯本에서는 대체로 官話本을 원본대로 번역하였지만 이 단락에서는 일부 문장을 생략하고 번역하지 않은 부분이 있으니, 바로 "有的是人能看見的, 有的是人不能看見的。論到那能看見的(어떤 것은 사람이 볼 수 있고, 어떤 것은 사람이 볼 수 없는데, 그 볼 수 있는 것으

22) 問: "先生何由知世俗所敬之神皆假乎?" 答: "世俗所敬之神, 能見者的, 卽泥塑木雕, 人手所作之像, 呆物也。以至靈之人, 而拜此無靈之物, 卑賤極矣。不能見者, 卽前代旣死之人, 如張儀稱玉帝, 劉長生稱眞武, 聞太師稱雷祖, 黃飛虎稱東嶽, 關公稱協天大帝, 趙公明稱財神, 似此一類皆人也。以之爲眞神爲神而拜敬, 非但自呈其昏昧, 且大獲罪於眞神上帝矣。" 問: "五帝、玉帝、元天、紫微等, 可云皆非眞神乎?" 答: "皆非眞神, 乃人所臆造, 或爲上者所封, 或爲本敎自立, 稱之爲眞神, 乃妄稱眞神之名也。" 問: "佛及衆菩薩等, 人乎? 神乎?" 答: "亦皆是人, 但非華人, 乃洋人也。" 問: "以上所言之菩薩等, 旣經受封, 得不謂之爲神乎?" 答: "封神之俗最虛空、最邪惡。眞神乃造天地人物之大主宰, 無所不能、無所不知之獨一眞神, 被造之小人, 何能封人爲眞神, 且何能受封爲眞神耶!"(《引家當道》 第10章 10면) 問: "先生怎麽曉得世俗所敬的神, 都是假的呢?" 答: "世俗所敬的神, 有的是人能看見的, 有的是人不能看見的。論到那能看見的, 就是泥塑木雕。人手所作的像, 不過一呆物罷了。這至靈之人, 拜那無靈之物, 實在是卑賤之極了。論到那不能看見的, 就是前代已死的古人, 如張儀稱玉帝, 劉長生稱眞武, 聞太師稱雷祖, 黃飛虎稱東嶽, 關公稱協天大帝, 趙公明稱財神, 像這一類的, 無非是人, 稱他們爲上帝爲神, 祭他們、拜他們, 不但是顯出自己的昏昧, 並且是大大的得罪眞神上帝。" 問: "玉帝、元天、紫微等, 可說都不是上帝麽?" 答: "都不是上帝, 乃是由人意而出, 或是君王所封的, 或是本敎自立的, 稱他們爲上帝, 就是妄稱上帝之名。" 問: "佛和一切的菩薩們, 是人呢? 還是神呢?" 答: "他們也都是人, 但不是中國人, 乃是外國人。" 問: "世俗所敬、所拜的神, 旣經受封, 豈不可稱他們爲神麽?" 答: "封神的事, 是最虛空、最邪惡的事。上帝是造天地人物的大主宰, 無所不能、無所不知的獨一眞神。被造的小人, 怎能封人爲上帝呢? 人又怎能受封爲上帝呢?"(《引家歸道》 第10章 11-12면)

로 말하자면)” 이란 문장이다. 그런데 《引家當道》에서는 “能見者的, 卽泥塑木雕”라고 되어 있어, “볼 수 있는 것은 바로 진흙으로 빚고 나무에 새긴 것입니다” 라고 번역되니 한역본의 이 부분은 분명히 《引家當道》를 직역한 것이지, 결코 官話本을 번역한 것은 아니며, 문언본의 번역에서는 “보건대”가 아니라 “볼 수 있는 것”으로 “눈으로 볼 수 있는 진흙으로 빚거나 나무에 조각한 신상”을 가리키는 것이다. 능원동사 “能”이 번역되지 않았고, 사람의 눈으로 볼 수 있는 것이지 話者 자신이 보는 것이 아니다. 이 문장은 부분 오역이라 할 수 있겠다.

두 번째, 한역본에서는 官話本 제7행의 菩薩 앞에 있는 “一切的”를 생략하여 버렸다. 또한 역자가 “洋人”(《引家當道》)이나 “外國人”(官話本)을 임의로 “인도인”으로 바꿨으며, “世俗所敬、所拜的神”(官話本)은 한글로 번역되지 않았고, 《引家當道》의 “以上所言之菩薩等”은 한역본의 “이 우희 말에 보살은”과 같아서 이 부분도 《引家當道》를 저본으로 번역하였음을 알 수 있다. 세 번째, 李先生과 老人의 對話를 번역하면서 “問”이란 간단한 동사를 문맥에 맞게 주어를 더하여 “로인이 또 골ᄋᆞ되”, “로인이 골ᄋᆞ되” 등으로 쓰거나, 혹은 사이사이에 동사만을 써서 “골ᄋᆞ되” 라고 서술하여 문장 내용의 변화 없이 반복적인 어휘를 자연스러운 대화체로 표현하였다.

네 번째, 내용면에서 비록 하나의 어휘지만 “玉帝” 앞에 譯者 올링거 목사가 임의로 “오뎨[23]”를 첨가하였고, 보살들이 모두 “외국 사람”이라

23) 五帝는 역사전설시대의 태호(太昊) 즉 복희(伏羲), 염제(炎帝) 즉 신농(神農), 황제(黃帝), 소호(少昊), 전욱(顓頊)을 지칭하거나 五方의 天帝 곧 東方의 青帝, 南方의 赤帝, 中央의 黃帝, 西方의 白帝, 북방의 黑帝를 가리킴. 여기서는 민간신앙의 대상으로 後者를 지칭하였다.

는 대목에서는 "인도 사람"으로 바꾸어 버렸다. 이 부분에서는 그리휘트 존목사가 중국의 민간에서 신봉하는 민간신앙의 숭배대상을 구체적으로 열거하면서 그들의 원형인 역사인물의 人名을 거론하여 인간이 만들어 놓은 우상이라고 비판하고 있다. 이는 불교와 도교의 多神論的 민간신앙을 인간이 만들어놓은 거짓신으로 간주하여 근본적으로 부정하는 기독교의 唯一神論을 표현한 것이다. 이는 불교와 도교신앙을 근본적으로 부정하는 이 작품의 저자와 역자의 일관된 견해이기도 하다.

제4절 기독교 교리문답서 《依經問答喻解》의 韓譯本 《의경문답》

《한국기독교박물관 소장 고문헌목록》에는 1890년에 漢口聖教書局에서 발간한 그리휘트 존 著 《眞道入門問答》과 1893년 서울 배재학당에서 간행된 韓譯本 《의경문답》(1893년, 170면, 38쪽 수록)이 著錄되어 있다. 윌리엄 내스트 원작 *The Larger Catechism*을 리브하르트목사가 《依經問答喻解》란 제목으로 중국어로 번역하였다. 이것을 플랭클린 올링거목사가 다시 우리말 《의경문답》으로 번역 출간한 것이다.[24] 福州美華書局

24) 《한국기독교박물관 소장 고문헌목록》에 저록된 기독교 교리문답서의 서지사항은 다음과 같다. 윌리엄 내스트(William Nast) 원작·리브하르트(H. Liebhart) 역, 《依經問答喻解》, 中國 福州美華書局, 1880년, 46면, 38쪽에 수록. 플랭클린 올링거 역, 《의경문답》, 서울 배재학당, 1893년, 170면. 38쪽에 수록. 그리휘트 존 著, 《眞道入門問答》, 漢口聖教書局, 1890년, 24면,

刊《依經問答喩解》는 기독교의 기본 교리와 핵심 내용을 질문하고 답변하는 문답체 서술방식으로 기술되어 있다. 이 책은 먼저 8조의 〈凡例〉가 書頭에 있고, 그 뒤에 〈目錄〉 반 면이 있다. 본문은 〈小引條問〉으로 시작되는데, 이 부분은 30개의 질문과 답변으로 구성되어 있다. 그리고 제1장부터 제9장까지는 9개의 주제를 중심으로 한 문답체로 기술되어 있다. 그런데, 한역본 《의경문답》에는 《依經問答喩解》의 첫머리에 나오는 〈凡例〉가 번역되지 않았고, 단지 목록 1면과 올링거목사가 저술한 〈의경문답유해서〉가 수록되어 있을 뿐이며, 이어서 〈小引條目〉의 번역문인 〈짜른말에 됴목으로 물은 것시라〉와 제1장부터 제9장까지의 본문이 번역되어 있다.

지금부터 한역본 《의경문답》의 수록 내용과 번역 특징에 대해 한글 번역문과 中譯本 《依經問答喩解》를 비교 분석해 보고자 한다.

문 네시험ᄒᆞ야ᄉᆡᆼ각ᄒᆞ라네본몸에잇서사ᄅᆞᆷ의샹관되야ᄆᆞ쟝요긴ᄒᆞᆫ거시무엇시뇨

답 나의령혼을구ᄒᆞᆷ이니라 마태십륙쟝이십륙졀에보라

ᄒᆞᆫ어린ᄋᆞᄒᆡ그아비품애안저무러ᄀᆞᆯᄋᆞᄃᆡ아바지령혼올보험ᄉᆞ보험ᄉᆞᄂᆞᆫ사ᄅᆞᆷ과물건을랑ᄑᆡᄒᆞᆯ가ᄒᆞ야미리여긔들면후에혹랑ᄑᆡᄒᆞ도로ᄎᆞᆺᄂᆞᆫ마을이라에드럿ᄂᆞᆫ뇨그아비ᄃᆡ답ᄒᆞᄃᆡ내ᄋᆞᄒᆡ야엇지이ᄀᆞᆺ치문ᄂᆞ뇨그ᄋᆞᄒᆡ다시ᄀᆞᆯᄋᆞᄃᆡ큰아바지말이아바지와나의산업을임의보험ᄉᆞ에들엇다ᄒᆞ더니오직두리건ᄃᆡ아바지가ᄌᆞ긔령혼구ᄒᆞ기에ᄂᆞᆫ밋처ᄉᆡᆼ각지못ᄒᆞᆫ가ᄒᆞ고큰아바지도ᄯᅩᄒᆞᆫ아바지령혼을니져ᄇᆞ릴가두려ᄒᆞᆷ이니아바지여나ᄂᆞᆫ아지못거라우리아바지즐겨령혼을보험ᄉᆞ에드럿ᄂᆞ니가ᄒᆞ니이때에그

40쪽에 수록.

아비이말을듯고슬품이ᄀᆞᆫ절ᄒᆞ니드ᄃᆡ여절박히긔도ᄒᆞ여죄샤ᄒᆞᄂᆞᆫ실상증거ᄅᆞᆯ엇은후에바야흐로긋치다ᄒᆞ니라○텬당에만일큰죵이잇서ᄆᆡ양ᄒᆞᆫ령혼이디옥에ᄲᅢ져드러가거든텬ᄉᆞㅣ다만ᄒᆞᆫ번씩칠진ᄃᆡ슬푸다죵소래ᄌᆞᆷ시도긋치지아니ᄒᆞ리라○젼에일이만사ᄅᆞᆷ이호박으로써라마사ᄅᆞᆷ의은을밧구니라마국의은갑ᄉᆞᆫ엇지그러케쳔ᄒᆞ뇨맛치살단마귀일흠이라이세샹의영화부귀로써만흔사ᄅᆞᆷ의령혼을밧구ᄂᆞᆫ것ᄀᆞᆺᄒᆞ니실노사ᄅᆞᆷ이심히어리석어ᄃᆞᆯ게쳔ᄒᆞᆫ갑ᄉᆞ로ᄌᆞ긔ᄀᆞ장보ᄇᆡ롭고귀ᄒᆞᆫ물건을ᄑᆞᄂᆞ니침륜ᄒᆞ기에니ᄅᆞ러날노살단이긔롱ᄒᆞ야그ᄆᆞᄋᆞᆷ찌르ᄂᆞᆫ거슬밧ᄂᆞ니라[25]

문 그대는 자신이 인간 노릇을 하는데 가장 중요한 것이 무엇이라고 생각합니까?

답 나의 영혼을 구하는 것입니다. 마태복음 16장 26절에 보인다.

한 어린아이가 아버지의 품안에서 아버지에게 물었다. “아버지! 아버지는 영혼을 보험사(보험사는 사람과 물건이 손상을 당할 것을 염려하여 미리 여기에 약정을 하면 후에 손상을 당할 때에 도로 보상을 받는 기관이다)에 보험을 드셨나요?” 아버지가 대답하였다. “얘야! 어찌 이 같이 묻느냐?” 아들이 대답하였다. “큰아버지께서 아버지와 나의 산업은 이미 보험에 들었다고 말씀하셨는데, 오직 아버지께서 자신의 영혼을 구할 계획이 없을까 두렵고, 큰아버지 역시 아버지께서 영혼을 잃어버릴까 두려워하십니다. 아버지! 저는 아버지

25) 問 爾試思在爾本已爲人之關繫最要者是何　答 救我靈魂 見馬太十六章二十六節 有一小孩在父懷問其父曰父乎爾靈魂進保險會否其父答曰吾子何若是之問其子復曰伯父有言父與兒之産業等已進保險會惟恐父未計及救本己之靈魂伯父亦恐爾失去靈魂父乎兒未識吾父肯許爾之靈魂進保險會否維時其父聞此遂悲痛迫禱至得赦罪實據方止○天堂若有大鐘每一靈魂陷入地獄天使只叩一聲嗟乎鐘聲時刻不輟○前日耳曼人以琥珀易羅馬人銀奇羅馬國銀價何其若是之賤胡弗思撒但以世間之榮華富貴易多人之靈魂實以人甚愚甘以賤價沽本已最寶貴之物至沉淪日受撒但譃刺其心《依經問答喻解》1면.《의경문답》1면.

께서 영혼을 보험에 들게 허락하시는지 여부를 알지 못합니다." 이 때에 그 아버지는 이 말을 듣고 비통해하며, 드디어 절박하게 기도하여 죄사함을 얻은 실제 증거를 얻고서야 비로소 그쳤더라.○천당에 만일 큰 종이 있어서 한 영혼이 지옥에 떨어질 때마다 천사가 한 번씩 친다면, 슬프다! 종소리 잠시도 그치지 아니 하더라.○전에 게르만사람이 琥珀을 로마사람과 은으로 바꾸는데, 기이하게도 로마국의 은값은 어찌 그렇게 賤하단 말인가! 사단 마귀의 이름이다. 이 세상의 부귀영화를 많은 사람의 영혼과 바꾸는 것과 같아서, 진실로 사람들은 매우 어리석어 기꺼이 천한 값으로 자신의 가장 보배롭고 귀한 물건을 팔아서 타락에 빠져 버리고 매일 같이 사탄이 그의 마음을 희롱하고 찌르게 되는 것을 어찌 생각지 않는가!

위의 인용문은 〈小引條問〉의 30개 문답 중에서 첫 번째 문답인데, 이 책의 내용과 체례를 대표할 수 있는 문장이다. 1893년에는 한글 띄어쓰기를 하지 않아 번역문은 전체가 붙여쓰기로 기술되었고, 中譯本과 한역본 모두 내려쓰기로 쓰여져 있다. 한역본 《의경문답》은 비록 겉표지와 판심의 제명이 모두 "의경문답"이라고 표기되었지만, 내용이 시작되는 〈小引條問〉의 앞 부분과 작품이 전부 종결되는 마지막 부분에는 "의경문답유힉"라고 표기되어 있어서, 번역본은 중역본과 구별하기 위해 제명을 줄여서 "의경문답"이라고 표기한 것이다.

이 작품은 〈小引條問〉의 시작 부분부터 인간의 영혼 구원을 가장 중요한 문제로 간주하고 영혼을 구원하기 위해서는 하나님과 소통해야 하며 하나님과 관계를 갖는 방법이 《성경》에 있다고 하였다. 때문에 《성경》을 알기 쉽게 문답을 통해 기독교의 주요 교리를 단계적으로 설명하고 있다. 마지막 부분에서는 신구약으로 구성된 《성경》은 하나님의 약속이며, 9장으로 기술된 《의경문답》을 통해서 《성경》 전체의 개략을 알게 된다고 기술하고 있다. 〈小引條問〉의 30개 문답 중에서 답변의 끝부분에 《성경》의 인용출처를 밝힌 것은 모두 7개 뿐이며, 나머지는 답변으로만 기술되어 있다.

본문 중 답변의 말미에는 《성경》의 인용 출처가 명기되어 있다. 첫 번째 답변의 뒤에는 작은 글씨로 세 가지 〈喻解〉가 기술되어 있는데, 한 가지 故事가 끝나는 곳에는 "○"의 표시로 다음 故事와 혼동되는 것을 막았다. 그런데 《의경문답》의 첫 번째 〈喻解〉에는 두 개의 주석이 달려 있으니, '보험사'와 '살단'이다. 이 두 단어의 아래에는 2행의 작은 글씨로 설명을 가하였다. 그리고 첫 번째 〈喻解〉의 "그ᄆᆞᄋᆞᆷ찌르ᄂᆞᆫ거슬밧ᄂᆞ니라"에서는 중문의 "胡弗思(어찌 생각지 않는가!)"를 번역하지 않는 誤譯이 나왔다.

역자 올링거는 기독교의 선교를 위해 중국에서 조선으로 왔고, 조선 사람들에게 기독교를 전도하기 위해 기독교서적을 번역하였는데, 이 작품은 중국어로 번역된 中譯本을 다시 한글로 번역한 轉譯本이라[26] 하였다. 《성경》의 내용이 靈的인 것이어서 깊은 뜻을 이해하기가 어렵기 때문에 비유로 풀어 기술하였고, 역사서의 서술방법을 써서 분석도 하

26) 내가 외람이 젼도의 직칙을 메여 즁국으로부터 조션ᄭᆞ지 온지 수십여 년에 날마다 셩경으로써 사ᄅᆞᆷ의 개젼ᄒᆞ기를 ᄉᆡᆼ각ᄒᆞ매, 고루홈을 헤아리지 아니코, 원문을 한문으로써 번역ᄒᆞ고 ᄯᅩ 언문으로 거듭번역ᄒᆞ니. 올링거 저, 〈의경문답유해서〉, 《의경문답》 1면. 위 문장 중의 "조션ᄭᆞ지 온지 수십여 년에"는 명백한 오류이다. 올링거목사는 조선에서 5년 8개월 동안 활동하였으니, 기간은 정정되어야 하겠다.

였으며 저자가 자신의 해석을 가하거나 名言을 가져다가 《성경》의 뜻을 밝히기도 하였는데, 답변 말미에 있는 작은 글씨의 〈喻解〉가 바로 그런 방식으로 기술된 것이다.

中譯本 《依經問答喻解》와 韓譯本 《의경문답》은 서술방식에 있어 대동소이한 편이다. 질의와 문답의 서술형태나 인용출처의 표기방식, 인증과 해석을 가한 〈喻解〉부분의 문자 크기가 각기 다르며 배열방식도 다소 다르다. 《의경문답》에서는 《依經問答喻解》에서 답변 끝에 附記했던 《성경》의 인용출처를 줄을 바꾸어 다음 줄부터 표기하였고, 작은 글씨로 기술한 〈喻解〉의 인용출처는 문장이 끝나는 곳에 이어서 기술하였다.

한글 번역문의 경우에 인명, 지명, 《성경》의 書名 등은 모두 한자의 한글 독음을 그대로 기록하여 중국음이 한국어로 번역되지 않았는데, 이것은 1890년대 중국문장의 한역과정에서 보편적으로 보이는 현상이다. 그러므로 제1장 처음 2개 답변의 인용출처는 “요한복음, 요한일서”, “히브리서와 시편 및 로마서”라고 번역되어야 하고, 제9장 마지막 2개 답변의 인용출처는 “베드로서와 요한계시록”, “베드로서와 고린도후서 및 빌립보서, 요한일서, 요한계시록, 골로새서” 라고 번역되어야 하는데, 모두 한글 독음인 “요한, 요한일서, 희백래, 시편, 나마, 피득, 가림다후서, 비립비, 묵시록, 가라셔”[27]라고 번역되어 “요한”을 제외한 다른 서명은 音譯名詞의 音價가 제대로 번역되지 않았다.

지명의 경우에도 漢字의 한글 독음을 그대로 표기하였으니, 예를 들면 “아비리가 아모사름이 미국에 거ᄒᆞ야(亞非利加某甲居美國)”[28]라는

27) 《의경문답》 8-9면, 175면.

문장에서와 같이 中譯本에는 지명에 관해서 어떤 표시도 하지 않았지만, 《의경문답》에서는 고유명사의 하단에 밑줄을 표기하여 고유명사임을 명시하였다. 예를 들면, 일이만(日耳曼, 게르만, 1면), 살단(撒旦, 사탄, 1면), 유태(猶太, 2면), 법국(法國, 프랑스, 72면), 요슬(요셉, 72면), 대벽(다윗, 72면), 살마리아(사마리아, 76면), 감남산(橄欖山, 감람산, 92면), 마기돈(마게도니아, 93면), 야로살링(예루살렘, 95면)과 같이 인명, 지명, 국명 등의 고유명사 하단에 밑줄을 표기하였다. 이런 표기방식은 영어를 비롯한 서양 표음문자의 표기방식에서 차용한 것으로 표음문자인 한글의 표기방식에 상당히 적합하다고 하겠다. 왜냐하면 띄어쓰기를 하지 않은 이 책에서 문자를 전부 붙여 쓰게 되면 품사를 쉽게 구분할 수 없다. 특히 외래어나 고유명사의 경우에는 더욱 그러하기 때문에 밑줄을 그어 구분시켰던 것이다. 이것은 中譯本 《依經問答喻解》에는 없는 표기방식으로 韓譯本의 특징이라 할 수 있다.

《의경문답》에서는 존칭을 표시하기 위해 한 칸을 띄어쓰기 하였는데, 이 책의 목록부터 본문의 말미까지 전체에 걸쳐 상뎨(상제, 하나님), 하ᄂᆞᆯ아바지(하늘아버지), 셩부(성부), 크리스도씨(그리스도), 예수씨(예수), 셩ᄌᆞ(성자), 셩신(성신), 쥬(주), 구쥬(구주), 셩경(성경) 등과 같이 성부 성자 성신의 삼위일체 하나님과 주, 구주, 성경과 같은 통칭에 대해 한 칸을 띄어서 통상 황제에게 하는 극존칭을 표시하였다. 이런 존칭 띄어쓰기는 中譯本 《依經問答喻解》에는 없고, 한역본에만 있는데 유일신 하나님에 대한 신앙을 擡頭法이란 표기방식으로 표현하고 있다.

1890년 초에 인쇄된 책자는 대부분 내려쓰기로 표기되었고, 띄어쓰기

28) 《의경문답》 175면, 《依經問答喻解》 45면.

를 하지 않아 현재의 맞춤법과는 완전히 다른 양상이었다. 《의경문답》은 당시 간행본의 전형적인 예로써, 띄어쓰기가 시작된 1890년대 말기와도 상당히 판이한 전통적인 표기형태를 취하고 있다. 또한 구한말 고한어의 표기방식을 취하고 있어서 현대어로 재번역하여야 해독이 가능하다. 이런 표기형태는 당시 한글을 연구하는데 중요한 역할을 하리라 생각된다. 그리고 中譯本을 저본으로 번역한 《의경문답》에는 중국어 어휘가 漢字의 한글 讀音상태로 표기된 것이 많아 당시 중국어 고유명사의 연구에도 중요한 자료가 될 것이다.

《依經問答喩解》에는 〈凡例〉가 수록되어 있지만, 韓譯本 《의경문답》에는 〈凡例〉가 번역되지 않았다. 그런데 《의경문답》에는 역자 올링거목사의 〈의경문답유해서〉가 있어, 이 두 가지 역본과 올링거의 한역본 연구에 있어서 〈凡例〉와 〈의경문답유해서〉는 매우 중요한 자료를 제공해준다. 그리고 앞에서 인용한 두 판본의 사례 분석에서 설명된 이 책의 내용과 체례, 기술방식이 〈凡例〉에 상세히 기술되어 있다.[29] 이 책은 〈凡

29) 제1조 이 책은 문답체로 쓰여서 초학자로 하여금 읽고서 밝히 알지 못했던 이치를 바로 알도록 하여, 두루 찾고 고증하는 노력을 줄일 수 있게 하였다.(一、是編以問答之體行之, 欲令初學者, 卽於言下, 得指點所未明之理, 以省旁搜博考之工。) 제2조 이 책은 모두 360여 개의 질문을 질문에 따라 연결시켰는데 상당히 순서를 갖추고 있다. 그리고 모두 《성경》의 뜻에 의거하여 대략 문답의 형태로 지었지만 《성경》 구절을 함부로 자르고 나누지 않았으며 약간은 《성경》 이외의 道理를 가미하였다.(一、是編凡三百六十餘, 疑逐疑御, 接饒有次序, 而要皆依據經旨, 而略爲造作問答之勢, 非敢割裂經文, 而稍間以聖經以外之道也。) 제3조 문답 숫자와 근거한 《성경》 중에서 분명하면서도 쉽게 알 수 있고, 번다하며 입증하기 어려운 것은 생략해 버렸다. 하늘에 속하고 靈的인 것이나 혹 깊이 있고 완곡한 것은 모두 작은 글자로 《성경》의 어느 書, 어느 章, 어느 節에 보인다고 인용 출처를

例〉 제1조에서 讀者對象을 기독교에 대해 잘 모르는 "초학자"로 명시하고 있으며 초학자가 알기 쉽고 이해하기 편리하도록 평이하고 간결한 문답체로 기술하였다고 문체와 독자층을 분명히 밝히고 있다. 하지만

표기하여 참고하기 편리하게 하였다.(一、問答數目並所據經文, 其顯而易指、繁而難徵者, 仍從省簡, 其屬天屬靈, 或稍涉深曲, 概行引出, 用小字, 書見某書某章某節, 以便參考。) 제4조 一問 一答에서 논의한 것은 단지 一事一理에 불과하며, 그 중에 의미가 분명하지 않고 뜻이 미진한 것을 제외하고는 인증하기 위해서 반드시 다른《성경》구절과 다른 사건을 인용하거나 혹은 傳說과 史書를 가져다 설명하거나 혹은 譬喻와 名言으로 천명하여《성경》의 精義를 깨달아 알 수 있기를 기대한다.(一、一問一答所論, 祇此一事一理, 而其中意有未明、義有未盡者外, 必引他卷經文、他端事件以證之, 或取傳說、史載以明之, 或以譬喻名言以闡之, 期得聖經精意所在。) 제5조 문답은 큰 글자로 쓰고, 그 다음의 증거와 喻解는 모두 작은 글자로 기록한다. 그리고 증거와 喻解가 혹 몇 가지가 있으면 한 가지가 끝나는 곳에 "○"으로 표시하여 섞이는 폐단이 없게 하였다.(一、問答用大字書, 次則證據、再則喻解, 俱書小字, 而證據喻解間, 或有數件者, 則於一事已畢而隔以○, 庶無渾淪之弊。) 제6조 이 책은 단지 초학자에게만 도움이 되는 것이 아니라 傳道하는 사람에게도 그 意理를 善用할 수 있어서 약간의 보충이라도 없을 수가 없다. 예를 들면 이 책 속에 인용된 일화는 질문에 따라 言外에서 뜻을 가져와 대답한 것이 특히 많은데 正用하거나 혹은 反用하거나 혹은 旁側用이거나 혹은 高下用이거나 혹은 한 단계 나아간 것이거나 혹은 한 발 깊이 들어간 것이며, 또한 심혈을 기울여 얻은 것인데, 과연 이런 곳에서 하나를 보면 열을 알게 되며, 구슬을 사고 보물상자를 돌려주는 취사선택이 잘못될 수도 있는 것인지! 비범하면서도 밝은 즉 말할 때에 이치가 투철하지 않거나 언어가 새롭게 번역되지 않을 것을 어찌 걱정하겠는가?(一、是編不獨有裨初學, 卽傳道之人, 能善用其意理, 諒亦不無小補, 如編中引用軼事, 按之本疑問答, 於言外取神者殊多, 或正用, 或反用, 或旁側用, 或高下用, 或推出一層, 或探入一步, 亦煞費苦心得來, 果能於此等處, 觸類旁通, 買珠還櫝, 神而明之, 則講貫時, 何患理不透闢語不翻新!) 내스트 저·리브하르트 역, 〈凡例〉,《依經問答喻解》, 福州美華書局, 1880년10월, 2면. 〈凡例〉 8조 중에서 앞의 6조를 번역하였다.

제6조에서는 초학자뿐만 아니라 전도자도 선용할 수 있도록 일화를 인용하여 言外의 뜻을 가져다가 다양한 층차로 이해될 수 있게 하였다. 그리하여 독자층을 가르치는 전도자에게까지 확대하고 있다.

두 번째, 〈凡例〉에서는 책의 내용과 체례 및 기술 근거를 구체적으로 설명하고 있다. 우선 이 책은 360개의 질의와 답변으로 구성되어 있는데, 9개의 章은 모두 내용에 따라 순서대로 배열되어 있으니, 제1장 "三位一體의 하나님"에 대한 질의 응답으로부터 제9장 "사망 부활 승천 심판 영생"에 이르는 기독교의 핵심 교리를 대부분 《성경》에 근거하여 기술하고 있는데, 《성경》구절을 임의로 첨삭하지 않았으며 약간의 문답은 《성경》 이외의 내용을 가미하기도 하였다. 세 번째, 이 책은 내용에 따라 각기 다른 세 가지 문자 크기로 구분하여 기술하였다. 一問 一答은 《성경》의 다른 구절이나 《성경》 이외의 다른 사건을 인용하거나 傳說과 歷史書를 가져다 설명하기도 하고, 혹은 譬喻와 名言으로 천명하여 이해시키고자 하였다. 문답은 큰 글자로 표기하였고, 그 뒤에 설명을 가한 〈喻解〉부분, 그리고 답변의 말미에 附記한 《성경》이나 다른 전적의 인용 출처는 모두 작은 글자로 기록하였다.

《의경문답》에는 비록 〈凡例〉가 번역되어 있지 않았지만, 올링거목사는 《의경문답》을 〈凡例〉의 체례와 기술방식에 철저하게 의거하여 기술하였다. 그리고 《인가귀도》를 한글로 번역할 때에도, 《의경문답》의 기술방식에 따라 표기하였다. 우선 〈인가귀도서〉부터 작품 전체에 나오는 인명, 지명 등의 고유명사에 줄을 하나 그어 표기하였으니, 예를 들면 영국, 양격비, 즁국, 리션싱(이상 1면), 하시(4면), 보살(16면), 요량(21면), 대벽왕(36면), 쟝의, 류쟝싱, 문태슨, 황비호, 관공, 죠공명(이상 39면),

오뎨, 옥뎨, 원텬, ᄌᆞ미, 인도(이상 40면), 유태국(47면), 구라파, 아미리가, 아셔아, 유태국, 즁국, 태셔, 양인((이상 50면), 셔양(55면) 등이다.

세 번째, 올링거의 한역본에는 앞의 두 판본에는 없는 역자의 주가 괄호 안에 기술되어 있고, 특별한 어휘가 나오면 譯註를 달아 설명을 하였는데, 모두 2개의 어휘에 작은 글씨체 2행으로 배열한 역주를 달았으니, 바로 제6장의 "요랑"과 "금련"[30]은 괄호를 사용하여 역주를 기술한 경우이다. 이는 중문본 《引家當道》와 《引家歸道》에는 없는 것을 역자 올링거가 한역본에서 첨가한 것으로 《의경문답》의 〈喩解〉 중에 나오는 "보험사"와 "살단" 등의 역주 처리방식과 동일하다. 다만 《인가귀도》에서는 괄호를 사용한 것이 《의경문답》과는 다르다.

네 번째, 《인가귀도》에서는 '猶太國'을 '유태국'으로, '歐羅巴'는 '구라파'로, '亞美利加'는 '아미리가'로, '亞西亞的太西'는 '아셔아의 태셔'로 번역하였는데, 이는 중국어 어휘를 한자의 한글 讀音으로 표기하여, 원래 중국어의 音價가 반영되지 않은 한국식 독음 표기법이다. 이러한 중국어 어휘의 한글 독음 표기방식은 다른 전적의 한글 번역본에도 그대로 사용되었고, 《의경문답》에서도 같은 방식으로 표기되었다. 예를 들면 이식렬(以色列, 이스라엘, 48, 56면), ᄋᆡ급(埃及, 이집트, 48면), 요슬(約瑟, 요셉, 63, 72면), 요한(約翰, 요한, 63면), 졔마틱(提摩太, 디모데, 63면), 압ᄉᆞ룡(押沙龍, 압살롬, 63면), 대벽(大闢, 다윗, 72면), 보라(保羅, 바울, 73면), 아력산대(亞力山大, 알렉산더, 74면), 라마국(羅馬國, 로마국, 74면), 살마리아(撒馬利亞, 사마리아, 76면), ᄇᆡᆨ리ᄒᆞᆼ(伯利恒, 베들레

30) (요랑은 당나라 계집의 일홈) 《인가귀도》 제6장 21면. (금ᄀᆞᆺᄒᆞᆫ 련ᄭᅩᆺ치란 말) 《인가귀도》 제6장 23면.

헴, 84면)), 가리리(加利利, 갈릴리, 84면), 라살륵(拿撒勒, 나사렛, 84면), 마기돈(馬其頓, 마게도니아, 93면), 야로살림(耶路撒冷, 예루살렘, 95면) 등과 같이 인명, 지명, 국명 등의 하단에 밑줄을 표기하여 고유명사를 구분하였고, 漢字의 한글독음으로 표기하였다. 때문에 이런 고유명사는 비록 한글로 표기되었지만 해독이 어렵고, 《依經問答喻解》의 중국어 원문과의 대조를 통해서만이 겨우 그 한자의 표기와 의미를 알 수 있다.

이런 한자의 한글독음 표기방식은 《인가귀도》에서 인명과 서명을 번역할 때에도 같은 방식이 적용되었으니, "哥林多前書"를 "가림다젼셔"(72면)로, 《성경》의 인물 "大闢(다윗)"를 "대벽"(72)으로, "保羅(바울)"를 "보라"(73면)로 번역하였는데 이런 번역방식은 중국어의 音價를 무시하고 한글의 한자독음을 그대로 표기한 것으로 1890년대 한글 번역본에서 공통으로 보이는 현상이다.

다음은 형수가 병석에서 이선생에게 하는 신앙고백 장면인데, 삼위일체의 하나님에 대한 호칭과 《성경》의 인용문에 대한 표기를 잘 살펴볼 수 있다.

> 예수쓰큰공을힘닙어속ᄒᆞ리니우리무리비록죄크나 예수쓰의공뢰가우리죄보덤한량업시크시니내죽어도 쥬의십ᄌᆞ틀을안고죽ᄂᆞ니무ᄉᆞᆷ두려옴이잇ᄉᆞ리오내의지금ᄒᆞᆫᄒᆞᄂᆞᆫ바ᄂᆞᆫ어셔밧비날어가셔 쥬ᄅᆞᆯ보고기리ᄒᆞᆷᄭᅴ잇지못ᄒᆞᆷ이니라나ᄂᆞᆫ죽으나사나 샹뎨ᄅᆞᆯᄉᆞ랑ᄒᆞᆷ은ᄭᅳᆫ치못ᄒᆞᆯ줄아ᄂᆞ니청컨ᄃᆡ시편이십삼편일졀ᄉᆞ졀과가림다젼셔십오쟝오십오륙졀을보면내지금ᄆᆞᄋᆞᆷ과졍신의즐거은디경을알니다리션ᄉᆡᆼ이ᄎᆡᆨ을닑으니대벽왕이ᄀᆞᆯᄋᆞᄃᆡ 쥬ᄂᆞᆫ우리ᄅᆞᆯ치ᄂᆞᆫ이니날노ᄒᆞ여곰업ᄂᆞᆫ거시업게ᄒᆞ시고내비록허물노죽어그윽ᄒᆞᆫ골목에가리오나ᄯᅩᄒᆞᆫ해맛날가두리지아니ᄒᆞᆷ은 쥬

가ᄒᆞᆼ샹나로더브러ᄒᆞᆷᄭᅴ계시고그지팡이왁ᄃᆡ가지로나ᄅᆞᆯ붓들며나ᄅᆞᆯ위로ᄒᆞ리라ᄒᆞ고보라ᄂᆞᆫᄀᆞᆯᄋᆞᄃᆡ…… 샹뎨ᄭᅴ샤례ᄒᆞᄂᆞ니우리 쥬예수쓰크리스도쓰쎄셔나의검을주시다ᄒᆞ니라리션ᄉᆡᆼ이닑기ᄅᆞᆯᄆᆞᆺ치매ᄭᅮᆯ어긔도ᄒᆞᄃᆡ말마다 샹뎨의큰은혜ᄅᆞᆯ주샤그형수로능히이ᄀᆞᆺ치죽ᄂᆞᆫ거ᄉᆞᆯ이긔게ᄒᆞ심을감샤ᄒᆞ니(예수님의 큰 공을 힘입어 대속하리니 우리 비록 죄가 많으나 예수님의 공로가 우리 죄보다 한량 없이 크시니 내가 죽어도 주님의 십자가를 안고 죽을 것이니 무슨 두려움이 있겠습니까? 내가 지금 걱정하는 바는 어서 빨리 날아가 주를 보고 길이 함께 있지 못하는 것입니다. 나는 죽으나 사나 하나님을 사랑함은 끊지 못할 줄을 아나니, 청컨대 《시편》 23편1절 4절과 《고린도전서》 15장 55절 56절을 보면 내 지금 마음과 정신의 즐거운 지경을 알 것입니다. 이선생이 책을 읽으니 다윗왕이 가로대 "주는 우리를 치는 이시니 나로 하여금 없는 것이 없게 하시고, 내 비록 허물 때문에 죽어 그윽한 골목에 가겠지만 해 당할 것을 두려워하지 아니함은 주가 항상 나와 더불어 함께 계시고 그 지팡이와 막대기로 나를 붙들어 주며 나를 위로해 주실 것이다."하였고, 바울은 가로대 "…… 하나님께 감사하나니, 우리 주 예수 그리스도께서 내게 검을 주신다."하니라. 이선생이 읽기를 마치매 꿇어앉아 기도하는데, 말마다 하나님께서 큰 은혜를 주사 형수가 능히 이같이 죽는 것을 이기게 하심을 감사하였다.)(《인가귀도》 제16장 72-73면)[31]

31) 問: "旣有大罪, 怎麽沒有懼怕呢?" 答: "因爲靠耶穌的大功救贖我, 我的罪雖然大, 耶穌的功, 比我的罪大萬萬倍, 我死是抱着主的十字架而死, 有甚麽懼怕呢? 我恨不飛去見主, 永遠和主同在。我曉得或生或死, 都不能絕我於上帝之愛, 請叔讀詩篇二十三篇一節四節, 並看哥林多前書十五章五十五節到五十七節, 就曉得我現在心神的樂境了。" 李先生開卷讀道: "大闢說: '主是我的牧者, 我不至缺乏。我雖然過死蔭的幽谷, 也不怕遭害, 因主與我同在。主的杖、主的竿, 足以安慰我。' 保羅說: '那死的爲害在那裏? 陰府的勝我在那裏? 死

이 장면에서는 한역본의 몇 가지 중요한 번역 특성을 살펴볼 수 있는데, 먼저 하나님에 대한 호칭이 명확하게 기술되어 있다. 우선《引家當道》에서 하나님의 호칭으로 사용했던 "眞神"을 官話本에서는 모두 "上帝"로 바꾸었으며, 올링거의 한역본에서도 이를 따라서 "上帝"의 한글음인 "샹뎨"로 표기하였다. 호칭의 문제는 대체로 이렇게 官話本과 韓譯本에서 "上帝"와 이의 한자음인 "샹뎨"로 통일 표기되었지만,《引家當道》에서는 하나님에 대한 호칭을 대부분 "眞神"이라 하였고 아직 "上帝"란 호칭을 사용하지 않았다. 호칭 문제는《성경》의 中譯過程에서 대단히 첨예한 의견 대립이 있었던 부분으로 중국어《성경》의 출판에 진통을 겪었던 19세기 중반 중국의 성경번역활동 상황이 그대로 반영되어 있는데, 그리휘트목사는 당시 중국의 대표적인 성경번역자로써 그가 번역한《성경》이 널리 통용되고 있었고[32], 그가 사용한 하나님에 대한

的爲害就是罪, 罪的權勢就是律法, 感謝上帝使我們靠我主耶穌基督, 能彀得勝。' 李先生讀完了, 就跪下祈禱, 句句話都是感謝上帝的大恩, 賜嫂能這樣得勝死亡。(《引家歸道》第16章, 20~21면) 問: "有大罪, 何無懼?" 答: "因賴耶穌大功以贖之, 我罪雖大, 耶穌之功, 大於我罪萬萬倍, 我死乃抱主之十字架而死也。何懼之有哉? 我恨不飛去見主, 永與之同在也。我知或生或死, 皆不能絕我於眞神之愛, 請讀詩篇二十三篇一節、四節, 並看哥林多前書十五章五十五、六、七節, 便知我今心神之樂境矣。" 李先生展卷讀之: "大闢云: '主乃我牧者, 使我無缺乏。我雖過死蔭幽谷, 亦不畏遭害, 因主常與我同在。其杖、其竿, 扶我慰我。' 保羅云: '死之爲害何在? 陰府之勝我何在? 死爲害者, 罪也。罪勝我者, 法也。謝眞神, 因我主耶穌基督賜我得勝。' 李先生讀畢, 卽跪禱, 語語皆感眞神大恩, 賜其嫂能如此得勝死亡云。(《引家當道》第16章, 18면)

32) 그리휘트 존은 1883년부터《신약》전체와《구약》일부를 중국어로 번역하기 시작하여 1885년에《신약성경》을 완역하였는데,《楊格非淺文理譯本》은 1885년에《신약》이 출판되었고, 1889년에 수정본이 출판되었으며,《창세

호칭이 바로 그의 기독교소설인 《引家當道》와 《引家歸道》에 그대로 반영되어 있다.

1892년에 번역 출간된 아펜젤러 역 《마태복음》은 앞 부분에는 하나님 → 춤신 → 신 → 샹뎨 등이 섞여 번역되다가 제22장부터는 "샹뎨"로 표기되었는데[33], 한역본 《인가귀도》에서는 全書가 모두 "샹뎨"로 표기되었다. 이는 올링거가 官話本 《引家歸道》의 표기법을 따랐으며, 한국 국내에서 처음 번역된 아펜젤러 역 《마태복음》 역시 올링거의 표기법을 따라 하나님을 "샹뎨"로 표기한 것으로 올링거를 통해 그리휘트의 성경번역 표기법이 한국에서 통용된 사례라고 할 수 있겠다.

두 번째, 韓譯本에서는 《引家歸道》의 "神(하나님)"을 "신"으로, "耶穌"는 "예수쓰"로, "基督"은 "크리스도쓰"로, "聖神"은 "셩신"으로 번역되었다.[34] 그런데, 이는 다른 인명표기와는 달리 "야소"나 "기독"이라고 한글 독음으로 표기하지 않고, 라틴어의 음역인 "예수쓰"와 "크리스도쓰"로 표기하여 중국식 표기를 따르지 않고 라틴어 《성경》의 발음대로 표기하였다. 세 번째, "大闢", "保羅"와 같은 외국인명을 모두 한자

기》부터 《아가》까지 번역된 《구약》은 1905년에 출판되었다. 《楊格非官話譯本》은 1885년 출간된 《楊格非淺文理譯本》을 官話로 번역한 것으로 《신약》이 1889년 스코트랜드성경공회에서 출판되었다. 존 그리휘트는 1889년에 《신약성경》의 文理本과 官話本을 모두 완성하였다. 그의 중국어 성경 역본은 중국에 널리 통용되었으며, 상당한 호평을 받았다. 海恩波 著·蔡錦圖 譯, 《道在神州—聖經在中國的翻譯與流傳》, 홍콩 國際聖經協會, 2000년 9월, 104-108쪽 참조.

33) 이만열 저, 《韓國基督教文化運動史》, 大韓基督教出版社, 1984년, 121쪽.

34) 《引家當道》에서는 "聖靈"으로 표기되었으나, 官話本에서는 모두 "聖神"으로 바뀌었다. 韓譯本은 官話本의 표기대로 번역되었다.

음으로 번역하였다. "대벽, 보라"라고 번역하면 결코 정확한 번역이 아닌데, 위에서 살펴본 《의경문답》의 인명, 지명, 지역명의 표기법과 같은 방식으로 번역되었다. 그리고 《성경》의 편명도 모두 같은 방식으로 표기하였으니, 예를 들면 "가림다젼서(哥林多前書)"와 같이 서명에 나타난 漢字를 한글음으로 그대로 표기하였다.

한역본의 번역문은 올링거목사가 창립 발기하고 출판사업을 주관했던 "조선성교서회"(후에 "대한성서공회"로 개명)에서 1890년대 초기에 간행한 기독교문서의 한글 표기법과 대동소이하다. 그는 《의경문답》과 《인가귀도》에서 기독교문서의 번역에 필요한 하나님의 호칭문제, 외래어의 번역방식과 표기법을 일관된 방식으로 통일하여 기술하였는데, 《의경문답》은 바로 《依經問答喻解》의 〈凡例〉의 체례대로 번역되었고, 《인가귀도》는 1893년에 간행된 《의경문답》의 번역방식에 따라 기술되었다.

《인가귀도》는 비록 官話本 《引家歸道》의 서명을 따랐지만, 번역은 官話本과 더불어 文言本 《引家當道》의 문장을 저본으로 번역한 부분이 적지 않은데, 일부분은 官話本을, 일부는 文言本《引家當道》를 저본으로 직역에 가까운 번역을 하였다. 한글번역에 있어 역자의 의도적인 변형이나 주관이 개입된 부분이 거의 없었고, 일부 원본의 독해가 미비하거나, 한국 독자를 고려하여 실정에 맞도록 改譯을 했거나 의역한 부분이 있지만 대체로 원문에 충실하게 번역되었다. 또한 오역사례가 그다지 많지는 않지만 앞에서 구체적인 사례를 지적하였는데, 이를 통해 올링거목사의 中文실력은 白話文보다는 文言文을 해독하는데 더 익숙하다는 것을 알 수 있으며, 올링거를 도와준 한국인 助士의 중국어 官話 실력은 그다지 뛰어나지 않고 올링거와 한국인 조사 모두 문언문에 더 자신이 있음을 알 수 있었다. 때문에 官話本이 더 상세하고 서술성이 높지만, 상당부분은 문언본 《引家當道》를 저본으로 축자번역에 가까운 직역을 하였다고 판단되어 지는데, 한글 번역문의 수준은 상당히 뛰어난 편이다. 손쉬운 문언문(淺文理)으로 기술된 《引家當道》를 통속적인 口語體로 改寫한 것이 바로 《引家歸道》이다. 기록문자가 文言에서 白話로, 또 이것이 다시 한국어로 번역되어 "인가귀도"란 단어는 초기 개신교 선교시기에 한국교회에서 널리 통용되는 용어가 되었다.

영국선교사 티모티 리차드의 基督教翻譯小說 《喩道要旨》의 翻譯特性

제1절 基督教 文言翻譯小說 《喩道要旨》와 작자 크루마허

《喩道要旨》는 1894년 光緖皇帝의 고문이었던 영국 침례교선교사 티모티 리차드가 中譯한 文言筆記體 기독교 단편소설집이다. 이 작품집은 원래 독일의 저명한 신학자 프레드리히 아돌프 크루마허가 1805년에 독일어로 저술한 宗教寓話集인데, 역자 티모티 리차드가 1850년대에 영어로 번역된 英譯本을 저본으로 하여 201편의 작품 중에서 71편을 文言으로 번역한 轉譯本이다. 출간 당시에 譯者는 上海 廣學會의 총간사로 활약하면서 《百年一覺》이란 미국소설을 中譯하여 당시 중국사회에 큰 反響을 일으켰고, 《喩道要旨》역시 출간된 뒤, 재판을 거듭할 정도로 뜨거운 호응을 받았지만, 한국은 물론이고 세계의 어느 중국학계에서도 지금까지 전혀 연구가 되지 않았다.

필자는 단지 기독교 교리서로 분류된 채, 중국에서는 완전히 잊혀져 버린 이 작품이 중국번역문학사와 아세아 기독교선교사 및 중국소설사에서 아주 중요한 가치를 가지고 있음을 알고, 1826년에 출판된 크루마허의 독일어 원본과 1857년 Lindsay & Blakiston의 삽화본을 수집 조사 분석하여 역자 티모티 리차드의 번역 책략과 번역 상태, 번역목적을 탐구해 보았다. 이 작품집은 기록 필체와 역자가 의도적으로 삽입한 삽화의 표현양상에 있어서 기독교를 선교하려는 中譯者 티모티 리차드의 강력한 번역동기를 드러내고 있는 번역작품이다. 그리고 19세기 개신교 선교사에 의해 창작 번역된 중문기독교소설 중에서도 문인 사대부 계층을 독자대상으로 하여 출간된 매우 중요한 특성을 가진 작품으로 평가된다.

필자는 2005年 4월 臺灣의 嘉義大學에서 거행된 제2회 중국소설희곡 국제학술회의에 참가하여 陳慶浩教授의 論文을 보고서 관심을 갖게 되었는데, 그는 자신이 프랑스 파리국가도서관에서 발견한 두 권의 기독교소설작품을 필자에게 제공해주었고, 필자는 숭실대학교 한국기독교박물관과 서울의 장로회신학대학교와 연세대학교에 소장된 여러 권의 中文基督教小說 원본과 韓譯本을 발견하게 되었다. 그 중에《喩道要旨》라는 작품이 있는데, 바로 清末 중국의 정계와 기독교계에서 주도적인 역할을 했던 영국의 기독교선교사 티모티 리차드가 1894년 上海美華書館에서 刊行한 文言筆記體 基督教 寓話翻譯小說集이다.

《喩道要旨》의 〈譯者序文〉에 의하면, 英國의 浸禮教宣教士 티모티 리차드는 독일의 명사 크루마허(Krummacher)가 저술한 宗教寓言故事集 *Parabeln*의 英譯本을 底本으로 삼아, 文言筆記體小說로 번역하였다고 한다.[1] 이 文言小說集은 모두 71條의 短篇作品이 수록되어 있는데, 本文 앞에는 譯者 티모티 리차드의 〈序文〉과 〈中文目次〉 및 〈英文目次〉가

1) 李提摩太 著, 〈序〉, 《喩道要旨》, 崇實大學校 韓國基督教博物館, 1894年, 第1面.

각각 1篇씩 실려 있다[2]。이 작품의 1894年 刊本은 崇實大學校 韓國基督教博物館에 소장되어 있고, 1904年에 간행된 第2版은 延世大學校 中央圖書館에 소장되어 있다. 두 가지 中譯本이 모두 韓國에 現存하고 있어 당시 동아시아에 매우 광범위하게 流傳되었다는 증거라고 볼 수 있겠다. 하지만 이 작품은 단지 基督教 教理書로만 분류되었을 뿐, 누구도 문학작품이나 소설작품으로 간주하여 연구한 적이 없었다. 필자는 먼저 譯者의 序文과 作品 內容에 따라서 이 작품집이 基督教 故事와 人物을 主要 題材로 하여 文言筆記體로 쓰여진 虛構小說이라고 판단하였다. 獨語 原本의 書頭에는《*Zueignungs parabeln* 獻呈寓言》이라 題되어진 3편의 寓言故事(第1條 〈브라만의 예물〉, 第2條 〈寶石〉, 第3條 〈墳墓〉)가 수록되어 있다. 第1卷은 67편, 第2卷은 53편, 第3卷은 78편의 作品이 수록되어 있으며, 全書가 3卷, 201편의 寓言故事로 이루어진 短篇小說集이다. 書名은 *Parabeln*이라 題되어 있으며, 작자는 독일의 저명한 神學者 크루마허博士[3]이다.[4]

2) 中文目次는 〈喩道要旨目錄〉라 題되어 있고, 版心의 上中段에는 "目錄"이라 쓰여 있으며 모두 2쪽 1面이다. 英文目次는 〈CONTENTS〉라고 題되어 있는데, 版心의 上中段에는 "外國字目錄"이라 쓰여 있다.

3) 티모티 리차드는 著者 "Friedrich Adolf Krummacher"를 "戈睦克"라고 번역하였는데, 이 譯名은 독일음과 부합되지 않아, 필자는 독일어 발음에 따라 "科錄馬赫"라고 中譯하였다.

4) Dr. Friedrich Adolf Krummacher, *Parabeln,* Beutlingen, 1826. 目次는 書尾에 보이는데, 第1卷의 目次는 第1卷 146~148쪽에, 第2卷의 目次는 第2卷 139~140쪽에, 第3卷의 目次는 第3卷 136~138쪽에 있다. 3卷은 각각 세 명의 王女에게 呈獻되었고, 3卷의 書頭에는 모두 獻呈辭가 있다. 필자는 1826년에 간행된 獨語原本 *Parabeln*과 1857년에 간행된 英譯本을 독일 무니히대학(University of Munich) 漢學研究所(Institute of Sinology)의 크리

著者 크르마허(Friedrich Adolf Krummacher, 1767-1845)는 독일의 神學者인데, 1767年 7月 베스트화렌주(Westfalen)의 테크렌부르크(Tecklenburg)에서 태어나 1784年 링겐(Lingen)에서 神學을 공부하였고, 1786年 할레(Halle)에서 神學과 哲學을 전공한 뒤, 1789年 함(Hamm)에서 고등학교의 副校長으로 취임하였으며, 1792年 모얼스(Moers)에서 고등학교의 校長을 역임하였다. 1800年 두이스부르크(Duisburg)에서 神學教授가 되었고 神學博士學位를 취득하였으며, 1807年 루르州(Ruhr)의 케트빅(Kettwig)에서 牧師가 되었다. 1812年에서 1824年까지 안할트 베른부른(Anhalt Bernburn)에서 監督 겸 高級講道師로 재직하다가 1822년 본(Bonn)大學의 교수직 요청을 거절하고 1824年 브레멘(Bremen)의 聖안스가리우스교회(Ansgariuskirche)의 牧師로 부임하여 재직하다가 1843年에 은퇴한 뒤, 1845年 4月에 브레멘에서 영면하였다.5) 그는 23권의 著作을 저술하였지만 *Parabeln*으로 명성을 떨쳤다. 이 책은 두이스버그에서 1805年 第1版이 출간된 후에 1876年에는 第9版이 간행되었고, 네덜란드의 라이든(Leiden)에서 1805年에 최초의 외국어 번역본인 네덜란드어 翻譯本이 출간되었다. 그 후 1812年 뮐렌(W. Mőllen)이 덴마크어 번역본을 출간하였으며, 1822年 M. L. Beautain이 파리에서 佛語 翻譯

스챤 소펠(Christian Soffel)교수의 도움을 받아 구입할 수 있었다. 작자 크루마허에 대한 자료를 찾지 못해 어려움을 겪고 있는 필자를 위해 소펠교수는 *Friedrich Adolf Krummacher und seine Zeit*를 직접 조사 구입하여 독일에서 우송해 주었으며, 독일어 古語體로 표기된 *Parabeln*을 독일 현대어로 해석하는데도 도움을 주는 등, 작자 크루마허의 생애를 조사하는데 결정적인 도움을 받았기에 이 자리를 빌어서 깊은 感謝의 인사를 드린다.

5) Georg Rosenthal, 《*Friedrich Adolf Krummacher und seine Zeit* 크루마허와 그의 생애》, Bernburn: Kulturstiftung Bbg., 1996, 130p.

本을 간행하였다. 英譯本은 1824年 쇼벨트(W. H. Shobert)가 런던에서 처음 출간한 후, 적지 않게 번역본이 간행되었다.[6] 이 작품은 19世紀 歐美의 여러 지역에서 줄곧 애독되었고 상당히 잘 팔렸던 베스트셀러 寓話集이다. 1850年代 영국과 미국에서 몇 종의 英譯本이 간행되었는데, 中譯者 티모티 리차드는 1857年 헨리 본(Henry G. Bohn)이 번역한 英文本 *The Parables of Frederic Adolphus Krummacher* 가운데에서 71篇을 選篇하여 中國文人이 즐겨 읽는 筆記小說體 文言小說로 번역하였다.[7]

제2절 영국선교사 티모티 리차드와 그의 中文翻譯小說

中譯者 티모티 리차드(Timothy Richard, 李提摩太, 1845-1919)는 영국 남웨일스 카마던의 한 시골마을에서 대장장이이자 농민인 아버지의 아홉 번째 아이로 태어났다. 그는 15세에 집을 떠나 학교에서 기숙하며 주경야독한 뒤에 스온스사범대학에 합격하였고, 18세에 시험을 거쳐 초등학교의 교장으로 임용되었다. 25세에 침례교 하버포드 웨스트(Haverfordwest)神學大學에 진학하여 공부한 후에 1869年 英國 浸禮教

6) Georg Rosenthal, 前揭書, 〈Veröffentlichungen 出版著書〉, 130p.

7) 中譯者 티모티 리차드의 〈序文〉에 "文章 作法이 中國筆記小說과 비슷한 작품을 뽑았다.(謹擇其章法與中國筆記等書相似者")"라고 기술한 것에 근거해 보면, 이 책의 敍述章法은 文言筆記小說體를 채택하였음을 알 수 있다. 英譯本의 底本은 《喩道要旨》의 〈英文目次〉상단에 쓰여 있는 "Selections from *Krummacher's Parables(Bohn's Series)*"라는 題記에 명기되어 있다.

티모티 리차드
(Timothy Richard, 1845-1919)

宣教會의 파송을 받아 중국 山東과 烟台에서 선교활동을 시작하였다. 1876년 山東에 수재가 발생하자 수재민들의 구호사업을 하면서 중국의 고위관리들과 접촉하기 시작하였다. 그 후 山東과 山西, 武昌 등지에서 曾國筌, 左宗棠, 李鴻章 등 중국고관들과 교류하며 중국정치와 사회개혁에 관여하였다. 그는 1890년부터 1916년까지 廣學會의 총간사를 맡았고 同文書會를 주관하면서 문서선교와 사회개혁을 진행하여 청말 유신파 개혁인사들에게 지대한 영향을 미쳤다.[8] 그는 적극적인 사회참여를 주장하였으니, 신앙과 기독교 문서보급을 통해 전도할 수 있을 뿐만 아니라 정치 사회의 개혁과 대중의 계몽을 통해서 기독교를 더욱 널리 전파할 수 있다는 신념을 가지고 사회의 개혁과 지식인과의 교류를 중시하였다. 그래서 자신이 직접 중국신문의 편집작업을 주관하거나 신문잡지의 기고를 통해서 清末社會에 직접적인 영향력을 행사하고자 하였다.

티모티 리차드는 1869年 중국에 온 후, 처음에는 天津과 山東、山西等地에서 中下層 백성을 대상으로 선교활동을 전개하였다. 그러나 몇 년 후, 그는 점차 자신이 中國의 歷史 文化와 社會現實에 대해 아는 바가 대단히 미미할 뿐만 아니라, 최선의 노력을 기울여 전력투구하더라

8) 顧長聲 著,《傳教士與近代中國》, 上海人民出版社, 1991年, 175-176쪽.

도 선교효과는 결코 이상적이지 못하다는 사실을 점차 인식하게 되었다. 그는 기독교가 中國人의 心靈을 改造할 수 있으며 나아가 정신세계에서 주도적인 위치를 차지할 수 있다고 확신하였지만, 중국에 와서 생활한 뒤에 자신의 이상과 中國의 社會現實 사이에 상당한 거리가 있음을 비로소 인식하게 되었다. 기독교 선교의 주요한 장애는 결코 中西文化의 差異에 있는 것이 아니라 일반 민중의 저급한 문화수준과 아무 것도 가진 것이 없는 極貧한 생활형편에 있다는 사실을 깨닫게 되었다. 특히 1870년대 말 華北지방에서 몇 년 동안 계속된 재해와 흉년은 수백 만에 이르는 가난한 민중들을 기근으로 餓死하게 만들었다. 티모티 리차드는 1878年 1月 30日의 日記에서 그가 太原의 郊外에서 目睹한 慘狀을 기술하고 있다.

1월 30일, 城南 290里 밖

길옆에 14명의 시체가 있는데, 한 사람은 몸에 양말 한 켤레만 신고 있었다. 그의 시체를 개 한 마리가 끌고 가는데 정말 너무도 가벼웠다. 시체 중에는 두 명의 여인이 있다. 사람들이 장례식을 치루긴 하지만 그런 의식은 단지 그들의 얼굴을 땅으로 돌려놓는 것에 불과했다. 길을 지나가는 사람들이 죽은 사람 중의 어느 한 사람과 친분이 있으면, 자신이 입고 있는 옷을 벗어서 덮어 주었다. 세 번 째 시체는 십 여 마리의 꽉꽉 우짖는 까마귀와 까치의 밥이 되었다. 여기에는 또 살찐 꿩과 토끼, 여우, 이리가 출몰하곤 하지만 많은 사람들은 도리어 먹고 살 방법이 없었다.

1月30日, 城南290里。

見到路旁14個死人, 一人身上僅穿有一隻襪子。他的屍體正在被一隻狗拖走, 實在太輕了。死者中有兩個女人。他們擧行過葬禮, 但那只不過是將她們的臉翻轉爲面對土地。路過的人們對其中一人手下留情，留下了她身上的衣服。第三具死尸則是十幾隻吱吱尖叫的烏鴉和喜鵲的美餐。這裏還有肥胖的野鷄、兎子、狐狸和狼出沒，但是男男女女的人們却無法生存。[9)]

냉혹한 중국의 사회현실로 인해 티모티 리차드는 생존을 위해 필요한 기본물질의 重要性을 뼈저리게 느끼게 되었다. 그리하여 자신의 선교전략을 조정하여 먼저 영국과 北京, 天津, 太原 等地에서 募金을 한 후에 이런 경제 기반 위에서 글을 배울 기회와 재물을 나누어주는 것을 수단으로 민중들에게 선교를 하고자 하였다. 그러나 그는 1880年 9月 李鴻章과 會見을 한 뒤에 자신의 사명과 실행하는 선교방식에 대해서 새로운 인식을 갖게 되었다. 李鴻章은 對談 중에 두 가지 견해를 피력하여 그를 일깨워 주었다. 첫째는 中國의 識字層에는 크리스챤이 없다는 사실이다. 둘째는 "당신의 주위에 모이는 기독교에 귀의한 신자들과 그들의 친구들이 당신을 위해 수고하는 것은 생계를 유지하기 위한 것입니다. 이 사람들에게 앞으로 보수를 주지 않는다면 더 이상 기독교인이 되지 않을 것이요."라고 말하였다.[10)] 李鴻章의 지적은 實際로 직접 그를 각성시켰으니, 청말 사회의 발전을 주도하거나 진정으로 영향을 미칠 수 있는 사람은 관료와 지식인 계층이지 결코 그가 구호활동으로 모아들인 생존하기 위해 기독교를 믿는 가난한 백성들이 아니라는 것이다. 크게 깨달음을 얻은 그는 중국의 사회현실에 적응하기 위해서는

9) Timothy Richard, *Forty-Five Years in China: Reminiscences*, London: T. Fisher Unwin Ltd., 1916, 130p.
10) Timothy Richard, 전게서, 151p.

자신이 더욱 중국의 고위관리에게 영향을 줄 수 있어야 한다고 생각하게 되었다.[11]

그 이후로 그는 선교전략을 바꾸어 高官과 知識人들에게 영향을 미칠 수 있는 사업에 전력을 다하였다. 1880年代 後期부터 티모티 리차드는 새로운 선교방식을 채택하여 기독교를 포함한 西方文化가 清末 社會에 영향을 확대시킬 수 있는 일련의 새로운 시도를 단행하였다. 그는 종교와 人文教育에 관련된 일련의 문장을 중국어로 저술하여 단행본으로 출판한 뒤 정부의 고위관리에게 증정하였다. 예를 들면 《現代教育 *Morern Education*》과 《기독교의 유익성에 대한 역사적 증거(基督教裨益之歷史佐證) *Historical Evidences of the Benefits of Christianity*》 등의 著作을 李鴻章 등의 高官들에게 기증하였다.[12]

1891年, 그는 上海에 가서 上海廣學會의 總幹事로 취임한 뒤, 두 권의 외국소설의 中譯作業에 착수하였다. 한 권은 《回頭看記略》인데, 1891年 12月부터 그가 주관하는 기독교선교사협회의 기관지 月刊 《萬國公報》에 每期마다 몇 회씩 나누어 연재하기 시작하여, 1892年 4月號에 게재를 완료하였으며, 나중에 題名을 《百年一覺》으로 바꾸어 1894年 廣學會에서 出版하였다. 다른 한 권은 바로 《喻道要旨》인데, 같은 해 廣學會에서 主管하여 上海美華書館에서 出版하였다. 《喻道要旨》는 바로 작자 티모티 리차드가 선교전략을 바꾸어 언론 출판사업을 시작한 이후 출간한 基督教 文言翻譯小說인 것이다.

---

11) Timothy Richard, 전게서, 199p.

12) 이 부분은 劉樹森 著, 〈李提摩太與《回頭看記略》〉, 《美國研究》, 1999年 第1期, 124-126쪽에서 인용.

중국에서 가장 먼저 번역된 政治小說은 미국의 소설가 에드워드 벨라미(Edward Bellamy)가 지은 *Looking Backward, 2000-1887*이다. 이 작품은 1888년 출간되어 나오자마자 歐美에서 선풍적인 인기를 끌어 몇 년 사이에 판매량이 100 萬 부를 돌파하는 등 엄청난 반향을 일으켰다. 이 작품이 미국에서 출판된 지 3년 만에 티모티 리차드가 중국어로 번역하여 《回頭看記略》라는 제명으로 《萬國公報》에 連載하였는데, 연재된 譯作은 譯者의 성명이 명기되지 않았고, 전후로 각각 "來稿"와 "析津來稿"라고 쓰여 있을 뿐이다.

《回頭看記略》는 모두 28章으로 구성되어 있는데, 原作의 전체 구성과는 일치한다. 원작 중의 각 章은 모두 標題가 없으며, 《萬國公報》에 連載된 《回頭看記略》에도 標題가 붙어있지 않았는데, 나중에 출판하면서 각 章마다 4字로 된 標題를 달았다. 이 표제는 간략하게 그 章의 故事內容을 개괄하고 있다. 예를 들면 제1장부터 제3장까지의 표제는 각각 "工爭價值(노동자가 임금을 다투다)", "延醫人蟄(의사가 오지 않아 사람이 동면에 들다)"와 "一睡百年(한 번에 백년을 자다)"이며, 마지막 2장은 각각 "百年前物(백년 전의 사물)"과 "諸苦必救(많은 고통은 반드시 구제된다)"이다. 이 때문에 작품 전체 28章의 標題는 실제로 작품 줄거리의 핵심 내용을 표현하고 있다. 독자는 標題를 보고 스토리의 전개과정과 서술구조를 살펴볼 수 있다.

이 책은 節譯本으로, 역자 티모티는 단지 작품의 개요만을 번역하였고 서술관점은 第1人稱에서 第3人稱으로 변환하였다. 譯者가 中文과 英文에 정통한 文人이어서 譯文이 正確하고 유려하며, 게다가 손쉬운 文言으로 翻譯되었다. 이 책이 중국어로 번역된 후에 중국의 지식인들에게 대단한 큰 영향을 미쳤는데, 특별히 清末의 維新派 사상가들에게 지대한 영향을 주었다. 이 번역소설은 청일 갑오전쟁 이후에 널리 유행되어 나중에는 수많은 해적판이 쏟아져 나올 정도였으며, 이 작품의 미래에 대한 예측과 理想小說 특유의 독특한 서술방식은 新小說의 효시이자 중국의 첫 번째 政治理想小說인 梁啓超의 《新中國未來記》에 직접적인 영향을 미쳤다.

티모티 리차드의 《百年一覺》은 발표되자마자 바로 世人의 주목을 받고 또한 중국문학에 직접적인 영향을 미친 반면에, 같은 해 上海 廣學會에서 출판한 그의 번역소설 《喩道要旨》는 그 존재 조차 아는 이가 드물었다. 이 작품은 티모티 리차드에 대한 연구저술에서도 언급이 되지 않았고 소장처에서는 기독교의 신앙교리서로 분류하였다.[13] 그러나 이 작품은 中譯者 티모티 리차드가 기독교 선교를 위해 중국 문인들이 즐겨 사용하는 文言筆記體로 번역 기술한 기독교 선교용 문언단편소설집이다.

13) 《韓國基督教博物館 所藏 古文獻 目錄》에는 "1. 기독교 5) 신앙교리서" 항목에 수록되어 있다. 이 곳의 저록 중에서 '光緖 20(1895)'은 마땅히 '光緖 20(1894)'으로 수정되어야 하겠다. 서지사항은 다음과 같다. "연활자본, 표기문자 漢文, 36장, 크기 25.7×15.0, 四周單邊, 半郭 19.6×13.0, 半葉 14行 34字, 註雙行, 插圖, 上下向黑魚尾, 線裝. 上海美華書館, 上海廣學會印."

제3절 基督教 文言筆記小說《喩道要旨》

1917年 雷振華가 편찬한《基督教出版書目彙纂》에는 다음과 같은 著錄이 있다.

> 喩道要旨 文言 李提摩太譯 86面 1893年 出版 二次 1894年 再版 廣學會 每本 一角五分[14)]

티모티 리차드가 번역한《喩道要旨》는 모두 86面이며, 上海廣學會에서 1893年에 第1版이, 1894年에는 第2版이 출판되었다고 著錄되어 있다. 筆者가 사용한 版本은 1894年 刊本으로 崇實大學校 韓國基督教博物館에 소장되어 있다. 1894年 刊本의 앞에는〈譯者序文〉半面과 中譯本目錄 1面 및 英譯本 目錄 半面이 있으며, 그 뒤에는 本文 36面이 있고, 本文 中間에는 左右 對稱의 8幅 挿畵 8面이 삽입되어 있으며, 맨 뒤에는〈廣學會教民圖書價目(광학회 기독교인 도서 가격표)〉1面이 부록으로 첨부되어 있는데, 全書가 모두 47面으로 된 線裝書이다.《基督教出版書目彙纂》의 著錄에 의하면, 初刊本과 第2版은 篇幅上에 있어 다소 차이가 있는데 初刊本의 86面을 반으로 나누면 第2版보다 4面이 적고 거기서 附錄 1面을 빼더라도 3面이 더 적어, 저록만을 가지고 판단할 수는 없으며, 세부적으로 더 조사를 해보아야 하겠다. 그러나 1894年 刊本의〈譯者序文〉에는 "光緖二十年季夏之月"이라 명기되어 있고, "英

14) 雷振華 纂,《基督教出版書目彙纂》, 漢口聖教書局, 1917年, Harvard University Yenching Library, 27面.

國教士李提摩太(영국선교사 티모티 리차드)”가 1894年 여름에 지은 것이라 분명하게 기술된 것으로 미루어 보아 역자 티모티 리차드는 분명 1894년에 〈譯者序文〉을 저술하였다. 이런 서문은 대부분 출판되기 이전에 쓰는 것이며, 光緖 20年(1904) 刊本의 표지 좌측 하단에 분명하게 “二次擺印二千本(2차 출간 2,000本)”이라 標記되어 있고, 英文 표지에도 “SECOND EDITION”이라 附記되어 있다.[15] 때문에 《基督教出版書目彙纂》의 著錄은 신빙성이 매우 떨어진다고 단언할 수 있으니, 崇實大學校 韓國基督教博物館에서 所藏하고 있는 1894年 刊本이 初刊本이고, 1904年 刊本은 再版本이라 단정할 수 있겠다. 再版本은 延世大學校 圖書館과 臺灣 東海大學校 圖書館에 소장되어 있다. 티모티 리차드는 〈序文〉에서 이 작품의 翻譯動機를 아래와 같이 밝히고 있다.

> 참 진리를 밝히는 이야기로 日用하기에 적절하고 누구나 알 수 있으며 누구나 행할 수 있는 것으로 가장 마음을 울리는 작품은 독일 名士 크루마허선생이 지은 《喻道瑣言》 약 200篇이 있는데, 지은 지 이미 90여년이 되었다. 30년 전에 英國 文人이 영어로 번역하였는데, 나는 이 작품의 저술 목적이 참 진리의 要旨를 밝히는데 있고 독자가 쉽게 깨달을 수 있게 저술된 점이 좋아서, 지금 文章作法이 중국 筆記小說과 유사한 작품을 뽑아 한 권으로 번역하여 진리를 깨닫게 하는데 일조할 수 있기를 희망하여, 《喻道要旨》라 명명하였다.(竊維發明眞道之言, 以切於日用, 爲盡人所能知、能行者最易啓發性靈, 德國名士戈睦克先生著有《喻道瑣言》約二百篇, 至今垂九十餘年矣。三十年

15) 《喻道要旨》, 上海廣學會校刊, 光緖30年(1904) 上海美華書館, 표지와 英文 표지면, 연세대 중앙도서관과 臺灣 東海大學 圖書館 所藏本.

前曾有英國文人譯成英語, 余愛其命意針對眞道要旨而亦易於會悟。謹擇章法與中國筆記等書相似者, 譯成一帙, 名曰:《喩道要旨》, 以冀爲引人歸眞之一助云。)[16]

譯者 티모티 리차드는 "이 작품의 저술 목적이 참 진리의 要旨를 밝히는데 있고 독자가 쉽게 깨달을 수 있게 저술된 점"과 "日用하기에 적절하고 누구나 알 수 있으며 누구나 행할 수 있는 것으로 가장 마음을 울리는 작품"이기 때문에 이 작품의 眞道에 관련된 내용을 문학양식으로 저술 출판하면 가장 쉽게 기독교를 선교할 수 있다고 생각하였다. 때문에 평소에 애독하던 독일 신학자 크루마허가 지은《喩道瑣言》英譯本 약 200편 중에서 章法이 중국 필기소설과 비슷한 작품 71편을 선별하여 한 권으로 번역한 후,《喩道要旨》라고 제명하였다고 밝히고 있다. 中譯者의 翻譯動機는 주로 중국인이 기독교를 믿는데 일조하려는

16) 이〈序文〉은 티모티 리차드가 光緖 20年 음력 6月(季夏之月)에 쓴 것인데, 光緖 20年은 1894年이므로 譯者〈序文〉은 1894年에 쓰여진 것이다. 그러나 雷振華가 輯纂한《基督敎出版書目彙纂》의 著錄에 의하면 第1版은 1893年에 간행되었다고 한다. 필자의 조사에 따르면,《基督敎出版書目彙纂》에 著錄된《喩道要旨》는 잘못된 것으로, 第1版은 1894年에 刊行된 것이 분명하다. 譯者 티모티 리차드는 독일어 原本이 출간된 지 이미 90여년이 지났다고 했지만, 作者 크루마허의 初刊本은 1805年에 出版된 것으로 中譯本의 출간 시점까지 단지 89年이 되었고 아직 90年이 되지 않았다. 당시에 通行되던 英譯本은 대부분 1850年代에 나왔다. Bohn의 英譯本은 1856年에 출간되었고, Lindsay & Blakiston의 揷畫英譯本은 1857年에 출판되었다. 때문에 中譯者 티모티가 언급한 30年 前에 出刊되었다는 英譯本의 出版時期와 實際狀況은 다소 차이가 있다. 中譯本의 出刊과 中譯者가 使用한 英譯本 사이에는 37~38年의 차이가 있다. 〈序文〉에서 언급한 "30年 前에 출판되었다"는 것은 "30여 년 前"이라고 말하는 것이 옳겠다.

선교목적을 위한 것이다. 《喻道要旨》의 譯者 〈序文〉 뒤에는 두 편의 作品目錄이 있는데, 앞에 있는 〈中文目錄〉은 다음과 같다.

一 嘉美山人　二 農田問答　三 鱷魚　四 牧羊人　五 內定加鳥
六 大衛與掃羅　七 花紅桃　八 眞理之國　九 民牧　十 約百
十一 選花　十二 地約直內　十三 摘花　十四 悔改　十五 蜘蛛
十六 亞伯拉罕去世　十七 朴古山人　十八 都什滿塔　十九 遊學　二十 艾各倫死
二十一 二木筒　二十二 生命之泉　二十三 男女　二十四 羔羊　二十五 拿單與所羅門
二十六 奇事　二十七 亞以亞　二十八 以利亞佈　二十九 善惡兩途　三十 朝陽
三十一 拉撒路　三十二 談隱之夢　三十三 小樹　三十四 禱告　三十五 暗中爲王
三十六 亞當與天神　三十七 痴兒　三十八 造蠶　三十九 黑奴與希臘人　四十 父怒其子

四十一 夙夜觀景　四十二 百合花　四十三 三教　四十四 人與太陽　四十五 尼希米與以利瑪
四十六 文尼腓　四十七 犯罪　四十八 哈撒艾　四十九 拖比亞　五十 草烏頭
五十一 亞撒與希漫　五十二 亞塔路與漫努　五十三 帕拉西都　五十四 遂利加　五十五 省察
五十六 牛牧　五十七 高年　五十八 秘訣　五十九 亞拉非　六十 引路者
六十一 祭壇　六十二 治田　六十三 爛種子　六十四 淚　六十五 安息日
六十六 心花　六十七 新造園　六十八 希來語買夢　六十九 聖畫　七十 濟貧盒　七十一 麥稭

〈中文目錄〉 뒤에는 〈英文目錄〉 1면이 있는데 다음과 같다.

Selections from Krummacher's Parables(Bohn's Series).

1. The Man on Mount Carmel 2. The Corn Field 3. The Crocodile 4. The Herdsmen of Tekoa 5. The Nightingale 6. David and Saul 7. The Peaches 8. Polycarp 9. The Shepherd of the People 10. Job 11. The Favourite Flowers 12. Dlogenes 13. The Flower Gathering 14.

Repentance 15. The Spider 16. The Death of Abraham 17. Primitive People 18. Dushmanta 19. The Journey 20. The Death of Eglon 21. The Two Tubs 22. The Fountain of Health 23. Man and Woman 24. The Lamb 25. Nathan and Solomon 26. The Wonder 27. The Prophet and the King 28. Eliah 29. The Two Ways 30. The Dawn of Day 31. Poor Lazarus 32. The Dream of Cain 33. The Young Tree 34. The Prayer 35. The Invisible Prince 36. Adam and the Seraph 37. The Imbecile Child 38. The Creation of a Caterpillar 39. The Moorish Slave and the Greek 40. The Angry Father 41. Night and Morning 42. The Lily 43. The Persian, the Jew and the Christian 44. Man and the Sun 45. Nehemiah and Elimah 46. Winfrid 48. Hazael 49. Tobias 50. The Deadly Nightahade 51. Asaph and Heman 52. Attalus and Meno 53. Placidus 54. Selka 55. Self-examination 56. The Cowherd 57. Old Age 58. The Oracle 59. Alfred 60. The Guide 61. The Representatives 62. The Husbandry of God 63. The Grain of Seed 64. The Tears 65. The Day of Rest 66. The Blossom 67. The New Creation 68. Hillel and Maimon 69. The Sacred Pictures 70. The Poor Box 71. The Blade of Wheat.

《성경》故事와 기독교 교리를 쉽게 전달하기 위해 번역된 《喻道要旨》는 중국의 筆記小說集으로 半面은 14行이고 1행은 34字이며 총 36면인데, 중간에 8폭의 삽화가 있다. 작품의 편폭은 짧은 작품이 120자에서 200자 전후이고[17], 일반 작품은 대략 300자에서 500자 내외이며, 800자

17) 篇幅이 200字가 되지 않는 작품은 모두 5篇이 있다. 第64條 〈눈물 淚〉의 篇幅은 119字로 가장 짧다. 그 다음으로 第16條 〈아브라함의 사망 亞伯拉罕去世〉이 128字, 第56條 〈소치기 牛牧〉가 156字, 第6條 〈다윗과 사울 大

이상인 작품이 5편인데, 가장 긴 第27條 〈야이야 亞以亞〉는 1,551字[18]로 대부분의 작품은 간결하고 쉬운 文言으로 쓰여진 短篇이다. 그 중에서 《聖經》故事가 아니고 기독교의 교리 전달을 위주로 하지 않은, 일반적인 소재를 다룬 작품 第3條 〈鱷魚〉를 살펴보도록 하자.

> 상고시대에 姓이 다른 여러 사람들이 이집트에 가서 나일강가에 살았다. 그 곳은 땅이 드넓은 평야지대라 樂土라 부를 만 했다. 각각 초막을 짓고 한데 모여 살았는데, 뜻밖에도 강에 큰 고기가 살았으니 그 이름을 악어라 하였다. 비늘 달린 몸에 날카로운 이빨을 가지고 있어 입을 벌려 어린아이와 가축을 삼키곤 하니 사람들이 크게 두려워하였다. 방법이 없어 하늘의 신에게 보호해 달라고 기도했더니, 신께서 명을 내려 "사람은 만물의 영장이라 스스로 강해질 수 있고 반드시 자립해야만 한다. 단지 최선을 다해 노력하지 않고 말로만 내게 기도하면 도움이 되지 않는다."고 말씀하셨다. 무리는 이 명령을 듣고 함께 모여 상의한 뒤 각각 무기를 만들어 악어를 쫓아내었다.(上古之世, 有數姓人同往埃及國, 卜居於尼來河之左右。其地膴膴平原允稱樂土。因各起茅屋, 簇簇而居。不知河中生一大魚, 厥名曰: 鱷。鱗身鋸齒, 擧口卽欲呑食幼孩以及牲畜。居民大恐, 無所爲計. 因禱於上蒼之神, 祈其庇佑。神傳命曰: "人爲萬物之靈, 能自强, 必能自立。但不肯用心竭力, 空言祈我無益也。"衆聞此命, 翕然聚謀, 各製利兵, 以驅除之。)[19]

衛與掃羅〉이 170字, 第37條 〈미친 아들 痴兒〉이 190字이다. 字數에는 제목이 포함되지 않았다.

18) 第17條 〈朴古山人〉 1,106字, 第22條 〈생명의 샘 生命之泉〉 1,032字, 第38條 〈누에치기 造蠶〉 837字, 第32條 〈가인의 꿈 該隱之夢〉 810字이다.

19) 《喻道要旨》, 第3條, 2면.

武器를 만들어 악어를 쫓아낸 뒤에 강가에 높은 담을 축조했더니 악어가 종적을 감추었다. 사람들은 이제야 비로소 하나님이 사람을 창조하실 때 무엇이나 할 수 있는 지혜와 능력을 주셨음을 알게 되었다. 하지만 처음 악어를 물리쳤을 때, 화살과 창칼은 그렇게 날카롭지도 않았고, 축방도 그렇게 높거나 견고하지 못해 얼마 지나지 않아 악어의 수가 급증하여 그 해악이 더 극심해졌으므로 사람들은 갈수록 악어를 두려워하게 되었고 물리칠 방법을 찾지 못해 고통스러워하였다. 그리하여 악어를 神으로 받들고 계절마다 제사를 지냈지만 여전히 해를 당하고 피할 수가 없었다. 해를 제거하는데 근본적인 대책을 수립하지 않았기 때문에 결국은 해악을 떨쳐버릴 수가 없었다.

이집트 백성들은 악어를 제거하려고 强弓과 독화살을 만들어 악어와 사투를 벌여서 무수한 사상자를 내었고 강물이 모두 피로 물들었지만 악어를 완전히 제압하지 못해 괴로워하였고, 결국에는 하나님께 구원해 달라고 기도하는 수밖에 없었다. 하나님이 자비를 베풀어 使者를 통해 사람들에게 이르기를 "강에 뉴먼(牛門)이란 작은 물고기가 있어 그 것으로 악어를 쉽게 제압할 수 있는데 어째서 다른 것을 구하느냐?"고 하였다. 무리들은 이 말을 듣고 의아해 하였고 사람도 제압할 수 없는 악어를 어떻게 작은 고기가 물리칠 수 있느냐면서 하나님이 자신들을 속인다고 생각하였다. 하지만 하나님을 믿는 사람이 "망언을 하지 말고 진심으로 주를 믿어야 합니다. 세상에는 본래 아주 작은 것으로 大事를 이룰 수 있으니 일이 성사되지 않았을 때 말해도 늦지 않소."라고 말하였고, 무리들은 모두 그의 말에 따랐다. 후에 악어가 점차 적어지는 것을 느꼈고, 나중에는 해악이 완전히 없어져서 대단히 의아해 하였으나 그 이유를 알지 못했다. 그런데 뉴먼을 자세히 살펴보니 그 고기는 악어 새끼만을 잡아먹었다. 하나님을 믿는 자가 말하길 "악을 제거하려면 근본에 힘써야 한다는 이 말은 참으로 진실되도다. 때문에 그 근본에 나아가면 한 사람이라도 일을 하고 남음이 있으나 헛되이 말단을 좇으면 비록 천만 명이라도 부족할 것이다."라고 하였다.[20]

이 작품은 나일강가에 사는 부족과 악어라는 실제적인 소재를 중심으로 인간이 생존에 위협을 느끼는 최악의 상황에서 선지자를 통한 神과의 교류를 서술하고 있다. 서술자는 전지적 관점에서 이 사건의 전말을 기술하면서 인간의 공통적인 종교적, 사회적 관점을 표현하고 있으며, 성경이나 기독교 교리를 직접적으로 드러내지 않고서 하나님을 믿고 하나님께 간구하면, 세상의 재앙을 물리쳐 주신다는 종교적 메시지를 전달하고 있다. 특히 하나님을 믿는 것이 가장 근본적인 것이며, 인간의 생각으로는 도저히 불가능한, 작은 물고기 뉴먼을 통해 인간이 물리칠 수 없었던 흉폭한 악어를 제압한다는 사실을 통해 하나님의 전능하심과 신앙 근본주의 주제를 표현하고 있다.

작품은 중간에 하나님의 명령을 對話體로 표현하고 있으며, 간결한 문언으로 서술되었다. 고유명사의 옆에는 줄을 그어 품사를 표시하였는데, 地名은 두 줄, 人名은 한 줄이 세로로 쳐있고, 외래어 피라미드는 두 줄로 된 작은 글씨로 "卽其國至大之墳墓, 歷數千年不損壞者(바로 그 나라의 대단히 큰 무덤인데, 수 천 년이 지났지만 손상되지 않았다)"라고 주석을 달아 놓았다. 이런 기술방식은 中國의 傳統的인 서술방식

20) 信主者曰: "除惡務本, 誠哉是言。故去其本, 一人爲之而有餘, 徒循其末, 數千萬人恐不足也。 각주19)와 같음.

과는 달라서 현대의 주석과 문장표기 방식을 시작한 것이라 하겠다. 이 작품은 고도의 비유법을 써서 하나님의 전능하심과 유한한 인간의 한계를 대비시키면서 사람은 하나님께 간구하면서 주어진 능력을 최대한 활용해야 하며, 굳건한 신앙으로 전능하신 하나님을 믿으면 어떤 재앙이라도 극복할 수 있다는 주제를 전달하고 있다.

이 작품집은 상당수가 《성경》과 직접적인 관련이 없는 일반적인 이야기를 중심으로 기독교의 핵심 교리와 신앙을 완곡하게 표현하고 있다. 예를 들면 〈花紅桃〉란 작품은 일상적인 생활 속에서 타인에게 善行 베풀기를 장려하는 작품이다. 성읍에 가서 최상품의 먹음직한 복숭아 다섯 개를 사가지고 집에 돌아온 시골사람이 아내와 자신의 네 아들에게 각각 1개씩 나누어 주고는 저녁에 그들을 불러 어떻게 먹었는지를 물어보았다. 네 아들은 각각 자신들의 처리 방식을 아버지에게 말하였는데, 모두 달랐다. '이멍(以孟)'이란 셋째 아들은 자신의 처리 경위를 다음과 같이 설명하였다.

> "이웃집 친구가 병으로 앓고 있었는데 복숭아를 먹고 싶어했지만 갑자기 얻을 수가 없었다. 때마침 그 복숭아를 주었는데 그는 사양하고 받지를 않아 침상 머리에 두고 왔어요." 아버지가 말했다. "너희 네 명이 복숭아를 먹은 방식은 모두 다른데 사용 의도는 누가 뛰어나니?" 세 아들이 한 목소리로 말했다. "자신만을 위하지 않고 남을 구했으니 가장 착한 행실은 이멍에게 돌려야 합니다." 부친은 이 말을 듣고 기뻐하였고, 어머니도 그를 어루만지며 칭찬해 주었다. ("比鄰兒伴有病瘟者, 思食桃, 猝不能得, 因以遺之, 彼卻而不受, 吾置其床頭而歸焉。" 其父曰: "四子食桃不同, 用意熟優?" 三子同聲曰: "不

私於己，且以救人，至善當歸以孟。" 父聞而喜，母亦撫摩而獎譽焉。)[21]

이 작품은 편폭이 약 380자밖에 되지 않고 소재도 일상생활에서 취하였지만 子女에게 善行을 권면하여 教育效果를 얻으려는 故事 內容은 바로 中國의 傳統 儒家教育觀과 일치한다. 그러나 병들고 가난한 사람을 구제한다는 기독교의 박애정신을 표현하여 표면적으로는 기독교 교리를 강력하게 강조하지 않으면서도 은연 중에 독자들을 기독교 세계로 끌어들이고 있다. 작품은 전편에 걸쳐 등장인물의 대화를 통해 이야기를 서술하고 있으며 문장은 생동적이고 간결하다. 그리고 篇尾에 있는 "자신만을 위하지 않고 남을 구했으니 가장 착한 행실은 이멍에게 돌려야 합니다(不私於己，且以救人，至善當歸以孟。)"란 終結判語 역시 세 아들이란 登場人物의 입을 통해 표현하고 있어 讀者들은 자연스럽게 作者의 創作趣旨를 이해할 수 있다.

이 작품집은 대부분 비유법을 상용하고 있는데, 예를 들면 제8條 〈眞理之國 진리의 나라〉에서는 진리의 나라를 바다에 떠있는 작은 조각배와 농부가 땅에 심은 나무에 비유하여 나무가 자라는 이치를 하나님의 진리의 나라로 표현하였다. 비록 사소한 일로 바람이 일고 나무가 흔들리지만 걱정할 필요가 없으니, "나무가 무성하게 자라 가지와 잎이 태양을 가려 천지에 우뚝 솟아 장관을 이루는(黛影婆娑，千霄蔽日，直爲天地煥一奇觀)" 巨木이 되면 마음이 편안해지고 주위에 자선을 베풀 수 있게 된다. 경건하게 하나님을 믿는 신앙생활을 "나무가 무성하게 자라 가지와 잎이 태양을 가리는" 거목으로 비유하여 근심 걱정이 없이 평안

21) 《喻道要旨》, 4-5面.

하고 즐거운 상태(無懼無悲、平安快樂的境界)가 된다고 표현하고 있다. 〈花紅桃〉에서는 이웃을 내 몸과 같이 사랑하는 크리스챤의 삶을 먹음직스러운 복숭아를 남몰래 병든 친구에게 주고 온 세 째 아들의 자선행위에 비유하고 있다. 이런 작품은 편폭이 비록 짧지만 문장이 세련되고 간결하여 독자가 쉽게 읽고 쉽게 이해할 수 있는 필기소설이다.

이 작품집에 수록된 71편을 내용에 따라 분류해 보면 세 유형으로 나눌 수 있다. 첫째, 〈大衛與掃羅 다윗과 사울〉, 〈約百 욥〉, 〈拿單與所羅門 나단과 솔로몬〉, 〈以利亞佈 엘리야〉, 〈拉撒路 나사로〉 등과 같은《성경》偉人들의 이야기. 둘째, 〈眞理之國 진리의 나라〉, 〈民牧 백성의 목자〉, 〈生命之泉 생명의 샘〉, 〈羔羊 어린 양〉, 〈奇事 기이한 일〉, 〈禱告 기도〉 등과 같은 하나님의 實存과 기독교의 教理를 증명하고자 하는 이야기, 셋째, 〈三教 세 가지 종교〉, 〈花紅桃 붉으레한 복숭아〉, 〈新造園 새로 만든 정원〉 등의 일반적인 스토리로 하나님과 예수 그리스도와 성령의 사랑과 은총을 표현한 이야기 등으로 크게 三分할 수 있는데, 특히 세 번째 유형은 편수가 적지 않고 일반적인 日常小事를 통해 의식적으로 三位一體說과 기독교의 핵심교리를 설명하고 있다. 비록 드러내놓고 기독교 교리를 강조하지는 않지만 은연중에 선교취지를 표현해내고 있어 선교효과를 더욱 배가시키고 있다.

기독교 선교를 위해 중국의 전통적인 필기소설체로 번역된 이 작품집은 중국인들이 외래종교로서 기독교에 대해 갖기 쉬운 거부감을 불식시키기 위해, 중국의 전통적인 단편소설 양식을 이용하였고, 外國故事지만 중국식 삽화를 작중에 배치하여 중국적이라는 느낌을 갖도록 하였다. 그리고 문장이 짧지만 簡明하여 부담감 없이 쉽게 읽을 수 있으며, 내용의 상관성을 고려한 적절한 비유법을 사용하여 《성경》과 기독교의 핵심 교리를 상징적이고도 손쉽게 표현하고 있다. 때문에 題名을 《喩道要旨》라 하였는데, 여기서 말하는 '道'는 하나님의 진리, 즉 기독교의 福音을 의미하며 '喻'는 성경식의 比喻法를 지칭하는 것으로 우리말로는 "문언필기소설 '복음의 비유'" 라고 제목을 풀어쓰는 것이 좋겠다.

하지만 《喩道要旨》라는 이런 제명은 이 작품의 문체와 문학양식에 대한 고려가 전혀 없었으므로 중국의 전통 필기소설로 간주되지 않았고 보는 사람으로 하여금 작자의 신분과 書名 때문에 단번에 기독교 교리서로 단정 짓게 만들었다. 이 작품집은 역자 티모티 리차드목사가 상당히 고심해서 작품을 선정하여 번역한 것으로 기독교 단편소설집이지만, 중국인들이 자연스럽게 기독교를 받아들일 수 있도록 문인들이 즐겨 사용하는 전통양식을 채택한 매우 보기 드문 번역소설집이다. 비록 번역이라고는 하지만 작품의 선정과 사용문체에 따른 번역문의 편폭, 완전히 중국식으로 그려진 삽화 등으로 역자의 주관적 변환이 적지 않게 가미된 작품이라 하겠다. 문학적인 관점에서 본다면 상당히 우수한 고전소설인데도 문학적인 평가를 전혀 받지 못했고, 단지 기독교 교리서로만 간주되었으니, 기독교 선교라는 본래 역자의 번역목적만이 달성된 것이라 할 수 있겠다. 1894년에 간행된 이 작품집은 문장이 바뀌거나 마치는 곳에 점을 쳐서 문장을 구분하였는데, 20세기 이후에 문장부호를 사용한 중국맞춤법 사용에 있어서도 상당히 선구적인 작품이라 하겠다.

제4절 《喻道要旨》의 번역특징과 역자 티모티 리차드의 翻譯策略

譯者 티모티 리차드는 Bohn의 英譯本에 근거하여 中譯本을 選譯하였다. 우리는 《喻道要旨》의 翻譯特徵을 이해하기 위해서 먼저 第69條 〈聖畵〉의 中譯本과 英譯本의 문장을 대조해 보고자 한다. 작품의 翻譯程度를 쉽게 이해하기 위해서 中文을 앞에 놓고 영문 역문을 뒤에 놓도록 하겠다.

第69條 〈聖畵〉(〈The Sacred Pictures〉)

武弁希得本於同官卜魯挪處, 大受欺凌, 心憤不平, 急欲報復, 夜不成眠。次早衷甲懷兵, 欲往見之, 以雪其讐。(A valiant knight, named Hildebrand, had been deeply injured and offended by Bruno, another knight. Anger burned in his heart; and he could hardly await the day to take bloody revenge on his enemy. He passed a sleepless night; and at dawn of day he girded on his sword, and sallied forth to meet his antagonist.) 正行之際, 過禮拜堂, **見門已啓。因晨光微亮, 內尙無人, 驀然竟入**。堂上有畵三軸, **微茫不可辨識**。(But as it was very early, he entered a chapel by the way-side, and sat down and looked at the pictures which were suspended on the walls, lit up by the rays of the morning sun. There were three pictures.) **少頃朝陽漸啓, 復詳觀之**, 一爲救主耶穌服絳色之衣, 立於希律王與彼拉多總督座前受審, 上書數字曰: “受欺無怨。”(The first represented our Saviour in the purple robe of scorn, before Pilate and Herod, **and bore the inscription:**

"When He was reviled, He reviled not again.") 二爲主耶穌服刑受杖, 上書數字曰: "受難無惱色。"(The second picture showed the scourging of Jesus, **and under it was written**: "He threatened not when He suffered.") 三卽主被釘於十字架時, 上書數字曰: "求父饒恕他們。"(And the third was the crucifixion, **with these words**: "Father, forgive them.") **觀訖, 心爲爽然**, 遂伏而祈禱。(When the knight had seen these words, he knelt down and prayed.) 及起而出, **甫至門**, 適卜魯挪遣僕人至曰: "恭請大人, 我家主云: '得重疾, 有言相告。' 卽從而往, 至其家。(Now, when he left the chapel, he met servants coming from Bruno, who said: "We seek you. Our lord demands to speak with you; he is dangerously ill." And he went with them.) 卜魯挪曰: "我實顔靦, 求爾恕我前愆。"(When Hildebrand entered the hall where the knight lay, Bruno said: "Forgive me my injustice. Alas. I have injured thee deeply!) 希得本曰: "爾我同官, 乃兄弟也。從未得罪, 恕何自言?"(Then the other said kindly: "My brother, I have nothing to forgive thee." 由是二人互相勸慰, 洽浹**愈於從前**。(And they grasped each other's hand, embraced and comforted each other, and parted in sincere amity.) 當夕希得本歸家之時, 見溶溶月色, 覿面相迎, 較晨光倍爲可樂, **究之日月之光非有異, 只其心有不同耳**。(Then the light of evening was more lovely to the returning knight than the light of the morning had been.)[22]

第69條 〈聖畫〉는 中譯本이 8行 31字에 모두 303字이고, 英譯本은 모

22) 《喻道要旨》, 第34~35面。*The parables of Frederic Adolphus Krummacher*, 364~365p.

두 32行으로 1쪽 2行에 상당하여 篇幅이 짧지도 길지도 않은 편이다. 위의 진한 색 문장은 中譯本에서만 서술된 것이고 英譯本에는 보이지 않는다. 두 가지 譯本의 대조를 통해 보면, 中譯本의 文章은 60字가 더 증가하였다. 그러나 이 때문에 문장은 더욱 유려하고 세련되게 서술되었고 문장의 前後 文脈이 더욱 논리적으로 연결되었다. 예를 들면 "堂上有畵三軸(당상에 세 폭의 그림이 있다)"라는 문구의 뒤에는 "微茫不可辨識(어두워 알아볼 수가 없다)"라는 英譯本에 없는 文章이 첨가되어 있는데, 그 뒤에 中譯者는 內容의 文脈 發展을 위해서 "少頃朝陽漸啓, 復詳觀之(잠시 후 아침햇살이 점점 밝아와 다시 그것을 자세히 살펴보니)"라는 說明文字를 더 덧붙였다. 그러나 이런 문구가 있고나서 서술의 초점이 점점 세 폭의 聖畵에 접근하게 되었고, 觀察角度 역시 이를 따라서 주요제재인 세 폭의 성화에 집중되게 된다. 그 밖의 "心爲爽然"과 "甫至門" 그리고 "愈於從前" 等의 文字 또한 스토리의 문맥 전개에 도움이 된다. 이러한 서술문구가 있음으로 인해 문장은 前後가 호응되고 故事는 더욱 유창해지고 세련되어졌으며, 英譯本의 故事內容을 표현해 내는데 결코 방해가 되지 않는다.

그러나 聖畵 세 폭의 題辭를 번역할 때에는 다른 방식을 채택하였으니, 英譯本의 세 가지 題辭는 다음과 같다. 첫 번 째 題辭는 "and bore the inscription"이고, 두 번째 題辭는 "and under it was written"이며, 세 번째 題辭는 "with these words"로, 敍述文字는 모두 달라서 다른 어휘로 표현되어 있다. 그러나 中文은 모두 "上書數字曰"라는 동일한 문구로 기술하였고, 세 폭의 題辭의 字數 또한 대단히 정연하여 "受欺無怨"·"受難無惱"·"求父饒恕他們" 라는 세 구로 영문의 다른 편폭의 제사 내용을 총괄하고 있는데, 바로 中國散文에서 常用되는 對偶方式으로 기술하여 中國散文의 敍述傳統에 부합된다. 그 중에 세 번째 題辭는 白話 語彙가 섞여 있어 앞의 두 제사와는 같지 않다. 이것은 티모티 리차드가 의도적으로 中國筆記小說의 敍事方式에 맞추고자 한 것으로 英譯本의 文章을 의식적으로 改譯하였지만 文脈의 發展에는 방해가 되지 않았고 도리어 문장의 논리적 전개에 있어 전후가 호응되는 일종의 성공사례라고 할 수 있다.

작품의 편미에 있는 "究之日月之光非有異, 只其心有不同耳。(살펴보면 日月의 빛은 다를 바가 없고, 단지 마음이 다를 뿐이다.)"라는 문장은 英譯本에는 없으며, 譯者가 의도적으로 插入한 主觀判語인데, 譯者 티모티의 翻譯意圖를 그대로 상징하고 있다. 작자 크루마허가 본래 독자들이 자유롭게 감상하도록 지은 작품을 中譯者 티모티 리차드가 의식적으로 譯文 속에 介入하여 독자들이 작품의 주제를 더욱 이해하기 쉽도록 만들었다. 게다가 이런 結語方式은 先秦寓言과 史傳 및 筆記小說 가운데 終結判語의 敍述傳統을 계승한 것이다. 이 때문에 비록 西洋의 中譯作品이지만 中國 文人의 讀書習慣에 매우 부합되어, 독자가 작품을 부담 없이 쉽게 받아들이게 된다.

또한 티모티 리차드가 의식적으로 改譯하여 자신의 번역의도를 드러낸 翻譯策略을 다른 작품 중에서 아주 분명하게 찾아볼 수 있다. 第3條 〈鰐魚〉 중에 나오는 譯名의 두 가지 번역상태를 대조 분석해 보자.

> (鰐魚)擧口卽欲呑食幼孩以及牲畜。居民大恐, 無所爲計。因禱於上蒼之神, 祈其庇佑。神傳命曰:(Then the people cried with a loud voice

to their god Osiris, to free them from the monster. And Osiris answered by the mouth of the wise priests, saying:)……上帝生人, 具有能力, 出其智巧, 無不可爲(Is it not enough that the deity gave you strength and reason?)……(Osiris had compassion on the miserable people, and encouraged them to new exertions by the mouth of the wise priest)……事出極難, 必反其本, 衆於此時, 惟共祈上帝而已, 上帝因發慈悲, 命使者傳示於人曰:(then the priest and the distressed people called to Osiris for help, and the deity listened in mercy to their cry.)

"Behold," exclaimed the priest, "Osiris Sends help!"

信主者曰:("See!" said the wise priest)

"除惡務本, 誠哉是言。故去其本, 一人爲之而有餘, 徒循其末, 數千萬人恐不足也。"("if you wish to extinguish an evil, attack its germs and roots. Then a trifle may do what afterwards the united efforts of many will be unable to accomplish.")[23]

英文本과 中譯本의 文字가 완전히 같지는 않지만 故事內容의 展開는 대체로 비슷하다. 그러나 "神"의 호칭에 있어 우리는 中譯者의 獨特한 翻譯策略을 알아볼 수 있다. 이집트의 主神인 "Osiris"는 英譯本에서 모두 다섯 차례 出現하는데, 이는 獨語原本과는 동일하다[24]. 그러나 中譯本 중에서 "Osiris"는 다른 號稱으로 번역되었다. 처음에는 "上蒼之神"이고, 두 번째는 "神"으로 번역되었으며, 세 번째와 다섯 번째는 모두 번역되지 않았고, 네 번째와 "the deity"는 모두 "上帝"나 "主"로 번역

23) 《喻道要旨》, 第2面. *The Parables of Frederic Adolphus Krummacher*, 30-31p.

24) Das Krokodil, *Parabeln*, Beutlingen, 1826, 36-38p.

되었다. 中譯者 티모티 리차드는 교묘하게 신의 호칭의 변환방식을 빌어서 이집트의 主神과 이집트 백성 사이에 전개된 故事를 기독교의 하나님과 이집트 백성 사이의 이야기로 改作하여 基督教 宣教寓話作品으로 완전히 바꾸어 놓았다.

英文 "Osiris had compassion on the miserable people, and encouraged them to new exertions by the mouth of the wise priest"란 문장은 中譯本에서는 보이지 않으며, 英譯本에 보이지 않는 "夫疾痛慘怛, 未嘗不呼父母也。勞苦捲極, 未嘗不呼天也。事出極難, 必反其本, 衆於此時, 惟共祈上帝而已"라는 長篇의 문장이 그 뒤에 삽입되어 있어, 아주 자연스럽게 뒤의 문장과 연결되고 있다. 앞에서 언급한 신에 대한 호칭을 改稱한 것은 작품내용 전체에 영향을 미치는데, 이어서 번역문장 역시 대폭적으로 개작되었고, 譯者의 주관적인 變換과 의식적인 改譯으로 말미암아 작품은 완전히 다른 내용으로 바뀌고 말았다. 中譯者 티모티 리차드는 기독교의 선교를 위해 이 작품을 번역한 것이기 때문에 티모티의 다른 번역문 중에서도 매우 쉽게 그의 翻譯策略을 발견하게 된다. 예를 들면, 그의 다른 翻譯小說《回頭看記略》중에서도 동일한 翻譯樣態를 발견할 수 있다.

> 무릇 하나님이 지으신 사람은 원래 같아서, 비록 노동자와 부자 역시 한 형제였다. 그런데 지금은 빈부가 크게 차이가 나서 빈천한 자를 노예처럼 보기에 이르렀으니, 항상 다툼이 있는 것이 당연하게 되었다. (蓋上帝生人, 原屬一體, 雖工匠與富戶, 亦兄弟也。而今以貧富懸殊之故, 致視貧賤如奴僕, 無怪常有爭端也。[25])

티모티 리차드는 거의 완전하게 原作의 말미를 改寫하여 원작의 主題를 바꾸어 놓고자 하였다. 그는 웨이스더와 이디 사이에 있었던 一幕의 대화를 설정하여 번역본 속에서 웨이스더는 두 개의 완전히 다른 세계를 경험한 뒤에 확연히 깨닫고는, 자신이 前生에서는 救世(세상을 구제한다)한 적이 없다는 잘못을 깨닫고서 "利濟衆人"의 구제사업에 뜻을 두게 되었다고 묘사하였다. 그리고 이디는 마치 하나님의 대변자와 같이 내심으로 불안해하는 웨이스더에게 인자하신 하나님으로부터 이미 용서를 받았다고 위로해주었다.

> (웨이스터가) 마침내 그녀에게 고백하였다. "저는 이전에 세상의 구제를 위해 걱정을 한 적이 없고, 今世에는 이 세상에 산다고 말하지도 않았지만, 그러나 지금부터 이런 저의 마음을 완전히 바꾸어서 利濟衆人(濟世救人)하고자 한다고 하늘에 맹세하였습니다. " 이디가 말하였다. "하나님은 가장 자비하셔서 (당신이) 이미 이전의 죄과를 회개하였으니 반드시 죄를 사하여 주실 것입니다." 그리하여 웨이스터는 비로소 마음이 편안해졌다.
>
> (偉斯德)遂告之曰: "我前既未曾爲救世操心, 今世原不稱在此世界住, 但我已對天矢願, 自此以後, 要全改變此心, 亦欲利濟衆人也。" 儀狄曰: "上帝是最慈悲者, 既已悔過前罪, 諒必赦也。" 于是偉斯德心始安。[26]

위의 대화에서 볼 수 있듯이, 《回頭看記略》의 말미는 濃厚한 基督教思想이 드러나 있으니, 하나님에 대한 신앙과 하나님이 세상을 구원한

25) 李提摩太 譯, 《回頭看記略》, 《萬國公報》 1892年 3-4月, 第3卷 第35期, 5쪽.
26) 《回頭看記略》, 《萬國公報》 第3卷 第37期, 17쪽.

다는 믿음이 인류와 사회개혁의 원동력이라 표현하고 있다. 이것 역시 역자 티모티가 의도한 또 다른 번역동기이며, 선교사의 번역소설이 추구하는 최종 번역목표인 것이다. 이런 연유 때문에 〈鰐魚〉 중에서 譯者는 原文에 없는 "時有信主者曰: 且莫妄言, 惟宜眞心恃主" 等의 基督教信仰과 연관이 있는 文章을 의도적으로 삽입하여, 이를 통해 기독교의 핵심 교리와 기독교사상을 표현하고 있다. 게다가 "除惡務本, 誠哉是言。故去其本, 一人爲之而有餘, 徒循其末, 數千萬人恐不足也"과 같은 일반箴言으로 마름한 結語는 모두 英譯本에서 완전히 直譯해낸 정련된 문장이지만, 그러나 "信主者"의 입을 통해 전달하고 있다. 英語의 "priest(司祭)"를 "信主者"로 번역하였는데, 이런 기독교화한 번역을 통해 中譯者의 翻譯動機를 아주 명확하고 쉽게 볼 수 있다. 이처럼 譯文의 문장 사이사이에는 은연중에 基督教의 思想色彩가 드러나 있다.

第24條 〈어린 양 羔羊〉은 212字로 쓰여진 短文으로 人類와 動物의 차이는 父母와 天地萬物의 創造主를 認識할 수 있는가 여부에 있음을 서술하고 있다. 中文本과 英譯本 전체를 對照해 보니, 故事內容의 敍述은 대체로 비슷하고 몇 문장의 文字가 약간 다른데, 예를 들면 中文本 중에 어미 양이 "밭두렁에 누워서(臥於田畔)", "그러나 우러러 하늘을 바라보고(且仰而觀天)", "성인이 된 뒤에 부모만을 알아보는 것이 아니라 생명의 근원을 주시고 천지만물을 지으신 大主宰를 마땅히 알아봐야 한다(至成人後, 非但識父母已也, 宜識天地萬物之大主宰, 是謂得生命之原)"는 등의 문장은 中譯本에서 增加된 것이다. 맨 앞의 "밭두렁에 누워서(臥於田畔)"는 敍述上의 필요 때문에 더해진 것인데, 이 때문에 문장은 더욱 通順하고 유창해졌으며 문자가 가지런하게 대우를 이루게 되

었다. 그러나 그 뒤에 증가된 文字는 대부분 하나님의 존재를 강조하기 위해서 삽입된 것이기 때문에 인류는 하나님을 굳게 믿어야 한다는 주제를 표현하고자 한 것이라는 것을 손쉽게 알 수 있다. 作者는 어린 양의 譬喻로 인간은 天地萬物의 大主宰이신 創造主 하나님의 存在를 인식해야 한다는 사실을 설명하고자 하였다. 譯者 티모티 리차드는 하나님을 경건하게 믿어야 한다는 이 작품의 주제를 더욱 강조하기 위해서 의도적으로 원문에 없는 기독교 하나님의 관념을 삽입하였던 것이다. 敍述文字에 있어서 英譯本은 상당한 편폭으로 신생아(嬰兒)와 어린 양의 차이를 묘사하고 있다.

> "Behold," said the father, "when you were born, you lay in your mother's lap, and were fed at her breast, and you slumbered without consciousness for some months. Then your countenance brightened, you looked up from her bosom to smile in her face. This the little lamb cannot do. **A few months more, and you knew your mother from all others; you uttered half-formed sounds, and stretched out your hands towards her.** This also the lamb cannot do."[27)]

英譯本은 7行에 달하는 긴 문장으로 막 출생한 신생아가 자라서 모친을 알아보기까지의 성장과정을 상세하게 서술하고 있지만, 中譯本은 45字의 문장으로 개괄적으로 설명하고 있어, 中譯者가 文章敍述上 繁簡의

27) *The parables of Frederic Adolphus Krummacher*, 146p. 中譯文은 다음과 같다. "父曰: 子女方生, 在母懷抱, 不識不知, 待至數月, 漸識其母, 引之則喜, 逆之則啼, 且有阿附依戀之態。此羔羊所不能者。"《喻道要旨》, 第13面.

다른 筆法을 운용하여 번역하였고, 제2인칭의 主語를 제3인칭으로 바꾸었으며, 작품의 故事는 人類의 一般的인 狀態를 서술하고 있음을 볼 수 있다. 게다가 영어의 순수한 口語體 문장을 평이한 文言으로 번역하였음을 알 수 있다. 이러한 것도 중국의 敍述筆法에 부합하는 것으로 文人 讀者들이 아주 자연스럽게 읽을 수 있도록 만들었다. 또한 작품의 주제와 그다지 긴밀하지 않은 내용은 빼버렸는데, 위의 문장 중에 있는 진한 글자 부분은 전부 번역되지 않았다. 하지만 이렇게 서술하므로써 이 작품의 中譯本은 前後가 呼應이 되고, 敍述構造 또한 더욱 張力을 갖게 되었다.

基督敎 宣敎를 번역목적으로 하는 이 作品集은 중국인들이 外來宗敎인 基督敎에 대해 갖고 있는 비판적인 감정을 고려하고 있다. 이 때문에 중국에서 가장 오래된 소설문체인 傳統筆記小說의 서술방식을 사용하여 이런 비판적 태도를 희석시키고자 하였다. 작품 내용은 모두 歐美나 혹은 서아시아 등 外國의 人事를 서술하고 있지만 本文 사이에 삽입된 8幅의 揷圖는 모두 中國風으로 그려져 있는데, 人物의 容貌와 服裝, 차림새와 삽화의 背景이 모두 中國傳統式이다. 이 作品集은 傳統筆記小說의 敍事方式을 사용하였고 거기에다 中國式 揷圖를 더했기 때문에 이미 中國化가 되어 버렸다고 느끼게 만든다. 게다가 간결하고도 손쉬

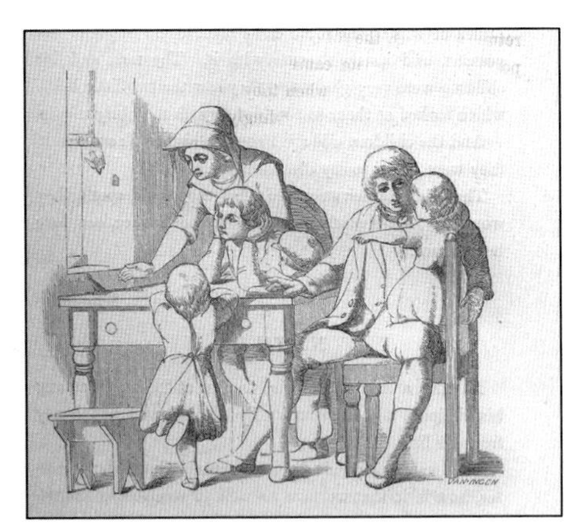

英譯本 삽화1

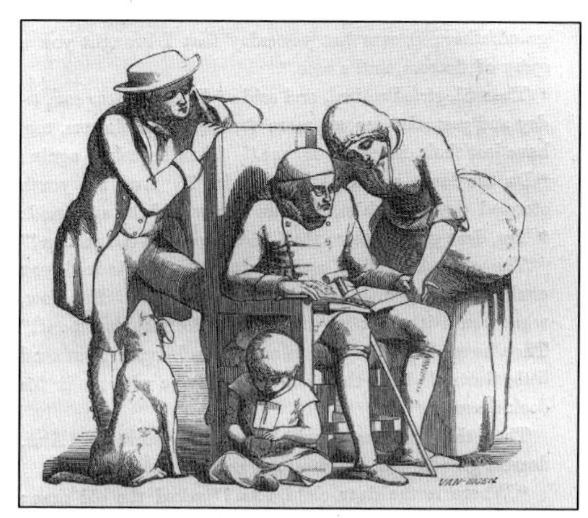

英譯本 삽화2

운 文言과 故事 內容 그리고 상관성이 높은 적절한 比喩法을 써서 《聖經》故事와 基督教의 核心 教理를 서술하고 있기 때문에 제명을 《喩道要旨》라고 명명한 것이다. 書名 중의 '道'는 하나님의 眞理를 가리키는데, 바꿔 말하면 "基督教의 福音"이라고 말할 수 있겠다. 하지만 《喩道要旨》란 이 書名은 실제로 이 작품집의 문체와 敍事方式을 고려하지는 않았기 때문에 일반적으로 이 책을 基督教 教理書로 간주해 버리고 기독교 소설작품이라고 생각지는 않았다.

이 作品集은 비록 中譯者 티모티 리차드목사가 상당히 苦心해서 選篇 翻譯한 基督教 宣教用 短篇小說集이지만 지식인들이 쉽게 基督教를 받아들이기 위해서 文人이 즐겨 읽고 즐겨 짓는 傳統筆記體로 翻譯한 매우 드물게 보이는 翻譯小說集이다. 비록 번역작품이긴 하지만 作品의 選篇에 있어서나 使用된 文體에 따른 譯文 篇幅의 多寡에 있어서나 人物의 용모와 服裝과 背景 등 완전히 中國式으로 그려진 揷畵 등을 볼 때에 譯者의 主觀 變換意識이 상당히 강하게 가미된 小說集임을 알 수 있다. 예를 들면, 영역본의 삽화는 모두 서구인과 서구사회를 배경으로 그려져 있지만, 中譯者 티모티 리차드는 완전히 인물과 사건의 배경을 중국식으로 묘사함으로써, 문인사대부계층의 독자대상이 갖고 있는 외

中譯本 삽화1

中譯本 삽화2

래종교인 기독교에 대한 거부감을 은연중에 불식시키고자 하였는데, 이는 中國章回小說에서 즐겨 사용하는 揷畵方式을 필기소설에 활용한 譯者의 독창적인 변환방식인 것이다.

그리고 독어 原本의 맨 처음 3편의 獻呈故事를 英文 譯者는 모두 選篇하지 않았고, 또한 英譯本 第1條 〈The Robin〉도 번역되지 않았다. 왜냐하면 독어원본의 처음 3편의 작품은 모두 인도 브라만교와 관련이 있는 寓言으로 인도의 종교사상을 표현하고 있어 기독교 선교에 방해가 되기 때문이다. 英譯本의 第1條는 嚴冬에 농부의 집에 날아와 겨울을 나는 작은 새의 이야기를 통해 어려움에 처한 나그네를 정성껏 대접하는 善行를 권장하고 있어 勸善敎化類의 故事라고 할 수 있다. 이러한 이야기들이 수록되지 않은 점으로 미루어 보아, 中譯者 티모티 리차드의 選篇基準을 살펴볼 수 있겠다.

中譯者는 일반적인 서양의 寓言故事集을 譯者의 의도적인 첨삭을 통해 改寫하여 基督教 筆記小說集으로 바꾸어 놓았는데, 비록 中譯文章은 대체로 直譯에 속하긴 하지만 역자의 巧妙한 翻譯策略을 통해 中譯本의 宗教意味는 크게 변환되어 버려서 典型的인 基督教 寓言小說의 面貌로 바뀌어 버렸다. 이 때문에 文學的 敍述角度의 측면에서 본다면 매우 優秀한 文言筆記小說集이지만 아이러니컬하게도 중국소설 연구자들은 거의 주의를 기울이지 않았고 또 알지도 못했으니, 겨우 中譯者의 첫 번째 翻譯目的만을 달성했을 뿐이다. 1894年에 刊行된 이 작품집은 文章 가운데, 문장부호 '컴머'를 사용하여 문장을 구분하고 있는데, 이는 20世紀 以後에 문장부호를 사용하기 시작한 中國文法史上 先驅的인 意義를 갖는 作品이라 하겠다.

제4장

20세기 初 基督教翻案小說《五更鐘》

제1절 警世와 救世: 《五更鐘》의 두 가지 주제

1907년 上海 美華書館에서 출간된 《五更鐘》은 中國基督教小說史에 있어 남다른 의미와 가치를 가지고 있는 작품이다. 1807년 로버트 모리슨이 기독교선교사로 중국에 來華한 지 100년이 되는 해에 이 작품이 上海에서 중국인 작가에 의해 출간되었으며, 1819년 첫 번째 중문기독교소설이 윌리엄 밀네에 의해 말래이시아의 말래카에서 처음으로 인쇄 간행된[1] 지, 101년이 지난 1920년에 《五更鐘》은 제11판이 重版될 정도로 수많은 독자들의 뜨거운 호응을 얻었다. 江蘇省 社會科學院 明清小說研究中心에서 출간한 《中國通俗小說總目提要》에는 清末小說 《五更鐘》에 대해 다음과 같은 저록이 수록되어 있다.

> "美國 亮樂月 命意, 潤州 陳春生 編輯"이라 적혀 있다. 저자 陳春

1) 졸저, 《中國 近代의 小說飜譯과 中韓小說의 雙方向 飜譯 硏究》(崇實大學校 出版部, 2008년 9월), 제1부 제4장 〈최초의 中文基督教小說과 韓國基督教博物館 所藏 초기 中文基督教小說의 韓譯本 연구〉, 147-148쪽 참조.

生은 清末民初 사람이다. 미국 여선교사 亮樂月과 공동으로《獄中花》·《小英雄》·《貧子奇緣》 등의 소설을 번역하였다. 또 上海《通問報》社에서 主筆을 역임하였다.《五更鐘》이 완성된 후, 먼저 이 신문에다 연재하였으며, 후에 신문의 연재 원고에 다시 評點을 가하고 증감 윤색하여 재판하였다. 이 책의 원명은《五次召》로, 하나님이 다섯 차례 사람을 불러 改心시키려 하였다는 사실을 의미하고 있다. 지금《五更鐘》으로 제목을 바꾼 것은 대개 새벽의 맑은 종소리가 세속을 경계하고 깨우친다는 뜻을 기탁하고자 한 것이다. 光緒 33년(1907) 上海 美華書館 鉛印本. 民國 9년(1920) 2월 上海 協和書局 제11판. "改良社會小說 五更鐘"이라 적혀 있으며, 책 앞에는 光緒 32년(1906) 湖北 冶邑 守拙山人의 〈서문〉과 光緒 33년(1907) 山東 鳳山 邵寶亮의 〈서문〉및 저자의 〈서문〉 등 세 편의 서문과 〈大凡八則〉이 수록되어 있다.【中國社會科學院 文學研究所圖書館 所藏】[2)]

위의 著錄에서는 작품《五更鐘》의 저역자들과《通問報》에 연재된 경위 및 출판과정이 설명되어 있다. 그리고 작품의 原名과 바꾼 書名의 寓意를 해석하면서 "改良社會小說"이라고 이 작품의 성격을 밝히고 있다. 먼저 이 작품의 내용과 저술과정 그리고 작자에 대해 알아보기 위해《五更鐘》의 卷頭에 있는 〈序文〉 한 편을 살펴보도록 하겠다.

부귀는 구름과 같고, 인생은 꿈과 같구나. 세상에는 盧生이 여관에서 한 번 잠이 들어 수십 년 동안 榮華를 누렸지만 메조는 아직 익지

2) 吳淳邦 外 共譯,《中國古典小說總目提要》 제5권, 울산대출판부, 1999년, 53쪽. 원문은 江蘇省 社會科學院 明清小說研究中心 編,《中國通俗小說總目提要》, 中國文聯出版公司, 1990년 2월 제1판, 1008쪽에 수록되었다.

를 앉았으니, 純陽子의 베개가 사람을 놀라게 하는데 가히 탁월하다 하겠다. 사람은 권면을 받아 善해지고 鐘은 두드려야 울린다. 어찌 한단(邯鄲)의 베개와 같은 것을 얻어 사람마다 각성을 시키겠는가? 그런데 생각지도 않게 미국의 여선교사 화이트씨와 《通問館》기자 陳春生선생이 지은 《五更鐘》이란 책이 있는데 이 책이 세상을 각성시키는 바가 한단의 베개와 비슷하여, 情感이 생기고 또 꿈이 현실로 바뀌는데 한 권의 책 속에 古今中外에 대해 말하지 않은 것이 없고, 喜怒哀樂이 구비되지 않은 것이 없었다. ……그를 회개 각성시켜 한 층 한 층 일깨우고 한 절 한 절 각성시켜 진실로 洪鐘이 굉음을 내고 울려 소리마다 혼을 흔들어 마음을 놀라게 하는 것 같다. 그러나 이 책을 지어 세상을 각성시키는 것은 세상을 구하기 위함이다. 때문에 경전을 인용하거나 혹은 설교를 하는데 언제나 기독교를 尊崇하는 것을 주지로 삼았는데, 비록 변론과 반박을 가하고 미혹을 당하더라도 결국은 기독교를 독실이 믿어 하나님께 나아가는 것(誠信歸眞)을 목적으로 한다.……大禹의 조정에서 의를 가르치는 자는 종을 두드렸고, 大成의 樂에서 음악을 시작하는 것은 오로지 鐘인데, 그리스도는 義의 至尊이시라 생각하여, 이 책이 한 발 한 발 사람을 주님께 인도하는 것이 바로 義라는 것을 알리고자 하는 바이다. 독자들은 인생이 허황됨을 간파하고 다만 주님을 믿어야만 평안을 누리고 영생을 얻을 수 있으니, 여러분들이 거짓 신을 버리고 참신에게 돌아오고 기독교가 이 세상에서 흥성하게 될 것이니, 이로부터 논리정연한 이 책이 시작하게 되는 것이다. 그러나 이 종을 한 번 치면 五更에 얼마나 많은 꿈을 깨우게 하는지는 모르겠노라! 警世의 功이 어찌 얕고 적다 하겠는가![13]

3) "富貴如雲, 浮生若夢。世傳盧生一眠旅邸, 榮遇數十年, 而黃粱尚未熟, 純陽子之枕, 其警人可謂奇絕矣。顧人待勸而善, 鐘待叩而鳴。安得有如邯鄲枕者, 俾人

守拙山人의 〈序文〉에서는 唐代 傳奇小說《枕中記》를 인용하여 夢境을 깨우는 警鐘에 대해 기술하고 있는데, 몽환 속에서 허망하고 미혹된 삶을 사는 인생의 迷夢을 깨우는 각성의 도구로써 새벽종을 의미하는 "五更鐘"이란 명칭을 사용하였다. 기독교 교회당에는 어느 곳이나 세상에 시간을 알리는 "警世"의 큰 종이 설치되어 있어 迷夢과 같은 허탄한 욕망의 세계에 빠져있는 사람들을 각성시키고자 하는데, "五更鐘"이란 書名은 바로 五更이란 새벽시간에 세상 사람들을 각성시킨다는 일종의 警世의 寓意를 표현한 것이다. 때문에 이 작품에서는 세상을 각성시키고(警世) 세상 사람을 구원하기(救世) 위해 이 작품을 기술하였다고 守拙山人은 작품의 두 가지 핵심 주제를 지적해 주었다. 하나는 사회를 각성시키는 社會 改良의 주제이고, 하나는 세인들에게 하나님을 믿도록 전도하는 基督教 宣教의 주제이다.

그리하여 작중에서 "警世"와 "救世"의 창작목표를 이루기 위해서 중

人盡借以警之乎? 乃不意近有美國女教士亮君樂月, 與通問報館記室陳君春生所著之五更鐘一書焉, 其警世也, 與呂枕相彷彿, 而生情則又變夢幻而爲事實, 一書之中, 古今中外, 無所不言; 嬉笑怒罵, 無所不備。……而動其悔悟, 逐層喚醒, 逐節警覺, 眞如洪鐘噌吰, 聲聲使人動魄而驚心也。且斯書之作, 警世正欲以救世。故或引經, 或講道, 總以尊崇聖教爲主義, 雖遇辯駁、遇迷惑, 終以誠信歸眞爲目的。……大禹之廷, 教以義者擊鐘, 大成之樂, 始條理者惟鐘, 吾想基督爲義之至, 斯書步步導人歸主, 非正所謂告以義者乎? 閱者覷破人生泡幻, 惟信主者給平安而獲永生, 則群將棄假歸眞, 使基督教暢興於斯世, 非由此有條有理之書始乎? 然則斯鐘一叩, 正不知警醒五更多少夢也! 警世之功豈淺少哉!" 守拙山人 著, 〈五更鐘序一〉, 光緒 32년(1906), 《五更鐘》第11版, 上海 協和書局, 1920년, 中國社會科學院 圖書館 所藏本, 第1葉. 協和書局 간행본은 上海 復旦大學 袁進教授의 도움으로 中國社會科學院 所藏本을 입수하여 이 원고의 인용 底本으로 사용하였음을 밝힌다.

국의 경전을 인용하거나 설교를 하게 되지만 이 작품은 기독교의 선교를 주지로 삼고 있기 때문에 결국 하나님을 독실하게 믿고 성경의 말씀대로 살아가는 것(誠信歸眞)에 이 작품의 주요 창작취지가 담겨 있다고 말하고 있다. 守拙山人은 이 작품 서명 중의 "鐘"의 意象과 예수 그리스도의 眞義을 연결시켜 이 작품을 통해 사람을 주님께 인도하는 선교(導人歸主)와 하나님을 굳건하게 믿는 신앙(堅心歸道)이 바로 예수 그리스도의 의를 실현하는 것이라고 기독교적 선교목적을 밝히고 있으며, 창조주 하나님을 믿어야만 구원을 얻고 永生을 누릴 수 있다는 기독교의 구원관을 피력하고 있다. 이 작품은 바로 迷夢 속에 빠져있는 衆生을 각성시켜 사회의 여러 악폐와 관습을 타파하고 개량하며, 세속의 욕망에서 벗어나 하나님을 믿도록 하는 기독교 전도소설이다. 《五更鐘》은 警世와 救世라는 창작목적을 사회개량과 기독교 선교를 통해 구현하기 위해 창작된 기독교소설 작품이다.

제2절 基督敎翻案小說《五更鐘》의 著譯者들과 출간과정

守拙山人이 언급한 작자 亮樂月과 陳春生은 어떤 사람이며, 이들은 어떻게 이 작품을 함께 저술하게 되었으며 어떤 관계를 가지고 있는지 알아보도록 하겠다. 陳春生은 작품의 卷頭에 있는 〈自序〉에서 이 작품의 출간경위를 설명하고 있다.

庚子年 이전에 나는 鎭江에서 이미 화이트여사와《獄中花》,《小英雄》,《貧子奇緣》 등의 小說작품을 共譯한 적이 있다. 애석하게도 작중의 이야기는 대부분 등장인물이 서양 사람이고 서양의 사건을 기술하고 있는데, 우리나라의 風俗과 人情, 學術은 전부 서술되지 않았다. 대개 번역서는 原書의 문장에 제약을 받아 그렇게 하지 않을 수가 없다. 壬寅年 봄 화이트여사는 내게 이 책을 共譯하자고 제의하였다. 원문은 러시아 사람의 작품인데, 이 책의 20, 30%에도 미치지 않는다. 초고가 완성되자 여사는 내게 당부하기를 …… 얼마 후에 화이트여사는 미국으로 돌아갔고, 나는 우드브리지선생의 초빙으로 상해에 가서《通問報》의 기자로 근무하였다. 甲辰年에 비로소 번역원고를 다시 편집하였는데, 삭제한 것은 10~20%도 되지 않고 늘어난 것은 70~80%에 이르렀다. 작품의 서술은 오로지 우리나라의 風俗과 人情, 學術의 세 가지 묘사대상에 치중하였다. 그리고 곳곳에서《聖經》을 기초로 삼았으며, 연속해서《通問報》에 등재하였는데 작년에 비로소 종결되었다. 근래에 국내외의 동지들 중에 이 책을 우편으로 구매하려는 분들이 적지 않았다. 이에 특별히 이미 신문에 게재된 원고를 다시 방점을 달고 비평을 가하였으며 增損하고 윤색하여 再版하게 되었다.[4)]

4) "庚子以前, 予在鎭江, 已與亮樂月女士, 共譯《獄中花》、《小英雄》、《貧子奇緣》等小說。惜書中情節, 多係託西國之人, 言西國之事, 於我國之風俗、人情、學術, 均難道及。蓋譯人之書, 限於詞意, 不得不爾也。壬寅之春, 亮女士又屬予共譯是書。原文乃俄羅斯人手筆, 不及是書十之二三。草稿甫畢, 女士乃屬予曰: …… 未久, 女士已歸美國, 予亦應吳板橋君之聘, 至海上襄理通問報筆政。至甲辰, 始將譯稿重新編輯, 芟除者十無一二, 增潤者十有七八。叙事辯理, 專注重吾國之風俗、人情、學術三大端。而處處仍以《聖經》爲基礎, 乃陸續附登通問報, 至去歲乃畢。近來海內同志, 函購此書者, 頗不乏人。兹特將已登報之稿, 重加點評, 增損而潤色之, 以再版問世。" 潤州 陳春生 著, 〈再版自序〉, 光緖 33년(1907), 浙江 莫干山, 《五更鐘》 第11版, 第3葉.

처음 이 작품의 번역을 제의했던 亮樂月은 미국 장로회 소속 여선교사 라우라 화이트(Laura White)이다. 그녀는 江蘇省 鎭江에서 선교활동을 하면서 陳春生을 알게 되었고, 이 두 사람은 1900년 이전부터 함께 번역작업을 진행하여 1903년에는 모두 세 권의 서양소설을 번역 출판하였다. 제레미아스 고텔프(Jeremias Gotthelf) 원작의 *Der Besenbinder Von Rychiswyl*를 영어로 번역한 존 러스킨(John Ruskin)의 *The Broom Merchant*를 《貧子奇緣》이란 제목으로 上海 廣學會에서, 프랑스 散顚 著 *The Prison Flower*를 《獄中花》란 제목으로 上海 廣學會에서, 엘리자 호드그손 버네트(Frances Eliza Hodgson Burnett)의 *Little Lord Fauntleroy*를 《小英雄》이란 제목으로 華美書局에서 각각 中譯 出版하였다.[5)]

두 사람은 이 세 작품의 번역을 마친 뒤인 1902년(壬寅年) 봄부터 화이트여사의 제의로 《五更鐘》의 번역작업을 시작하여 陳春生이 주필을 맡고 있는 《通問報》에 연재하기 시작하였다. 1903년 화이트여사가 미국으로 귀국한 뒤에는 陳春生 혼자 1904년부터 1906년 사이에 연재된 원고를 번안 편집 윤문하여 1907년 출판하였다. 陳春生은 이셋 우드브리지(S. Isett Woodbridge 吳板橋)가 주관하는 기독교 주간지 《通問報》의 기자로 활동하였으며[6)], 이외에도 우드브리지와 《强盜洞》이란 서양소설

5) 清末小說研究會 編, 《清末民初小說目錄》, 日本 邦文社, 1988년 3월, P071, X278, Y771條 549, 803, 940쪽 참조.

6) 雷振華(Clayton, George A)纂, 《基督聖教出版各書書目彙纂》(漢口聖教書局, 1918)의 〈基督教雜誌調查表(教報調查表)〉에 의하면 《通問報》는 吳板橋(이셋 우드브리지의 중국명)와 陳春生 두 사람이 공동으로 발행하는 기독교 주간지이다. 주소는 上海 北京路18號, 一年구독료 1元2角. 앞의 《基督教出版書目彙纂》 2쪽.

을 함께 공역한 적이 있었다.7)

陳春生은 서양선교사와 함께 여러 차례에 걸쳐 문학작품을 번역한 淸末의 번역작가인데, 그 당시의 번역작업은 서양인이 口譯을 담당하고 華人이 筆述을 하는 방식으로 진행되었다.8) 陳春生은 中國語 記述과 潤文을 담당한 서양선교사의 中文助手라고 할 수 있는데, 그는 〈自序〉에서 기독교 선교사와 교류한 지 20여 년이 되었으며 기독교 학교(미션스쿨)에서 10년이 넘게 교편을 잡았다고 술회하였다. 이를 時順으로 다시 정리해보면 10여 년간 기독교 학교의 教習을 하다가 우드브리지의 초빙을 받아 기독교 주간지 《通問報》의 기자로 활동하면서 화이트여사와 우드브리지 등 서양선교사와 공역으로 서양문학작품을 中譯하는 번역

7) 樽本照雄의 《清末民初小說目錄》 Q158條에는 다음과 같은 저록이 있다. "强盜洞 (改良社會小說) 18回 (美)吳板橋(S. ISETT WOODBRIDGE) 譯意 陳春生 演話, 上海美華書館, 光緒 34.6(1908)再版, S. ISETT WOODBRIDGE, "*The Robbers' Cave* or *A Mother's Love*", A Story of Italy by A Lady of England. 《清末民初小說目錄》, 571쪽.

8) 존 프라이어는 1880년 6월부터 중국 근대 최초의 翻譯論인 〈江南製造總局繙譯西書事略〉을 《格致彙編》에 게재하여 江南製造總局 飜譯館의 서양서적 번역작업의 전말을 상세하게 소개하였다. 서양인이 먼저 原書를 熟讀하여 의미를 이해한 뒤에, 서양인이 한 문장씩 口譯하면 중국인이 이를 듣고서 筆錄한다. 두 가지 언어에 능통한 사람이 거의 없었던 당시에 서양인의 口譯과 중국인의 筆述을 순차적으로 진행하여 서적을 번역하였고, 전적의 중요도에 따라 潤筆의 강도를 달리 하였다. 이러한 번역과정을 거쳤기 때문에 上海에서 간행된 江南製造局 翻譯館의 譯書를 비롯한 淸末의 외국서적 번역서는 口譯者와 筆述者가 일렬로 명기되어 있다. 졸저, 《20世紀 中國小說의 變革과 基督教》 (崇實大學校 出版部, 2005년 2월), 第2部 〈中國小說과 基督教〉 第1章 〈韓國基督教博物館 所藏 英國宣教師 존 프라이어의 漢籍〉, 210-212쪽 참조.

작업에 참여하여 여러 권의 서양번역소설을 출간한 淸末의 교육자, 언론인 겸 번역작가이다.

그는 잡지의 주필을 맡을 정도로 문필력을 인정받았으며, 그가 번안 개작한 《五更鐘》은 상당한 호평을 받았다. 1920년 協和書局에서 간행된 제11판에는 2편의 〈英文序文〉과 독자의 독후감이 실려 있는데[9], 수천 명의 독자가 구매하겠다는 열띤 요청에 따라 재판을 인쇄하게 되었다는 〈英文序文〉의 저자 개리트의 언급이 있었다. 현존하는 1920년의 제11판은 이 작품이 출간된 후 13년 동안 11판을 거듭할 정도로 상당한 판매량과 지속적인 호응을 얻었다는 사실을 반증하고 있다. 陳春生은 〈自序〉에서 이 작품의 效用性에 대해 자신의 경험을 고백하고 있다.

> 이 책이 사회에 유익한지 여부는 내가 감히 말하지 않겠다. 그러나 이 작품은 내게 이미 적지 않은 도움을 주었다. 내가 교회에서 서양선교사와 교류한 지는 이미 20여 년이 되었다. 그 사이에 敎習을 십여 년 하였고 《通問報》의 주필을 한 지도 지금까지 이미 5년이 지났는데도 별로 기독교에 관심이 없었다. 이 책을 편집하고 검토하면서 크게 느끼는 바가 있었다. 이에 이 작품이 완성되는 날 세례를 받고 기독교에 귀의하게 되었다. 하나님께서 이 작품으로 내게 감동을 주신 것처럼 이 책을 읽어보는 사람이 많은 감동 받기를 渴望하는 바이다.[10]

9) 《五更鐘》上卷 卷頭의 Donald MacGillivray, An Appreciation of the Book, 上海, 1908.12.11. 下卷 卷頭의 J.C.Garritt, PREFACE, Nanking China, 1909.1.1. 下卷 卷末의 廣東揭陽炮台傳道人 謝立受 著, 〈讀五更鐘書後〉, 출판일시 未記.

10) "然予於此書, 固已獲益不淺。予在敎會, 與西敎士往來, 已二十餘年。其間作

〈自序〉에서 陳春生은 오랫동안 서양선교사와 접촉하면서도 기독교를 믿지는 않았는데, 자신이 이 작품을 개편하고 수정하는 과정에서 하나님을 救主로 영접하여 이 작품을 완성하는 날, 세례를 받고 기독교에 입교하였다고 고백하고 있다.《五更鐘》은 작품의 改編者가 개작과정 중에 신앙을 갖게 된 독특한 기독교 선교소설인 것이다. 이러한 출간과정이 있었기에《五更鐘》은 제1회의 開場詞 앞에 "美國 亮樂月 命意, 潤州 陳春生 編輯"이라고 표기해 놓았다. 出刊者는 분명 화이트여사의 발의와 原作의 口譯, 陳春生의 중국어 기술, 개작의 저작권을 모두 인정하고 있다. 때문에 영문표지에는 두 사람이 저자로 병기되어 있다.[11]

이제 독특한 著譯과정을 가지고 있는《五更鐘》의 번역 및 개작과정과 출판경위에 대해 좀더 자세히 알아보도록 하겠다. 화이트여사는 1902년 봄 陳春生에게 러시아 작가의 작품을 중국어로 함께 번역하자고 제의하여 작업을 시작하였는데, 두 사람이 공역한 부분은 이 작품의 약 20~30%에도 미치지 못한다고 陳春生은 술회하였다. 화이트여사는 톨스토이의 작품을 읽고서 이 작품의 여러 부분이 중국의 교회에 대해 선교적으로 상당한 가치가 있다고 판단하였지만, 서양의 인물과 사건을 기술한 서양소설의 번역서는 중국인의 정서에 부합되지 않는다고 생각

敎習十餘年, 任通問報筆政, 今已五年, 均自甘爲門外漢。自編輯是書, 討論是書, 大受感觸。乃於是書將成之日, 已遵禮皈依聖教。深望上主如何藉是書以感觸予者, 亦如何以感觸凡閱是書者, 則幸甚矣。" 潤州 陳春生 著, 〈五更鐘再版自序〉, 光緒 33년(1907), 第3葉.

11) 《五更鐘》下卷의 영문표지에는 아래와 같이 표기되어 있다. "*FIVE CALLS*, by MISS LAURA WHITE AND CH'EN CHUN SHENG, MANDARIN, TWO VOLUMES, SHANGHAI, PUBLISHED BY THE PRESBYTERIAN MISSION PRESS, 1920"

하였기 때문에 共譯者 陳春生에게 중국의 실정에 맞게 개작 수정해줄 것을 부탁하였다. 陳春生은 이에 따라 중국의 人情과 風俗, 學術에 맞추어 70~80% 정도를 대폭적으로 改書하였다고 한다. 화이트여사가 요청한 改寫 정도는 다음 글에 분명하게 설명되어 있다.

> 선생께서 이 작품을 편집하실 때 곳곳마다 모두 중국인을 위해 다시 기술하시고 조금이라도 번역원고의 구태의연한 방식에 얽매이지 않도록 하시지요. 이 번역원고는 짐짓는 골격으로 보시면 되고, 그 사이의 문과 창문을 어떻게 배치하고 담장은 어떻게 칠할지는 선생께서 하시는 대로 따르겠습니다. 절대 번역원고에 구애받지 마십시오.12)

이러한 改作은 골격을 제외하고는 거의 새롭게 창작하는 것과 진배없었다. 그리하여 비록 원작이 있는 번역작품에서 출발하였지만 陳春生은 중국인 독자가 쉽게 받아들일 수 있는 작품 구조와 서술방식으로 새롭게 개편 윤색하여 대성공을 거두었다. 《通問報》에 연재된 이 작품을 구독하려는 독자들의 주문이 쇄도하였고, 재판본이 출판된 이후부터 1933년까지 제13판이 인쇄되는 뜨거운 반응을 얻게 되었다. 때문에 이 작품의 영문표지에는 화이트여사와 陳春生 두 사람이 저자로 병기되기도 하였지만, 邵寶亮은 그의 서문에서 陳春生을 저자로 소개하고 있다. 그리고 이 작품의 〈自序〉는 陳春生이 저술함으로써 자신이 제1저자임

12) 先生編輯是書時, 處處均須爲華人立言, 不得稍涉譯稿窩臼。此譯稿直視之爲造屋之支架可, 其間門窗如何位置, 墻垣如何粉飾, 則聽君爲之。愼勿爲譯稿所累也。陳春生 著, 〈五更鐘再版自序〉, 光緖 33년(1907), 第3葉.

을 은연중에 드러내었으며, 저술과정 전말을 상세하게 설명하고 있다. 또한 개리트(J. C. Garritt)가 1909년에 지은 제3판의 〈英文序文〉에는 《五更鐘》의 원작과 번안, 개작상황, 제3판 출간이 설명되어 있다.

> 화이트여사는 톨스토이의 *Marchez que vous avez la lumière—Walk While the Day Lasts*를 읽고서 이 작품의 여러 부분이 중국의 교회에 대해 대단한 가치를 가지고 있다는 생각을 하였는데, 본래 스토리는 부와 권력의 파워가 예수를 믿는 사람들을 핍박하던 때인 초기 기독교 교회 시절, 소아시아에서 시작되었다고 한다. 양심의 부름은 듣던지 듣지 않던지 간에 지금과 마찬가지로 그 때도 분명했고, 지금 중국에서와 마찬가지로 소아시아에서도 권력에 복종하는 것은 매우 어려웠다.[13]
>
> *The Five Calls*·《五次召》·《五更鐘》이라 명명된 이 책은 톨스토이의 작품을 그대로 번역한 것은 아니지만, 하나님께 나아가는 것에 주저하는 영혼을 인도하는데 하나님의 반복된 神意의 커다란 가르침을 좀 더 강력하게 만들어 놓았다. ……독자들이 보다 더 쉽게 이해할 수 있도록 작품 전체를 중국식으로 개작하였는데, 이 작품을 기술한

13) "Doubtless it was for this reason that Miss White, while reading Tolstoi's "*Marchez que vous avez la lumière*"—"*Walk While the Day Lasts*"—felt impressed with the great value of many portions of it to the church in China. The original story is laid in Asia Minor in the days of the early church, when the forces of wealth and power were leagued against the soul which would accept the lowly service of the Nazarene. The call of conscience, whether listened to or not, was insistent in those days as now, and it was as difficult to obey in Asia Minor as it now is in the Middle Kingdom." 개리트(J. C. Garritt), PREFACE.

화이트여사의 동역자인 陳春生선생이 거둔 **대단한 성공**은 이 작품의 **제3판**을 출간하게 만들 정도로 **수천 명의 독자들에 의해 추천되었다.** 그것은 이 작품의 처음 발단을 말하고 중국에서의 종교적인 생활 상태에 대한 놀랄만한 번안(개작)을 강조하면서 크리스챤이 되도록 거의 설득되어지는 한 사람의 갈등에 대한 생생한 묘사를 강조하는데 적합하였다. 모든 전도자들과 이 작품을 읽은 기독교인들은 이 작품이 재미있고도 유익하다는 것을 발견할 것이며, 비기독교인들은 이 작품 속에서 새롭고도 활기 찬 인생의 해석을 발견할 수 있을 것이고, 하나님의 은총에 의해서 이 책의 주인공과 같은 위험스러운 지연을 피하고 자신들이 단번에 理想鄕인 平安村에 들어가 살도록 인도를 받게 될 것이다.14)

14) "The present book well named the Five Calls, is not strictly a translation of Tolstoi's work, but so much is taken from it as suffices to set forth the great lesson of God's repeated providences in leading a reluctant soul into the light. ……The whole was, for the easier comprehension of the reader, clothed in Chinese form, and the great success of Miss White's collaborator, Mr. Chen, in telling the story, has been commended by thousands of readers, as the book enters upon its third edition; it is fitting to tell of its inception and to emphasize its wonderful adaptation to the conditions of religious life in China and its illuminating portrayal of the conflicts of a soul almost persuaded to be a Christian. Every preacher and reading Christian will find this story both interesting and helpful, and non-Christian will discover in it an interpretation og life which will be new and invigorating, and which may, by the grace of God, lead them to avoid the dangerous delay of the hero of the book and at once enter the village of peace and make it their home." 개리트, PREFACE.

제3절 다섯 차례의 부르심 "警鐘": 《五更鐘》의 작품내용과 서술구조

《五更鐘》은 작품의 양식이 전형적인 章回體小說의 형식을 갖추고 있다. 작품은 開場詞로 시작하여 閉場詞로 종결되며, 24회로 구성된 작품은 每回의 回目이 7言의 對句로 표기되어 있다.15) 章回體의 常套語로

15) 《五更鐘》上下 2卷 24回의 回目은 다음과 같다.

上卷 第1回 弔前人千古同淚 聞噩耗闔堂驚悲
第2回 怕分離長亭揮淚 喜聚首書齋言懽
第3回 戒纏足湘臬有示 論正心儒敎無功
第4回 謝神恩每飯必禱 遵天命攸往咸宜
第5回 浪花消年關敗露 肆淫行妓院爭風
第6回 林九如悞傷盜匪 李春玉備受酷刑
第7回 索重金老鴇心毒 竊珍物慈母愛深
第8回 林九如頓生悔悟 賽半仙妄論吉凶
第9回 觀氣色隨心毁譽 論聖敎信口抑揚
第10回 闖禍關力行三事 行婚禮樂滿一堂
第11回 燕新婚九如改過 證倫理鳳兮引經
第12回 擇佳耦必愼三德 遵神旨謹守四端
下卷 第13回 文學貴於能濟世 天程當問過來人
第14回 李牧師留心女學 王敎習暢論體操
第15回 楊大娘負寃尋死 王二老妙法回生
第16回 勸捐官朋友趨勢 怨生女夫婦減恩
第17回 安樂窩老奴話舊 內地會女士分書
第18回 楊氏試穿天然履 更生暢論自由衣
第19回 樂極悲生幾損命 情危勢迫只求神
第20回 逢故人頓生悔意 觀新約猛覺回頭
第21回 故人書百朋珍重 初生子闔第臚歡

시작하는 제1회는 전지전능한 서술인이 주인공의 부친 林明道의 출신과 내력부터 소개하면서 스토리를 전개시키고 있는데, 전형적인 章回體白話小說의 서술방식이다. 이 작품의 주요 내용을 개술하면 다음과 같다.

咸豊 연간 保定城의 상인 林逢源은 각종 골동품과 보석을 판매하여 상당한 재산을 모았으며, 슬하에 외동아들을 두었는데, 이름은 天保, 字는 九如로 용모가 매우 수려하여 부부는 마치 掌中의 보석처럼 그를 사랑하였다. 九如는 매우 총명하고 열심히 공부하여 열두 살 때 四書를 모두 독파하고 五七言詩도 지을 수 있었다. 逢源은 그를 위해 孝廉先生을 집으로 초빙하여 가르치게 하였고, 逢源의 의동생 山東 德州사람 龐氏가 그의 아들 鳳兮를 林家로 보내 九如와 함께 공부하게 하였다. 그런데 4년 뒤, 鳳兮는 부친이 갑자기 병사했다는 편지를 받고서 서둘러 집으로 돌아가 상을 치루고 모친을 봉양하였다. 혼자 남은 九如는 학업에 흥미를 잃었고 鄕試에 두세 번 응시하였으나 낙방하여 進學하지 못했다.

몇 년 뒤, 龐鳳兮가 돌아와 그가 사는 平安村에 대해 말해주면서, 자신은 이미 기독교인이 되었다면서 九如와 긴 시간의 대화를 나누었다. 이 작품은 林九如와 龐鳳兮 두 사람의 만남과 이별, 기독교 전도와 반대, 번민·회개·갈등의 반복을 통해 결국 林九如가 다섯 번의 하나님의 부르심을 받고서 기독교인이 되는 과정을 서술한 작품이다. 완고한 기독교 반대론자 九如는 먼저 자신의 부인이 독실한 크리스챤이 되는 것

第22回 阻入教大起衝突　進方藥妄肆譏評
第23回 毓撫臺仇洋滅教　趙信士殺身成仁
第24回 北京城匪氛頓息　平安村道岸誕登

을 목도하였고, 아내를 전도한 사람이 바로 전에 자신이 기방에서 동거하던 李春玉이었다는 사실을 알게 된다. 주변 사람의 권유와 자신의 결심으로 平安村에 가서 기독교인이 되고자 하였지만, 아들을 낳고 관직을 제수 받아 승진을 거듭하면서 세속의 명리에 빠져서 기독교를 외면하던 九如는 庚子年 의화단사건에 연루되어 사형을 구형받게 된다.

2년 후, 九如는 官運이 형통하여 山西省의 요직으로 승진되었고, 총명하고 경험이 많으며 일을 능숙하게 처리하였기 때문에 上官이 그를 꽤 중시하였다. 庚子年 봄, 북방에서 義和團事件이 일어나 서양인은 모두 살해당하고 교회는 습격을 당하였다. 九如는 당시에 기독교에 입교하지 않았던 것을 은근히 다행이라 생각하였다. 영국과 미국 등 8개국 연합군이 북경에 진입하자, 황태후는 서쪽으로 피신하였다. 의화단은 마구 살해되었고 황태후는 태도를 바꾸어 서양인에게 아첨하면서 기독교를 받아들였다. 九如는 관할구역에서 살해된 기독교 신도가 너무 많아서 투옥되어 死刑을 구형받았다. 도처에 연줄을 대고 많은 돈을 쓰고서야 겨우 死刑을 면하게 되었으나, 관직을 박탈당하고 평민으로 전락하여 保定의 옛 집으로 돌아왔다. 이때, 부모와 아내가 차례로 죽었고 세 딸 또한 모두 출가하였다. 아들은 19세가 되었지만 공부에는 관심이 없고 스승의 말도 듣지 않았으며 돈을 물 쓰듯 낭비하였다.

어느 날, 九如는 서재에 앉아 자신의 과거를 회상해 보니, 좋은 것도 하나 없었고 걱정거리라고 할 만한 것도 하나 없었다. 지금은 오로지 자손이 현명하고 孝順하여 만년을 위로 받고 싶지만, 아들이 이와 같이 한심하니 더 이상 무슨 희망이 있겠는가? 인간사의 온갖 풍상과 영화부귀는 이미 사라져버렸고 지금은 두 손 모두 빈털터리일 뿐이다. 손이 가는대로 책꽂이에서 아내가 사용하던 《聖經》을 꺼

내어 "고되고 무거운 짐을 진 모든 자는 나에게 오라. 나는 장차 너희들에게 평안을 주겠노라"라는 구절을 읽게 되었다. 九如는 책을 덮고 내가 바로 고되고 무거운 짐을 진 사람이라고 탄식하며 말했다. 그리하여 平安村에 가서 鳳兮를 만나고자 하였다. 平安村에 도착하니, 비록 고대광실은 없었지만 주택들은 밝고 깨끗하였으며 길은 평탄하게 닦여 있었고 화초와 수목들은 매우 무성하였다. 정말 세상의 천당이라고 여기기에 충분하였다. 鳳兮는 九如를 위로하면서 하나님은 믿음의 이르고 늦은 것과 선행의 많고 적음을 구분하지 않으시고, 무릇 죄를 지은 자가 회개하고 하나님께 돌아오면 똑같이 平安을 주신다고 하였다. 九如는 곧 온 마음을 다해 하나님을 믿고 세상 사람들을 위해 헌신하였다. 그는 즐겁게 여러 해를 장수하였으며, 자신의 아들과 손자가 모두 하나님께 귀의하는 것을 친히 보았다.16)

이 작품은 미사여구로 수식하지 않았고 손쉬운 北京 白話文으로 기술되었으며, 사실에 부합되게 사건과 인물을 묘사하여 독자들에게 현실감과 생동감을 느끼게 하였다. 〈서문〉의 저자 邵寶良은 새벽종을 의미하는 "五更鐘"의 寓意를 종소리와 중국 고대 治世의 관계를 통해 다음과 같이 설명하고 있다.

오직 소리를 내면 사람의 양심을 격발하여 꿈속에 있는 상태를 깨울 수 있다. 대개 소리의 용도는 크다. 옛날 夏后氏는 五聲으로 聽治하여 이르기를 "道로 인도하는 자는 북을 두드리고, 일을 고하는 자는 목탁을 치며, 근심을 말하는 자는 경(磬)을 치고, 억울함을 소송하

16) 《五更鐘》의 제요는 吳淳邦 外 共譯, 《中國古典小說總目提要》 제5권, 53-55쪽 참조.

는 자는 소고(鞀)를 치며, 義를 알리는 자는 종을 두드리리라."고 하였다. 八音 가운데 종은 금(金)에 속한다. 금은 '從革'이라 하는데, 철저하게 회개하여 새사람이 된다[17]는 뜻을 가지고 있다. 五聲 중에서 종은 궁(宮)에 속한다. 궁은 君象(人君의 象)이라 상행하효(上行下效)의 뜻을 가지고 있다. 십이율(十二律) 다음의 황종(黃鐘)은 동지 자야(冬至 子夜)의 중간으로 일양(一陽)이 다시 생기면 만물이 회춘한다는 뜻이 있다. 때문에 소리의 사람에 대한 감동이 매우 깊고, 종이 소리를 내는 것도 가장 바르다. 옛날 성왕(聖王)이 이를 취하여 천하를 가르친 것은 믿을만하다.[18]

夏后氏가 五聲으로 聽治를 할 때, "義를 알리는 자는 종을 두드리리라"고 하였고, 八音 中 金에 속하는 鐘은 "철저하게 회개하여 새사람이 된다"는 의미를 가지고 있다. 五聲 중에서 鐘은 人君의 表象이라 上行下效의 의미를 가지고 있는데, 종소리가 萬音 중에서 가장 바르기 때문에 聖王이 이로써 천하를 가르쳤다고 鐘聲의 警世的 의미를 해석하였다. 하지만 《五更鐘》은 작중의 어디에서도 警鐘과 관련된 형상을 서술하거나 이미지를 묘사한 장면이 나오지는 않는데, 우리는 단지 卷頭의 서문과 범례 중에서 작자가 의도한 警世의 주제를 읽어낼 수 있을 뿐이다.

17) 革面洗心: 철저하게 회개하여 새 사람이 된다는 성어.
18) "惟動之以聲, 則足以激發其天良, 而喚醒其夢寐。蓋聲之爲用大矣。昔夏后氏以五聲聽治曰: "導以道者撾鼓, 告以事者振鐸, 語以憂者擊磬, 訟以寃者揮鞀。而喩以義者則鼓鐘。" 是以八音之中, 鐘爲金。金曰: 從革, 有革面洗心之義焉。五聲之內鐘屬宮, 宮爲君象, 有上行下效之義焉。十二律之次, 黃鐘爲冬至子夜之半, 一陽復生, 有萬物回春之義焉。故聲之感人也甚深, 而鐘之爲聲也最正。古聖王取之以敎天下, 信不誣也。" 鳳山 邵寶亮 著, 〈五更鐘序二〉, 光緖 32년(1906), 《五更鐘》, 第2葉.

작자는 〈五更鐘大凡八則〉에서 書名에 담긴 의미와 주제 그리고 작품 구도를 상세하게 설명하고 있는데, 原名 "五次召"가 의미하는 "하나님이 다섯 번 부르셨다는 召命"이 바로 이 작품 전체 이야기를 이끌어나가는 핵심 구도라고 할 수 있다. 〈大凡八則〉의 앞 2則은 아래와 같다.

> 一、이 책의 原名은 《五次召》이다. 작중에 하나님이 다섯 차례에 걸쳐 회개하라고 불렀다는 뜻을 담고 있어 이렇게 명명하였다. 단지 이 명칭을 중국에서 쓰기에는 의미가 깊고 어려우며 사람들은 쉽게 알기 힘들어서 지금의 이름으로 바꾸었다. 대개 五更의 새벽종은 세속을 각성시킨다는 의미를 가지고 있어서 비록 原名과는 약간 다르긴 하지만 실제로 뜻은 하나이다. 원명과 비교하면 이름이 쉽고 잘 알 수 있으며 상당히 이해하기 편하다.[19]
>
> 一、이 책의 제4회에서는 九如가 鳳兮를 만나 서재에서 기독교에 대해 토론하는데, 이것이 첫 번째 警鐘이다. 제8회에서 九如는 한 古廟에 들어가 자신의 잘못을 후회하고 깊이 참회한 뒤 平安村으로 가서 기독교에 귀의하고자 하는데 이것이 두 번째 警鐘이다. 제15회에서 九如는 天津에서 집으로 돌아갈 때 혼자 마차를 타고 가면서 일찌감치 平安村에 가서 기독교에 입문하지 않은 것을 후회하는데, 이것이 세 번째 警鐘이다. 제21회에서 九如는 鳳兮의 편지를 받아보고서 기독교에 귀의하려는 생각을 가졌으며, 게다가 更生女士의 전도를 받은 뒤에 뜻을 정해 平安村으로 가려고 하였는데, 이것이 네 번째 警鐘이다. 제24회에서 九如가 서재에 홀로 앉아 그동안 실패한 일

19) 一、是書原名《五次召》。蓋書中寓有上帝五次召人回頭之意, 故名。惟此名用在中國, 未免深晦, 人不易明, 故改爲今名。蓋五夜清鐘, 寓有警醒世俗之意, 與原名雖微有不同, 而意實一也。其淺顯易明, 較之原名多多矣。〈五更鐘大凡八則〉 第1則, 《五更鐘》, 上海 協和書局, 1920年, 卷頭 第1葉.

들을 회상하다가 무릎을 꿇고 기도를 드리다 하나님을 믿기로 결심하는데, 이것이 다섯 번째 경종이다. 친구의 충고로, 혹은 마음의 각성으로, 혹은 人事의 觀念 때문에, 혹은 밖으로부터의 권면 때문에, 혹은 삶의 경륜으로부터 경종을 듣게 되었는데, 두 개씩 비교해보면 하나도 같은 것이 없다. 그러나 九如를 각성시키고 훈계하는 것은 하나이다. 하나님께서 사람을 부르실 때, 온갖 방법을 다 쓰고 오랫동안 끊임없이 하시는데 마치 자애로운 모친이 사랑하는 자식을 가르치고 권면하는 것과 같다. 애석하게도 세상 사람들은 온종일 무지몽매하여 각성할 줄을 모르니, 하나님께서 어찌 조금이라도 사람을 저버리시겠는가![20]

書名인 "五更鐘"은 "세속을 覺醒시킨다"는 뜻을 담고 있어 원명 "五次召"보다 작품의 주제가 더 분명하고 쉽게 이해된다고 설명하고 있다. 원명 "五次召"는 "하나님이 다섯 번 회개하도록 부르셨다"는 의미를 가지고 있는데 〈大凡〉의 第2則에서는 작품의 전개 순서에 따라 작중에 나오는 다섯 차례 "警鐘"의 사건을 설명하고 있으니, 바로 하나님의 부르심(召命)을 警鐘이란 "소리"로 표현한 것이다. 다섯 번의 부르심(警鐘)

20) 一、是書第四回書九如遇鳳兮在書齋談論聖道, 此第一次警鐘也。第八回書九如進一古廟, 自怨自艾, 深自懺悔, 欲往平安村問道, 此第二次警鐘也。第十五回書九如由天津回家, 獨坐車中, 自悔未能早往平安村問道, 此第三次警鐘也。第二十一回書九如得鳳兮之信, 又得更生女士之感觸, 乃立志欲往平安村問道, 此第四次警鐘也。第二十四回書九如獨坐書齋, 回想一生失敗之事, 乃屈膝祈禱, 堅心歸主, 此第五次警鐘。或由友人之忠告, 或由內心之覺悟, 或由人事之觀念, 或由外來之感觸, 或由一生之閱歷, 兩兩比觀, 無一同處。然其警戒九如之處則一也。可知上主召人, 千方百計, 歷久不厭, 儼如慈母之規勸其愛子然。惜世人終日昏昏, 不知醒悟, 上主豈稍負人哉! 〈五更鐘大凡八則〉 第2則, 《五更鐘》, 卷頭 第1葉.

은 이 작품을 전개시키는 핵심 사건이기 때문에 아래에 이 사건들의 출현 회수와 사건 내용, 경종의 전달자 및 召命에 응하지 못한 이유 등을 순서대로 정리해 보았다.

첫 번째 경종: 제4회, 九如와 鳳兮가 林家의 서재에서 기독교에 대해 토론할 때. 鳳兮의 권면, 일반적인 편견과 전통 儒家의 입장에서 九如와 逢源은 反基督教的인 입장에서 기독교를 공격 비판함. 완강한 反基督教的 성향 표출.

두 번째 경종: 제8회, 李春玉사건으로 부친에게 매를 맞고 집을 나와 어떤 古廟에서 자신의 잘못을 깊이 참회한 뒤 平安村으로 가서 기독교에 귀의하려고 출발. 자신의 마음속의 각성, 도중에 점쟁이 賽半仙을 만나 기독교 反教論과 훈계를 듣고 집으로 돌아옴.

세 번째 경종: 제15회, 九如가 天津에서 마차를 타고 집으로 돌아가면서 이전에 기독교에 입교하지 않은 것을 후회함. 鳳兮의 전도, 鳳兮와의 토론을 통해 反基督教的인 입장이 변화됨. 고부간의 갈등으로 아내 楊氏가 자살을 기도하여 수습하느라 실행하지 못하고 지연됨.

네 번째 경종: 제21회, 九如는 鳳兮의 편지와 更生女士의 전도를 받은 뒤에 온가족이 平安村에 가서 기독교에 입교하려고 함. 鳳兮와 更生女士의 전도, 得男과 관직 제수 등 세상의 名利를 좇아 기독교를 멀리함.

다섯 번째 경종: 제24회, 九如가 서재에 홀로 앉아 지난 일들을 회상

하다가 痛悔한 후, 하나님을 믿기로 결심하고 平安村으로 가서 입교. 인생의 경륜을 통한 각성. 작품의 종결.

이 작품은 “오로지 중국인에게 복음을 전도하기 위해 창작된” 기독교 선교소설이다. 때문에 새벽 종소리로 세상 사람을 미몽에서 깨운다는 창작취지를 가진 이 작품은 주로 주인공 林九如와 龐鳳兮 두 사람의 만남과 이별을 통해 기독교 교리에 대한 토론과 대화 그리고 주인공의 결신과 신앙의 성장에 대한 스토리를 전개시키고 있다. 다섯 차례의 警鐘事件은 모두 주인공 九如를 중심으로 전개된다. 이 작품의 초반부터 龐鳳兮가 등장하여 기독교 복음의 전도자로 활동하지만, 작자는 기독교적 주제 표현의 포커스를 불신자인 九如에게 맞추어 완강한 反基督教的 입장에서 하나님의 여러 차례에 걸친 부르심을 통해 점차적으로 변화해가는 九如의 신앙 형성과정을 서술하고 있다. 〈大凡〉의 第2則에서 지적한 다섯 차례의 경종사건은 바로 전형적인 중국문인인 林九如가 어떻게 기독교의 신앙을 갖게 되는지를 순차적으로 묘사한 것이다. 《五更鐘》은 바로 不信者 林九如를 죄악과 고통의 나락에서 구원의 길로 인도하기 위해 끊임없이 경종을 울려 회개시킨 하나님의 사랑을 중국식으로 換骨奪胎하여 서술한 기독교 선교소설이라 하겠다. 때문에 비록 톨스토이의 원작에 나오는 다섯 번의 하나님의 부르심이란 구도를 차용하긴 했지만 林九如라는 중국 문인을 통해 이 작품 속에 구현된 基督教求道의 전개과정은 완전히 中國化된 사건의 연속으로 淸末의 가정과 사회 현상 중에서 典型化되어 있다. 龐鳳兮는 작중에서 하나님의 전도자로 묘사되는데, 그 역시 부친의 사망 이후에 신앙을 갖게 된 기독교인이다. 이 작품은 인물 묘사에 있어 성격의 일면만을 강조하는 여타 기독교소설의 人物性格 定型化 특징과는 달리 인물의 성격이 주제 표현의 목표를 향해 변화 발전하고 있음을 보여주고 있다.

또한 孝廉先生에게 학습한 문인 출신의 두 주인공을 통해 자연스럽게 작품의 학문수준을 상향시켜 작자는 상당 부분을 주인공들의 대화를 통해 清末에 유행했던 중국사회와 종교적 현안에 대해 토론하는 論辯文을 대량으로 삽입하였다. 주인공의 대화 속에 인용된 대량의 論辯文은 이 작품의 당시 사회성향을 표현한 것으로 주로 기독교적 입장에서 사회를 개량해야 한다는 維新變法論者들과 기독교계의 社會改革論을 표방한 것으로 서양선교사의 동역자인 陳春生으로 대표되는 20세기 초기 중국기독교 문인들의 국가 사회관이 표현되어 있다.

제4절 平安과 平安村: 《五更鐘》의 인물묘사와 기독교적 주제 표현

〈大凡八則〉의 第5則에서는 중심 주제가 "平安"이란 어휘를 중심으로 전개되며, 등장인물 역시 "平安한가"의 여부에 따라 두 부류로 나눌 수 있다고 말하고 있다. 鳳兮의 장편에 걸친 논리정연한 기독교 護教論을 듣고 나서 九如는 예수를 굳게 믿는 기독교인이 믿지 않는 사람들과 비교하면 마음속에 어떤 좋은 것을 얻게 되는지 물어보았다. 이에 龐鳳

兮는 다음과 같이 답변하였다.

> 속설에 팥 심은데 팥 나고, 콩 심은데 콩이 난다고 하는데 심은 것을 자연히 거두게 마련이지요. 예수님의 복음을 믿으면 자연히 좋은 점을 얻게 되지만 말로 다 형용할 수는 없지요. 예수께서 말씀하시기를 "내가 나의 평안을 너희에게 줄 터인데, 내가 너희에게 주는 평안은 세상 사람들이 주는 평안과는 다른 것이다."[21]

주인공 龐鳳兮는 기독교인과 비기독교인의 가장 큰 차이가 평안한가의 여부에 달려있다고 알려주었고, 예수님께서 기독교인들에게 주는 平安은 세상 사람의 平安과는 다른 것이라고 하는데, 작가는 작중에서 이런 두 가지 마음 상태를 가지고 인물을 묘사하고 있다. 작품의 내용 전개는 기독교 신앙을 가지기 전의 평안하지 않은 여러 사건들의 묘사가 순차적으로 출현한다. 주색잡기에 빠져 기생을 첩으로 들이려는 九如는 부친에게 밧줄에 묶여 모질게 두들겨 맞는 부자간의 반목, 李부인이 며느리 楊氏에게 사사건건 간섭하여 자살소동으로 이어진 고부간의 갈등, 아들을 낳지 못해 외도를 하면서 벌어지는 九如와 楊氏의 부부간의 갈등, 학업에 뜻이 없어 방탕한 생활로 부친의 속을 썩이는 九如와 아들 사이의 갈등 등은 모두 불안과 고통과 분노와 갈등으로 얼룩진 慾望의

21) 俗說種瓜得瓜, 種豆得豆。種的甚麽, 自然得的甚麽。人相信耶穌道理, 自然得有一種好處, 却不是言語所能形容得盡的。耶穌說: '我將我的平安賜與你們, 我所賜與你們的平安, 不像世人所給的平安。' 可知我們心中, 既得他這樣的平安, 自然就沒有愁憂, 沒有懼怕。無論處貧處富、處順處逆, 皆能坦然無慮, 心常舒泰。這豈不是頂大一件好處麽?"《五更鐘》 제14회 下卷 第6葉.

苦海 속에 떠도는 중생상이다. 비록 세속에서 흠모하는 부귀영예를 누리는 다복한 형편이지만 九如의 일생은 그 순간마다 평안하지 못하고 고통과 갈등으로 점철되었다.

작자는 이에 대비하여 독실한 크리스챤 龐鳳兮와 李道生牧師, 李掌珠, 更生女士 등 기독교인들을 등장시켜 믿음에 기초한 희락과 평안을 가진 正面人物로 묘사하고 있다. 제4회에서는 鳳兮를 만나고 돌아가는 九如의 독백이 나온다.

> 九如는 혼자 마차 안에 앉아 예전에 자신과 함께 공부할 때의 鳳兮를 생각해보니, 비록 그의 신체가 자기보다는 건장했지만 별반 차이는 나지 않았었다. 그러나 지금 두 사람을 비교해보면 정말 天壤之差가 났다. 그는 지금 어깨가 넓고 팔이 굵으며, 배가 크고 허리가 두터운데 영기가 충만하고 위풍당당하여 큰일을 할 수 있는 기개가 넘쳤다. 자신을 보니 얼굴은 누렇게 뜨고 몸은 야위었으며 머리가 어지럽고 눈이 흐려져 외출하려면 반드시 마차를 타야하니 거의 병자와 다름이 없었다. (독자께서는 두 사람이 어째서 이런 차이가 나는지 생각해 보시지요.) 또 鳳兮의 사람 됨됨이를 생각해보면 조금도 名利를 탐하지 않고, 情慾에 사로잡히지 않아 마음이 얼마나 편하고 얼마나 평안한지! 아울러 자신을 생각해보니 몇 년 동안 이 일이 마음대로 되지 않으면, 저 일이 만족스럽지 못하는 등 뒤죽박죽이 되어 하루도 편하고 한 시도 평안할 때가 없었는데, 만일 옛날에 그 점쟁이 賽半仙이 까닭 없이 막지만 않았더라면 혹 나도 지금 그와 같이 그런 복락을 누릴 수 있을텐데.[22]

---

22) 九如獨坐車中，暗想鳳兮早年與我同學之時，雖然他的身體比我健壯，却是相差不遠。但到了現在，兩兩比較，眞有天淵之別。他現在却是生得肩粗臂闊，

건장한 신체에 자력으로 생활하는 鳳兮는 심신과 생활에 활력이 넘치며 사랑과 소망을 가지고 이상세계 平安村을 건설하여 지상에서 하나님 나라를 구현하였다. 작자는 기독교인과 비기독교인 사이의 흑백이 분명한 대비수법, 욕망의 바다인 고통과 갈등으로 점철된 세속세계의 불신자와 마음에 하나님의 평안을 소유한 기독교인의 형상을 선명하게 비교하는 對比技法을 사용하여 兩者의 성격 특징을 부각시키고 있다.

또한 작자는 제2회 등장인물의 대화를 통해 자신의 마음속에 가지고 있는 이상세계를 표현하고 있다. 제2회에서 부친의 돌연한 죽음으로 장례를 치루기 위해 떠나갔던 "龐鳳兮"가 天津에 있는 "林九如"의 집으로 찾아와 두 사람은 반갑게 해후하면서 九如에게 자신이 거주하고 있는 마을을 소개해 주었다.

"우리가 사는 촌락은 대략 20여 가구가 있는데 모두가 正人君子들로 남자는 농사짓고 여자는 길쌈을 매며 각자가 직업을 가지고 있는데, 大小事를 모두 서로 알려서 도움을 주고받지요. 또한 아편을 피우고 도박을 하며 나쁜 짓을 하는 사람이 한 명도 없습니다. 지금의 상황을 말씀드리면, 길에 물건을 놓아두어도 주워가는 사람이 없고 밤에 대문을 닫아걸지 않고도 사는 그런 곳이라고 할 수 있지요. 지

肚大腰圓, 英氣勃勃, 相貌軒昂, 大有能作能爲的氣概。看到自己却是面黃肌瘦, 頭昏目眩, 出門必須車馬, 幾與病夫相等。(請讀者思之, 二人爲何有此分別。) 又想鳳兮的爲人, 旣無一點名利的貪圖, 又無一點情慾的擾累, 心中是何等的舒泰, 何等的平安! 又想到自己, 數年來不是這一件事不遂心, 就是那一件事不滿意, 弄得七顚八倒, 沒有一天舒泰, 沒有一時平安, 若是早不遇見那賽半仙無端的攔阻, 或者我現在也和他同得那福氣了。《五更鐘》 第15回, 下卷 11葉.

금 이 마을은 이미 平安村이라 이름을 바꾸었답니다.” 九如가 말했다. “이와 같은 곳은 세상에 많지 않지요. 이것 또한 귀하의 감화 덕분이겠지요. 孔子께서 ‘덕 있는 사람은 외롭지 않고 반드시 이웃이 있다’고 말씀하셨는데, 귀하께서 바로 그런 경우입니다.” 鳳兮가 말했다. “절대 감당할 수 없는 말씀이십니다! 하지만 저희 마을에는 몇 가지 좋은 점이 있지요. 마을의 20여 가정은 한 사람도 재를 드리고 염불을 외우지 않습니다. 마을에는 또한 절이나 도교사원이 없습니다. 근래에 또한 새로 남녀 학당을 각각 한 개씩 세워 유용한 모든 實學을 전문적으로 가르칩니다. 더욱이 마을의 부녀들은 모두가 大足[23]입니다. 이전에 전족을 했던 모든 부녀자들이 지금은 모두 전족을 풀어 발을 크게 하여 자늑자늑 하늘하늘하여 일을 하지 못하고 남자의 노리개거리가 되는 여자가 한 사람도 없습니다. 대개가 다 책을 읽어 사리를 깨우쳐 자손을 가르칠 수 있고 가사를 할 수 있지요. 제가 과장하는 것이 아니라 이러한 마을은 세상의 천당이라고 할 수 있지요.”(이 가운데의 좋은 점은 다른 사람이 말할 필요가 없다.)[24]

23) 纏足을 하지 않은 자연 상태의 발을 전족에 대비하여 ‘大足’이라 부른다.

24) “我們住的村上, 約有二十餘家, 皆是一些正人君子, 男耕女織, 各務正業, 而且大小事情, 皆能有無相通, 守望相助。也無一個吸烟賭博及作等惡事的人。以現在光景而論, 眞可算是路不拾遺、夜不閉戶的所在。現在此村已經更名叫平安村了。” 九如道: “像這樣的地方, 世上却不多有。這也是閣下的感召。孔子說: ‘德不孤, 必有鄰。’ 正是在閣下身上應驗了。” 鳳兮道: “萬不敢當! 但小村仍有一些好處。村上二十餘家, 從無一人吃齋念佛。村上也沒有一座廟宇。近又新開了男女學堂各一座, 專教一切有用的實學。 更有村中的婦女大概皆是大足。所有以前纏足的, 現在也都已放大, 從無一個嬝嬝娜娜不能作事、徒供玩好的小足婦女。大概皆是知書識理、能敎子孫、能操家政的。不是小弟誇口, 像這樣的村莊, 也可算是世界的天堂了。”(此中好處, 不足爲外人道也。) 《五更鐘》 第2回, 上卷 6葉.

그러나 九如는 이 말을 듣고서 바로 반응을 보였다. "어째서 貴村에는 절이 하나도 없고 정진결재(精進潔齋)하는 사람이 하나도 없으며, 심지어 부녀자가 전족을 하지 않는다고 하셨는데, 이러한 행동은 기독교를 믿는 사람과 차이가 없는 것이 아닙니까?" 鳳兮가 말했다. "사실대로 말하면 저와 모친 그리고 저희 마을의 남녀노소들은 모두 이미 기독교를 믿고 있습니다. 저희 마을의 모든 미풍양속과 平安村이라는 호칭은 모두가 기독교의 교리에서 얻은 것입니다." (직접 자신이 기독교인이라는 것을 대서특필하였다. 좋고도 좋도다!)[25]

우리는 두 사람의 대화 속에서 당시 크리스찬에게 몇 가지 공통적인 특징이 있다는 것을 알 수 있다. 첫째, 남녀는 각각 자신의 맡은 일에 매진하며 아편을 피거나 도박을 하지 않는다. 둘째, 정진결재하고 염불을 외우지 않는 등 우상숭배를 하지 않는다. 셋째, 부녀자는 대개가 大足이며 전족을 하지 않는다. 작자는 제2회에서 주인공 龐鳳兮의 입을 통해 기독교인의 理想鄕인 "平安村"을 가볍게 소개하였다. 이 작품의 전개과정 중에서 九如는 하나님의 부르심을 받고 각성한 뒤에 여러 번 平安村으로 가고자 하였으나 모두 자신의 욕심이나 혹은 친척들의 반대와 세상의 유혹 때문에 뜻을 이루지 못했다. 나중에 작품의 결말부분인 제24회에 가서야 비로소 직접 찾아간 九如의 눈을 통해 平安村을 묘사하고 있다.

25) "何以又說甚麼貴村沒有一座廟宇, 沒有一人吃齋, 甚至婦女連足也不纏, 像這樣的舉動豈不是與食洋教的人沒有分別了嗎?" 鳳兮道: "實不相瞞, 弟與家母及敝村一切老少男女等具已奉教。 村中一切仁風美俗與平安村的美名, 皆是由耶穌道理得來。"(大書特書, 直認已爲耶穌教人。妙妙!)。《五更鐘》 第2回, 上卷 6葉.

각설하고 九如는 며칠을 걸어가서 저녁 무렵에 平安村에 도착하였다. 그 때는 마침 초가을이라 마을 밖에 푸른 나무는 녹음이 우거져 있고 가을 매미 울음소리가 요란한데 굽이도는 시냇물에는 석양의 기우는 해가 비추고 있었고, 작은 다리 하나를 건너가니 양쪽에는 긴 竹을 심어놓았다. 가운데는 대로를 닦아 놓았는데 넓기가 한 장 남짓하였는데, 아주 정결하게 닦여 있었다. 한 두 고비를 돌아서 대나무 숲을 지나가니 마을에 심어있는 뽕나무와 삼나무가 보이고 꽃나무들이 가지런하더라. 또 얼마를 가니 두세 채씩 늘어선 집이 보이는데 드문드문 배열된 형상이 비록 고대광실은 아니지만 모두 창문이 크고 밝게 나있어 쾌적하고 통풍이 잘 되었다. 사방에는 모두 정결하게 돌길이 나 있었고, 길가의 빈 땅에는 모두 爬根草가 덮여 있는데 아주 가지런하게 다듬어 놓았다. 또한 따로 꽃나무로 꾸며놓았고 길가에는 사철나무로 정원을 만들어 놓았는데 나무들이 모두 허리 굵기였다. 九如는 이런 모든 풍경을 보고 탄식하며 말하기를 "예로부터 道는 내심에서 이루어지고 밖으로 형상화된다는데, 보는 것처럼 무릇 진실로 기독교를 믿는 사람은 마음이 밝을 뿐만 아니라 이렇게 거주하는 주택의 외관도 교화가 되지 않은 사람과 크게 다르구나."[26]

---

26) 却說九如在路行了數日，一日下晚時，已抵了平安村。其時正初秋時候，村以外綠樹成陰，秋蟬鼎沸，一灣流水，映帶斜陽，過了一道小橋，兩旁夾栽修竹，中築馬路，寬有丈餘，修理頗爲整潔，轉了一二彎曲，穿過竹林，則見村中桑蔴冉冉，花木扶疏，又行未久，乃見三三兩兩房屋，稀疏排列，雖無高樓大厦，却皆窓明几，寬敞通風。四外均有整潔石路，路旁空地均鋪有爬根草，剪得齊齊整整。另有花木點綴，路邊園以冬青樹，齊有腰深。九如見這一切風景，乃嘆息道："自古道誠於中、形於外，你看凡這眞正信道的人，不獨心地光亮，就是這居宅的外觀也是與那無教化的人大大兩樣了。"《五更鐘》24回，下卷 46葉.

마을의 외관은 정결하고 쾌적하였는데, 비록 고대광실이 없었지만 주택이 소박하고 창문과 기물이 쾌적하고 정연하게 배치되었으며, 잘 닦여진 도로는 모두 돌로 만들어진 石路이고 花木으로 가꾸어놓은 거리는 아주 정결하게 정리되어 있었다. 九如는 이런 정결하고 세심하게 가꾸어진 마을의 외관이 바로 이 마을의 신실한 기독교인들의 신앙생활이 밖으로 표출된 것이라며 감탄을 하였다. 작자는 九如의 눈을 통해 "道誠於中、形於外"라는 儒家의 內聖外王의 修養 상태를 빌어다 平安村 기독교인들의 내면의 정결하고 경건한 신앙을 형용하고 있다.

警世와 救世의 목적을 가지고 출간한 《五更鐘》은 社會改良小說과 기독교선교소설임을 권두에서 밝히고 있어, 이 작품의 두 가지 주제를 명확하게 설명해주고 있다.

이 작품은 기독교 선교의 목적으로 출간된 소설인데, 작품은 다섯 차례의 警鐘사건을 중심으로 전개된다. 주인공 林九如에게 다섯 번에 걸친 하나님의 부르심(警鐘)이 있었고 결국 작품의 말미인 24회에서 九如는 기독교인의 이상향 平安村으로 찾아가 기독교에 귀의하고 구원을 얻게 되면서 작품은 종결된다. 불신자 九如를 중심으로 그의 친구 龐鳳兮가 기독교의 전도자로 등장하여 기독교의 핵심교리와 작자의 사회개량방안을 설명하고 논의하였다. 이런 두 주인공의 대화 속에는 대량의 논설문과 사회개량방안 예를 들면, 아편과 도박 금지·미신과 우상 타파·전족 금지·여자교육·축첩제도 반대·士農工商의 직업관·기독교인의 결혼관과 생활관 등 당시 사회의 악습과 정치사회의 개혁방안이 論辯體의 형태로 대량으로 서술되어 있고, 등장인물의 활동을 통해 작중에 자연스럽게 표현되어 있다. 결국 완강한 반기독교 입장을 가지고 있던 九如가 다섯 차례의 警鐘事件을 겪으면서 크리스챤으로 변화되는 신앙형성과정이 단계적으로 형상화되어 있다.

《五更鐘》에서 "포도"는 전체 작품의 스토리를 전개시키는 실마리이다. 龐鳳兮는 고향으로 돌아가 미국인에게서 구입한 포도를 가지고 平安村에 포도과수원을 만들었다. 미국선교사가 중국에서 선교사업을 벌여 기독교에 입교한 龐鳳兮가 바로 "미국산 포도"를 심어서 결실한 "포도송이"이며, 龐鳳兮가 天津의 林九如를 찾아가는 것도 경작한 포도를 팔기 위해 간 것이다. 포도를 파는 행위가 바로 "기독교의 전도"를 의미하는 것이며, "포도"가 바로 두 인물을 만나게 하는 연결고리의 역할을 하고 있는 것이다. 제17회에서는 更生女士와 노르웨이의 여선교사 懷教士가 林家로 찾아와 전도를 하는데 내륙선교회의 선교사라고 자신을 소개한다. 미국선교사 화이트여사를 모델로 한 작중의 懷教士는 九如의 부인 楊氏를 결신시켜 기독교인이 되게 하는데, 바로 또 다른 포도의 결실이라고 하겠다. 《新約聖經》의 예수 공생애에서 가장 널리 사용되었던 "포도"의 비유는 제24회에 나오는 平安村의 "葡萄園"에서 中國化된 장면으로 형상화되었다. 九如는 鳳兮를 만나기 위해 과수원으로 들어가서 세 가지 형태의 포도과수원을 지나게 된다. 청년기·중년기·노년기를 형상화한 포도과수원에서 老年의 九如는 자신의 과거를 회개하고 참회의 눈물을 흘렸다. 鳳兮는 《성경》을 인용하여 하나님의 사랑과 구원을 설명하면서 그를 위로하여 마침내 九如가 하나님의 자녀로 결신하게 된다. 작품의 결말에 나오는 포도과수원의 비유는 기독교의 사랑과 구원을 비유 상징하고 있는데, 포도는 작품을 전개시키는 구조적 실마리에서 대단원의 막을 내리는 상징적 비유사건으로 확장되어

갔다. 작중에서 기독교 전도사업은 미국선교사에 의해 전도된 龐鳳兮의 결신에서부터 중국인 鳳兮가 전도하여 결신시킨 九如까지 진행되었는데, 바로 歐美선교사에 의해 주도되던 중국선교가 이러한 결실에 힘입어 20세기 초에는 이미 중국인 교역자가 선교사업을 주도하기 시작하였다. 《五更鐘》에서는 이러한 중국선교의 변천과정을 등장인물의 활동을 통해 자연스럽게 표현하고 있는 것이다.

《五更鐘》에서 "平安"이란 단어는 핵심 키워드로, 陳春生은 〈大凡八則〉에서 "平安"한지 여부에 따라 인물을 두 부류로 나눌 수 있다고 하였다. 그런데 인물의 분류뿐만 아니라 한 인물에서도 "평안"여부에 따라 확연하게 두 가지 상태로 분류를 할 수 있다. "九如"란 이름은 "萬事如意"를 의미한다. 숫자 중에서 가장 큰 "九"는 모든 일을 상징하며, "如"는 "순탄하고 뜻대로 된다"는 것을 의미한다. 이름에서 상징하는 것처럼 "福祿壽禧"의 세상 복락을 모두 가진 주인공 九如지만 살아가면서 여러 가지 난관에 봉착한다. 주색잡기에 빠져 기생을 첩으로 들이려는 九如와 林逢源의 父子 간의 반목, 李부인과 며느리 楊氏의 고부간의 갈등, 아들을 낳지 못해 오입을 하면서 벌어지는 九如와 楊氏의 부부간의 갈등, 방탕한 생활로 부친의 속을 썩이는 九如와 아들 사이의 갈등 등은 모두 불안과 분노와 갈등으로 얼룩진 慾望의 苦海 萬狀이다. 비록 세인들이 흠모하는 "福祿壽禧"를 누리는 다복한 형편이지만 九如의 일생은 그 순간마다 평안하지 못하고 고통과 갈등으로 점철되었다. 기독교 신앙을 가지기 전 九如의 평안치 않았던 여러 사건이 순차적으로 서술되어 있다. 작자는 이에 대비하여 독실한 크리스챤 龐鳳兮와 李道生牧師, 李掌珠, 更生女士 등 기독교인들을 등장시켜 신앙에서 우러나오는 희락과 평안을 가진 正面人物로 묘사하고 있으며, 平安村의 정결하고 쾌적한 외관 묘사를 통해 기독교인들의 平安한 내면세계를 형상화시켜 놓았다. 바로 "平安村"과 "葡萄果樹園"의 비유와 상징은 이 작품의 기독교적 주제를 전달하는 주요 표현기교이자 전달방식인 것이다.

작자 陳春生이 翻案小說임을 천명하였지만 완전히 중국화한 개작 정도는 이 작품이 번역소설로 시작했다는 사실을 찾기 어렵게 만들었다.

---

27) 1907년에 출간된 《五更鐘》은 20세기 최초의 중문기독교소설이라 할 수 있으며, 중국인 작가가 주도적으로 번안 창작한 최초의 중문기독교소설이라 할 수 있다. 왜냐하면 1819년 윌리엄 밀네가 지은 《張遠兩友相論》이 출간된 이후, 적지 않은 중문기독교소설이 출판되었지만 대부분이 歐美 개신교선교사가 주도하여 창작 혹은 번역한 것이며, 중국인 작가는 부차적이었고 단지 구미선교사가 口譯한 것을 筆述하는 작업을 수행하였다. (졸저, 〈19세기 在中·在韓 서양선교사에 의한 中文基督教小說의 창작과 번역 연구〉, 《中國語文論譯叢刊》 第22輯, 2008년 1월, 224~226쪽 참고.) 그런데 1895년 존 프라이어가 주관한 〈新小說 현상공모전〉에 160편의 작품이 응모하였고, 그 중에 적지 않은 소설이 기독교와 관련이 있다. 그 중 《夢治三癱小說》의 경우에는 완전히 《신약성경 마가복음》 제2장의 예수가 중풍병자를 고치는 스토리에 근거하여 중국의 三大 惡弊(아편, 전족, 팔고문)를 고치는 개혁방안을 기술한 중문기독교소설이다. 하지만 애석하게도 출판되지 못하고 110년이 넘도록 세간에 알려지지 않은 채, 미국 버클리 동아시아도서관의 서고에서 長眠하고 있었다. 이 작품의 저자는 廣東 長樂巴色會의 鍾清源이며, 중국인 작가가 독자적으로 창작한 최초의 중문기독교소설이라 할 수 있다. 하지만 아직 출판되지 않은 채, 필사본으로 현존한다. (拙著, 〈新發現的傅蘭雅(John Fryer)徵文小說《夢治三癱小說》〉, 嘉義大學中文系 主編, 《第三屆 中國小說戲曲國際學術研討會 論文集》, 臺北 里仁書局, 2008年, 191-195쪽 참조.) 때문에 《五更鐘》을 정식으로 간행되고 광범위하게 유통된 20세기 최초의 중문기독교소설이자 중국인 작가가 주도적으로 저술한 첫 번째 중문기독교소설이라 지칭하는데 큰 무리는 없을 것이다.

적절한 작품 구도의 설정과 표현기교의 운용, 淸末 상황에 합당한 사건의 전개와 기독교 선교의 창작취지는 이 작품이 중국인 작가에 의해 주도적으로 저술되고 출판된 첫 번째 중문기독교소설이자 20세기 최초의 중문기독교소설[27]이라 일컬어지기에 손색이 없다.

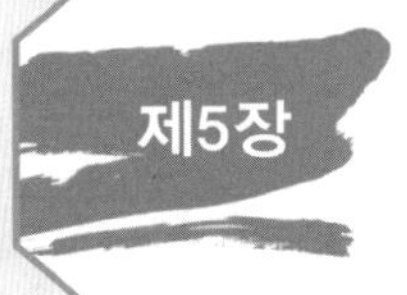

19세기 中文基督教小說의 한글 번역 및 국내 전파

제1절 韓國基督教博物館 所藏 中文基督教小說과 初期 韓譯本의 가치와 意義

근대 중국에서 중국어로 처음 번역된 외국소설은 영국작가 존 번연(John Bunyan, 1628-1688)이 지은 기독교소설 *The Pilgrim's Progress*로, 1851년 런던선교회의 윌리엄 무얼헤드(William Muirhead, 慕維廉, 1822-1900)가 上海에서 축약하여 《行客經歷傳》이란 題名으로 번역하였는데, 겨우 13쪽이었다.[1] 이 작품의 첫 번째 완역본은 1853년 영국 장로회선교사 번즈(William Chalmers Burns, 賓爲霖, 1815-1868)가 廈門에서 번역한 文言本《天路歷程》으로, 상당히 호평을 받아 이후 여러 차례 重刊되었으며, 1865년 日本 京都에서도 출판되었고, 1869년과 1906년 上海美華書館에서 다시 재판되었다.[2] 번즈는 1865년 북경에서 官話

1) Alexander Wilie의 《선교사 회상록》, 168쪽. Joseph Edkins, Letter to LMS, Shanghai, 12 April 1852(China Incoming Correspondence), The Council for World Mission Archives.

2) 郭延禮 著, 《中國近代飜譯文學概論》, 湖北教育出版社, 1998年, 104-105쪽.

本《天路歷程官話》를 출간하였으며, 그의 文言譯本과 官話譯本은 기독교 선교를 위해서 중국과 해외의 각 지역 교회에서 끊임없이 출간되었다.[3] 《天路歷程》은 중국어로 번역된 최초의 기독교소설일 뿐만 아니라 한국에서도 한글로 번역된 최초의 외국소설이자 최초의 기독교소설로 간주되어 왔다. 현재 숭실대 한국기독교박물관에는 6종의 한글번역본이 있으며, 《한국기독교박물관 고문헌목록》에 의거하면 1888년 간행본이 최초의 한글 번역본이라 한다. 그러나 이 譯本이 어느 기관에서 발행되었고, 어디에서 인쇄되었는지 서지사항이 저록되어 있지 않았다.[4]

《한국기독교박물관 고문헌목록》의 著錄에 의거하면, 한국에서의 두 번째 기독교소설 번역본은 마땅히 1894년 올링거가 번역한 《인가귀도》라 할 수 있다. 하지만 대한성서교회의 출판목록에는 1889년 언더우드가 한글로 번역한 《속죄지도》가 수록되어 있는데, 이 작품이 바로 두 번째 中文基督教小說로 평가되는 귀츠라프 著 《贖罪之道傳》의 번역본이다. 그런데 이 韓譯本의 현존 여부는 아직 밝혀지지 않아서, 현존하는 두 번째 한글번역본은 《인가귀도》라고 해야 한다. 이 번역본은 1911년 조선예수교서회에서 다시 간행되었고 그 후에도 지속적으로 보급되었다. 비록 최초의 中文基督教小說은 《張遠兩友相論》이지만, 한역본은 1898년 간행본이 남아 있어 초기번역본으로써 그 시기는 비교적 늦은 편이다. 만일 대한성교서회의 목록에 수록된 1892년 간행본 《쟝원량우샹론》을 찾아낸다면 한글번역의 초기 간행물로써 그 위상을 다시 확인

3) 黎子鵬, 《經典的轉生: 晚清《天路歷程》漢譯研究》, 基督教中國宗教文化研究社, 2012年, 60-64쪽.

4) 《한국기독교박물관 고문헌목록》, 40쪽 등록번호 4733의 《텬로력뎡》 서지사항 참조.

할 수 있을 것이다. 이외에도 맥켄지 저, 마펫 역의 《구세진전(求世眞傳)》이 1907년 대한성교서회에서 한글로 번역, 출판되었는데, 예수의 공생애를 중국소설의 형식으로 기술한 것으로 번역소설로 간주할 수도 있겠다.[5] 언더우드 역 《쇽죄지도》와 《쟝원량우샹론》 1892년 간행본의 現存 與否, 그리고 《구세진전 求世眞傳》을 소설작품으로 분류해야 하는 지는 진일보한 조사와 검토가 필요하겠다.

이외에 한국기독교박물관에는 티모티 리차드가 選譯한 《喩道要旨》가 소장되어 있는데 이 작품은 1894년 上海廣學會에서 주관하여 上海의 美華書館에서 간행한 文言筆記體 基督教寓言小說이다, 독일인 크루마허(Krummacher)가 지은 獨語本 *Parables*의 英譯本을 저본으로 중국에서 활동한 영국선교사 티모티 리차드가 번역한 문언필기체 기독교소설로써 단편소설 71條가 수록되어 있고, 본문 앞에는 티모티 리차드의 서문과 중문목차와 영문목차가 실려 있다. 티모티 리차드의 서문에 따르면 그는 일상생활에서 누구나 알고 행할 수 있는 참 진리를 문학작품으로 써내는 것은 가장 쉽게 영혼을 기독교로 전도할 수 있다고 생각하여, 자신이 평소에 즐겨 읽던, 90여 년 전 독일 명사 쿠르마허의 寓言故事集 201편 중에서 기독교의 진리를 쉽게 깨달을 수 있는 작품을 뽑아 중국필기소설과 비슷한 서술방식으로 번역하여 《喩道要旨》라고 이름을 붙였다. 이 번역본이 중국인들로 하여금 하나님을 믿게 하는데 一助할

5) 대한성교서회에서 1893년에 간행한 《구셰진젼》은 이 번역본의 저본일 수 있으며, 또한 귀츠라프 저 《救世眞傳》의 번역본일 수도 있다.(윌리의 《선교사기록》에 따르면 귀츠라프 저 《救世主言行全傳》은 1855년에 발간되었다.) 1893년 대한성교서회에 저록된 《구셰진젼》이 발견되어야 그 전말을 알 수 있겠다.

수 있기를 바란다고 밝히고 있다.[6] 《성경》 내용과 기독교 교리 전달을 위해 쓰여진 이 단편소설집은 전통적인 필기체소설의 양식을 취하고 있는 기독교 선교소설집이다. 짧은 작품의 경우 150여자부터 일반 작품은 300~400자에 이르는 편폭으로 모두가 단편이며, 문장이 간결하고 세련된 문언으로 쓰여졌다.

이 작품의 허구성과 소설적 수사기교는 이전의 여러 기독교소설보다 수준이 훨씬 높고, 세련된 문장표현이 많은데, 이 작품집의 번역에 참가한 중국인 조수의 뛰어난 문장력에 기인했으리라 생각된다. 티모티 리차드의 중국인 助力者로는 淸末의 유명한 학자이자 번역가인 蔡爾康이 있는데, 애석하게도 이 작품에는 筆述者로 참여한 중국인 조수의 이름이 명기되지 않았다. 한국기독교박물관에는 같은 유형의 작품으로 볼 수 있는 《安仁車》가 소장되어 있는데, 이 책은 *Illustration of Christian Truth*란 英文書를 중국에서 활동한 미국인 선교사 존 알렌이 1902년 중국문언으로 번역한 것으로[7], 《喩道要旨》와 동일하게 기독교 교리를 비유법과 소설문체로 서술한 기독교단편소설집이다.

---

6) 티모티 리차드는 다음과 같이 번역동기를 밝히고 있다. "竊維發明眞道之言, 以切於日用, 爲盡人所能知能行者最易啓發性靈。德國名士戈睦克先生著有《喩道瑣言》約二百篇, 至今垂九十餘年矣 三十年前曾有英國文人譯成英語, 余愛其命意針對眞道要旨而亦易於會悟。謹擇章法與中國筆記等書相似者, 譯成一帙, 名曰:《喩道要旨》, 以冀爲引人歸眞之一助云。"

7) 《한국기독교박물관 고문헌목록》, 36쪽 등록번호 1302의 《安仁車》 서지사항 참조.

제2절 미국 감리회선교사 플랭클린 올링거와 미국 감리회의 동아시아 선교

플랭클린 올링거는 1866년 독일계 감리회대학교인 저먼왈레스 칼리지를 졸업한 후 목사가 되었다. 피츠버그에서 목회를 하다가 1870년 中國 福建省 福州에 미국 감리회선교사로 파견되어 전도와 교육사업에 매진하였으며, 1876년 福州 英華書院을 창립하여 발전시켰고, 1876년 안식년으로 귀국하여 베르타 슈바인푸르트(Bertha Schweinfurth)와 결혼한 후 다시 중국으로 돌아가 선교사업에 종사하였다. 그런데 1887년 12월 미국 감리회 총회의 파견으로 개신교 초창기인 조선에 와서 5년 8개월 동안 성공적으로 선교사업을 개척하여 자타가 인정하는 지도자로 활동을 하였다. 1893년 갑자기 미국으로 귀국하였고, 1895년에는 다시 중국 福州로 돌아가 선교사업을 전개하였다. 한국에서는 배재학당에서 교편을 잡으면서 삼문출판사를 설립하여 개신교 최초로 한글·중국어·영어의 세 가지 언어로 각종 기독교 문서를 간행하여 개신교 문서선교의 기초를 다져 놓았다. 한국 기독교 문서연구의 권위자인 서지학자 盧孤樹선생은 올링거와 三文出版社에 대해 그의 《韓國基督敎書誌硏究》에서 다음과 같이 논평하였다.

> 초기 국내 基督敎의 宣敎事業은 전적으로 기독교 文書運動을 통해서 이루어졌다고 보아도 과언이 아닐 것이다. 그만큼 기독교 문서운동은 가장 효과적인 전도방법의 하나였을 뿐 아니라, 여기 맞서 文書出版事業도 크게 중요성을 느끼게 되었다. 이리하여 선교사들은

여러 번 회합을 가지고 출판과 文書運動方案을 토의한 끝에 토론토 傳道文書會(The Toronto Tract Society), 美國傳道文書會(The American Tract Society), 런던宗教文書會(The Religious Tract Society of London) 등 몇몇 단체에 접촉하여 출판비 원조를 신청하였던 바, 승낙을 받고 소규모의 출판사업을 시작하게 되었다. 1888년 가을에 培材學堂 일부에 인쇄소를 차려놓고 그 당시 책임자 올링거(Flanklin Ohlinger) 목사가 주관하면서 가난한 학생들에게 일자리를 주어 자주정신을 일깨워 주는 한편, 문서 출판이 시작되었고, 이것이 한국교회 출판사업으로서는 최초가 되는 三文出版社이다. 이 三文出版社에 대해 《培材史》에 다음과 같은 기록이 있다. "옛날부터 한국에 활자가 없었던 것은 아니나 일대 병화(兵火)로 인하여 전혀 없다시피 된 한국에 현대적인 활자의 주조법과 아울러 인쇄술을 부흥시켜 주었으며, 한국 인쇄문화에 박차를 가하였다.……한일수호조약이 체결된 이후에 일본에서 學術顧問을 초빙하여 1883년 博文局을 설립하였으나, 자주 일어나는 외국의 간섭과 국내의 정변으로 인하여 중폐되었다. 그후 1889년 1월 4일 중국에서 선교하고 있던 올링거박사를 불러 배재학당 안에 있는 活版所를 관리하게 하였고 英文活字와 한글활자를 주조하여 《聖書》를 인쇄하였다. 그 당시 영문활자는 배재학당 인쇄소 밖에 없었다. 이 출판사에서 간행했던 간행물로는 월보, 《교회》, 《대한그리스도인회보》, 《독립신문》, 《협성회보》, 《매일신문》 등이었다." 이 삼문출판사를 배재학당 안에 설치한 목적은 첫째는 기독교문서운동을 대대적으로 하기 위해서는 인쇄시설이 필요했을 것이고, 둘째로는 가난한 학생들에게 자립적 정신을 북돋아 주자는 데도 뜻이 있었던 듯하다. 셋째로는 한글 보급을 통해 문맹퇴치에도 효과적인 사업으로 여긴 듯하다.[8)]

8) 盧孤樹 著, 《韓國基督教書誌研究》, 藝術文化社, 1981년, 220-221쪽.

20대 후반의 아펜젤러와 언더우드가 來韓하여 선교사업의 기반이 구축되지 않았던 1880년대 후기, 한국 기독교의 초창기 선교사업을 진행하기 위해 감리회선교사 아펜젤러는 이미 중국에서 16년간 선교사업에 투신했던 올링거목사를 초빙하여 한국선교의 기초를 닦고자 하였다.

그는 1887년 12월 來韓하여 배재학당에서 교편을 잡았고, 1888년에는 배제학당에 기독교 최초의 인쇄소이자 출판사인 三文出版社(Trilingual Press)를 설립하여 한국에서 개신교 문서선교를 시작하였다. 여기서 그는 1889년 최초의 기독교 잡지인 《교회》를 발행하였고 〈주기도문〉, 〈십계명〉, 〈사도신경〉과 한국기독교 최초의 전도책자와 문서들을 발간하였으며, 《성교촬요》(1889, 아펜젤러), 《미이미교리문답》(1889, 조원시), 《라병론》(1889, 올링거)을 출판하였고, 1892년 한국 최초의 영문월간지 *The Korea Repository*를 창간 발행하였다. 그는 초기 몇 년간의 어려움을 극복하고서 1892년 1월 새로운 인쇄기를 외국에서 구입해 들여왔고 건물을 마련하여 기독교 출판사업을 본격적인 궤도에 올려놓았다.[9] 또한 올링거목사는 1891년부터 서울 정동교회(한국 최초의 감리회 교회)의 담임목사로, 한국에 처음으로 세워진 서울교구의 교구장으로 한국 감리회의 수장역할을 맡았으며, 1893년 미국으로 귀국하였다가 1895년부터 중국에서 독립선교사로 선교활동을 계속하였다.

때문에 40대의 올링거목사는 來韓하자마자 한국의 각종 선교사업을 주도하였는데 그 중에서도 개신교의 문서선교사업의 기초를 다지고 저역작업과 출판문화사업을 시작하였다.

이렇게 한국개신교 초기 선교의 중추적인 역할을 담당하던 그가 갑

9) 본서 제2부 제2장 234-235쪽 참조.

자기 1893년에 미국으로 돌아간 것은 매우 이해가 되지 않는 일이며, 게다가 1895년에는 다시 중국 福州로 돌아갔으니, 그 전말에 어떤 사유가 있었는지 관심 있는 사람들의 궁금증을 불러일으키기에 충분하였다. 올링거목사가 來韓하기 전의 사적과 離韓한 뒤 다시 중국으로 돌아가게 된 경위는 한국 改新教史에서 논의되지 못했던 미스터리 중의 하나였는데, 그가 갑자기 離韓한 후 중국으로 돌아간 것은 어떤 연유에서 비롯된 것이며, 중국에서의 선교사업은 어떻게 전개되었기에 그가 한국으로 오게 되었는지 그 경위와 동아시아의 기독교 선교환경에 대해 고찰해 보고자 한다. 이것은 한국 개신교와 중국 개신교의 근대 선교시기에 상당히 밀접한 연관관계가 있었음에도 불구하고 지금까지 전혀 연구되지 않았던 부분이다. 중국과 한국의 감리교 宣教史에 큰 족적을 남겼던 플랭클린 올링거라는 미국선교사의 문서선교사업을 통해 1870년대부터 1890년대까지의 미국 감리교 선교사의 〈연례보고서〉를 비롯한 개신교 선교자료와 清末 福州지역 기독교사 연구자료를 중심으로 연구해 보았다.[10)]

앞에서 언급된 "미이미활판소"와 《미이미교리문답》의 "미이미"는 개신교 초기의 문서선교에서 상당히 보편적으로 사용되던 용어인데, 이는 중국어 어휘 "美以美"를 한글 讀音으로 표기한 것이다. 이 어휘는 미국의 감리교선교사들이 중국에서 자신들의 선교회를 지칭하던 "美以美會"에서 나온 말로, 중국 福建省에 가장 먼저 온 미국의 감리교선교사

10) 졸저, 〈19세기 후기 플랭클린 올링거목사와 미국 감리교선교회의 中韓文書宣教事業 연구〉, 《中國學研究》 제54집, 중국학연구회, 2010년 12월, 41-50쪽.

들이 영어 "Methodist Episcopal Mission"의 첫 글자인 "M. E. M."를 중국어 諧音으로 표기한 "美以美"를 중국 감리교선교회의 명칭으로 삼은 데에서 유래한 것이다. 중국어로 번역할 때 실제로 '엠이엠'이 아니라 "메이이메이"로 音譯한 것은 '美國'의 약칭인 '美'의 중국어 발음인 '메이'를 사용했기 때문에 이런 명칭이 생겨난 것이다. 그런데 이 "美以美"는 한국 개신교의 기독교문서와 출판문화 분야에서는 상당히 많이 사용되던 용어였으니, 앞에서 인용된 "미이미활판소"와 《미이미교리문답》은 각각 "감리회활판소"와 《감리교 교리문답》으로 표기되면 쉽게 이해될 것이다. 이 "美以美"선교회는 개신교 웨슬리 감리회에 속하며 미국 북감리교(Methodist Episcopal Mission, North)의 해외선교회를 지칭한다. 1819년 4월 5일 뉴욕에서 창립되었으며, 1847년 모세스 화이트 부부(Moses C. White & Jane Isabel White)와 콜린(Judson Dwight Collins)을 중국 동남부 福建省에 파견하여 선교한 것이 동아시아 선교사업의 시작이 되었다. 1949년 이전까지 중국 福建省은 줄곧 이 선교회의 핵심 선교지역이었다.

플랭클린 올링거는 중국명이 武林吉이며 호는 迪庵인데, 독일계 미국인으로 1870년 중국 福州에 선교사로 파송되어 플럼브(중국명 李承恩)와 함께 복건지역에서 선교활동을 시작하였다. 1872년 福音書院과 培元書院을 창립하였으며, 1874년 福州에서 교회신문 《郇山使者》를 창간하였다. 1877년 올링거가 미국 감리교총회에 발의하여 福州年會가 정식으로 성립되었으며, 그는 중국 福建지역의 대표적인 선교사로 목회, 언론, 교육, 출판문화 및 실업선교사업에 걸쳐 왕성한 선교사업을 전개하였다.

제3절 올링거목사의 기독교 문서의 번역 특징과 그 영향

제2부 제2장에서는 올링거목사가 한국에 내한하여 전개한 문서선교 사업 중에서 한국번역문학사에서 근대 최초의 한글번역소설로 평가되는《인가귀도》가 번역작품으로써 어떤 번역특징과 시대적 특성을 가지고 있는지 살펴보았다. 이를 위해 이전에 분석한 적이 있는 官話本《引家歸道》와 韓譯本《인가귀도》의 대조작업 뿐만 아니라 최근 필자가 발굴한 그리휘트 존목사가 처음 저술한 문언본《引家當道》의 한국 소장본을 입수하여, 세 가지 다른 언어로 기술된 3종 판본의 저술과 번역상태를 비교 분석해 보았다. 1890년대 초기는 한글 표기가 본격적으로 시작되었는데, 특히 개신교의 문서출판사업은 결정적인 영향력을 발휘하였다. 미국 개신교선교사들은 기독교문서와《성경》을 중심으로 대량의 한글번역사업을 진행되었는데, 대략 1890년 초부터 앞에서 거론한 올링거목사가 창립한 삼문인쇄소와 朝鮮聖教書會를 중심으로 본격적인 활동을 시작하였다. 그 중에 현존하는 자료가 다수 있지만 한글번역본과 원본을 모두 입수하여 연구할 수 있는 텍스트는 극히 제한되어 있는데, 필자는 현재 숭실대 한국기독교박물관에 소장된 1880년 中國 福州美華書局 刊 中文本《依經問答喻解》와 이를 한글로 번역한 올링거 역 1893년 刊《의경문답》을 비교 분석하여 올링거의 한글 번역작업이 어떤 형태로 진행되었는지, 그 번역수준과 번역특성 및 번역책략을 검토해 보았다.

첫 번째,《依經問答喻解》에서는 독자대상을 분명히 명시하고 있다.

이 책은 〈凡例〉 제1조에서 讀者對象을 기독교에 대해 잘 모르는 "초학자"로 명시하고 있으며 초학자가 알기 쉽고 이해하기 편리하도록 달리 고증 조사할 필요 없는 평이하고 간결한 문답체로 기술하였다고 문체와 독자층을 분명히 밝히고 있다.

두 번째, 《의경문답》에는 비록 〈凡例〉가 번역되어있지 않았지만, 올링거목사는 《의경문답》을 〈凡例〉의 체례와 기술방식에 철저하게 의거하여 기술하였다. 그리고 《인가귀도》를 한글로 번역할 때에도, 《의경문답》의 기술방식에 따라 표기하였다. 우선, 〈인가귀도서〉부터 작품 전체에 나오는 인명, 지명 등의 고유명사에 줄을 하나 그어 표기하였으니, 예를 들면 양격비, 즁국, 리션싱(이상 1면), 하시(4면), 보살(16면), 요랑(21면), 대벽왕(36면), 쟝의, 류쟝싱, 문태ᄉᆞ, 관공, 죠공명(이상 39면), 오뎨, 옥뎨, 원텬, ᄌᆞ미(이상 40면), 아미리가, 아셰아, 태셔((이상 50면), 셔양(55면) 등의 국명, 인명, 호칭이다.

세 번째, 올링거의 한역본에는 앞의 두 판본에 없는 역자의 주가 괄호 안에 기술되어 있는데, 특별한 어휘가 나오면 역주를 달아 설명을 하였는데, 모두 2개의 어휘에 작은 글씨체 2행으로 배열한 역주를 달았으니, 바로 제6장의 "요랑"과 "금련"은 괄호를 사용하여 역주를 기술한 경우이다. 이는 중문본 《引家當道》와 《引家歸道》에는 없는 것을 역자 올링거가 한역본에서 첨가한 것으로 《의경문답》의 〈喻解〉 중에 나오는 "보험사"와 "살단" 등의 역주 처리방식과 동일하다. 다만 《인가귀도》에서는 괄호를 사용한 것이 《의경문답》과는 다르다.

네 번째, 《인가귀도》에서는 '猶太國'을 '유태국'으로, '歐羅巴'는 '구라파'로, '亞美利加'는 '아미리가'로 번역하였는데, 이는 중국어 어휘를 한자의 한글 讀音으로 표기하여, 원래 중국어의 音價가 반영되지 않은 한국식 독음 표기법이다. 이러한 중국어 어휘의 한글 독음 표기방식은 다른 전적의 한글 번역본에도 그대로 사용되었고, 《의경문답》에서도 같은 방식으로 표기되었으니, 예를 들면 "일이만(日耳曼, 게르만, 1면), 살단(撒旦, 사탄, 1면), 이ᄉᆡᆨ렬(以色列, 이스라엘, 48, 56면), 요슬(約瑟, 요셉, 63, 72면), 졔마틔(提摩太, 디모데, 63면), 압ᄉᆞ룡(押沙龍, 압살롬, 63면), 아력산대(亞力山大, 알렉산더, 74면), 라마국(羅馬國, 로마국, 74면), 살마리아(撒馬利亞, 사마리아, 76면), ᄇᆡᆨ리ᄒᆼ(伯利恒, 베들레햄, 84면)), 야로살링(耶路撒冷, 예루살렘, 95면) 등과 같이 인명, 지명, 국명 등의 하단에 밑줄을 표기하여 고유명사를 구분하였고, 한자의 한글독음으로 표기하였다. 때문에 이런 고유명사는 비록 한글로 쓰여졌지만 해독이 어렵고, 《依經問答喻解》의 중국어 원문과의 대조를 통해서만이 겨우 그 한자의 표기와 의미를 알 수 있다.

한역본《인가귀도》제16장에서는 삼위일체의 하나님에 대한 호칭과《성경》의 "인용문" 표기를 비롯한 한역본의 몇 가지 중요한 번역 특성을 살펴볼 수 있다.

먼저 하나님에 대한 호칭이 명확하게 기술되어 있다. 《引家當道》에서 하나님의 호칭으로 사용했던 "眞神"을 官話本에서는 모두 "上帝"로 바꾸었으며, 올링거의 한역본에서도 이를 따라서 "上帝"의 한글음인 "샹뎨"로 표기하였다. 호칭의 문제는 대체로 이렇게 官話本과 한역본에서 "上帝"와 이의 한자음인 "샹뎨"로 통일 표기되었지만,《引家當道》에서는 대부분 "眞神"이라 하였고 아직 "上帝"란 호칭을 사용하지 않았다. 호칭 문제는 중국어《성경》의 번역문제에 있어서 대단히 첨예한 의

견 대립이 있었던 부분으로 《성경》의 中譯作業에 진통을 겪었던 19세기 중반 중국의 성경번역활동 상황이 그대로 반영되어 있다. 그리휘트는 당시 중국의 대표적인 성경번역자로써 그가 번역한 성경이 널리 통용되고 있었고, 그가 사용한 하나님에 대한 호칭이 《引家當道》와 《引家歸道》에 그대로 반영되어 있다.

1892년에 번역 출간된 아펜젤러 역 《마태복음》의 앞 부분에는 하ᄂᆞ님·춤신·신·샹뎨 등이 섞여 번역되다가 제22장부터는 "샹뎨"로 표기되었는데, 한역본 《인가귀도》에서는 全書가 모두 "샹뎨"로 표기되었다. 이는 올링거가 官話本 《引家歸道》의 표기법을 따랐으며, 한국에서 처음 번역된 아펜젤러 역 《마태복음》 역시 올링거의 표기법을 따라 하나님을 "샹뎨"로 표기한 것이다. 이는 올링거를 통해 그리휘트 존의 성경번역 표기법이 한국에서 통용된 사례라고 할 수 있겠다.

두 번째, 韓譯本에서는 《引家歸道》의 "神(하나님)"을 "신"으로, "耶穌"는 "예수쓰"로, "基督"은 "크리스도쓰"로, "聖神"은 "셩신"으로 번역되었다. 그런데, 이는 다른 인명표기와는 달리 "야소"나 "기독"이라고 한글 독음으로 표기하지 않고, 라틴어의 음역인 "예수쓰"와 "크리스도쓰"로 표기하여 중국식 표기를 따르지 않고 라틴어의 발음대로 표기하였다. 세 번째, "大闢", "保羅"와 같은 외국인명을 모두 한자음으로 번역하였다. 이는 위에서 살펴본 《의경문답》의 인명, 지명, 지역명의 표기법과 같은 방식으로 번역되었다. 그리고 《성경》의 편명도 모두 같은 방식으로 표기하였으니, 예를 들면 "나마(羅馬)·가림다전서(哥林多前書)·비립비(腓立比)·희백래(希伯來)·피득(彼得)"과 같이 서명에 나타난 漢字를 한글음으로 그대로 표기하였다.

한역본의 번역문은 올링거목사가 창립발기하고 출판사업을 주관했던 "조선성교서회"에서 1890년대 초기에 간행된 기독교문서의 한글 표기법과 대동소이하다. 그는 《의경문답》과 《인가귀도》에서 기독교문서의 번역에 필요한 하나님의 호칭문제, 외래어의 번역방식과 표기법을 일관된 방식으로 통일하여 기술하였는데, 《의경문답》은 바로 《依經問答喻解》〈凡例〉의 체례대로 번역되었고, 《인가귀도》는 1893년에 간행된 《의경문답》의 번역방식에 따라 기술되었다.

《인가귀도》는 비록 官話本 《引家歸道》의 서명을 따랐지만, 번역은 官話本과 더불어 文言本 《引家當道》의 문장을 저본으로 번역한 부분이 적지 않은데, 일부분은 官話本을, 일부는 文言本《引家當道》를 저본으로 직역에 가까운 번역을 하였다. 한글번역에 있어 역자의 의도적인 변형이나 주관이 개입된 부분이 거의 없었고, 일부 원본의 독해가 미비하거나, 한국독자를 고려하여 실정에 맞도록 改譯을 했거나 의역한 부분이 보이기는 하지만 대체로 원문에 충실하게 번역되었다. 또한 번역문의 분석을 통해 올링거의 中文실력은 白話文보다는 文言文을 해독하는데 더 익숙하다는 것을 알 수 있으며, 올링거를 도와준 한국인 助士의 중국어 官話 수준은 그다지 높지 않고 올링거와 한국인 조사 모두 문언문에 더 능통하였다. 때문에 官話本의 서술이 더 상세하고 서술성이 높지만, 상당부분은 문언본 《引家當道》를 저본으로 축자번역에 가까운 직역을 하였고, 한글 번역문의 수준은 상당히 뛰어난 편이다.[11)]

또한 이들 한역본은 역자 올링거의 선교지역과 밀접한 관계를 가지

11) 이상 올링거목사의 기독교문서의 번역특징은 제2부 제2장 271-279쪽의 관련 내용을 축약·보충하여 작성하였다.

고 있으니, 올링거목사가 번역한 《의경문답》은 1880년 福州美華書局에서 간행된 《依經問答喻解》를 번역한 것이다. 올링거목사는 1870년부터 福建省 福州에서 선교사로 활동하였는데, 올링거목사는 1870년부터 미국 북감리회의 선교지인 중국 福州에 파송되어 16년 동안 선교활동을 하면서 신학교를 창립하고 복건지역 최초의 漢文신문인 《郇山使者 *Zion's Herald*》를 발간하였으며 福州의 中西學院을 창립하여 교장을 역임하는 등 교육·언론·목회사업에서 왕성한 선교활동을 전개하였다.12) 그는 당시 중국에서 간행된 기독교문서에 대해 잘 알고 있었기에 福州에서 간행된 《依經問答喻解》를 가져다가 한글로 번역하여 한국의 초신자들에게 기독교를 이해시키고자 하였다. 때문에 중국에서 이미 80여 년 간 진행된 서양선교사의 선교경험은 그에게 중요한 지침이 되었을 것이다. 그는 삼문출판사와 조선성서공회를 창립하고 주관하면서, 중국에서 성공적으로 업적을 쌓았던 그리휘트 존목사의 문서선교사업에 주목하였다. 그리휘트는 목회사업 이외에도 교육 출판 의료 등 다양한 선교사업을 전개하였는데, 그가 설립한 中國基督教聖教書會에서는 1876년부터 25년 동안 약 1,600만권의 책자를 발간 배포하였고, 1884년 한 해 동안에만 그는 31종의 기독교문서를 저술 출간하였다고 하며, 그의 《眞道入門問答》과 《引家當道》, 《引家歸道》는 가장 널리 유통된 전적이기도 하였다.13) 올링거목사가 그리휘트목사의 중문기독교소설을 韓譯하게 된 것은 결코 우연이 아니며, 그의 한역본에서는 "하나님"에 대한 호칭문

12) 林顯芳, 《福州美以美會年會史》, 中國 福州: 美以美會書局, 1936년, 85-102쪽.
13) William Robson, *Griffith John*, London S.W. Partridge & Co. Old Bailey, 1900, 118-119 166p.

제로 두 번역본이 나온《委辦譯本 聖經》중에서 그리휘트 존목사는《麥都思譯本》에서 사용한 "上帝"와 "聖神"을 그대로 따라서 번역하였는데[14], 영국과 미국 측의 두 가지 다른 역본 중에서 미국선교사인 올링거목사가 영국성서공회 출판《麥都思譯本》의 호칭을 사용한 것으로, 그리휘트에 대한 올링거목사의 강력한 신뢰를 표명한 것이라 하겠다. 이는 당시 시작단계에 있던 한글성경번역에 그대로 영향을 미쳤으니, 1892년 전후에 번역된《의경문답》과《인가귀도》의 한글 번역은 한글의 표기법 정립과 한글성경번역에 중요한 지침을 주었다. 올링거목사는《인가귀도》와《의경문답》의 원작자와 마찬가지로 村夫나 俗子, 아녀자나 어린아이들을 막론하고 누구나 쉽게 읽을 수 있는 문장으로 번역하기를 희망하였다. 이 때문에 두 저작은 전부 한글만으로 번역되어 일반백성과 아녀자들까지도 읽을 수 있게 되었고, 수많은 외래어와 외국문화를 표기하기 위해 표음문자인 한글의 표기방식이 변화하기 시작하였다. 특히《의경문답》과《진도입문문답》과 같은 문답체 교리서의 문체는

14) 중국에서 활동하는 각 선교회 대표들로 구성된 위원회에서 성경번역을 주관 진행한 역본을 委辦譯本이라 하는데, 이 위원회는 1843년 홍콩에서 시작하였다. 1847년 침례회 대표가 그리스어 "Baptizo"의 번역문제로 위원회를 탈퇴하였고, 위원회의 위원들은 "God"의 번역문제로 장기간 격론을 벌이다 최종적으로 매드허스트(Walter Henry Medhurst 중국명 麥都思)와 귀츠라프의 주장을 따라 "上帝"와 "聖神"으로 번역하기로 결정하였다. 1850년 구약의 번역문제로 브리드그맨(Elijah Coleman Bridgman 중국명 裨治文)이 탈퇴하여 그의 주장인 "神"과 "聖靈"을 사용하는, 성경 원의에 충실한《裨治文譯本》을 미국성서공회에서 출판하였고, 委辦위원회에서는 유창한 중문으로 쓰여진《麥都思譯本》을 영국성서공회에서 간행하였다. 그리휘트는 그의 역본과《引家歸道》에서《麥都思譯本》의 호칭을 사용하였다. 海恩波 著·蔡錦圖 譯,《道在神州─聖經在中國的翻譯與流傳》, 82-87쪽.

《인가귀도》와 《장원양우상론》과 같은 韓譯基督教小說에서 작품의 주요 문체로 상용되어 문학작품의 서술방식에 직접적인 영향력을 발휘하였다. 문체와 언어개혁은 19세기 후반 기독교선교사들의 문서선교활동을 통해 대단히 광범위하고 지속적으로 진행되었다. 중문기독교소설 《引家當道》와 《引家歸道》 그리고 한역본 《인가귀도》의 언어전환과 출판 유통은 淺文理에서 官話, 이들 언어에서 한국어로의 번역관계에서 분명히 판별해낼 수 있었다. 그리휘트 존이 그의 淺文理譯本을 官話譯本으로 번역하여 간행한 시기는 바로 《引家當道》를 周明卿이 官話本 《引家歸道》로 번역하여 출판한 1889년이며, 이 시기에 올링거목사는 한국에서 기독교 문서선교사업을 시작하면서 이미 중국에서 간행된 대량의 기독교문서를 한글로 번역하는 작업을 주도하였다. 그가 三文出版社와 조선성서공회에서 발간한 중국어에서 한국어로 번역된 여러 종류의 기독교문서는 이렇게 출간된 것이고, 이 시기 서양선교사들의 韓譯書들은 초창기 한국기독교의 선교사역에서 가장 필요했던 초신자의 입문용 교리서가 주종을 이루었다.

제4절 올링거목사의 문서선교와 한국인 최초의 기독교문서 노병선 著 《파혹진션론》

盧孤樹선생이 《韓國基督教書誌研究》에서 언급한 三文出版社의 설립 목적 가운데 하나가 가난한 학생들에게 인쇄소에서 작업을 시키고 학비를 벌기 위한 것이라고 하였는데, 이런 언급은 스크랜튼이 그의 〈감리교약사〉에서도 언급한 적이 있다. 바로 三文出版社는 1894년 배재학당에 재학했던 104명 학생들이 학비를 버는 곳이기도 하였다. 올링거는 조선에서 개신교 최초의 출판사를 운영하면서 열악한 환경을 개선하기 위해서 1892년에 새로운 인쇄기를 구입하였고, 출판사 건물도 35,530달러를 들여 새로 확장 건축하였으며, 1892년 〈연례보고서〉에 따르면 한글과 한문이 3,000부에 654,000면, 영어가 150종류에 3,800면 월간잡지 7종에 94,560면 등 총1,130,860면을 인쇄 발행하여 전년도에 비해 획기적인 발전을 이루었다고 하며, 출판사의 식자와 조판은 대부분 배재학당의 고학하는 학생들이 작업을 진행하였다고 한다.[15)]

또한 올링거는 초기 한국기독교인들에게 기독교신앙과 선교사업에 참여할 수 있는 기회를 제공하였다. 바로 미국선교사의 조사로 전도여행에 동참하였고 미국선교사에 대해 저술을 발표한 노병선의 글에서 올링거의 행적을 찾아볼 수 있다. 노병선은 그가 저술한 《聖人賀樂傳 *The Story of Saint Harak*》에서 자신은 1893년 올링거목사의 권면과 천거를 받아 의료선교사 윌리엄 홀(Dr. W. J. Hall)과 함께 평양에 가서 7개월 동안 거주하였는데 홀선교사와의 평양생활을 통해서 기독교를 확실히 믿게 되었다고 고백하였다.[16)] 그는 배재학당의 졸업생이자 정동교회의 권사로서 당시 올링거목사의 목회활동과 문서선교사업에 대해 숙지하고 있었다. 《聖人賀樂傳》에서 밝힌 것처럼 올링거목사의 권면과 천거를 받을 정도로 친숙하였는데, 노병선은 한국인 최초의 기독교 신

15) 盧宗海 저, 《韓國監理教史의 새視覺》, 211 · 327쪽 참조.
16) 《닥터 홀의 조선회상》, 103-104쪽.

앙고백서인 《파혹진션론》을 저술하여 기독교를 선교하고자 하였다.

《파혹진션론 破惑進善論》은 1897년 노병선이 지은 한국인 최초의 기독교 신앙소개서인데[17], "대한성교셔회"에서 발행되었으며 약 5,000자 정도의 소책자인데 한글로 기록되어 있다. 먼저 《파혹진션론》의 내용을 살펴보면 첫째, 노병선은 당시 한국사회에 만연되어 있는 자신의 것만 옳고 외국 것은 무조건 그르다고 하는 폐쇄적인 사고방식을 비판하면서 '富國强兵'하고 '國泰民安'하는 길은 사람에게 유익하면 무엇이든 간에 받아들여야 한다고 논하고 있다. 그는 기독교가 사람에게 유익하기에 모르는 사람들을 깨닫게 하려고 이 책을 저술하게 되었다고 저술동기를 설명하고 있다.[18]

또한 기독교인들이 지켜야할 도리를 밝히고 있는데, 금해야 할 일과

17) 1901년 2월까지 발행된 기독교 서적을 보면 大韓聖教書會에서 발행한 책이 18종이 있고, 감리교성교서회에서 발행한 서적이 15종이다. 그 중에서 《파혹진션론》을 제외한 모든 간행물이 서양선교사의 저역서이다. 이 책의 표지에는 《파혹진션론》이란 제목과 "구셰쥬강ᄉᆡᆼ일쳔팔ᄇᆡᆨ구십칠년(구세주강생 1897년)"이란 발행연대 및 "대한광무원년뎡유(大韓 光武 元年 丁酉)"라는 연호가 표기되어 있으며, 영문제목은 *Introduction to Christianity*이다. 《그리스도신문》 5권 7호, 1901년 2월 14일, 50-51쪽. 《韓國監理教史의 새視覺》, 273쪽에서 인용.

18) "몇 ᄇᆡᆨ년 직혀 나려오던 법과 규모라도 사ᄅᆞᆷ의게 유조치아니면 헌 신짝 ᄇᆞ리듯 ᄇᆞ리고 암만 외국 법이라도 사ᄅᆞᆷ의게 유조ᄒᆞ면 그혀히 모본ᄒᆞ야 쓰니 이거시 엇지 나라이 부ᄒᆞ고 ᄇᆡᆨ셩이 평안ᄒᆞᆯ 쟝본이 아니뇨.……되려 나라이 잘되고 못되기와 사ᄅᆞᆷ을 화ᄒᆞ고 못화ᄒᆞ기ᄂᆞᆫ 그 나라종교에 달녓거늘……오늘날 우리 나라에 드러온 예수교가 사ᄅᆞᆷ의게 유조ᄒᆞᆫ지 나라의 해가 되ᄂᆞᆫ지 리허를 아ᄂᆞᆫ ᄃᆡ로 대강 말ᄒᆞ야 모로ᄂᆞᆫ 사ᄅᆞᆷ의게 의혹케 ᄒᆞ노라" 노병선, 《파혹진션론》, 朝鮮聖教書會, 韓國基督教歷史博物館 소장본, 1897년, 2-3면.

종신토록 해야 할 일로 나누어 설명하고 있다. 먼저 금해야 할 일은 하나님이 미워하고 예수님이 금하신 일로 살인, 간음, 절도, 망령된 증거, 탐심, 거짓말, 시기이다. 또한 우상과 미신을 타파하고 성적인 타락과 도박과 노름을 금해야 한다고 주장하였다. 《덕혜입문》 제16장에서는 기독교를 믿는 신자가 반드시 지켜야할 규례와 행해서는 안 될 일을 조목조목 열거하며 그 이유를 설명하고 있다. 반드시 지켜야할 일은 모두 세 가지로 《성경》을 읽는 일과 기도하는 일 그리고 예배드리는 일이다. 그리고 해서는 안 될 일을 열거하였다.[19] 기독교인들은 조상 숭배와 미신을 믿는 것, 택일하고 사주팔자를 보고 점치는 일, 부적 쓰는 일, 破字하는 것, 관상 보기와 풍수 보는 것은 절대로 해서는 안 된다고 하면서 금하는 이유를 문답체로 설명하고 있다.

《덕혜입문》의 이런 이분법적인 분류방식을 노병선은 《파혹진션론》에서 "금해야 할 일"과 "종신토록 해야 할 일"의 두 가지로 나누어 열거하고 있는데, 바로 《인가귀도》와 《덕혜입문》에서 각기 다른 기술형식으로 서술하고 있는 내용이다. 노병선의 《파혹진션론》은 논리적인 전개방식과 기술 내용에 있어 그리휘트목사가 1879년에 지은 〈德惠入門序文〉과 매우 유사하다는 사실을 발견할 수 있다. 서양선교사가 입국하여 각종 선교사업을 벌여 백성을 구제하고 교육과 출판사업을 통해 국민을

19) "조샹의 졔ᄉᆞ와 죽은 시톄의게 졀ᄒᆞ난 것과 령위라 ᄒᆞᄂᆞᆫᄃᆡ 졀ᄒᆞᄂᆞᆫ 것과 죠희 돈을 불사로ᄂᆞᆫ 것과 틱일하ᄂᆞᆫ 것과 부셔쓰ᄂᆞᆫ 것과 ᄃᆡ를 잡ᄂᆞᆫ 것과 ᄉᆞ쥬보난 것과 파ᄌᆞ하ᄂᆞᆫ 것과 졈치난 것과 관상보ᄂᆞᆫ 것과 풍슈뵈이난 거슨 다 허망ᄒᆞᆫ 일이라. 밋난 쟈는 결단코 힝치 못ᄒᆞᆯ지라." 존 그리휘트 저·언더우드(元杜尤) 역, 《덕혜입문》, 조선예수교서회, 숭실대 韓國基督教博物館 소장본, 1915년, 94쪽.

계몽하는 것에 대해 의구심을 갖는 것이나 이들에 대한 자국민의 판단을 평가하는 기준을 제시하는 논리적 전개방식은 노병선이 그리휘트목사의 논조를 적절히 변형하였지만 상당히 유사한 형태라고 할 수 있다.

게다가 《덕혜입문》의 이분법적인 분류방식으로 기독교인이 지켜야할 사항을 소개하는 대목에서는 바로 《인가귀도》에서 기독교인이 해서는 안 된다고 강조했던 각종 우상숭배와 조상의 제사에 대한 금지사항을 열거하면서 조상에 대한 제사와 각종 우상숭배 및 미신 타파에 대한 기독교의 견해를 그대로 반영하고 있다. 노병선이 해서는 안되는 일로 거론한 도박과 잡기에 빠지는 일과 외도하고 後娶하는 성적인 타락, 남존여비사상에 대한 비판은 바로 《인가귀도》에서 집중적으로 묘사하였다. 이는 주인공 李先生의 전후 행실을 통해서 강조된 사안이자 1893년 올링거목사가 정동교회에서 절제위원회를 조직하여 한국교회에서 실천할 것을 주장한 조목이기도 하다.

노병선은 1871년 평북 철산에서 출생하여 신학문에 뜻을 두고 서울로 상경하여 선교사들을 통해 배재학당에 입학하여 선교사들을 도우면서 공부하였다. 이승만, 주시경, 신흥우 등과 함께 1897년 배재학당의 제1회 명예졸업생이었으며, 배재학당에서 영어를 가르쳤고 선교사들과 함께 활동하였다. 배재학당 시절 協成會 창립회원으로 부회장에 선출되어 '忠君愛國, 自主獨立思想'을 고취시키는 활동에 적극 참여하였다. 그는 또한 1897년 5월 5일에 창립된 한국기독교 최초의 청년회인 엡윗청년회장이었으며 정동교회와 동대문교회의 전도사였다. 그는 1903년부터 스크랜튼(W. B. Scranton)박사의 조사(Helper)로서 한국 남지방(충청지역) 순행 전도인으로 활동하면서 전도사업에 주력하였다. 1905년

을사보호조약 이후로 애국계몽운동과 교육활동에 매진하여 尙洞青年學院과 攻玉學校 교사로 활동하였으며 1920년대에는 光成學校 교사로 봉직하였다.[20]

노병선은 초기 한국교회의 대표적인 기독교인인데, 1893년 윌리엄 홀의 한국인 선생이자 통역으로 평양에 동행하면서 초창기 선교가 허용되지 않았던 평양에서 직접 박해를 받으면서 미국 의료선교사 홀의 선교사업을 목도하게 되었고, 그의 신앙에 감복되어 홀이 병사하자 전기를 집필하여 추모한 바 있다. 그가 윌리엄 홀을 알게 된 것은 올링거목사의 추천에 의한 것이었다. 올링거는 자신이 가르치던 배재학당에서 인재를 소개하여 한국기독교계의 지도자로 성장하게 하였으니, 그의 출판사에서 고학했던 학생들이 올링거가 한국에 소개하여 번역된 초창기 기독교문서들을 섭렵하였고 노병선은 《파혹진션론》에서 그리휘트목사의 저술을 차용하여 한국인 최초의 신앙고백서를 저술하였던 것이다. 올링거는 한국에서 문서선교활동을 시작하면서 湖北省 漢口에서 중국 전역으로 출판 인쇄사업을 확장시킨 그리휘트목사의 中國聖教書局의 문서선교사업을 모델로 삼았던 것이다. 그는 그리휘트목사의 저술을 번역한 것 이외에도 초창기 駐韓 미국선교사들에게 그리휘트의 저술을 소개해주어 많은 한글번역본이 간행되었다. 때문에 당시에 출간된 韓譯本 목록을 통해 올링거목사가 지향한 문서선교사업의 방향을 살펴볼 수 있다. 노병선이 저술한 한국인 최초의 신앙고백서가 그리휘트의 《덕혜입문》과 유사한 것은 배재학당에서 올링거목사에게 교육받고 정동교회에서 신앙생활을 했던 노병선에게는 어쩌면 당연한 일인지도 모른다.

20) 《韓國監理教史의 새視覺》, 274-276쪽.

올링거목사는 1891년 정동교회를 담임하면서 낸 첫 번째 〈연례보고서〉에서 한국교인들과 지도자들이 쉽게 유혹에 빠지고 타락하는 일을 지적하였는데, 바로 간음과 도박과 음주와 절도의 문제이다. 이러한 부정적인 행위들 때문에 교회에서 많은 재정을 투입하여 선교를 해도 큰 효과를 거둘 수가 없으며, 교인들의 조상숭배와 일부다처에 대해서 침묵하고 있는 교회의 태도에도 문제가 있다고 질책하였다. 교회의 역할은 계층 간의 갈등을 해소하고 선교사들과 한국교인들이 함께 협력하도록 해야 하며, 적극적으로 권장해야 할 일로 한국의 회심자들이 재정적 지원을 받지 않고도 자급하며 전도하는 일과 특히 자신의 가족을 먼저 전도하는 일이라고 강조하였다. 올링거는 목회자적 관점에서 선교연례회에 다음과 같은 문제를 제기하고 해결책 마련을 촉구하였다. 첫 번째는 "引家歸道"요, 두 번째는 이교주의의 모든 형태인 조상숭배, 미신, 일부다처, 흡연, 暴酒를 근절시키는 것이다. 올링거의 이러한 제의가 받아들여져서 절제위원회(The Committee on Temperance)가 조직되었고 1893년 감리교 연례회에서 한국기독교 최초로 절제위원회 보고를 하여 한국감리교회의 신앙생활 규칙으로 채택되었다. 이 보고서는 당시 한국인들의 음주 습관은 개인과 가정, 사회, 국가에 큰 재난을 초래하여 한국 사회를 강하게 잠식하고 있음을 직시하고 감리교회의 신앙생활은 이러한 폐습을 엄격히 배격해야 한다고 주장하였다. 그리고 이 문제를 올바르게 지도하기 위해 네 가지 사항을 결의하여 집행하였다.[21] 그는 1893년 한국을 떠났지만 당시 한국교회의 문제점을 직시하여 신앙과 생활의

21) 노종해 저, 〈출판문화의 선구자 올링거〉, 《한국감리교회를 세운 사람들》, 한국감리교사학회, 풍만, 1988년, 150-152쪽.

악습을 개선시키고 가정과 사회를 발전시키는 방안을 제시하여 한국교회가 자립하고 발전할 수 있는 기반을 닦아놓았다. 감리교회의 절제운동은 전 교회로 파급되었으며, 20세기 한국사회의 현대화를 이루는 과정에서 사회 전체의 악습타파 운동의 일환으로 크게 확산되었다.

올링거목사는 1889년부터 삼문출판사의 운영을 맡아 1892년 1월 한국 최초의 영문월간지 *The Korea Repository*를 창간하여 출판부수를 확보하였고, 이를 간행하기 위해 인쇄기를 구입하고 새 건물을 마련하여 출판환경을 조성하였다. 이는 바로 감리교에서 진행하는 실업선교사업의 대표적인 케이스인데, 이런 선교사업을 통해 한국인과 한국학생들에게 일자리를 제공하여 경제적인 도움을 주었던 것이다.[22] 올링거의 출판문서사업은 바로 브루스터가 福建 興化지구에서 진행한 실업선교사업과 맥락을 같이 하는 것으로 경제 문화여건이 낙후된 당시의 중국과 한국에서 현지인들에게 실질적인 경제적 혜택을 주어 기독교를 손쉽게 전파시키고자 하는 선교방식이다. 하지만 플럼브목사 일파와 같이 순복음주의를 강조하는 선교사들과의 장기간에 걸친 충돌은 福建지역 미국감리교선교회의 내부 단결을 약화시켰고 실업선교사업의 대대적인 확장을 방해하는 저해요인이 되었다. 하지만 그는 브루스터를 도와 興化교구를 연회로 승격시켰으며, 브루스터가 추진하는 각종 실업선교사업을 측면에서 적극적으로 지원해주었다. 그는 또한 중국의 문서선교를 위해서 기독교 관련 전적의 저역술작업을 계속적으로 진행하였다. 그에

22) 스크랜튼은 이 당시 배재학당 학생들이 모두 학비를 스스로 벌어서 충당하였는데, 학교건물을 관리하는 일, 삼문출판사에서 일하는 것, 그리고 글을 쓰거나 가정교사를 하는 일의 세 가지 일을 하였다고 한다. 〈1894년 감리교 약사〉, 《韓國監理敎史의 새視覺》, 327-328쪽 참조.

대한 傳記나 評傳이 나오지는 않았지만 1917년 크레이튼(雷振華)이 편찬한 《基督聖教各書出版書目彙纂》의 著錄에 의거하면 올링거목사는 1891년부터 1916년까지 무려 25년 동안 중국에서 5종 8권의 著譯書를 집필하였다.[23] 그는 1896년 중국 福建에 돌아가 여전히 문서출판사업에 참여하였으니, 크레이튼의 書目 이외에도 1908년 上海 美華書局에서 간행한 《牧師之法》이란 기독교 서적이 한국기독교박물관에 소장되어 있는 것으로 미루어보아 중국에서 지속적으로 문서선교 著譯作業을 진행했다는 것을 알 수 있다.

올링거는 절제위원회를 조직하여 절제운동을 주도하였고 한국교회의 근본적인 문제를 지적 비판하여 한국기독교 초기의 소위 지식인과 상류계층 신자들의 축첩과 음주, 도박 등의 불신앙적인 행태를 지적하여 개선을 촉구하였다. 그리휘트 존의 《引家歸道》를 한글로 번역하여 간행한 것은 결코 우연이 아니며 그가 1892년에 한역본 《인가귀도》의 번역

23) 크레이튼(雷振華) 編纂, 《基督聖教各書出版書目彙纂》, 1917년, 하버드대 옌칭도서관 소장본, 5종 8권의 저록은 다음과 같다. "1. 柏特造物論 文言 武林吉 譯, 黃治基 述 舊約 및 해석 95면 1905 華美書局 1角2分 2. 羅馬宗教激戰史 文言 武林吉 譯, 黃治基 述 護教論證教論 502면 1906 華美書局 6角 3. 天演學正詮 文言 武林吉 譯, 黃治基 述 護教論證教論 30면 1907 2版 1910 中國聖教書局 5分 4. 天演學正詮 文言 武林吉 譯, 黃治基 述 護教論 證教論 30면 1907 2版 1910 華美書局 5分 5. 天演學正詮 文言 武林吉 譯, 黃治基 述 護教論證教論 30면 1907 2版 1910 福州聖教書局 百卷 3元5角 6. 青年入世之方針 官話 武林吉 著, 黃治基 述 訓誡 88면 1910 2版 1916 中國聖教書局 5分 7. 青年入世之方針 文言 武林吉 著 訓誡 172면 1907 中國聖教書局 5分 8. 青年入世之方針 文言 武林吉 著 訓誡 90면 1907 協和書局 1角 9. 癩病論 文言 武林吉 著 黙思 8면 1891 2版 1897 中國聖教書局 1分" 앞의 書目 18, 51, 57, 58, 65, 70, 7쪽 참조.

에 착수한 것은 바로 정동교회에서 절제위원회 활동을 진행하던 그 시점이었다. 그리휘트 존의《引家歸道》에서 주장하는 내용이 그대로 절제위원회에서 주장하는 사회악습 타파와 회심자의 가족 傳道事業이라는 것은 다른 논문에서 이미 분석한 바가 있다.[24] 올링거는 비록 한국에서 5년 8개월 밖에 활동하지 않았지만, 그가 주장한 현지인의 自立 自養論은 현지인들이 서양선교사로부터 독립하여 자신들의 역량으로 교회를 발전시켜야 한다는 소위 三自運動의 핵심내용을 초기 한국교회에 보여준 것이다. 그는 서양선교사가 기독교의 선교를 위해 아시아에 왔지만, 교회가 건립되면 현지인들이 자립 능력을 길러 교회를 발전시켜야 하고, 서양선교사는 현지인들이 할 수 없는 선교사업을 하며 보조적 역할을 해야 한다는 확고한 신념을 가지고 있었기 때문에 실업선교사업을 전개하여 현지인들의 경제적 사회적 능력을 강화시키고자 하였다. 그가 전개한 일련의 실업선교사업은 근대 동아시아 사회를 혁신시키고 발전시키는데 적지 않은 공헌을 하였으니, 바로 19세기 말 한국에 설립된 三文出版社의 한국출판문화사업과 기독교 문서선교사업에 있어서의 선구적인 역할이 이를 입증하고 있다.

24) 졸저, 〈1894年刊 中文基督敎小說의 傳播와 翻譯 그리고 初期 韓國의 文書宣敎: 韓國基督敎博物館 所藏《喩道要旨》와 韓譯本《인가귀도》를 중심으로〉,《中國小說論叢》第27輯, 한국중국소설학회, 2008년 3월, 222쪽 참조.

제6장 19세기 동아시아의 문서선교와 中文基督教小說: 中文基督教小說의 서술 특성과 문학적 한계

中文基督教小說이란 中國古典小說의 文學樣式을 모방하여 기독교의 교리 선양이나 《聖經》 내용을 중국어로 기술한 종교소설을 지칭한다. 최초의 개신교선교사 로버트 모리슨이 중국에 渡來했던 1807년부터 清朝가 멸망한 1911년까지, 중국을 포함한 동아시아 지역에서 수 천 권에 달하는 기독교 중국어 문서가 간행 전파되었는데, 그 중에서 적지 않은 작품들이 中國傳統小說의 형식으로 기독교의 교리와 내용을 서술 표현하고 있다. 이러한 중문기독교소설들은 분명하게 소설문학의 여러 가지 양식과 서사내용을 갖추고 있는데, 비록 형식면에서는 전통 中國小說體制를 갖추고 있지만 서양의 기독교 문학 내용을 가지고 있어 동서양의 문학 특성을 겸비한 종교소설이라 하겠다.

19세기의 중문기독교소설은 풍부한 종교적 내용과 분명한 문학적 특징을 가지고 있어 종교문헌으로 볼 수도 있고 중국문학의 특수한 부분으로 간주할 수도 있다. 때문에 반드시 종교학과 문학 두 측면의 학술자료를 동시에 사용하여 종합적으로 연구해야 한다. 종교학적 관점에서 보면, 이 소설들은 선명한 기독교적 내용과 농후한 종교대화의 색채를 띠고 있으며, 또한 수시로 中國 儒佛道의 종교적 어휘와 개념을 빌려다 기독교 사상을 표현하고 있다. 하지만 본서는 종교학의 관점에서 연구하는 것이 아니기 때문에, 문학적 관점으로 종교를 연구하는 방법론을 중심으로 주제를 고찰해 보았다. 본서에서는 문학연구관점에서 중문기독교소설의 "작자", "작품과 聖經翻譯", "창작과 번역 및 전파의 翻譯受容理論"이라는 세 가지 측면에서 논의해 보았다.

제1절 중문기독교소설의 저역자와 서술유형 및 독자대상

먼저 본서에서 말하는 "작자"는 著者, 譯者, 口述者, 筆錄者, 譯述者 등 작품의 출판 주체를 총칭한다. 19세기 중문기독교소설의 "작자"는 신분이 다양하여 서양선교사와 서양인, 중국인 조수, 중국문인 등이 두루 포함되었다. 작품과 주제 연구를 위해 필자는 서방선교사와 중국인 조수, 중국인 작가 등의 교육배경, 종교와 정치입장, 口述者와 筆錄者 간의 합작관계 등을 고찰해 보았다. 이러한 사항들은 그들 저역서의 발간 목적과 풍격을 이해하는데 도움을 주는데, 중문기독교소설의 문장 행간에는 항상 著譯者의 사상과 관점이 반영되어 있어서, 소설 작자와 역자의 배경을 고찰하는 것은 작품 분석에서 빠져서는 안 되는 중요한 연구사항인 것이다.

中文基督教小說의 作者는 초기에는 주로 서양선교사가 주도적인 역할을 담당하였다. 서양선교사가 중문기독교소설을 저술할 때에, 먼저 작품의 구상과 내용을 口述方式으로 중국인 조수에게 들려주면, 조수는 이를 筆錄하고 潤文을 가하여 작품을 간행하였다.[1] 19세기 초기에 간행된 中文基督敎小說은 대부분 譯者의 姓名을 표기하지 않았다. 예를 들면 《張遠兩友相論》(1819), 《生命無限無疆》(1838), 《轉禍爲福之傳》(1838) 등이 그러하다. 《贖罪之道傳》(愛漢者纂, 1838), 《正邪比較》(善德纂, 1838), 《誨謨訓道》(愛漢者纂, 1838) 등의 작품은 작자의 필명만이 표기되어 있다. 이러한 作品은 윌리 알렉산더의 《선교사 회상록》과 같은 서양선교사의 傳記나 作品의 著錄을 통해서만 비로소 譯者의 姓名과 그 작품의 出版書誌事項을 알 수 있을 뿐이다.

그런데 19세기 중반부터는 작품에 수록된 서발문을 통해서 작품의 저역자를 알아낼 수 있다. 예를 들면 浙江 寧波에서 출간된 《喩道傳》의 경우, 〈喩道傳序〉의 作者는 作品의 앞부분에 "四明 休休居士"라고 서명하였고, 그 뒤 다른 한 편의 〈序文〉 作者는 "四明 企眞子"라고 서명하였으며, 作品 맨 뒤의 〈跋文〉 作者 역시 이름을 밝히지 않았다. 그러나 문장 行文의 어투로부터 〈跋文〉은 企眞子가 지었다는 것을 알 수 있다. 하지만 "四明 休休居士"나 "四明 企眞子"가 누구인지는 어디에도 밝혀져 있지 않았다. "四明"은 浙江省 上虞 부근의 地名으로 우리는 《天道溯原》의 序文에서 이 명칭을 찾을 수 있다. 1893년 刊本의 〈天道溯原序言〉에는 "咸豊四年 仲秋月 上澣 四明 范蓉棣 書"라고 명기되어 있다.[2] 1854年 刊本 《天道溯原》에 실려 있는 范蓉棣의 〈序言〉에는 "咸豊 4년 중추월 상순에 四明 企眞子가 받들어 쓰다"[3]라는 기록이 있다. 이러한

1) 拙著, 〈科技啓蒙到小說啓蒙: 晩淸時期傅蘭雅的啓蒙活動〉, 韓國中國小說學會, 《中國小說論叢》 제18집, 2003년 9월, 67-69쪽.
2) 丁韙良, 《天道溯原》, 崇實大學校 韓國基督敎博物館 所藏, 上海美華書館 重定本, 1893年, 2面.

署名으로부터 范蓉棣를 "企眞子"라고 부른다는 사실을 알 수 있다. 范蓉棣는 四明人으로 "企眞子"라고 불렀고 스스로 "休休居士"라고도 하였다.[4)]

范蓉棣는 윌리엄 마틴이 寧坡에 거주하던 시절, 그에게 중국어와 儒家 經書를 가르쳤던 윌리엄 마틴의 漢文선생이다. 그는 문장력이 뛰어나 일찍이 마틴을 위해 〈天道溯原序言〉을 찬술했으며, 또한 《喩道傳》의 16편 故事 후미에 評語를 달아서 《喩道傳》의 評者가 되기도 하였다. 아마도 윌리엄 마틴의 寧波시절 저작은 范蓉棣의 윤문과 수정을 거쳐서 지어졌을 것이다. 企眞子 范蓉棣는 마틴의 《天道溯原》을 읽고서 하나님의 지극한 사랑을 깨닫게 되었고, 마틴과 함께 기독교 선교사업에 동참하여, 《天道溯原》의 서문을 찬술하였을 뿐만 아니라 《喩道傳》 전편의 評者가 되었다. 윌리엄 마틴은 표현 측면에서의 객관성과 설득력을 강화시키기 위해 의도적으로 자신의 한문선생에게 評者의 역할을 맡겼는데, 이렇게 하여 范蓉棣는 마틴의 선교 저작의 창작과 전파에 상당한 도움을 주게 되었다. 《喩道傳》 은 작자가 전도한 중국인 한문선생을 평자로 배치하여 작품의 매편 말미에 그의 평어를 첨부하여 독자가 쉽게 이해할 수 없는 작품의 寓意와 주제를 명확하게 해설해 주는 구조방식을 채택하고 있는데, 바로 文言短篇小說集 《聊齋志異》의 異史氏의 평어와 같은 양식이라 할 수 있다. 하지만 蒲松齡과 같이 작가 자신이 직접 評者가 되지 않고, 자신이 傳道하여 기독교인이 된 企眞子 范蓉棣의 평

3) 〈企眞子序文〉: "時在咸豐四年仲秋月澣, 四明企眞子敬書。" 《天道溯原》, 1854年. 佐伯好郎 著, 《清朝基督教の研究》, 507쪽에서 인용.
4) 1854年 刊本 〈序言〉의 인증은 佐伯好郎 著, 《清朝基督教の研究》, 東京 名著普及會. 1979年, 505-506쪽 참조.

어를 통해 작품의 창작취지를 객관적이고 설득력 있게 해설함으로써 기독교 선교의 창작목적을 보다 분명하게 전달하고 있다.

《喻道傳》의 訓點本《勸善喻道傳》은 1878년 日本 東京에서 일본식 線裝本으로 간행되었다.《聖經》의 日譯本은 1881년에 完譯 刊行되었고[5], 첫 번째 中文基督教小說《張遠兩友相論》은 1881년 東京府에서《兩友相論》이란 제명으로 번역 출간되었다.[6]《勸善喻道傳》의 刊行時期와 상기한 두 권 전적의 출간시기를 비교해보면,《喻道傳》은 비교적 일찍 일본에 전래된 基督教典籍이란 사실을 알 수 있다. 일본 근대의 계몽사상가 나카무라 마사나오는〈刻勸善喻道傳敍〉에서 中日文並記本의 간행자 와타나베 온이 이 책을 읽고 나서 基督教를 믿게 되었다고 천명하였고, 게다가 東京外國語學校의 제자들을 생각해서 이 책을 간행하였다고 간행목적을 밝힌 바 있다. 이 책의 16篇 短篇文言作品은 주로 基督教의 核心教理를 서술하고 있지만 그러나 작중에서는 基督教의 教理思想을 드러내지는 않고 있다. 하지만 企眞子 范蓉棣의 결미 評語를 읽고 나면 작자의 창작취지가 무엇인지를 분명히 알게 된다. 이 작품집은 작자가 중국인에게 기독교를 전도하기 위해 저술한 宣教小說이고, 訓點本의 刊行者 와타나베 온 또한 日本에서의 기독교 선교를 위해서 東京에서 이 작품을 重刊했으니, 中日文並記本 역시 기독교 선교소설집이라 하겠다. 작자 마틴은 范蓉棣와 와타나베 온과 같은 지식인들을 독자대상으로 이런 寓言體 文言小說을 창작하여 기독교를 선교하고자 하였다.

---

5) 《성경》의 日譯本 출간은 小澤三郎,《幕末明治耶蘇教史研究》, 東京: 日本基督教團出版局, 1973年, 35쪽 참고.

6) ミルネ 著·安川亨 譯,《兩友相論》, 東京府, 1881年. 日本國會圖書館 所藏本.

티모티 리차드와 존 알렌도 이런 文言筆記體를 사용하여 基督教短篇小說을 번역하였다. 윌리엄 마틴과 티모티 리차드는 처음 중국에 선교사로 부임했을 때에는 모두 일반 민중을 대상으로 선교활동을 전개하였지만 나중에 문인 고관들을 結信시켜 기독교에 입교시켜야 사회에 더 큰 영향력을 발휘할 수 있다고 판단하여 선교대상을 일반 백성으로부터 高官 文人으로 바꾸었던 것이다. 이 때문에 그들은 문인들이 즐겨 읽는 문언필기체나 唐傳奇體로 단편소설을 번역하거나 창작하게 되었고, 마침내 일군의 基督教 文言筆記寓言體小說이 출간되었던 것이다.

개신교선교사 작가들은 두 가지 선교전략을 가지고 있었는데 주요 선교대상을 일반 백성과 高官 文人의 두 계층으로 나눌 수 있다. 이 때문에 그들이 中文基督教小說을 간행할 때에는 선교대상에 따라서 다른 서술문체를 사용하였다. 고관 문인을 독자대상으로 하는 작품은 우아하고 세련된 文言으로 기술하였으니 예를 들면《喻道傳》,《喻道要旨》,《安人車》등과 같은 작품이며, 평민 백성들을 대상으로 할 때는 주로 평이하고 통속적인 口語體 章回小說로 기술하였으니 예를 들면《張遠兩友相論》,《贖罪之道傳》,《引家歸道》,《廟祝問答》등과 같은 작품이다. 하지만 이런 기록 언어와 유형상의 차이가 유명한 작품인 경우에는 모두 적용되기도 하였으니, 널리 유통되고 오랫동안 간행된 작품의 경우에는 文言에서 白話로, 혹은 백화에서 문언으로 번역되기도 하였다. 예를 들면《喻道傳》은 1911년 중국인 학자 趙受恒이 北京 官話로 번역하여《喻道新編》이란 題名으로 出刊하였다. 趙受恒은 山東 牟平人으로 윌리엄 마틴이 노년에 가장 가깝게 지냈던 중국인이다. 그는《花甲憶記》를 筆述한 것 이외에도 윌리엄 마틴을 도와《天道溯較》,《高厚論》과《三要

錄》 등 여러 권의 기독교 저서를 筆述하였다.[7] 《喩道傳》의 초판이 간행된 지 53년 뒤에 北京官話로 다시 번역 출판된 것으로 미루어 보아, 이 작품은 대단히 오랫동안 읽혀졌다는 것을 알 수 있다.

이상 序跋文의 분석을 통해 19세기 중반부터 中文基督敎小說의 저자나 중국인 조수의 성명을 알아볼 수 있다. 미국 장로회선교사 윌리엄 마틴 著·范蓉棣 筆述의 《喩道傳》(1858)과 영국 런던선교회의 그리휘트 존 著·沈子星 筆述의 《引家當道》(1882)와 《紅侏儒傳》(1882), 그리휘트 존 著·周明卿 筆述의 《引家歸道官話》(1889), 윌리엄 마틴 著·趙受恒 筆述의 《喩道新編》(1911) 등의 경우가 그러한데, 이 다섯 권의 작품은 〈序文〉을 모두 中國 文人이 저술하였으니, 서양선교사와 중국인 학자가 공동으로 저술한 작품이라 하겠다.

1895년 영국선교사 존 프라이어는 "時新小說"의 저술을 주창하는 소설현상공모활동을 전개하였고, 여기에 162부의 작품이 응모하여 경선을 벌였다. 이 응모작품들 중에 중국인 작가가 단독으로 저술한 일단의 中文基督敎小說이 출현하였다. 예를 들면 "鍾淸源"의 《夢治三癱小說》과 "望國新"의 40回本 《時新小說》, 山東 長山縣 "李鳳棋"의 13回本 《無名

7) 《基督敎出版書目彙纂》에는 모두 6권의 저작이 마틴과 趙受恒의 공동 저술로 저록되어 있다. 《高厚論》 文言, 丁韙良著 趙受恒述, 20면, 1911, 漢津. 《高厚論淺解》 官話, 丁韙良著 趙受恒述, 20面, 1915, 漢津. 《三要錄》 文言, 丁韙良著 趙受恒述, 17면, 1858; 1912, 漢津. 《天道覈較》 文言, 丁韙良著 趙受恒述, 100면, 1906, 漢津. 《天道覈較問答》 文言, 丁韙良·趙受恒·郭敬源 著, 106면, 1910, 中國. 《天道覈較直解》 官話, 丁韙良·趙受恒著, 130면, 1911, 漢津.(앞의 책, 50-52쪽) 하지만 《聖經略選》(文言, 340면, 1914, 協和)과 官話本《天道溯原》(196면, 1914, 中國)은 "丁韙良著"로 표기되어 있다. 앞의 책, 14·47쪽.

小說》, 福州 于麓美部堂 劉安如의 16回本《砭俗良謨》 등 적지 않은 작품에는 기독교 교리와 선교 취지를 서술한 편폭이 있다. 하지만 이 작품들은 모두 출판되지 않았고, 존 프라이어가 이들을 U.C.버클리대 동아시아도서관에 기증하였는데, 도서관 서고에 묻혀 있다가 2010년 上海古籍出版社에서 影印本으로 간행되었다.

중국인 작가가 譯述한 걸출한 기독교소설의 출판은 陳春生의 24회본《五更鐘》(1907)이 나오는 것을 기다려야만 했다.《五更鐘》은 미국 감리회 여선교사 라우라 화이트(Laura White, 亮樂月)가 발의하고 陳春生이 改寫, 改編한 작품인데, 陳春生은 약 80%에 이르는 전면적인 개작을 단행하였다. 이 때문에 이 작품의 著作權은 陳春生에게 귀속시킬 수 있다.《五更鐘》은 번역소설에서 시작하였지만, 최종적으로 출간된 작품은 이미 翻譯小說이 아니며, 등장인물, 작품의 시대와 환경, 서술체례, 작품의 구도 등에 있어 완전히 중국 토착화가 이루어진 20세기의 새로운 章回體翻案小說로 탈바꿈하였다.

제2절 중문기독교소설의 출간 목적과 성경적 토양 및 문학적 한계

다음으로 "텍스트"의 연구에 관해서 본서에서는 敍事構造, 情節, 인물, 意象, 언어 등 다양한 敍事學(Narratology)의 방법으로 이들 소설작품의 서사예술과 기교를 분석해 보았다. 19세기 중문기독교소설은 특히 著譯過程에서《성경》의 지대한 영향을 받았고 심지어는 의식적으로 대량의《성경》원형을 작품 중에 옮겨 놓았다. 예를 들면 제임스 레기의 《요셉略傳》과 같이《聖經》原典을 聖經故事로 개편했거나 혹은《引家當道》와 같이 "탕자의 비유"형《성경》의 원형을 차용하여 기독교선교소설을 창작하였다. 심지어는 직간접적으로《성경》원형의 意象을 인용하여 작품 스토리의 喻義를 闡明하였다. 이러한 작품을 분석할 때에는 노트롭 프라이(Northrop Frye)의 문학원형이론(Theory of Archetypes)을 차용하여 이들 작품들을 聖經文化環境 중에 놓고 분석하여 그 중의 母題, 典故와 상징의미 등의《성경》원형을 논의하였다.

中文基督教小說은 기독교의 교리 선양이나 선교 목적을 위해 출판되었다. 때문에 中文基督教小說의 서술언어는 왕왕 中譯聖經의 언어토양을 벗어나지 않는다. 이런 점은《聖經》의 보급과 전파에 결정적인 영향을 미쳤다. 基督教寓言小說《天路歷程》을 예로 든다면, 이 작품에서 《聖經》을 직접 인용하거나《聖經》의 典故를 사용한 부분은 통계에 따르면 80%가 넘는다고 한다. 미국선교사 윌리엄 찰머스 번즈(William Chalmers Burns, 賓爲霖, 1815-1868)가 1865년 文言譯本을 官話로 번역하면서〈自序〉에서 다음과 같이 주장하였다.

> 이 작품은 시작부터 끝까지 모두가 비유이기 때문에 처음 번역(최초의 文言譯本을 지칭)에 주석이 없어서 정말이지 독자가 이해하지 못할까봐 걱정스러웠다. 대조 고찰하기 편리하도록 지금 白話文 옆에 小註를 더하고 아울러《성경》어느 篇 몇 장 몇 절에 나온다고 명기하였다. 무릇 이 작품을 읽는 사람들은《성경》과 작품 兩者의 상호 印證을 위해 책상머리에《신구약성경》을 구비해야 하겠다. 이렇게 하면《성경》의 뜻이 스스로 마음 속에 녹아들어 갈 것이다.[8]

譯者 번즈는 여기서 이 작품과《성경》이 서로 인증해야 하는 긴밀한 관계를 갖고 있고,《天路歷程》이《성경》구문에 근거하고 있다는 사실을 강조하고 있다. 中文基督教小說은 대부분 중국의 대중들이 좋아하는 章回體 소설양식으로 기술되었고 대부분 插圖가 들어있어 생동적이며 흥미로워 많은 독자들에게 애독되었다. 이런 중문기독교소설들은 일반 기독교신자들이《聖經》을 읽고 싶게 만들고《聖經》을 이해하는데 결정적인 역할을 하였다.

영국선교사 제임스 레기는《舊約·創世記》에 나오는 요셉의 이야기를 章回體小說《요셉略傳 約瑟紀略》으로 改編하면서 자신의 改編 취지를 분명하게 밝히고 있다. "지금《聖經》에서 이야기를 뽑아 대략 소설 문체를 모방하여 작은 책으로 엮어낸 것은 우리 世人들이《聖經》을 볼 때마다 그 분량에 질려 책을 펼치기만 하면 졸기 때문이다. 다만 소설책은 보아도 피곤치가 않고, 한번 보기 시작하면 손에서 놓지 않기 때문에 잠시 소설 문체를 모방하여 사람들이《聖經》을 즐겨 읽고 유익함을 얻길 바라서이고, 또한 勸世하고자 하는 老婆心에서 나온 것일 뿐이다."[9] 서양선교사들은 19세기 중국선교의 초기에 중국인들에게《성경》을 읽히기 위해 소설의 오락성과 전파성에 착안하여,《성경》고사를 章

8) 賓爲霖, 〈天路歷程官話自序〉: "因是書自始至終悉是喻言, 初譯無註, 誠恐閱者不解, 今於白文旁加增小註, 並注明見聖書某卷幾章幾節, 以便考究。凡閱是書, 務於案頭置新舊約, 以備兩相印證。依此而行, 則聖經之義, 自能融洽於胸中矣。", 約翰·本仁(John Bunyan) 著 賓爲霖 譯,《天路歷程官話》, 京都 福音堂, 同治 4年(1865), 옥스퍼드대학 보드레이언도서관, 1面.

9) 理雅各, 〈約瑟紀略序〉·《約瑟紀略》, 홍콩英華書院, 同治 9년(1870), 옥스퍼드대학 보드레이언도서관, 2面.

回小說로 編輯 改作하여 《성경》 보급에 주력하였다.

이런 소설관을 가진 서양선교사들은 주로 《성경》에서 人物故事를 추출하여 중국의 전통적인 소설양식으로 改編하였다. 이렇게 《성경》을 개편하는 것은 《성경》과 중국문학이 융합된 전형적인 사례라고 할 수 있다. 편저자 제임스 레기가 볼 때에 《요셉略傳》은 심지어 《성경》故事와 並存할 수 있으며 《성경》보다 더 생동적으로 인물형상을 묘사하였다고 생각하였다. 서양선교사들은 이런 聖人傳記小說을 편찬하는 독자적인 관점을 가지고 있는데, 그들은 무수한 사람들이 사실로 믿고 있는 《聖經》 중에 나오는 聖人에 관한 故事를 추출하여 중국인들이 친숙한 史傳小說로 개작했던 것이다. 이런 작품으로는 《요셉略傳》(1852) 이외에, 제임스 레기의 《아브라함略傳》(1857)과 조지 피얼시의 《엘리야略傳》(1863) 등이 있다.

19세기 중문기독교소설은 中譯 《聖經》의 번역자와 밀접한 관계를 가지고 있다. 우선, 중국 최초의 中譯聖經인 《神天聖書》의 번역자인 윌리엄 밀네는 이 中譯本의 번역이 완료된 1819년에 첫 번째 중문기독교소설 《張遠兩友相論》을 저술하였다. 그가 이 작품 중에 인용한 中譯聖經은 당연히 자신이 번역한 《神天聖書》이다. 그런데 《張遠兩友相論》은 그 후에도 여러 명의 선교사가 개편작업을 진행하여 다양한 판본이 존재하는데, 찰스 밀네(William Charles Milne, 美魏茶, 1815-1863)는 1851년 上海에서 11회본 《張遠兩友相論》을 縮改寫하여 간행하였다. 그는 바로 윌리엄 밀네의 아들이자, 1852년에 출간된 《委辦譯本聖經》[10]의 번역

10) 1843년 南京條約이 체결된 뒤 서양선교사는 홍콩과 5개의 통상항구에서 선교의 자유를 누리게 되었다. 이 해에 영국과 미국의 선교사는 홍콩에서

위원이었다. 그가 改縮한 11회본은 바로 《委辦譯本》의 經文을 인용하고 있다.

그리고 委辦聖經翻譯委員會의 각 교파 대표로 참여했던 선교사들 중 런던선교회의 제임스 레기(James Legge, 1815-1897)는 상기한 《요셉略傳》을 편집 간행하였고, 미국 침례회대표 레비스 쉭(John Lewis Shuck, 1812-1863) 또한 1849년 上海에서 《張遠兩友相論》의 수정본을 출간하였다. 그리고 1858년 12회본을 10회본으로 축약 간행하고 1871년에는 福州方言本을 출간한 조셉 에드킨스(Joseph Edkins, 艾約瑟, 1823-1905)와 1875년 13장본으로 개사한 헨리 브로드겟(Henry Blodget, 白漢理, 1825-1903), 그리고 《喻道傳》의 저자 윌리엄 마틴은 北京官話本聖經의 번역자로 《北京官話本》 성경번역을 주도하였다.[11]

제1차 연합선교회대회를 개최하여 中譯聖經翻譯委員會를 조직하였는데, 聖經翻譯作業을 각 선교사에게 위탁하였고, 주요 교파의 대표가 모두 참가하였기 때문에 이 中譯本을 委辦譯本이나 혹은 代表譯本이라 부른다. 19세기에 출간된 文言中文譯本은 대략 20여종이 있는데, 그 중에서 《神天聖書》(1823), 太平天國에서 채용한 메드허스트(Walter H. Medhurst), 귀츠라프, 브리드그맨(Elijah C. Bridgman)의 共譯本(신약 1836, 구약 1838, 수정본 1853)과 委辦譯本(1852) 그리고 브리드그맨과 컬벌트슨(M. S. Culbertson)의 共譯本(일명 裨治文譯本, 1863)이 비교적 유명하다. Patrick Hanan, “The Bible as Chinese Literature: Medhurst, Wang Tao, and the Delegates' Version”, *Harvard Journal of Asiatic Studies* 63:1(June 2003): 197-239p.와 麥金華 著, 《大英聖書公會與官話和合本聖經翻譯》, 홍콩 基督教中國宗教文化研究社, 2010년, 22-26쪽 참조.

11) 1864년 “北京官話譯本委員會”가 정식으로 구성되었는데 5인의 위원은 상기한 3인 이외에 존 쉬우 볼던(John Shaw Burdon, 包約翰, 1827-1907), 사무엘 요셉 쉐레쉐브스키(Samuel Isaac Joseph Schereschewsky, 施約瑟, 1831-1906)이다. 尤思德(Jost Oliver Zetzsche) 著·蔡錦圖 譯.《和合本與中

1834년 로버트 모리슨이 서거한 후에 런던선교회의 선교사 메드허스트(Walter H. Medhurst, 麥都思,1796-1857)는 《神天聖書》의 수정작업을 시작하여 카알 귀츠라프, 엘리자 브리드그맨과 함께 共譯本《麥都思譯本》(신약 1836, 구약 1838, 수정본 1853)을 출간하였다. 이 共譯本은 하나님을 "上帝"라고 호칭하여 "上帝版"이라고도 불리는데, 이《麥都思譯本》의 主譯者는 바로 윌리엄 밀네의 유지를 받들어 두 번째 中文期刊雜誌《特選撮要每月紀傳》을 인도네시아 바타비아에서 출간했던 선교사 월터 메드허스트이다. 그리고 동역자 독일선교사 카알 귀츠라프는 1833년 廣州에서《東西洋考每月統記傳》을 창간하였고, 첫 번째 미국선교사 엘리자 브리드그맨은 1832년 廣州에서 영문잡지 *Chinese Repository*를 창간하였다. 이들 선교사 期刊雜誌에는 항상 中文寓言筆記小說이나 章回體小說이 연재되었고 게다가 기독교문서들도 章回體 서술방식으로 개편 개작되어 수록되곤 하였다. 이들 선교사들은 모두 소설의 통속성과 전파력에 주목하여 소설이 기독교의 전도에 매우 유용하다는 小說重視論을 견지하였다. 특히 카알 귀츠라프는《贖罪之道傳》,《正邪比較》,《耶蘇降世之傳》,《誨謨訓道》,《悔罪之大略》 등 여러 편의 중문기독교소설을 "愛漢子"라는 필명으로 저술 출간하였다. 1882년 그리휘트 존은《引家當道》를 저술하고 이어서 1889년 이를 官話로 번역한《引家歸道官話》를 출간하였다. 바로 그리휘트가《楊格非官話譯本 新約聖經》을 그 해에 출간했는데, 그리휘트는 官話譯本《新約聖經》과《引家歸道官話》를 동시에 번역 출판하였다.

文聖經翻譯》, 홍콩國際聖經協會, 2002년, 137쪽 참조.《張遠兩友相論》의 수정본, 개정본, 증보판의 출판서지사항은 본서 제1부 제5장 142-143쪽 참조.

1880년 미국 감리회선교사 리브하르트는 中譯聖經《麥都思譯本》에 의거하여 윌리엄 내스트 원작의 교리문답서를 《依經問答喩解》라는 제목으로 福州美華書局에서 번역 출간하였다. 이 《依經問答喩解》는 1893년 미국 감리회선교사 플랭클린 올링거가 서울 배재학당에서 韓譯本 《의경문답》으로 번역하여 1890년대 조선의 교회에서 통용되었다. 일반 대중에게 전도하기 위해 中文期刊을 발간했으며 잡지에 중문소설을 게재하거나 통속소설체로 바꿔서 활발하게 기독교 문서선교활동을 전개했던 선교사 메드허스트는 19세기 초기의 주요 中譯聖經翻譯者였다. 그의 《麥都思譯本》은 두 사람의 미국 감리회선교사 역자를 통해 1890년대 조선에 전래되었는데, 바로 메드허스트의 中譯本에서 하나님을 "上帝"라고 지칭한 것이 1890년 이후 한국의 성경번역과 기독교문서에서 널리 통용되게 된 것은 그의 문서선교사업이 한국에 미친 영향의 한 단면이라고 할 수 있겠다. 그리고 그리휘트 존이 번역 출간한 《楊格非官話譯本》에 근거한 《引家歸道》 역시 플랭클린 올링거에 의해 번역되었는데, 올링거는 비록 메드허스트나 그리휘트 존과는 국적과 교파가 다르지만 초창기 한국 기독교의 선교를 위해서 필요하다고 생각되는 그들의 中文基督敎文書를 적절하게 한글로 번역하여 한국교회의 성장에 초석을 마련하였다. 특히 그리휘트 존의 《德惠入門》과 같은 여러 가지 中文基督敎書籍을 한글로 번역해내어 초창기 한국인 신자들이 《파혹진선론》과 같은 한글 기독교문서를 집필하는데 결정적인 역할을 하였다.

제3절 연구환경의 제약과 중문기독교소설의 전파와 번역

필자는 한국과 일본, 미국, 영국, 프랑스에서 발굴한 19세기 중문기독교 소설작품과 관련 연구자료, 그리고 동아시아에서 19세기부터 전개된 개신교선교사의 기독교 문서선교사업을 주요 연구대상으로 하여 본서를 완성하였다. 阿英의《晚淸小說史》이래 중국에서 발간된 관련 연구서는 대부분 중문기독교소설의 기술이 누락되었거나 무시되었다. 이는 이들 작품들이 중국에서 오래 전에 유실되었고 남아있는 자료들이 대부분 구미, 일본, 한국 등 해외의 도서관에 산재되어 있어 중화권에서는 연구가 어려운 실정이다. 게다가 중문학계에서는 이들 작품의 주요 저자가 외국인이라는 이유로 중문기독교소설을 문학연구의 범주에 넣지 않았다.

본서는 첫째 1807년 첫 번째 개신교선교사 로버트 모리슨이 중국에 來華한 이후 동아시아에서 저술된 구미 개신교선교사의 기독교문서를 연구대상으로 하여, 서구문명과 기독교문화가 기독교선교사들에 의해 동아시아에 유입되는 과정을 조명해보고, 개신교선교사들이 왜 중국어로 기독교소설을 창작하고 번역하게 되었으며, 이런 작업이 어떤 이유로 지속적이면서 대량으로 진행되었는지를 정치 사회 종교 문화적 측면에서 고찰해 보았다. 제1부에서는 19세기 中文基督敎小說의 정의와 범주에 대해 기술하고 19세기 중문기독교소설의 淵源이 되는 청대 초기의 두 작품《儒交信》과《夢美土記》에 대해 탐구해 보았다.

두 번째, 개신교선교사들은 來華한 이후에 定期期刊雜誌를 간행하여 선교사업을 홍보하고 이를 본부에 보고서로 송부하였다. 이들 定期期刊雜誌에는 처음부터 중국소설작품이나 章回體 양식으로 기술된 기독교 문서들이 게재되어 독자들로부터 큰 호응을 얻었다. 제1부 제4장에서는 기독교선교사가 간행한 中文期刊雜誌와 중문기독교소설의 창작 및 전파관계를 서술하고, 20세기 초까지 중문기간잡지에 게재된 기독교소설을 조사 연구하여 양자의 상관관계를 고찰해 보았다. 서양선교사들은 소설의 통속성과 전파력에 주목하여 期刊雜誌에 항상 오락성과 교훈성이 있는 章回體白話小說이나 短篇 寓言體文言小說을 게재하여 독자의 관심을 끌었고, 이 때문에 중문기독교소설은 동아시아에 광범위하게 보급 전파되었다.

세 번째, 중문기독교소설은 발간된 이래로 매우 광범위하게 전파되었는데, 그 중에서 《張遠兩友相論》은 중국 전역은 물론 해외로까지 광범위하게 전파되었다. 1917년 클레이튼의 書目부터 다니엘 베이즈(Daniel H. Bays)와 최근의 宋莉華교수의 통계 조사를 종합해 본다면, 1819년부터 약 백년간 중국 전역에서 간행된 부수는 적어도 500만권 이상이라고 추정된다. 제1부 제5장에서는 1819년 初刊本부터 1917년 雷振華의 저록에 따른 42종의 판본을 대상으로 이 작품의 발행, 유통, 전파, 번역의 과정을 전반적으로 고찰해 보았다. 《張遠兩友相論》은 초기의 30여 년간은 윌리엄 밀네가 처음 간행했던 12회본이 통용되었는데, 1840년대 후반부터 개정본이 나오기 시작하여 적어도 15종 이상의 개정본이 간행 유통되었다. 이런 改正本은 회수를 축약한 것이나, 혹은 마지막 부분을 창작하여 증보한 것 등으로 약간의 차이를 보이지만 대체적으로 개정본을 포함하여 편폭과 내용에 따라 12회본, 11회본, 10회본, 13장본의 네 가지 판본으로 나눌 수 있다. 앞에서 이들 네 가지 주요 판본의 내용과 특징을 분석 검토해 보았고, 이 작품의 出版地는 동남아의 말래카, 싱가포르에서 중국 전역으로, 또한 중국에서는 福州, 廣東, 上海, 寧波, 官話 등 각지의 대표적인 방언으로 번역 전파되었다. 또한 1880년대부터는 해외에서도 번역본이 출간되었으니, 일본에서는 1881년에 《兩友相論》이란 日譯本이 간행되었고, 1890년대에는 한국에서 세 차례에 걸쳐 韓譯本이 출판되었다.

각종 판본의 내용과 특성을 분석해 본 결과 1858년 윌리엄 밀네의 아들 찰스 밀네가 수정 보완한 11회본이 가장 많이 유통되었는데, 일본과 한국에서 번역된 번역본은 모두 찰스 밀네의 11회본을 저본으로 했다는 사실을 밝혀내었다. 11회본은 원본 12회의 작품 면모를 유지하면서도 전달하고자 하는 작자의 기독교 선교 메시지가 매우 간결하고 확실하게 표현되어 있다. 그리고 10회본과 13장본은 모두 마지막 부분을 改正者 조셉 에드킨스와 헨리 브로드켓이 창작하거나 보완한 것으로 비신자인 주인공이 結信하여 성령을 체험하고 독실한 신자가 되는 과정을 세밀하게 서술하고 있는데, 이런 개정본의 서술적 특성에 만족하지 못했던 그리피트 존은 나중에 《引家當道》를 창작하여 전편에 걸쳐 불신자가 독실한 크리스챤으로 변화되어서 가족과 이웃에게 전도하고, 독실하게 신앙생활을 하는 이상적인 기독교인의 형상을 서술하였다. 제1부 제5장과 제2부 제2장에서는 《張遠兩友相論》과 《引家歸道》 등의 번역본 분석과 번역 특성 연구를 통해 中文典籍의 전파와 번역문제를 고찰해 보았다. 상기한 대로 《張遠兩友相論》의 수정과 개사 및 번역작업에는 찰스 밀네를 비롯하여 레비스 쉭, 조셉 에드킨스, 헨리 브로드켓 등 여러 명의 中譯聖經翻譯委員이 참여하였고, 廣東, 福州, 寧波, 官話本 등을 출간하여 보급시켰다. 이를 통해 보면, 19세기 서양선교사들은 《성경》의 中譯事業을 진행하는 것만큼이나 《張遠兩友相論》이 선교에 대단히 효과적이라고 생각했던 것 같다.

특히 《張遠兩友相論》의 방언본과 외국어 번역본 그리고 로마자 표기본 등을 비롯한 여러 가지 판본이 계속해서 발견되고 있는데, 백년이 넘도록 지속된 이 작품의 강력한 생명력과 전파력은 중문기독교소설로써의 작품 연구 측면에서 뿐만 아니라 19세기부터 끊임없이 변화 발전해 온 中國語文의 변화과정을 연구하는데도 결정적인 자료를 얻을 수 있으며, 서구의 기독교문명을 전달하는 작품 특성으로 인해, 문장 표기방식, 어휘 사용, 외래어의 표기법과 서구 개념의 수입 등에 있어 중요한 연구테마를 제공하게 될 것이다. 또한 이 작품은 한국과 일본의 근대 초기에 번역소설로써 각별한 의미를 가지고 있는데, 한글의 문장표기법과 외래어 표기법 그리고 중국어로부터의 어휘 수입과 번역 특성 등 중한비교어학 측면에서도 중요한 자료를 제공하고 있어 향후 더욱 활발한 연구가 진행될 것이다.

중문기독교소설의 연구가 21세기에 와서 본격적으로 진행되게 된 가장 커다란 이유 중의 하나는 작품이 대부분 중국지역에서 散失되어 버렸고 주로 歐美나 한국, 일본의 도서관에 소장되어 있기 때문이다. 중화민국 초기의 五四時期부터 일기 시작한 反基督教運動은 1920년대에 중국 전역을 휩쓸었고, 이 때에 상당한 기독교문서들이 유실되었다. 1949년 중국 대륙이 공산화되면서 종교를 전면적으로 금지시킨 국가정책 때문에 기독교 산하의 교회학교와 선교단체는 완전히 폐쇄되었고, 기독교문서도 일반인이 접근할 수 없게 되어 중국대륙에서 기독교문학을 연구하는 것은 원천적인 자료의 제약을 받을 수밖에 없었다.

1807년부터 선교사를 파견했던 영국의 기독교 선교단체들은 매년 선교사들이 본부에 보고했던 각종 간행물과 선교자료를 보관하여 이를 주요 대학도서관에 기증하였으니, 현재 大英圖書館과 옥스퍼드대학, 캠브리지대학, 런던대학 도서관에는 런던선교회를 비롯한 선교단체에서 기증한 기독교문서들이 소장되어 있다. 또한 1830년부터 시작된 미국 연합외국인선교회(ABCFM)의 중국선교사들이 보내온 각종 보고 자료는 미국 보스톤 ABCFM본부에 소장되어 있다가 1940년대에 소장자료를 하버드대학에 기증하여 현재 옌칭도서관에 방대한 선교자료가 소장되게 되었다. 때문에 기독교소설을 연구하려면 이들 영국과 미국 대학 도서관의 소장자료에 의존해야 하는데, 필자는 명말청초부터의 천주교 기독교 선교자료가 소장되어 있는 프랑스 파리도서관과 영국, 미국의 주요 도서관에 소장된 기독교문서를 집중적으로 조사하여 清末時期에 간행된 중문기독교소설의 서목을 정리한 바 있다.[12] 해외의 여러 지역에 산재되어 있는 기독교문서의 조사와 평가를 통해 지금도 19세기 중문기독교소설이 계속해서 발굴되고 있는데, 중문기독교소설의 정의와 범주가 명확하게 설정되어야만 작품의 귀속 여부를 판단할 수 있다. 혹자는 번역소설을 중국소설에서 제외시켜야 한다고 주장하지만, 그러나 중국어로 번역되면서 재편집, 개작, 가공이 진행된 번역소설은 換骨奪胎하여 이미 중국소설의 양식으로 바뀌었기 때문에 중문기독교소설의

12) 졸저, 〈19세기 在中·在韓 서양선교사에 의한 中文基督教小說의 창작과 번역 연구〉, 221-226쪽 참조.

범주 안에 넣는 것이 타당하다. 중국어로 번역 가공된《天路歷程》,《紅侏儒傳》,《喻道要旨》 등은 이미 中文小說의 범주 안에 들어와 있는 것이다. 서양선교사들이 출판을 주도했던 中文基督教小說은 중국인을 독자대상으로 창작 번역한 작품이어서 비록 저역자가 외국인이기는 하지만 저역자의 본국에서 읽히는 문학작품은 아니며, 중국인을 독자대상으로 번역, 개편된 중국문학작품인 것이다.

본서에서는 이런 번역소설의 대표적인 사례로 제2부 제1장에서 그리휘트 존의《紅侏儒傳》을 분석한 바 있다. 그리휘트 존은 19세기 중국의 기독교선교사업을 개척한 清末 宣教士 三傑 중의 한 사람으로 대표적인 기독교출판사이자 문서선교기관인 漢口聖教書會의 창시자이면서 기독교문서의 대표적인 多產作家이다. 그가 저술 번역한 기독교문서는 중국은 물론이고 아시아 전역에 보급 전파되어 기독교선교사업에 중요한 역할을 담당하였는데, 그 중에 영국작가 마크 피얼스의 영문우언소설을 번역한《紅侏儒傳》은 19세기 후반 서양소설작품의 中譯過程을 연구 분석할 수 있는 중요한 텍스트라고 할 수 있다. 왜냐하면 19세기에 중국에 번역 소개된 서양문학작품들은 극소수를 제외하고는 원전과 원작자를 명시한 사례가 드물고 번역된 판본을 입수하는 것이 매우 어렵기 때문이다. 다행히 그리휘트 존의《紅侏儒傳》은 현재 옥스퍼드대학 도서관과 오스트레일리아 국립도서관에 초판본과 재판본이 소장되어 있으며, 마크 피얼스의 원본도 입수할 수 있어서 그리휘트 존이 진행한 번역작업의 전모를 파악 분석할 수 있었다.

마크 피얼스의 영문 원본은 모두 26쪽의 포켓용 책자인데, 그리휘트 존은 이를 4,250字의 寓言小說로 번역, 재편하였다. 원래 세 장으로 구성된 작품을 역자는 4개의 段으로 나누었고 세 장에 달린 제목을 4개의 段目으로 만들었다. 우선 역자는 시작부분에 導入文을 첨가하였고, 종결되는 결미에 唐太宗과 許敬宗의 對談錄을 수록하여 《紅侏儒傳》 전체의 주제 전달과 작품에 대한 주석으로 삼았다. 이렇게 도입문과 결미의 대화록은 明淸章回小說의 "入話"와 "終場結語"에 해당하는 서술구도로써 다분히 章回白話小說의 산문화된 형태라고 할 수 있다. 그리고 역자는 이에 연이어 〈跋文〉을 기술하여 이 번역본의 원본과 출판경위 및 번역방식, 작품내용에 대한 종합 논평을 하였는데, 이런 〈跋文〉은 전통중국소설의 종결부분에 작자가 직접 쓰는 작품 後記의 형식을 취한 것이다. 譯者가 저술한 〈跋文〉은 작품 시작부분의 도입문과 종결부분 대화록의 서사구도와 더불어 모두 역자 그리휘트 존이 中譯本《紅侏儒傳》에 자신이 기술하여 삽입한 것이며, 영문 원본에는 없는 역자의 창의적인 저술이자 편성인 것이다.

제1장 제4절 《紅侏儒傳》의 토착화 번역책략에서는 다양한 번역방식으로 중국 독자들이 손쉽게 받아들일 수 있는 유창한 중국적 우언작품이 번역, 개사, 재편, 첨가, 삭제, 창작된 사례를 분석 탐구해 보았다. 그리휘트 존은 淸末의 중국독자들이 이해하고 공감할 수 있는 토착화 방식으로 영국의 우언작품을 유려한 淺文理로 번역하였다. 4장의 작품 전체를 譯語文化圈 독자들이 이해할 수 있는 합리적이고도 토착화된 체례와 문장으로 개조했을 뿐만 아니라 본문의 앞부분에 5폭의 삽화를 수록하여 이 번역본을 완전히 揷圖本 중국소설작품으로 바꾸어 놓았다. 영문 원작에서 서양화 기법으로 그려진 삽화를 1882년 初刊本에서는 중국 삽화본 소설작품에 상용하는 題辭를 모두 기록하여 첫 번째 토착

화를 시도하였고,, 1899년 재판본에서는 5폭의 삽화를 전부 중국식으로 바꾸어 그려놓음으로써 題辭와 插畫를 모두 토착화시켜 놓았다. 이러한 변환과정을 통해 번역본《紅侏儒傳》은 전형적인 清代 揷圖本小說로 탈바꿈하게 되었다.

그런데 그리휘트 존은 이《紅侏儒傳》을 번역한 원래 번역목적이 기독교선교에 있었기 때문에 번역상의 改寫와 改編은 여기서 끝나지 않았다.《紅侏儒傳》의 〈跋文〉에 이어서 다시 한 단락의 설명문이 더해졌고, 이 작품의 맨 끝 부분에 1,850자에 달하는 〈上帝眞理〉를 첨부하여 역자의 기독교 선교목적을 더욱 확연하게 이루고자 하였다. 마크 피얼스의 영문 원작은 기독교우언소설로써 작중에서《성경》을 인용하여 하나님과《성경》의 진리를 믿어야 한다고 완곡하게 표현은 하였지만, 기독교 주제를 표면적으로 강조하거나 드러내지 않은 우언작품이다. 번역본《紅侏儒傳》은 역자 그리휘트 존의 편집과 개사, 창작, 삽화의 배치 등 다양한 토착화 번역책략에 따라 거의 완벽하게 중국화 하는데 성공하였다. 그런데, 말미에 〈上帝眞理〉를 첨부하는 기독교 선교주제의 강력한 표현방식으로 인해 우언소설로써의 문학 작품성은 도리어 반감되고 기독교 선교작품이라는 인식을 갖게 만들고 말았다. 이러한 사례는 티모티 리차드가 번역한《喩道要旨》에서도 분명하게 드러나는데 비록 역자들은 이런 번역책략을 통해 이 작품을 번역한 번역목적을 성취시킬 수는 있겠지만 독자들에게 문학적인 감동을 주는 창의적 생명력을 삭감시키는 서술적 한계를 표출시키고 말았다. 그리고 이런 목적성 글쓰기는 20세기 벽두에 부패 무능한 청말 정부와 사회를 비판하는《官場現形記》나《二十年目睹之怪現狀》과 같은 사회풍자소설에 직접적인 영향을 주어 여과되지 않은 직설적인 批判譴責小說을 양산하는 선행 모델이 되기도 하였다.

개신교선교사가 기독교의 선교라는 본업을 수행하기 위해 중국에서 진행한 서구 전적의 번역작업은 19세기 동아시아의 근대화에 있어 매우 중요한 역할을 담당하였다. 본 저술은 개신교선교사의 번역작업과 중국 근대화의 관계를 그리휘트 존과 티모티 리차드의 언론 출판 번역사업을 통해 고찰해 보았다. 그리고 서구의 문학작품《이솝우언》과 기독교소설작품《天路歷程》,《紅侏儒傳》,《喩道要旨》등이 문언이나 白話로 번역되어 널리 유통되었는데, 제2부에서는 이들 작품의 원전을 입수하여 中譯本과 대조 분석해 봄으로써 19세기 中譯小說의 번역양태와 번역방식 및 역자의 번역책략을 살펴보았다. 또한 미국 감리회선교사 플랭클린 올링거가 한글로 번역한《인가귀도》와《의경문답》을 중심으로 韓譯本의 번역 특징과 譯者의 中韓文書 宣教方針에 대해 고찰해 보았다. 이런 번역소설의 연구자료는 대부분 처음 발굴된 것으로 당시 미국 감리회의 동아시아 문서선교사업과 東西文學交流史 및 中韓翻譯文學研究史의 연구에 있어 새로운 지평을 열게 되었다.

제4절 동아시아의 기독교 문서선교와 중문기독교소설

기독교문학은 크게 두 가지로 나눌 수 있으니 첫째는 敍事文學類와 둘째는 神學思想과 禮拜儀典類이다. 기독교 변증문서(護教文書, Apologetic

Tracts)와 說教集(Sermons), 靈性修練作品(Devotional Treatises), 교리문답서(Catechisms), 신앙고백서(Confessions of Faith), 祈禱文(Prayer Books)이 포함되는 신학사상과 예배의전류는 본서의 주요 연구대상이 아니지만, 기독교 변증서와 교리문답서는 초기 중문기독교소설 《張遠兩友相論》과 《贖罪之道傳》, 《引家當道》와 매우 밀접한 관계를 맺고 있다. 章回體小說 《張遠兩友相論》 계열의 기독교소설들은 對話體와 問答體가 서술문체의 주종을 이루는데, 이는 기독교 교리문답서의 章回體 변형이라 할 수 있다. 초기부터 중문기독교소설 작가들은 가장 손쉽게 기독교 교리를 전달할 수 있는 교리문답서의 敍述文體를 즐겨 차용하여 등장인물을 통한 질의 문답의 대화체로 작품 내용을 서술하였다.

그런데 한국 기독교 문서선교사업의 초석을 마련한 플랭클린 올링거 목사는 1893년 三文出版社에서 中譯本 《依經問答喻解》를 《의경문답》이란 제목으로 한글로 번역 출간하였다. 그리고 그는 동시에 그리휘트 존 목사의 《引家歸道》를 한글로 번역 출간하였다. 이 두 권의 번역과정과 번역특성은 앞 장에서 상세하게 분석하였는데, 동일한 번역기준을 가지고 심도 있게 번역되었음을 알 수 있었다. 그러면 올링거는 왜 《依經問答喻解》를 수많은 中譯本 교리문답서 중에서 첫 번째 번역대상으로 삼았을까? 라는 의문을 가질 수 있다.

교리문답서는 일문 일답의 형식으로 기독교 교리를 闡述하여 어린이들이나 초신자를 가르치기 위해 저술되었는데, 16세기 마틴 루터의 종교개혁 이후 우후죽순처럼 출판되어 종파를 막론하고 기독교에서 널리 사용되었다. 서양선교사들은 중국에 來華하여 19세기 초부터 중국어로 기독교 교리문답서를 번역 간행하였다. 두 번째 개신교선교사 윌리엄 밀네는 1816년 이삭 와츠(Isaac Watts, 1674-1748)의 *The Catechism for Children*를 《幼學淺解問答》이란 제목으로 中譯하였고, 그 후에 그의 아들 찰스 밀네(William Charles Milne, 美魏茶, 1815-1863)는 1851년 이를 수정하고 이름을 바꿔 《眞道入門》이란 제목으로 출판하였다. 조지 피어시(George Piercy, 俾士, 1829-1913)는 *Wesleyan Methodist Catechism*을 1861년 《初學問答》이란 제목으로 中譯하였고, 필립 위네스(韋腓立, Philip Winnes)는 1864년 마틴 루터의 *Small Catechism*을 《聖會幼學問答》이란 제명으로 출간하였다. 그리고 로버트 맥크레이(麥利和, Robert Samuel Maclay, 1824-1907)는 1865년 *Methodist Episcopal Catechism*을 《依經問答新編》이란 제목으로 번역하였다.13)

1647년 영국 웨스트민스터 의회(Westminster Assembly of Divinesw)에서 *Westminster Larger Catechism*과 *Westminster Shorter Catechism*이란 두 권의 교리문답서를 편찬하였다. 이 두 권의 교리문답서는 하나님의 천지창조, 인간의 타락, 예수그리스도의 고난과 구원 및 기독교인의 신앙 요리 등 기독교 신앙의 핵심 교리를 문답의 형식으로 강술하였는데 다음 해에 영국 국회의 비준을 받아 기독교의 教理正典으로 인정

13) Alexander Wylie, *Memorials of Protestant Missionaries to the Chinese: Giving A List of Their Publications, and Obituary Notices of the Deceased with Copious Indexes*, Ch'eng-wen Publishing Company, Taipei Taiwan, 1967의 William Milne, Charles Milne, Philip Winnes, Robert Samuel Maclay條의 관련 항목 참조. Donald MacGillivray, *New Classified and Descriptive Catalogue of Current Christian Literature*, 1901(Wen-li and Mandarin), Shanghai: Society for the Diffusion of Christian and General Knowledge among the Chinese, 1902, 18p.

을 받았다. *Larger Catechism*은 교리를 상당히 상세하게 기술하였고, *Shorter Catechism* 은 간명하게 前者의 精髓를 담아 내었고, 후자는 영어권에서 종파를 초월하여 널리 통용하였다. 특히 스코틀랜드 장로회를 위시한 구미의 장로회에서는 *Shorter Catechism*를 가장 즐겨 사용하고 보급시켰으며, 基督教神學史에서 *Westminster Shorter Catechism*은 기독교 교리서 중 최고의 경전으로 인정을 받았다.14)

1812년 첫 번째 개신교선교사 로버트 모리슨이 이를 《問答淺注耶穌教法》이란 제명으로 中譯한 이후 1880년대 말 맥코이(D. C. McCoy)의 《聖教要理問答》까지 모두 10권의 中譯本이 출간되어 중국에서도 가장 애용되는 교리문답서가 되었다. 하지만 *Westminster Larger Catechism* 은 1866년 영국장로회 선교사 앤드류 하펄(Andrew Patton Happer, 1818-1894)이 《耶穌教要理大問答》이란 제명으로 번역한 中譯書가 유일하였다. 이는 기독교의 입문자용이 아니라 대부분 신학교나 목회자를 대상으로 한 전문가용 교리문답서이기 때문이다. 미국 감리회선교사 리브하르트목사가 중국 福州美華書局에서 이를 《依經問答喻解》라는 中譯註釋書를 출판하였고 1893년 올링거목사는 서울에서 이 中譯本을 다시 한글 《의경문답》으로 번역 출간하였다. 바로 한국 기독교선교의 초기에 기독교 교리정전의 상세본인 *Westminster Larger Catechism*을 처음으로 한국에 번역 소개하여 교회 교리의 기초를 마련했던 것이다. 이는 그 후 진행된 한글성경 번역작업에도 직접적인 영향을 미쳤는데, 구체적인

14) Edited by E. A. Livingstone, *The Oxford Dictionary of the Christian Church*, Oxford: Oxford University Press, 1997, 1732p.

영향관계는 하나님의 호칭문제를 비롯한 제2부 제2장의 번역관련 부분을 참고하기 바란다.

또한 한국기독교박물관에는 그리휘트목사가 1890년 漢口聖教書局에서 발간한《眞道入門問答》이 소장되어 있다. 찰스 밀네는 그의 부친이 번역했던《幼學淺解問答》를 1851년 수정 개명하여《眞道入門》이란 제목으로 출간하였고, 그리휘트 존은 이를 다시《眞道入門問答》으로 개명하여 重刊하였다. 그리휘트가 발간한《眞道入門問答》과 그가 저술한《德惠入門》은 그의《引家歸道》에 직접 인용되거나 용해되어 있는데, 이들 저서의 互文現象도 제2부 제2장에서 분석한 바 있다.

본서의 핵심 주제 중의 하나는 "문서번역을 통한 기독교 전적의 전파와 교류"이다. 제2부 제1장에서는 마크 피얼스의 영문본을 중역한《紅侏儒傳》의 번역상황을 분석하였고, 제3장에서는 크루마허의 독일어 우언소설집을 中譯한 티모티 리차드의《喩道要旨》의 번역상황을 탐구하여 이들 외국어소설이 어떻게 번역 소개 전파되었는지를 검토해 보았다. 서구의 기독교 문화가 19세기 중국에서 번역 유입되고 다시 중국어 전적을 매개로 동아시아에 전파되는 과정을 "번역과 기독교소설"이란 핵심 고리를 중심으로 살펴보았다.

그리고 제2부 제2장과 제5장에서는 플랭클린 올링거목사의 기독교 문서번역사업에 대한 분석을 통해 19세기 말 서구의 기독교 전적들이 어떻게 중국에 번역 소개되었고, 선행 번역된 中譯本 전적들이 어떻게 域內와 域外로 번역 전파되었는지를 조사 연구해 보았다. 이를 위해《張遠兩友相論》과《喩道傳》,《引家歸道》 등의 각종 方言本과 일본, 한국 등의 번역본을 조사 분석한 바 있다. 또한 현재 한국과 타이완 등지에 소장된 《喻道要旨》와 《安人車》 등의 기독교번역소설의 연구를 통해 이들이 어떻게 동아시아로 전파 교류되었는지를 고찰해 보았다.

20세기에 들어서 중문기독교소설의 출간은 새로운 전기를 맞았으니, 19세기 내내 서양선교사들이 주도하던 기독교소설의 저역사업은 19세기 중반 이후 현지인들이 선교사와 함께 참여하기 시작하였고, 1895년 존 프라이어가 주최했던 "時新小說 현상공모전"에서는 다수의 중국인 작가들이 기독교소설을 창작하여 투고하였다. 필자는 2007년 여름 U. C. 버클리대 동아시아도서관에서 존 프라이어가 1896년에 도미할 때 가져갔던 신소설응모작 150여부를 처음으로 발견하여 이 분야의 미제로 남아 있던 존프라이어의 "時新小說"의 전모를 파악할 수 있었다. 이들의 발견으로 梁啓超가 小說界革命에서 주창했던 "新小說"의 개념과 소설개혁 이론의 원형을 이해할 수 있게 되었고, 중문기독교소설이 이미 1895년에 중국인에 의해 대량으로 저술되었다는 사실을 알게 되었다. 필자는 1895년 존 프라이어의 소설계몽운동의 영향 하에 저술된 중국인 작가 鍾清源의 《夢治三癰小說》과 詹熙의 《醒世新編》을 연구한 논문을 발표하여 작중에 서술된 아편금지, 과거제도 폐지, 전족 폐지, 여성교육 주창 등 각종 清末 사회개혁운동과 작품의 서술구조를 분석하였으며, 이를 통해 清末小說의 사회비판정신과 사회개혁론을 고찰해 보았다. 하지만 본서에서는 편폭의 제약 때문에 수록하지 못했고 차후에 전문서로 출판할 예정이다.

그리고 19세기 후기부터 서양선교사들의 영향 아래서 기독교 교육을 받았던 중국인 신자들이 기독교소설의 著譯作業에 적극 가세하여 마침내 1907년에는 러시아의 대문호 톨스토이의 원작소설이 華人作家의 토착화 글쓰기를 통해 완전히 중국화한 기독교 선교소설《五更鐘》이 출간되었다. 이 작품은《通問報》에 연재된 이래로 독자들에게 대단한 호평을 받았고 1933년까지 13판 이상을 재판하는 커다란 반향을 일으켰다. 또한 한국에서는 기독교가 전래된 지 10여 년 만에 한국인 작가 노병선이《파혹진선론》이란 기독교 변증문서를 저술하였는데, 이는 올링거목사와 그를 통해 번역 소개된《인가귀도》와《덕혜입문》,《진리편독삼자경 眞理便讀三字經》등 그리휘트목사의 중문기독교서적으로부터 결정적인 영향을 받았기 때문이다. 한국 기독교가 1907년 평양대부흥회를 계기로 비약적인 발전을 하게 된 것도 19세기 말 기독교선교 초기에 中譯本 기독교 전적이 대량으로 국내에 유입 번역되어 한국 기독교인들의 신앙생활에 좋은 밑거름으로 제공되었기 때문이라 생각한다.

윌리엄 밀네부터 그리휘트 존에 이르는 서양선교사들의 기독교 문서선교사업은 1880년대 중반부터 시작된 한국 개신교 선교역사에 中譯本 기독교문서의 번역을 통해 직접적인 영향을 미쳤다. 비록 20세기에 외래종교인 기독교가 중국을 비롯한 동아시아에서 현지인들의 격렬한 반대에 직면하는 위기를 맞은 적도 있지만, 중문기독교소설의 경우에는 중국 근대의 각종 사회문제에 대한 개혁의 주장과 중국어문의 통속화 대중화에 선구적인 역할을 하였고 동아시아의 근대교육과 언론출판사업 등에 혁혁한 공헌을 한 것은 부인할 수 없는 사실이다.

필자는 천주교 예수회신부 롱고바르디의《聖요세파傳記》와 같은 명말 청초의 천주교 중문소설과 전적에 대해서 이미 3편의 연구논문을 발표해서[15] 이 부분은 별도의 전문서로 출판할 계획을 가지고 있다. 그리고 20세기의 가장 뛰어난 기독교소설 《五更鐘》은 다각도로 전문연구가 진행되어 2014년에 3편의 연구논문을 발표한 바 있다.[16] 또한 《引家當道》 16장 李先生 형수의 聖化된 臨終場面이나 《五更鐘》에 묘사된 林九如 가정의 姑婦葛藤과 楊夫人의 자살사건, 그리고 제24회 葡萄와 平安의 比喻 장면 등 주옥같은 단락에 대한 서사학적 분석 연구와 기독교의 이상세계관과 천국의 문학형상에 관한 연구는 중문기독교소설의 문학적 가치와 종교관 및 그 영향력을 심도 있게 고찰해 볼 수 있었지만[17],

15) 졸저, 〈죠세프 앙리 프레메어의 淸代 初期 中文基督敎小說 硏究〉, 《中國小說論叢》 제35집, 2011년 12월, 233-255쪽. 졸저, 〈淸代初期 예수회신부 조아셍 부베의 索隱派思想과 《易經》硏究〉, 《中國小說論叢》 제31집, 2012년 7월, 103-130쪽. 졸저, 〈明末 天主敎와 佛敎의 종교 분쟁과 최초의 西歐小說 中譯本 《聖요세파傳記》 硏究〉, 《韓中言語文化硏究》 제37집, 2015년 2월, 275-309쪽.

16) 2014년에는 《五更鐘》과 작가 陳春生에 대한 3편의 논문을 발표하였다. 左維剛·吳淳邦, 〈晚淸小說陳春生的《五更鐘》考究〉, 《中國語文論譯叢刊》 제35집, 2014년 7월, 173-207쪽. 拙著, 〈晚淸基督敎小說中的苦難與死亡敍事硏究─以《五更鐘》、《喻道要旨》、《驅魔傳》爲硏究對象〉, 《中國語文學誌》 제48집, 2014년 9월, 177-201쪽. 左維剛·吳淳邦, 〈托爾斯泰經典的重構改編: 陳春生《五更鐘》的本土化譯述策略硏究〉, 《中國小說論叢》 제44집, 213-242쪽.

17) 葡萄와 平安의 比喻 장면은 졸저, 〈청말의 기독교소설 《五更鐘》연구〉, 《中國語文論譯叢刊》 제26집, 2010년 1월, 198-202쪽 참조. 林九如 가정의 姑婦葛藤과 楊夫人의 자살사건과 李先生 형수의 聖化된 臨終場面은 拙著, 〈晚淸基督敎小說中的苦難與死亡敍事硏究─以《喻道要旨》、《驅魔傳》、《引家歸道》爲硏究對象〉, 《中國語文學誌》 제48집, 191-193, 195-198쪽의 관련 장면 분석 참조.

본서에서는 편폭의 제약 때문에 수록하지 못하고 별도의 전문서를 출간할 계획이다.

참고문헌

제1부 제1장-제6장

鄭安德 編輯,《明末淸初耶穌會思想文獻彙編》, 北京: 北京大學宗敎硏究所, 2003
鐘鳴旦(Nicholas Standaert) · 杜鼎克(Ad Dudink) · 蒙曦(Nathalie Monnet) 編,《法國國家圖書館明淸天主敎文獻》, 臺北: 利氏學社, 2009
馬若瑟 著,《夢美土記》, 프랑스 國家圖書館 所藏 王若翰 手抄本, 編號 Chinois 4989; 바티칸 교황청도서관 소장본, 編號 Borg. Chinese 3579
《張遠兩友相論》, 프랑스 漢學院 IHEC圖書館 所藏本, 堅夏書院藏板, 1836; 福州刊本, 福州城刊刻, 花旗寓所, 1849; 寧波 華花聖經書房, 1857; 上海 美華書館, 1863
《甲乙二友論述》, 福州 太平街福音堂, 榕腔本, 1871
《兩友相論》, 京都 美華書院刷印,《美華書院短篇集》合集, 1875
《張袁兩友相論》, 華北書會印發, 上海 美華書館, 1906
ミルネ 著 · 安川亨 譯,《兩友相論》, 原胤昭, 早稻田大學圖書館 所藏本, 1881
윌리엄 밀네 저 · 사무엘 마펫 역,《쟝원량우샹론》, 정동예수교회당, 장로회신학대도서관, 1894 · 1896; 숭실대 韓國基督敎博物館, 1898
丁韙良 著,《喩道傳》, 寧波 美華書館, 영국 옥스퍼드대 보드라이언도서관 소장본, 1858; 上海 美華書館, 옥스포드대 보드라이언도서관 소장본, 1863
丁韙良 著,《喩道傳》, 上海 美華書館, 옥스퍼드대 보드라이언도서관 · 하버드대 옌칭도서관 · 北京大學圖書館 소장본, 1874
丁韙良 著, 渡部溫 訓點,《勸善喩道傳》, 東京 渡部藏版, 일본 와세다대도서관, 일본 국회도서관, 하버드대 옌칭도서관 소장본, 1877
丁韙良 編輯, 趙受恒 譯,《喩道新編》, 天津河北公園內印刷處, 北京大學圖書館 소장본, 1912
조지 피얼시 著,《以利亞紀略》, 羊城: 增沙書室鐫, 영국 옥스퍼드대 보드라이언

도서관 소장본, 1863
約翰·本仁(John Bunyan)著 賓爲霖譯, 《天路歷程官話》, 京都: 福音堂, 영국 옥스퍼드대 보드라이언도서관 소장본, 同治4年(1865)
제임스 레기, 《約瑟紀略》, 홍콩: 英華書院, 영국 옥스퍼드대 보드라이언도서관 소장본, 1870
그리휘트 존(楊格非) 譯, 《紅侏儒傳》, 오스트레일리아 국립도서관 소장본, 英漢書館鉛板本, 1899
丁韙良 著, 《天道溯原》, 崇實大學校 韓國基督教博物館 所藏, 上海 美華書館 重定本, 1893
惠頓 著·丁韙良 譯, 《萬國公法》, 京都崇實館, 1864; 續四庫全書本, 1936
利瑪竇(Matteo Ricci) 述·汪汝淳 校梓, 《畸人十篇》, 바티칸 교황청도서관 소장본, 《明末清初耶穌會思想文獻彙編》 제1권 제3책, 1608
利瑪竇, 《畸人十篇》, 崇實大學校 韓國基督教博物館 所藏本, 道光 27年 木版重刊本, 1847
高楠順次郎·渡邊海旭 主編, 《大正新脩藏經》, 東京: 一切經刊行會, 1934
《察世俗每月統記傳》·《特選撮要每月紀傳》·《東西洋考每月統記傳》·《萬國公報》·《中西教會報》, 《晚清期刊全庫》, 上海圖書館, 2000
費賴之 著·馮承鈞 譯, 《在華耶穌會士列傳及書目》上下, 北京: 中華書局, 1995
한국기독교박물관 편, 《韓國基督教博物館 所藏 古文獻目錄》, 숭실대 한국기독교박물관, 2005
김승태·박혜진 編, 《來韓宣教士總覽 1884-1984》, 韓國基督教 歷史研究所, 1994
江蘇省社會科學院 明清小說研究中心 編,《中國通俗小說總目提要》, 中國文聯出版公司, 1990
樽本照雄 編, 《新編清末民初小說目錄》, 日本 清末小說研究會, 1997
方豪 著, 《中國天主教史人物傳》 3책, 홍콩: 公教眞理學會·臺中: 光啓出版社·北京: 中華書局, 1970
羅光, 《利瑪竇傳》, 台北: 學生書局, 1982
利瑪竇·金尼閣 著, 何高濟·王遵仲·李申 譯, 《利瑪竇中國札記》, 北京: 中華書

局, 1983
Nelson Bitton 著, 梅益盛·周雲路 譯, 國外布道英雄集 第5册《楊格非傳》, 上海廣學會, 1924
高楠順次郎·渡邉海旭 主編,《大正新脩藏經》, 東京: 一切經刊行會, 1934
개역한글판《성경전서》, 대한성서공회, 2001
阮元 編注,《十三經注疏》2册, 臺北: 藝文印書館, 1980
戈公振,《中國報業史》, 北京三聯出版社, 1955
李志剛 著,《基督教早期在華傳教士》, 臺灣商務印書館, 1985
賴光臨,《中國近代報人與報刊》上下, 臺灣商務印書館, 1987
輔仁大學外語學院 編,《文學與宗教: 第一屆國際文學與宗教會議論文集》, 臺北: 時報文化出版有限公司, 1987
史和 編,《中國近代報刊名錄》, 福州: 福建人民出版社, 1991
戈寶權,《中外文學因緣—戈寶權比較文學論文集》, 北京: 北京出版社, 1992
路易斯·羅賓遜(Lewis Stewart Robinson),《兩刃之劍: 基督教與二十世紀中國小說》, 臺北: 業强出版社, 1992
馬佳,《十字架下的徘徊: 基督宗教文化和中國現代文學》, 上海: 學林出版社, 1995
寧宗一 主編,《中國小說學通論》, 安徽教育出版社, 1995
丁敏,《佛教譬喻文學研究》, 台北: 東初出版社, 1996
李豊楙,《誤入與謫降: 六朝隋唐道教文學論集》, 臺北: 學生書局, 1997
苗壯 著,《筆記小說史》, 浙江古籍出版社, 1998
楊劍龍,《曠野的呼聲: 中國現代作家與基督教文化》, 上海: 上海教育出版社, 1998
黃子平 主編,《中國小說與宗教》, 홍콩: 中華書局, 1998
鄺健行 主編,《中國詩歌與宗教》, 홍콩: 中華書局, 1999
苟波,《道教與神魔小說》, 成都: 巴蜀書社, 1999
王本朝,《20世紀中國文學與基督教文化》, 合肥: 安徽教育出版社, 2000
朱耀偉 編,《中國作家與宗教》, 홍콩: 中華書局, 2001
饒宗頤,《饒宗頤二十世紀學術文集》, 臺北: 新文豊出版公司, 2003
許正林,《中國現代文學與基督教》, 上海: 上海大學出版社, 2003

丁韙良 著, 沈弘、惲文捷、郝田虎等 譯,《花甲憶記——一位美國傳教士眼中的晚清帝國》, 廣西師大出版社, 2004
韓南(Patrick Hanan) 著·徐俠 譯,《中國近代小說的興起》, 上海教育出版社, 2004
顧長聲 著,《從馬禮遜到司徒雷登》, 上海書店出版社, 2005
李奭學,《中國晚明與歐洲文學》, 中央研究院 · 聯經出版公司, 2005
李生龍,《道家及其對文學的影響》, 長沙: 岳麓書社, 2005
丁敏,《中國佛教文學的古典與現代: 主題與敍事》, 長沙: 岳麓書社, 2006
李豊楙·廖肇亨 主編,《聖傳與詩禪: 中國文學與宗教論集》, 臺北: 中央研究院 中國文哲研究所, 2007
孫昌武,《佛教與中國文學》, 上海人民出版社, 2007
孫昌武,《禪詩與詩情》, 北京: 中華書局, 2007
陳洪,《佛教與中古小說》, 上海: 學林出版社, 2007
劉敏,《天道與人心: 道教文化與中國小說傳統》, 北京: 中國社會科學出版社, 2007
劉麗霞,《中國基督教文學的歷史存在》, 北京: 中國社會科學出版社, 2007
王文兵 著,《丁韙良與中國》, 北京: 外語教學與研究出版社, 2008
龍伯格 著, 李眞·駱潔 譯,《清代來華傳教士馬若瑟研究》, 大象出版社, 2009
宋莉華 著,《傳教士漢文小說研究》, 上海古籍出版社, 2010
麥金華 著,《大英聖書公會與官話和合本聖經翻譯》, 홍콩 基督教中國宗教文化研究社, 2010
顏瑞芳 著,《清代伊索寓言漢譯三種·導論》, 臺北: 五南圖書出版公司, 2011
黎子鵬 編注,《晚淸基督教敍事文學選粹》, 橄欖出版有限公司, 2012
한국기독교사연구회 편,《한국기독교의 역사1》, 기독교문사, 1990
김효전,《근대 한국의 국가사상—국권회복과 민권수호》, 철학과 현실사, 2000
졸저,《20세기 中國小說의 變革과 基督教》, 숭실대 출판부, 2005
졸저,《中國 近代의 小說翻譯과 中韓小說의 雙方向 翻譯 研究》, 숭실대 출판부, 2008
졸저,《19세기 미국선교사 윌리엄 마틴의 基督教 寓言小說《喻道傳》研究와 中韓 譯註》, 숭실대 출판국, 2013

《國書人名辭典》 第4卷, 東京 岩波書店, 1998
佐伯好郎 著,《清朝基督教の研究》, 東京 名著普及會, 昭和 54년(1979)
小澤三郎 著,《幕末明治耶蘇教史研究》, 東京 大修館書店, 1986
五野井隆史 著,《日本キリスド教史》, 東京 吉川弘文館, 2001
江雅茹 著,〈《詩經·旱麓》"黃流"研究〉,《第七屆 臺灣師大國文研究所 研究生學術論文集》, 臺北: 國立臺灣師範大學 國文研究所, 2000
楊宏聲,〈明清之際在華耶穌會士之《易》說〉,《周易研究》, 2003年 第6期
李奭學 著,〈翻譯的政治一龍華民譯《聖若撒法始末》析論〉, 東華大學 中文系 主編,《文學研究的新進路一傳播與接受》, 洪葉文化事業有限公司, 2004
宋莉華 著,〈第一部傳教士中文小說的流傳與影響〉,《文學遺產》 2005年 第2期
陳慶浩 著,〈新發現的天主教基督教古本漢文小說〉,《傳播與交融一第二屆中國小說與戲曲學術研討會論文集》, 臺灣 嘉義大學 中國文學系所, 2005年, 臺北: 里仁書局, 2006
張西平 著,〈清代來華傳教士馬若瑟研究〉,《清史研究》 第2期, 2009年 5月
拙著,〈20世紀前西方傳教士對晚清小說的影響研究〉,《第5屆 近代中國學術會議論文集》, 臺灣 國立中央大學: 近代中國學會, 1999年 3月
拙著,〈科技啓蒙到小說啓蒙: 晩淸時期傅蘭雅的啓蒙活動〉, 韓國中國小說學會,《中國小說論叢》 제18집, 2003년 9월
拙著,〈19世紀90年代中國基督教小說在韓國的傳播與翻譯〉,《東華人文學報》 第9期, 臺灣 國立東華大學 人文社會科學學院, 2006年 7月
졸저,〈최초의 中國基督教小說과 韓國基督教博物館 소장 초기 기독교소설의 韓譯本 연구〉,《中國語文論譯叢刊》 제16집, 中國語文論譯學會, 2005년 8월
졸저,〈19세기 在中·在韓 서양 선교사에 의한 중문기독교소설의 창작과 번역 연구〉,《中國語文論譯叢刊》 第22輯, 2008년 1월
졸저,〈清末 영국선교사 티모티 리차드의 基督教 文言翻譯小說《喩道要旨》의 翻譯特性 研究〉,《中國語文論譯叢刊》 第15輯, 中國語文論譯學會, 2008년 7월

졸저, 〈19세기 동아시아의 최대 베스트셀러 《張遠兩友相論》연구〉, 《中國語文論譯叢刊》 第24輯, 2009년 1월
졸저, 〈19세기 미국선교사 윌리엄 마틴의 基督敎寓言小說《喩道傳》연구〉, 《中國學硏究》 제50집, 중국학연구회, 2009년 12월
拙著, 〈天理、人情、喩道、傳敎一基督敎文言小說《勸善喩道傳》的創作與流傳〉,《明淸文學與思想中之情、理、欲一學術思想篇》, 中央硏究院 中國文哲硏究所, 2009年 12月
졸저, 〈청말의 기독교소설《五更鐘》연구〉, 《中國語文論譯叢刊》 제26집, 2010년 1월
拙著, 〈傳敎、翻譯、啓蒙、小說一19世紀中文基督敎小說的創作與傳播〉, 《中國語文論譯叢刊》 제28집, 2011년 1월
졸저, 〈明淸時期 基督敎宣敎士의 宗敎寓言故事 敍述 特性 硏究一마테오 리치에서 윌리엄 마틴까지〉, 《中國文學》 제67집, 韓國中國語文學會, 2011년 5월
졸저, 〈晩淸 中文基督敎小說의 정의와 범주〉, 《中國學硏究》 제57집, 2011년 9월

Alexander Wylie, *Memorials of Protestant Missionaries to the Chinese: Giving A List of Their Publications, and Obituary Notices of the Deceased with Copious Indexes,* Original Edition Published by Shanghai: American Presbyterian Mission Press, 1867. Reprinted by Ch'eng-wen Publishing Company, Taipei Taiwan, 1967
雷振華(Clayton, George A)纂,《基督聖敎出版各書書目彙纂》, 漢口 聖敎書局, 1918, Harvard-Yenching Library, Harvard University. in *China and Protestant Missions: A Collection of Their Earliest Missionary Works in Chinese,* The Netherlands IDC Publishers, Microfiche Collection, 1983
Compiled by John Yung-Hsiang Lai, *Catalog of Protestant Missionary works in Chinese*, Harvard-Yenching Library, Harvard University, Boston: G. K. Hall & Co., 1980
Compiled by John Yung-Hsiang Lai, *China and Protestant Missions: A*

collection of their earliest Missionary Works in Chinese, Harvard-Yenching Library, Harvard University, The Netherlands IDC Publishers, Microfiche Collection, 1983

Roswell S. Britton, *The Chinese Periodical Press 1800-1912*, Original Edition Published by Shanghai Kelly & Walsh, Limited Hong Kong Singapore, 1933. Republished by Ch'eng-wen Publishing Company, Taipei, Taiwan, 1966

W. A. P. Martin: *A Cycle of Cathay or China, South and North with Personal Reminiscences*, the third edition, Fleming H. Revell Co., New York, Nankai University Library, 1900

Robert Wardlaw Thompson, *Griffith John: The Story of Fifty Years in China*, New York: A.C. Armstrong, 1906

Louis Pfister, *Notices biographiques et bibliographiques sur les Jesuites de L'ancienne mission de China 1552-1773*, Shanghai: Imprimerie de la Mission Catholique, 1932-1934

Jonathan Spence, *To Change China—Western Advisers in China 1620~1960*, Boston: Little Brown & Company, 1969

Edited by S. W. Barnett & J. K. Fairbank, *Christianity in China: Early Protestant Missionary Writings*, Cambridge Mass: Harvard U. P., 1985

Paul A. Rule, *Ku'ng-tzu Confucius? or The Jesuit Interpretation of Confucianism*, Sydney and Boston: Allen and Unwin, 1986

Edited by Archie R. Crouch · Steven Agoratus · Arthur Emerson · Debra E. Soled, *Christianity In China: A Scholars' Guide to Resources in the Libraries and Archives of the United States*, Armonk New York, 1989

Knud Lundbæk, *Joseph de Prémare(1666-1736), S. J. Chinese Philology and Figurism*, Denmark Aarhus: Aarhus University Press, 1991

Georg Rosenthal, *Friedrich Adolf Krummacher und seine Zeit,* Bernburg: Kulturstiftung Bbg., 1996

Patrick Hanan, *Chinese Fiction of the Nineteenth and Early Twentieth Centuries*, Columbia University Press, December 2004

Patrick Hanan, "The Bible as Chinese Literature: Medhurst, Wang Tao, and the Delegates' Version", *Harvard Journal of Asiatic Studies* 63:1, June 2003

제2부 제1장-제6장

Friedrich Adolf Krummacher, *Parabeln,* Beutlingen, 1826

Trans. Henry G. Bohn, *The parables of Frederic Adolphus,* Philadelpia, 1858

理雅各,《約瑟紀略》, 홍콩 英華書院, 영국 옥스퍼드대 보드레이언도서관 소장본, 同治 9年(1870)

ミルネ 著·安川亨 譯,《兩友相論》, 東京府, 日本國會圖書館 所藏本, 1881

楊格非 著·沈子星 書,《紅侏儒傳》, 漢口聖敎書局, 오스트레일리아 國立圖書館 所藏本, 1882

楊格非 譯·沈子星 書,《紅侏儒傳》, 漢鎭英漢書館鉛板印, 오스트레일리아 國立圖書館 所藏本, 1899

Short Stories, And Other Papers, London: T,. Woolmer, 英國 大英圖書館(British Library) 所藏本, 1887

楊格非 著,《引家當道》, 中國聖敎書會 發, 上海美華書館 刊, 고려대 중앙도서관 소장, 1887

楊格非 著·周明卿 譯,《引家歸道官話》, 漢口 聖敎書局, 연세대 중앙도서관 소장, 1889

李提摩太 輯譯,《喻道要旨》, 上海美華書館, 숭실대 韓國基督敎博物館 소장, 1894; 연세대 중앙도서관, 臺灣 東海大學 도서관 소장, 1904

존 그리휘트 저·올링거 역,《인가귀도》, 정동예수교회당, 숭실대 韓國基督敎博

物館·장로회신학대 도서관·연세대 중앙도서관 소장, 1894; 예수교서회, 숭실대 韓國基督教博物館, 1911

윌리엄 내스트 원작·리브하르트 역,《依經問答喩解》, 中國 福州美華書局, 숭실대 韓國基督教博物館, 1880

楊格非 著,《眞道入門問答》, 漢口 聖教書局, 1890

윌리엄 내스트 저·올링거 역,《의경문답》, 배재학당 간, 숭실대 韓國基督教博物館, 1893

노병선 저,《파혹진션론(破惑進善論)》, 朝鮮聖教書會, 韓國基督教歷史博物館, 1897

존 그리휘트 저, 언더우드(元杜尤) 역,《德惠入門》, 조선예수교서회, 숭실대 韓國基督教博物館, 1915

亮樂月 命意·陳春生 筆述,《五更鐘》, 上海: 協和書局 第11版, 中國社會科學院圖書館 所藏本, 1920

李提摩太 譯,《回頭看記略》,《萬國公報》1892年 3-4月, 第3卷 第37期

林樂知 主編,《萬國公報》, 臺北: 華文書局, 1968

캘리포니아대 버클리분교 동아시아도서관 輯, John Fryer's New Age Novels 目錄, U. C. 버클리대학 동아시아도서관 소장, 2007

黎子鵬 編注,《晚淸基督教敍事文學選粹》, 橄欖出版有限公司, 2012

廣協書局總發行所 編,《中華全國基督教出版物檢查册》, 上海: 廣協書局總發行所, 1939

김승태·박혜진 編,《來韓宣教士總攬 1884-1984》, 韓國基督教 歷史研究所, 1994

숭실대 한국기독교박물관 학예과 편,《韓國基督教博物館 所藏 古文獻目錄》, 숭실대 한국기독교박물관, 2005

숭실대 한국기독교박물관 학예과 편,《한국기독교박물관 소장 기독교자료 해제》, 숭실대 한국기독교박물관, 2007

樽本照雄 編,《新編淸末民初小說目錄》, 淸末小說研究會, 日本 京都: 木村桂文社, 1997

韓錫鐸·王淸原 編纂,《小說書坊錄》, 沈陽: 春風文藝出版社, 1987

江蘇省社會科學院 明清小說研究中心 編,《中國通俗小說總目提要》, 北京: 中國文聯出版公司, 1990
江蘇省社會科學院 明清小說研究中心 編·吳淳邦外 譯,《中國古典小說總目提要》 제5권, 울산대학교 출판부, 1999
林顯芳,《福州美以美會年會史》, 中國 福州: 美以美會書局, 1936
金秉喆 著,《韓國近代飜譯文學史研究》, 乙酉文化社, 1975
盧孤樹 著,《韓國基督教書誌研究》, 藝術文化社, 1981
李志剛 著,《基督教早期在華傳教士》, 臺灣商務印書館, 1985
顧長聲 著,《傳教士與近代中國》, 上海人民出版社, 1991
陳伯海·袁進 主編,《上海近代文學史》, 上海出版社, 1990
袁進 著,《中國小說的近代變革》, 上海古籍出版社, 1992
林治平 主編,《基督教入華百七十年紀念集》, 台北: 宇宙光出版社, 1994
李志剛 著,《百年烟雲 滄海一粟》, 北京: 今日中國出版社, 1997
郭延禮 著,《中國近代飜譯文學概論》, 湖北教育出版社, 1998
馬祖毅 著,《中國飜譯簡史》, 北京: 中國對外飜譯出版公司, 1998
王揚宗 著,《傅蘭雅與近代中國的科學啓蒙》, 北京: 科學出版社, 2000
海恩波 著·蔡錦圖 譯,《道在神州一聖經在中國的翻譯與流傳》, 홍콩: 國際聖經協會, 2000
尤思德(Jost Oliver Zetzsche) 著·蔡錦圖 譯,《和合本與中文聖經飜譯》, 홍콩: 國際聖經協會, 2002
韓南(Patrick Hanan) 著·徐俠 譯,《中國近代小說的興起》, 上海教育出版社, 2004
陳偉華 著,《基督教文化與中國小說敍事新質》, 北京: 中國社會科學出版社, 2007
麥金華 著,《大英聖書公會與官話《和合本》聖經翻譯》, 홍콩: 基督教中國宗教文化研究社, 2010
宋莉華 著,《傳教士漢文小說研究》, 上海古籍出版社, 2010
黎子鵬,《經典的轉生: 晚淸《天路歷程》漢譯研究》, 基督教中國宗教文化研究社, 2012
尹春炳,《韓國基督教新聞·雜誌百年史》, 서울 大韓基督教出版社, 1984
한영제 편,《한국기독교문서운동100년》, 기독교문사, 1987

이만열 저,《韓國基督敎文化運動史》, 대한기독교출판사, 1987
한국기독교사연구회 편,《한국기독교의 역사1》, 기독교문사, 1990
盧宗海 저,《韓國監理敎史의 새視覺》, 풍만, 1988
셔우드 홀 저·김동열 역,《닥터 홀의 조선회상》, 동아일보사, 1984
한국감리교사학회,《한국감리교회를 세운 사람들》, 풍만, 1988
拙著,《20世紀 中國小說의 變革과 基督敎》, 崇實大學校 出版部, 2005
拙著,《中國 近代의 小說飜譯과 中韓小說의 雙方向 飜譯 硏究》, 숭실대 출판부, 2008
王立興 著,〈一部首倡改革開放的小說一詹熙及其小說《醒世新編》論略〉,《明淸小說硏究》第31期 1994년 第1期
劉樹森 著,〈李提摩太與《回頭看記略》〉,《美國硏究》1999年 第1期
陳慶浩 著,〈新發現的天主敎基督敎古本漢文小說〉,《傳播與交融一第二屆中國小說與戲曲學術硏討會論文集》, 臺灣 嘉義大學 中國文學系所, 2005年 4月
宋莉華,〈街頭布道家楊格非及其漢文小說〉,《中國小說論譯》第28輯, 한국중국소설학회, 2008년 9월
黎子鵬,〈晚淸基督敎小說《引家當道》的聖經底蘊與中國處境意義〉,《晚淸基督敎小說與中國處境》, 黎志仁 編, 홍콩 중문대학 출판사, 2010
金良善 著,〈韓國基督敎 初期刊行物에 關하여〉,《史叢》12·13합집, 고려대학교 사학회, 1968
拙著,〈科技啓蒙到小說啓蒙: 晚淸時期傅蘭雅的啓蒙活動〉, 韓國中國小說學會,《中國小說論叢》第18輯, 2003년 9월
졸저,〈'耶儒會通論'과 '孔子加耶穌論'一明淸代 基督敎宣敎士의 儒家觀〉,《中國語文論譯叢刊》제15집, 2005년 7월
졸저,〈최초의 中國基督敎小說과 韓國基督敎博物館 소장 초기 기독교소설의 韓譯本연구〉,《中國語文論譯叢刊》제16집, 中國語文論譯學會, 2005년 8월
졸저,〈19세기 在中·在韓 서양선교사에 의한 中文基督敎小說의 창작과 번역 연구〉,《中國語文論譯叢刊》第22輯, 中國語文論譯學會, 2008년 1월
졸저,〈1894年刊 中文基督敎小說의 傳播와 翻譯 그리고 初期 韓國의 文書宣

敎: 韓國基督敎博物館 所藏《喻道要旨》와 韓譯本《인가귀도》를 중심으로〉, 《中國小說論叢》 第27輯, 한국중국소설학회, 2008년 3월
拙著, 〈新發現的傅蘭雅(John Fryer)徵文小說《夢治三癱小說》〉, 《第三屆 中國小說戲曲 國際學術硏討會 論文集》(蔡忠道 主編, 里仁書局), 2008年 10月
졸저, 〈청말의 기독교소설《五更鐘》연구〉, 《中國語文論譯叢刊》 제26집, 2010년 1월
졸저, 〈19세기 후기 플랭클린 올링거목사와 미국 감리교선교회의 中韓文書宣敎事業 연구〉, 《中國學硏究》 제54집, 중국학연구회, 2010년 12월
졸저, 〈晩淸 中文基督敎小說의 定義와 範疇〉, 《中國學硏究》 第57輯, 2011년 9월
졸저, 〈죠세프 앙리 프레메어의 淸代 初期 中文基督敎小說 硏究〉, 《中國小說論叢》 제35집, 2011년 12월
졸저, 〈淸代初期 예수회신부 조아셍 부베의 索隱派思想과 《易經》硏究〉, 《中國小說論叢》 제31집, 2012년 7월
左維剛·吳淳邦, 〈晩淸小說陳春生的《五更鐘》考究〉, 《中國語文論譯叢刊》 제35집, 2014년 7월
拙著, 〈晩淸基督敎小說中的苦難與死亡敍事硏究—以《五更鐘》、《喻道要旨》、《驅魔傳》爲硏究對象〉, 《中國語文學誌》 제48집, 2014년 9월
左維剛·吳淳邦, 〈托爾斯泰經典的重構改編: 陳春生《五更鐘》的本土化譯述策略硏究〉, 《中國小說論叢》 제44집, 2014년 12월
졸저, 〈明末 天主敎와 佛敎의 종교 분쟁과 최초의 西歐小說 中譯本 《聖요세파傳記》 硏究〉, 《韓中言語文化硏究》 제37집, 2015년 2월

The Chinese Repository 2, 1833
Catalogue of the Publications of the Hankow Religious Tract Society, Hankow: Hankow Religious Tract Society, 1883
Alexander Wylie, *Memorials of Protestant Missionaries to the Chinese: Giving A List of Their Publications, and Obituary Notices of the Deceased with Copious Indexes*, Original Edition Published by Shanghai:

American Presbyterian Mission Press, 1867. Reprinted by Ch'eng-wen Publishing Company, Taipei Taiwan, 1967

Donald MacGillivray, *New Classified and Descriptive Catalogue of Current Christian Literature*, 1901(Wen-li and Mandarin), Shanghai: Society for the Diffusion of Christian and General Knowledge among the Chinese, 1902

Compiled by John Yung-Hsiang Lai, *China and Protestant Missions: A Collection of Their Earliest Missionary Works in Chinese*, Harvard-Yenching Library, Harvard University, IDC, Microfiche Collection.

William Robson, *Griffith John*, London S.W.Partridge & Co. Old Bailey, 1900

Timothy Richard, *Forty-Five Years in China: Reminiscences*, London: T. Fisher Unwin Ltd., 1916

K. S. Latourette, *A History of Christian Mission in China,* New York: The Macmillan Company, 1929

Adrian Arthur Bennett, John Fryer: *The Introduction of Western Science and Technology into Nineteenth Century China*, Cambridge Mass., Harvard University Press, 1967

Ed. and trans. André Lefevere, *Translating Literature: The German Tradition from Luther to Rosenzweig*, Assen: Van Gorcum, 1977

Jacques Gernet, *China and the Christian Impact*, trans. J. Lloyd, Cambridge U. P., 1985

Edited by Suzanne Wilson Barnett and John King Fairbank, *Christianity in China: Early Protestant Missionary Writings, from the eighteenth century to the present*, Cambridge Mass: Harvard U. P., 1985

Edited by Archie R. Crouch · Steven Agoratus · Arthur Emerson · Debra E. Soled, M.E.Sharpe, *Christianity In China: A Scholars' Guide to*

Resources in the Libraries and Archives of the United States, Inc. Armonk New York, 1989

Georg Rosenthal, *Friedrich Adolf Krummacher und seine Zeit*, Bernburg: Kulturstiftung Bbg., 1996

Edited by E. A. Livingstone, *The Oxford Dictionary of the Christian Church*, Oxford: Oxford University Press, 1997

Missionary Files: Methodist Episcopal Church, China Roll1~10, Wilmington: Scholarly Recourses, 1999

Ed. Patrick Hanan, *Treasures of the Yenching*, Cambridge: Harvard-Yenching Library, 2003

Lawrence Venuti, *The Trnslator's Invisibility: A History of Translation*, London/New York: Routledge, 2008

오순방(吳淳邦)

韓國外國語大學校 中國語科 졸업
國立臺灣大學校 中文研究所 문학박사
韓國中國小說學會 회장, 中國語文論譯學會 회장 역임
현재 崇實大學校 人文大學 學長, 中文科 敎授

中國 山東大學 객좌교수, 天津師範大學 古籍整理研究所 초빙연구원
일본 東京大學 東洋文化研究所 연구교수
미국 하버드대학 옌칭연구소, UC 버클리대학 방문교수
臺灣 國家圖書館 漢學研究中心, 中央研究院 中國文哲研究所 초빙교수 역임

著譯書로는 《清代長篇諷刺小說研究》(北京大學 出版社), 《晚清諷刺小說的諷刺藝術》(上海 復旦大學 出版社), 《20世紀 中國小說의 變革과 基督敎》/《中國 近代의 小說翻譯과 中韓小說의 雙方向 翻譯 연구》/《19世紀 미국선교사 윌리엄 마틴의 基督敎寓言小說 《喻道傳》 研究와 中韓 譯註》(崇實大學校 出版局), 《中國古典小說總目提要》전5卷(蔚山大學校 出版部) 등 27권의 저서와 80여 편의 연구논문이 있다.

수상경력

1. 中華民國 臺灣省 文藝作家協會 文藝理論賞 수상
   수상작: 《晚清諷刺小說的諷刺藝術》上海 復旦大學 出版社, 1989년 5월
2. 韓國中語中文學會 제1회 학술번역상 수상작: 《中國古典小說總目提要》 전5권, 울산대학교 출판부, 2000년 11월
3. 2006년, 2012년, 2013년, 2014년도 숭실대 S.F.P. 연구업적 우수교수

19세기 동아시아의 번역과 기독교 문서선교

서양 개신교선교사의 번역활동과 中文基督教小說의 창작과 번역을 중심으로

초판발행 2015년 3월 27일
3쇄발행 2020년 7월 15일

지은이 오순방
펴낸이 황준성
펴낸곳 숭실대학교 지식정보처 중앙도서관 / 서울 동작구 상도로 369
홈페이지 http://press.ssu.ac.kr
등 록 제 14-2호(1982.1.25)
TEL 02-820-0739
FAX 02-817-5297
찍은곳 네오프린텍(주)
TEL 02-718-3111

값 : 19,000 원
ISBN 978-89-7450-341-3 93820

이 저서는 2010년도 정부재원(교육부)으로 한국연구재단의 지원을 받아 연구되었음 (NRF-2010-812-A00168)